Felix Rau

Matrikelnummer: 2720407

Lehr- und Handbücher
der Politikwissenschaft
Herausgegeben von Dr. Arno Mohr

Repräsentative Umfrage

Praxisorientierte Einführung in empirische
Methoden und statistische Analyseverfahren

von
Prof. Dr. Siegfried Schumann
Universität Mainz

6., aktualisierte Auflage

Oldenbourg Verlag München

Bibliografische Information der Deutschen Nationalbibliothek

Die Deutsche Nationalbibliothek verzeichnet diese Publikation in der Deutschen Nationalbibliografie; detaillierte bibliografische Daten sind im Internet über http://dnb.d-nb.de abrufbar.

© 2012 Oldenbourg Wissenschaftsverlag GmbH
Rosenheimer Straße 145, D-81671 München
Telefon: (089) 45051-0
www.oldenbourg-verlag.de

Lektorat: Christiane Engel-Haas, M.A.
Herstellung: Constanze Müller
Titelbild: iStockphoto
Einbandgestaltung: hauser lacour
Gesamtherstellung: freiburger graphische betriebe GmbH & Co. KG, Freiburg

Dieses Papier ist alterungsbeständig nach DIN/ISO 9706.

ISBN   978-3-486-71415-9
eISBN   978-43486-71765-5

Vorwort zur ersten Auflage

Das vorliegende Buch bietet eine Einführung in die Techniken und Vorgehensweisen der Umfrageforschung – einschließlich der grundlegenden statistischen Analyseverfahren. Es entstand auf Anregung von Studierenden, die einen integrierten Kurs „Statistik und Methoden der empirischen Sozialforschung" mit dem Schwerpunkt „Umfrageforschung" besuchten und mich baten, aus meinen Kursunterlagen eine inhaltlich anspruchsvolle, sprachlich jedoch leicht verständliche Einführung „aus einem Guss" zu schreiben.

Das Buch setzt keine besonderen Vorkenntnisse voraus. Großer Wert wurde auf eine klare Ausdrucksweise gelegt. Sie hat im Zweifelsfall Vorrang sowohl vor sprachlicher[1] als auch vor mathematischer Eleganz[2]. Ebenfalls der leichteren Lesbarkeit halber wird durchweg von „dem Forscher" gesprochen und nicht von „dem Forscher bzw. der Forscherin" oder von „dem/der ForscherIn"[3]. Als Erleichterung für „Neueinsteiger" sind theoretische Ausführungen zu komplexeren Themen stets um Beispiele ergänzt. Oft werden neue Gedankengänge auch von vornherein anhand von Beispielen eingeführt. Insbesondere in den statistisch orientierten Kapiteln sind, um den Stoff zu vertiefen, kleine Übungen enthalten. Deren Lösungen finden sich am Ende des Buches. Die statistischen Auswertungsverfahren werden von A bis Z komplett „per Hand" durchgerechnet. Nur auf diese Weise ist es meines Erachtens möglich, die Verfahren so gut zu verstehen, dass später Computerausdrucke sinnvoll interpretiert werden können. Zwei zentrale Konzepte der schließenden Statistik, nämlich die Berechnung von Konfidenzintervallen und die Durchführung von Signifikanztests, werden jeweils für einen speziellen Anwendungsfall so umfassend erklärt, dass der Leser später in der Lage sein sollte, sich selbständig aus entsprechenden Statistiklehrbüchern andere Signifikanztests und Konfidenzintervallberechnungen anzueignen. Die „weiterführende Literatur" am Ende jedes Abschnitts verweist entweder auf Literatur zu „Spezialthemen", die hier aus Platzgründen nicht besprochen werden können, oder auf unbedingt zu nennende Standardwerke. Sie erhebt keinen Anspruch auf Vollständigkeit, sondern wurde im Gegenteil so knapp wie möglich gehalten[4]. Die Literatur zu den Spezialthemen wurde in erster Linie danach ausgewählt, ob es sich um leicht verständliche Darstellungen handelt, die als erste Einführung in das Thema geeignet sind. Auf englischsprachige Literatur wurde weitestgehend verzichtet.

Der Aufbau das Buches orientiert sich am Ablauf einer (repräsentativen) Umfrage. Jedes Kapitel ist für sich alleine lesbar, allerdings setzen einige Kapitel Vorkenntnisse – insbesondere im Bereich Statistik – voraus, die aufgrund des chronologischen Aufbaus erst später im Buch besprochen werden. Die vorausgesetzten Kapitel sind gegebenenfalls am Beginn des

---

[1] Zum Beispiel werden durchaus *gehäuft* dieselben Begriffe verwendet, wenn mit ihnen dasselbe gemeint ist.

[2] Zum Beispiel werden gelegentlich „unnötige" Klammern gesetzt, wenn dies der Verständlichkeit dient.

[3] Falls möglich, wurde das Problem weiblicher und männlicher Formen umgangen. So ist zum Beispiel meistens von den „Studierenden" die Rede und nicht von den „Studenten", die um die „Studentinnen" zu ergänzen wären.

[4] In der Regel ist es für den Leser einer Einführung – zumal in eine teilweise sehr unvertraute und komplizierte Materie – wenig hilfreich, wenn er mit zusätzlichen Literaturangaben „überschüttet" wird.

Kapitels aufgeführt. Der Leser kann dann selbst entscheiden, ob er die angesprochenen Inhalte bereits beherrscht oder ob er besser vorher einen Blick in die genannten Kapitel wirft.

Legt man Wert darauf, dass für jedes zu lesende Kapitel das nötige Vorwissen bereits ausführlich besprochen wurde, sollten die einzelnen Kapitel in einer veränderten Reihenfolge durchgearbeitet werden. Anlage 1 liefert einen Vorschlag hierfür, der sich insbesondere dann anbietet, wenn das Buch als Grundlage für ein Einführungsseminar oder zum Selbststudium für Leser ohne Vorkenntnisse verwendet wird. Am Ende des Kurses fügen sich dann die einzelnen Kapitel *im Rückblick* wieder zu einem Gesamtbild über den Ablauf einer repräsentativen Umfrage zusammen.

Das Buch wendet sich an alle potentiellen Konsumenten und auch Produzenten von Umfrageergebnissen, also beispielsweise Studierende der Politologie, Soziologie, Pädagogik, Psychologie usw., an Journalisten, Kommentatoren sowie an alle Auftraggeber von Umfragen, die sich in der Planungsphase ihres Projekts befinden.

Ich möchte mich an dieser Stelle ganz herzlich bei meinen Freunden und Kollegen Kai Arzheimer, Anja Hägele, Jochen Hardt, Markus Klein, Annette Schmitt, Peter Schmolck, Britta Sielaff, Cornelia Weins und Ruth Zimmerling, bei den Herren Professoren Jürgen Bortz, Andreas Diekmann, Ulrich Druwe, Jürgen W. Falter, Axel Mattenklott und Heinz Sahner sowie bei den Studentinnen und Studenten aus meinen Seminaren bedanken, die Teile des Buches gelesen und kritisch kommentiert haben. Ebenso herzlich bedanke ich mich bei Herrn Claudio Caballero, der maßgeblich an der Erstellung der „Verteilungs-Grafiken" in Kapitel 6 mitgearbeitet hat. Für den Inhalt des Buches und insbesondere für eventuelle Fehler zeichne ich natürlich trotzdem alleine verantwortlich.

Vorwort zur zweiten Auflage

Die Nachfrage nach der ersten Auflage war derart groß, dass bereits nach kurzer Zeit die Veranstaltung einer zweiten Auflage erforderlich wurde. Ich konnte mich dabei darauf beschränken, den gesamten Text kritisch durchzusehen.

Vorwort zur dritten Auflage

Die aufgrund der weiterhin großen Nachfrage erforderlich gewordene dritte Auflage wurde aus technischen Gründen vom Layout her leicht verändert, was sich für den Leser allerdings kaum bemerkbar machen dürfte. Inhaltlich blieb sie, bis auf notwendig gewordene Aktualisierungen, gegenüber den beiden früheren Auflagen weitestgehend unverändert.

Besonders freut mich die freundliche Aufnahme, die das Buch mittlerweile erfahren hat. Von vielen Leserinnen und Lesern erhielt ich ausgesprochen positive Rückmeldungen, insbesondere von Kolleginnen und Kollegen, die es in ihren Seminaren einsetzen und somit in der Praxis „testen". Auch einige Personen, die das Buch zum Selbststudium verwendeten, äußerten sich entsprechend positiv. Um nur eine der zahlreichen Reaktionen zu zitieren: Kurt Holm stellt in bezug auf die „Repräsentative Umfrage" fest, dass es „... gelungen ist, ein Lehrbuch auf hohem Niveau zu schreiben. Ich wünsche dem Buch eine große Verbreitung"[5]. In der Zeitschrift „Publizistik" (Heft 1, 1999) schrieb Wolfgang Eichhorn in seiner Besprechung: „Für Lehrende, die eine Veranstaltung mit den kombinierten Schwerpunkten ‚Befragung' und ‚Statistik' durchführen wollen, ist der vorliegende Band eine interessante Alternative".

Bei aller positiven Resonanz: Ein Punkt hat gelegentlich für Missverständnisse gesorgt, nämlich die im Untertitel angesprochene „Praxisorientierung". Damit assoziierten einige Leser, das Werk sei mit besonders vielen Beispielen aus der Praxis versehen. Dies ist aus Platzgründen ohne deutliche Abstriche bei den Inhalten leider nicht machbar. Mit „Praxisorientierung" ist im Untertitel gemeint, dass in erster Linie solche Inhalte besprochen werden, die für die Forschungspraxis besondere Bedeutung haben. So wurde zum Beispiel auf die Darstellung der Randomized-Response-Technik oder von Zusammenhangsmaßen für das Ordinalskalenniveau verzichtet – nicht, weil diese Technik bzw. diese Maßzahlen „unwichtig" wären, sondern weil sie in der Praxis kaum zum Einsatz kommen. Andererseits wird der *theoretische* Hintergrund der Berechnung und Interpretation von Konfidenzintervallen oder von Signifikanztests, die in der praktischen Forschung von enormer Bedeutung sind, ausführlich besprochen.

Vorwort zur vierten Auflage

Die nunmehr notwendig gewordene vierte Auflage wurde um zwei Kapitel – zur Partielkorrelation und zu Lamda-Maßzahlen – erweitert, da sich dies beim Gebrauch des Buches im Rahmen von Seminaren als sinnvolle Ergänzung erwiesen hat. Ferner sind in einem abschließenden Kapitel 9 die wichtigsten Möglichkeiten und Grenzen der Umfrageforschung nochmals in der Zusammenschau dargestellt. Ansonsten blieb der Text, abgesehen von gelegentlichen Korrekturen, unverändert.

Siegfried Schumann

---

[5] Die Äußerung stammt aus einer persönlichen Mitteilung von Herrn Prof. Holm und wird mit seiner ausdrücklichen Genehmigung zitiert.

Inhalt

1 Wissenschaftstheoretische Vorbemerkungen

Sowohl die Anlage repräsentativer Umfragen als auch deren Analyse erfolgen nicht im wissenschaftstheoretisch „leeren Raum". Sie stützen sich im Gegenteil auf ein ganz bestimmtes Wissenschaftsverständnis, das in diesem Kapitel in groben Zügen dargestellt wird. Auch wenn das Kapitel sehr kurz gehalten ist und die Lektüre eine Einführung in die Wissenschaftstheorie nicht ersetzen kann, stellt es dennoch keine unwesentliche „Pflichtübung" zu Beginn des „eigentlichen" Buches dar. Ganz im Gegenteil: Wer sich für die Durchführung einer repräsentativen Umfrage entscheidet, der akzeptiert damit in aller Regel bestimmte wissenschaftstheoretische Vorstellungen – etwa darüber, welche Aussagen *überhaupt* prüfbar sind und welche nicht. Ferner wird, grundlegender noch, stillschweigend davon ausgegangen, dass die Welt – auch im sozialen Bereich – aus Gegenständen besteht, die verschiedene Merkmale aufweisen[1], wobei die Beziehungen zwischen diesen Merkmalen (oder auch die Merkmale selbst) festen Regeln oder Gesetzen[2] unterworfen sind. Damit akzeptiert man in letzter Konsequenz auch den Gedanken einer „Einheitswissenschaft", d.h. naturwissenschaftliche Erfahrungswissenschaften wie Physik oder Chemie unterscheiden sich von Sozialwissenschaften wie Soziologie, Psychologie oder Politikwissenschaft nach diesem Verständnis nur durch den zentralen Forschungsgegenstand, nicht jedoch durch die grundlegenden Forschungsprinzipien. Diese Annahme ist keineswegs unumstritten. Interaktionistisch orientierte Theoretiker beispielsweise würden dem heftig widersprechen, ebenso wie die meisten qualitativ arbeitenden Forscherinnen und Forscher[3]. Repräsentative Umfragen werden in aller Regel im Rahmen von „**quantitativer empirischer Sozialforschung**" (oder auch nur kurz „empirischer Sozialforschung")[4] durchgeführt. „Empirische" Forschung bedeutet dabei, dass *Wahrnehmungen über die Realität* den Maßstab darstellen, anhand dessen beurteilt wird, ob eine Aussage (vorläufig) als „wahr" akzeptiert wird oder nicht. Mit „quantitativer" Vorgehensweise ist gemeint, dass man versucht, das Auftreten von Merkmalen und ggf. deren Ausprägung durch *Messung* (Quantifizierung) zu erfassen.

---

[1] Weder die Gegenstände, noch deren Merkmale müssen dabei direkt beobachtbar sein.
Ein nicht direkt beobachtbares *Merkmal* wäre etwa die „Extraversion" oder die „Autoritätsgläubigkeit" eines Menschen. Die *Gegenstände* sind bei repräsentativen Umfragen in der Regel Menschen. Damit sind sie unmittelbar beobachtbar – im Gegensatz beispielsweise zu Atomen oder elektromagnetischen Wellen, die wichtige Gegenstände der Physik darstellen.

[2] Mit dem Begriff „Gesetz" ist in diesem Kontext nicht unbedingt ein *deterministischer* Zusammenhang gemeint. Man könnte auch von „Regelmäßigkeiten" oder „Gesetzmäßigkeiten" anstatt von Gesetzen sprechen.

[3] Einen kurzen Überblick über die Abgrenzung der „Erfahrungswissenschaften" von anderen Wissenschaften sowie innerhalb der Erfahrungswissenschaften über die Abgrenzung zwischen quantitativer und qualitativer empirischer Sozialforschung gibt Kromrey [12](2009: 15–24).
Eine kurze Übersicht zur Diskussion darüber, ob quantitative empirische Sozialforschung, wie sie im vorliegenden Buch beschrieben wird, überhaupt als eine ihrem Gegenstand *angemessene* Form sozialwissenschaftlicher Forschung betrachtet werden kann, ist in Schnell u.a. [9](2011: 84–102) aufgeführt.
Das Verhältnis zwischen quantitativer und qualitativer empirischer Sozialforschung ist, verbunden mit einer entsprechenden Literaturübersicht, überblicksartig in Garz/Kraimer (1991: 1–20) beschrieben.

[4] Dieser Sprachgebrauch hat sich zwar eingebürgert, ist aber insofern nicht ganz korrekt, als auch andere (z.B. qualitativ orientierte) Forschungsrichtungen den Anspruch erheben, empirisch (d.h. erfahrungswissenschaftlich) zu arbeiten.

Aussagen[5]

Akzeptiert man den oben skizzierten Standpunkt, dann besteht eine wichtige Aufgabe der Wissenschaft darin, Gesetze, die nach unserer Vorstellung in den verschiedenen Bereichen „der Welt" herrschen, zu überprüfen. Sprachlich ausgedrückt werden sie in „Aussagen", und zwar in **empirischen Aussagen**[6]. Empirische Aussagen sind empirisch wahr oder falsch. Sie sagen etwas darüber aus, ob ein bestimmter Sachverhalt oder ein Zusammenhang vorliegt oder nicht. Tafel 1-1 zeigt *eine* Möglichkeit, empirische Aussagen einzuteilen. Auf diese Einteilung wird weiter unten Bezug genommen.

Tafel 1-1:   Einteilung empirischer Aussagen nach dem Umfang ihres Geltungsbereichs

Existenzaussage		Allaussage	
reine Existenzaussage	raum-zeitlich abgegrenzte Existenzaussage	raum-zeitlich abgegrenzte Allaussage	streng allgemeine Aussage
Beispiele: Es gibt Staaten, in denen Korruption auftritt. Es gibt Menschen, die aggressiv werden, wenn sie frustriert werden.	Beispiele: Es gibt *heute in Europa* Staaten, in denen Korruption auftritt. Es gibt Menschen *in entwickelten Industrienationen*, die aggressiv werden, wenn sie frustriert werden.	Beispiele: In allen Staaten *Europas* tritt *heute* Korruption auf. Alle Menschen *in entwickelten Industrienationen* werden aggressiv, wenn sie frustriert werden.	Beispiele: In allen Staaten tritt Korruption auf. Alle Menschen werden aggressiv, wenn sie frustriert werden. (Wenn ein Mensch frustriert wird, dann wird er aggressiv.)

kursiv: raum-zeitliche Abgrenzung

[handwritten: hauptsächlich betrachtet]

Gegenstand der quantitativen empirischen Sozialforschung sind in aller Regel **korrelative Aussagen**. Korrelative Aussagen behaupten Zusammenhänge zwischen dem Auftreten verschiedener Sachverhalte oder zwischen den Ausprägungen verschiedener Merkmale. Man unterscheidet dabei ***deterministische Aussagen***[7] (Wenn X, dann *immer* Y), ***probabilistische Aussagen*** (Wenn X, dann mit einer Wahrscheinlichkeit von p Prozent Y), und ***stochastische Aussagen***[8]. Korrelative Aussagen werden dann **kausale Aussagen** genannt, wenn sie behaupten, X sei die *Ursache* von Y[9]. Kausale Aussagen werden meist in der Form von Wenn-Dann- oder Je-Desto-Aussagen formuliert.

---

5   Dieser Abschnitt orientiert sich an Patzelt [6](2007: 86–97), wo „Aussagen als Produkt und Werkstoff von Wissenschaft" ausführlich behandelt sind.

6   Im Unterschied beispielsweise zu **normativen Aussagen**, also Werturteilen oder Aussagen darüber, was sein soll (Handlungsanweisungen).

7   Wissenschaftliche Fächer, die sich hauptsächlich mit deterministischen Aussagen beschäftigen, werden **nomothetische** Disziplinen genannt. **Idiographische** Disziplinen nennt man im Gegensatz dazu Fächer, die nicht versuchen, Regelmäßigkeiten aufzudecken, sondern Einzelfälle zu beschreiben.

8   Stochastische Aussagen behaupten Zusammenhänge zwischen Zufallsgrößen (Zufallsvariablen; vgl. Kapitel 6.1), wobei die Zufallsgrößen jeweils außer vom Zufall noch von einer oder mehreren Variablen abhängen.

9   Genauer: „Einen Vorgang ‚kausal erklären' heißt, einen Satz, der ihn beschreibt, aus *Gesetzen und Randbedingungen* deduktiv abzuleiten" (Popper, [10]1994: 31). Statt „Satz" könnte man dabei auch „Aussage" sagen. Zu „Gesetzen und Randbedingungen" vgl. Tafel 1–4 weiter unten in Text.

Begriffe

Aussagen setzen sich aus miteinander verknüpften Wörtern und Wortkombinationen zusammen. Betrachten wir zum Beispiel folgende Aussage, von der wir annehmen, sie gelte für alle wahlberechtigten Bundesbürger:[10]

> Wenn eine Person gewerkschaftlich gebunden ist, dann ist ihr die SPD unter allen Parteien des Parteienspektrums am sympathischsten.

Auch wenn diese Aussage auf den ersten Blick sehr präzise formuliert aussehen mag, ein zweiter Blick lässt rasch erkennen, dass in ihr Wörter und Wortkombinationen verwendet werden, deren Bedeutung nicht ganz klar ist. Nehmen wir beispielsweise „gewerkschaftlich gebunden" bzw. substantiviert: „Gewerkschaftsbindung". Von zwei Personen, die darlegen sollen, was sie sich unter „Gewerkschaftsbindung" vorstellen, könnte die eine – eine Studentin – antworten: „Die Ansicht, dass Gewerkschaften *Werte* vertreten, die sich am ehesten mit den eigenen Werten decken, und eine daraus resultierende ‚geistige Nähe' zu den Gewerkschaften", während die andere Person – ein Arbeiter – sagen könnte: „Die Ansicht, dass die Gewerkschaften (konkrete) *politische Maßnahmen* durchsetzen, die dem ‚kleinen Mann' das Leben erleichtern, und eine Befürwortung der Gewerkschaften aus diesem Grund". Beide Personen verbinden mit dem Wort „Gewerkschaftsbindung" unterschiedliche **Vorstellungsinhalte**. (unterschiedliche Interpretationen)

Der Ausgang unseres Gedankenexperiments ist nicht verwunderlich. Wenn wir ein Wort (oder allgemein: ein sprachliches Zeichen) wie „Gewerkschaftsbindung" verwenden, dann verbinden wir damit einen Vorstellungsinhalt, der „in unserem Kopf" existiert, nicht jedoch die entsprechenden **Phänomene**[11] selbst. Ein Vorstellungsinhalt ist nur ein mehr oder weniger vollständiges **Modell** hiervon, das der Realität mehr oder weniger gerecht wird und sich auf einen mehr oder weniger großen Ausschnitt derselben bezieht. Anhand von Tafel 1-2 ist dieser Gedankengang nochmals nachvollziehbar.

Unter einem „**Begriff**"[12] wird im folgenden ein Wort (bzw. eine Wortkombination) verstanden, das einen bestimmten Vorstellungsinhalt repräsentiert[13]. In Tafel 1-2 ist diese Definition

---

[10] Dieses Beispiel wird im gesamten Kapitel 1 zu Demonstrationszwecken verwendet!

[11] Genau genommen, muss von **Klassen empirischer Phänomene** gesprochen werden, weil sich die für die empirische Forschung interessanten Vorstellungsinhalte in aller Regel nicht auf einzelne, konkret an einem bestimmten Ort zu einer bestimmten Zeit auftretende Phänomene beziehen, sondern auf (nach bestimmten Regeln gebildete) übergeordnete Klassen hiervon. Mit dem Wort „Angst" beispielsweise wird nicht nur ein einzelnes, konkretes Phänomen beschrieben, wie es am 23. Januar 2005 um 14.00 Uhr bei Frau Herrmann in Potsdam in der Hauptstr. 23 auftrat, als sie einen Einbrecher an der Wohnungstür hörte, sondern eine Kategorie von Phänomenen, in die das genannte Einzelphänomen fällt.

[12] Die nachfolgenden Ausführungen beziehen sich nur auf **deskriptive Begriffe**, nicht jedoch auf **logische Begriffe** wie „und", „wenn" etc. (die sich *nicht* auf empirische Phänomene beziehen und deren Bedeutung in der Regel klar ist). Unter „deskriptiven Begriffen" verstehe ich alle Begriffe, die sich auf empirische Phänomene beziehen – egal, wie einfach oder schwer diese Phänomene zu beobachten sind. Die entsprechenden Vorstellungsinhalte werden durch **direkte Beobachtungstermini** (diese beziehen sich auf direkt und einfach beobachtbare Phänomene; Beispiel: „Frau"), **indirekte Beobachtungstermini** (diese beziehen sich auf indirekt beobachtbare Phänomene; Beispiel: „Gewicht") und durch Termini, die sich auf **theoretische Konstrukte** beziehen (sie beziehen sich auf Phänomene, die weder direkt noch indirekt beobachtet werden können, die jedoch aufgrund von Beobachtungen definiert werden können; Beispiel: „Pünktlichkeit"), bezeichnet.

[13] Das Wort *allein* ist noch kein Begriff!

veranschaulicht. Als zusätzliches Beispiel diene das Wort „Sonnenuntergang". Ein Spanier –
ohne Kenntnis der deutschen Sprache – kann dieses Wort zwar hören, lesen und vielleicht
auch sprechen, es „sagt" ihm jedoch nichts. Ein „Begriff" entsteht erst, wenn das Wort mit
einem Vorstellungsinhalt verbunden wird. Erst dann repräsentiert es einen Vorstellungsinhalt,
der sich auf die entsprechende, am Abendhimmel oft (in unzähligen konkreten Erscheinungs-
formen) zu beobachtende Klasse von Phänomenen bezieht. Die in der Realität auftretenden
Phänomene werden auch **Designata** (Singular: Designat) genannt.

Tafel 1-2:   Begriffe, empirische Phänomene, Wörter und Vorstellungsinhalte:
              Eine Übersicht

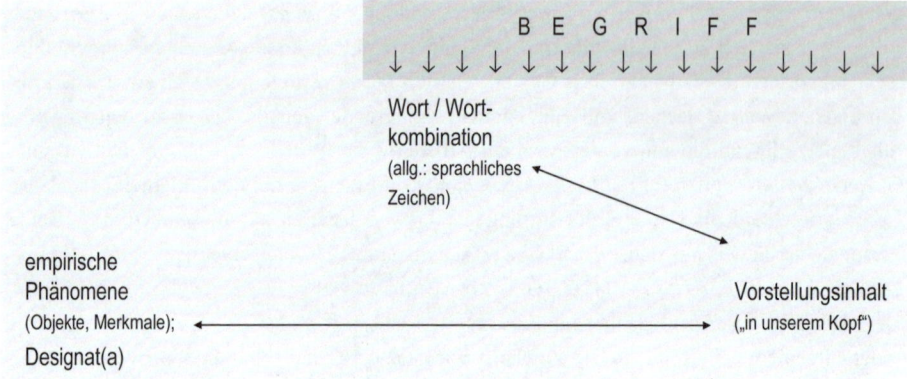

Nominaldefinition

Kommen wir zurück zu unserem Gedankenexperiment. Offenbar ist unklar, was in der Aussage: „*Wenn eine Person gewerkschaftlich gebunden ist, dann ist ihr die SPD unter allen Parteien des Parteienspektrums am sympathischsten*" unter dem Begriff „Gewerkschaftsbindung"
zu verstehen ist. Zwei Wissenschaftler, die sich über die Auswirkungen einer langjährigen
Gewerkschaftsbindung unterhalten, könnten aneinander vorbei reden, wenn nicht klar ist,
welche Vorstellungsinhalte das Wort „Gewerkschaftsbindung" repräsentieren soll[14]. Um dies
zu vermeiden, werden in der empirischen Forschung die jeweils zentralen Ausdrücke (Wör-
ter/Wortkombinationen) definiert. Hierzu verwendet man **Nominaldefinitionen**. Im vorliegenden Fall könnte die Nominaldefinition eines Forschers verbal lauten: „Ich nenne eine

---

ACHTUNG: Im Gegensatz zu dieser Definition wird von manchen Autoren unter „Begriff" *nur* ein Vorstellungsinhalt – *ohne* ein zugehöriges sprachliches Zeichen – verstanden!

[14] Ein noch deutlicheres Beispiel: Gordon W. Allport (zit. nach Herrmann, [6]1991: 19) berichtete schon 1937
über 50 verschiedene Verwendungsweisen des Begriffs „Persönlichkeit". Man stelle sich auf diesem Hintergrund eine Diskussion von zehn Personen, die alle unterschiedliche Vorstellungsinhalte mit dem Wort „Persönlichkeit" verbinden, über die „Auswirkung der Persönlichkeit von Schulabgängern auf ihren späteren Be-
rufserfolg" vor!

Person dann ‚gewerkschaftlich gebunden‘, wenn sie Gewerkschaftsmitglied ist und Sympathie für die Gewerkschaften empfindet" oder formal:

Gewerkschaftsbindung	= df.	Gewerkschaftsmitgliedschaft plus: Empfinden von Sympathie für die Gewerkschaften[15].

Nominaldefinitionen sind **reine sprachliche Konventionen**. Ein Ausdruck, dessen Bedeutung als *bekannt* vorausgesetzt wird, wird dem zu definierenden Ausdruck zugewiesen, um möglichst klarzumachen, welche empirischen Phänomene dem betreffenden Wort (oder der Wortkombination) zuzuordnen sind[16]. Der zu definierende Ausdruck, das **Definiendum**, und der zur Definition herangezogene Ausdruck, das **Definiens**, sind identisch. Nominaldefinitionen können damit nicht (empirisch) „richtig" oder „falsch" sein. Ein extremes Beispiel: Auch die Nominaldefinition: „Ich nenne eine Person dann ‚gewerkschaftlich gebunden–, wenn sie Schuhgröße 42 hat", wäre nicht falsch, sondern nur (sehr) unzweckmäßig, weil sie mit unserem Alltagsverständnis von „Gewerkschaftsbindung" nichts gemein hat.

An diesem extremen Beispiel wird auch deutlich: Nominaldefinitionen sagen nichts über das „Wesen" der empirischen Phänomene, die der zu definierende Ausdruck bezeichnet, aus[17].

Indikatorenbildung und Operationalisierung

Sollen Aussagen wie das Eingangsbeispiel: „*Wenn eine Person gewerkschaftlich gebunden ist, dann ist ihr die SPD unter allen Parteien des Parteienspektrums am sympathischsten*" empirisch geprüft werden, dann genügt es nicht, die verwendeten Ausdrücke (sofern sie nicht ohnehin „völlig klar" sind) nominal zu definieren. Erstens müssen zusätzlich für Begriffe, die sich auf *nicht unmittelbar beobachtbare* Phänomene beziehen (zum Beispiel „Gewerkschaftsbindung"), geeignete Indikatoren gefunden werden (zum Beispiel der Besitz eines gültigen Mitgliedsausweises und das Bekunden von Sympathie für die Gewerkschaften). „Unter Indikatoren sind direkt wahrnehmbare Phänomene (‚Ersatzgrößen‘, ‚Stellvertreter‘) zu verstehen, mit deren Hilfe man begründet auf das Vorliegen des nicht unmittelbar wahrnehmbaren Phä-

---

[15] Das Zeichen „= **df.**" verbindet Definiendum (den zu definierenden Ausdruck) und Definiens (den zur Definition herangezogenen Ausdruck). Es zeigt an, dass eine *Nominaldefinition* vorgenommen wird.
Um die Lesbarkeit dieses Buches für Benutzer, die Kapitel 1 übersprungen haben, zu erhöhen, wird die dargestellte formale Definitionsweise – trotz ihrer Zweckmäßigkeit – nicht weiter verwendet.

[16] Falls sich herausstellt, dass die als „bekannt" vorausgesetzten Ausdrücke doch nicht eindeutig sind, können diese ihrerseits in der geschilderten Weise nominal definiert werden. Um einen **unendlichen Regress** zu vermeiden, kann dieses Vorgehen jedoch nicht unendlich fortgesetzt werden. An irgendeinem Punkt muss als „klar" vorausgesetzt werden, welche Vorstellungsinhalte die zur Definition herangezogenen Ausdrücke repräsentieren, womit letztlich eine Sprachgemeinschaft vorausgesetzt wird.

[17] Genau dies, die Erfassung des „Wesens" der betreffenden empirischen Phänomene, ist die Zielsetzung einer sogenannten **Realdefinition**. Realdefinitionen spielen in der empirisch-quantitativen Forschung kaum eine Rolle und werden deshalb hier nicht weiter besprochen. Die Unterschiede zwischen Nominal- und Realdefinitionen, die letzlich auf die unterschiedlichen Auffassungen von Begriffsnominalismus und Begriffsrealismus zurückgehen, sind ausführlich in Kromrey [12](2009: 151–158) dargestellt.

nomens schließen zu dürfen glaubt" (Prim u.a., [8]2000: 49). Zweitens muss in jedem Falle entschieden werden, wie im Rahmen einer empirischen Prüfung die einzelnen Sachverhalte **gemessen** werden – also zum Beispiel, wie empirisch ermittelt wird, ob der Sachverhalt „Besitz eines gültigen Mitgliedsausweises" und das „Bekunden von Sympathie für die Gewerkschaften" bei einer Person vorliegt oder nicht. Mit anderen Worten: Es müssen entsprechende **Operationalisierungen** vorgenommen werden.

Schon die Tatsache, ob jemand einen gültigen Mitgliedsausweis besitzt oder nicht, kann in einer Umfrage auf unterschiedliche Weise ermittelt werden, etwa durch Vorzeigen eines gültigen Mitgliedsausweises (den allerdings der Interviewte trotz Mitgliedschaft gerade nicht zur Hand haben könnte) oder durch Selbstauskunft (wobei in diesem Fall der Interviewte – weshalb auch immer – mogeln könnte). Wann also wird bei einem Interviewten der Besitz eines gültigen Mitgliedsausweises festgestellt? Und wann das „Bekunden von Sympathie für die Gewerkschaften"? Tafel 1-3 zeigt einige Beispiele[18] für entsprechende Fragen. Man muss sich erstens für eine der **Frageformulierungen** entscheiden und zweitens festlegen, welche **Antworten** für das „Bekunden von Sympathie für die Gewerkschaften" stehen und welche nicht. Diese Entscheidungen haben letztlich Einfluss darauf, ob wir bei einem Befragten – gesetzt den Fall, er besitzt einen Mitgliedsausweis – eine Gewerkschaftsbindung feststellen oder nicht. Damit beeinflussen diese Entscheidungen auch das Ergebnis, zu dem wir gelangen, wenn wir die Aussage: *„Wenn eine Person gewerkschaftlich gebunden ist, dann ist ihr die SPD unter allen Parteien des Parteienspektrums am sympathischsten"* einer Prüfung unterziehen[19].

Aus wissenschaftstheoretischer Sicht sind mit dem beschriebenen Vorgehen zwei Probleme verbunden: Erstens das **Korrespondenzproblem**. Ist der „Besitz eines gültigen Mitgliedsausweises" plus das „Bekunden von Sympathie für die Gewerkschaften" ein treffender Indikator für das Vorliegen einer „Gewerkschaftsbindung"? Zweitens stellt sich die Frage, ob bei der praktischen Durchführung entsprechender Messungen **Messergebnisse von „akzeptabler Qualität"** erzielt werden (vgl. hierzu genauer Kapitel 2!).

Tafel 1-3:   Beispielfragen zur Erfassung des „Bekundens von Sympathie für die Gewerkschaften"

Wie sympathisch oder unsympathisch sind Ihnen die Gewerkschaften?	Wie beurteilen Sie die Gewerkschaften? (bitte ankreuzen)	Wie beurteilen Sie die Gewerkschaften? (bitte ankreuzen)	Bitte geben Sie nun den Gewerkschaften „Schulnoten".
Bitte antworten Sie möglichst in einem Satz. _____ _____	o positiv o negativ	o positiv o teils positiv, teils negativ o negativ	1 bedeutet, dass Sie sehr viel von ihnen halten und 6, dass Sie sehr wenig von ihnen halten. Mit den Werten dazwischen können Sie Ihre Beurteilung abstufen. NOTE: ____

---

[18] Weitere Beispiele ließen sich mühelos konstruieren bzw. in der Forschungsliteratur auffinden.
[19] Nach welchen Regeln dies geschieht, ist weiter unten dargelegt.

Intersubjektive Nachprüfbarkeit

Eine wichtige Forderung der quantitativen empirischen Sozialforschung verlangt die intersubjektive Nachprüfbarkeit von Forschungsergebnissen. Mit anderen Worten: **Jede empirische Prüfung einer Aussage muss für andere Forscher nachvollziehbar sein**. Treten Zweifel am Ergebnis der Prüfung auf, dann muss die Prüfung (zumindest prinzipiell[20]) wiederholbar sein. Dies funktioniert nur, wenn die **Operationalisierungen offengelegt** werden.

Operationale Definition

Man kann den oben dargelegten Gedanken der Operationalisierung (als Messanweisung) noch weiter treiben und diese **Operationalisierung selbst zu einer Definition erheben**[21]. In diesem Fall spricht man von einer „operationalen Definition"[22]. In unserem Beispiel könnte dies etwa so aussehen:

Gewerkschaftsbindung = df.   Die befragte Person belegt mit einem gültigen Ausweis ihre Gewerkschaftsmitgliedschaft **und** kreuzt „positiv" an, wenn sie die Frage nach der Beurteilung der Gewerkschaften, so wie sie in Tafel 1-3 in der zweiten Spalte formuliert ist, vorgelegt bekommt.

Diese Art des Definierens ist zwar sehr präzise und eindeutig, sie beinhaltet jedoch das Problem, dass die so gebildeten Begriffe leicht insofern zu eng gefasst werden, als andere Operationalisierungen (im Sinne von Messanweisungen), die exakt denselben Sachverhalt erfassen, ausgeklammert bleiben. Im obigen Beispiel ist es schwer einzusehen, warum – z.B. bei der Analyse eines fremden, nicht selbst erhobenen Datensatzes – einem Befragten mit gültigem Mitgliedsausweis keine „Gewerkschaftsbindung" attestiert werden sollte, nur weil bei ihm die positive Beurteilung der Gewerkschaften nicht mit der zweiten Frage von links aus Tafel 1-3 erhoben wurde, sondern mit der „Schulnotenfrage" rechts außen, auch wenn er dort mit „1" (halte sehr viel von den Gewerkschaften) geantwortet hat. Zu umgehen ist dieses Problem über Zuordnungsregeln, die etwa in unserem Beispiel besagen, dass die „Note 1" dem „Kreuz bei ‚positiv'" entspricht. Operationale Definitionen werden dennoch in den Sozialwissenschaften relativ selten verwendet.

---

[20] In manchen Fällen ist dies allerdings aus technischen oder finanziellen Gründen nicht oder nur mit unvertretbar hohem Aufwand möglich.

[21] Mit diesem Vorgehen ist es möglich, das *Korrespondenzproblem* (siehe oben) zu umgehen!

[22] Im Gegensatz zur Nominaldefinition, bei der lediglich *sprachliche* Zuweisungen erfolgen, wird bei der operationalen Definition ein Bezug zwischen dem zu definierenden Ausdruck und der Realität hergestellt – ein Schritt, der bei einer Nominaldefinition, wie oben dargestellt, gesondert erfolgt.

Die Form einer wissenschaftlichen (deduktiv-nomologischen) Erklärung

Zurück zu der Aussage: *„Wenn eine Person gewerkschaftlich gebunden ist, dann ist ihr die SPD unter allen Parteien des Parteienspektrums am sympathischsten".* Nehmen wir an, alle Ausdrücke seien hinreichend definiert, so dass „klar" ist, auf welche Designata sie sich beziehen. Es stellt sich dann immer noch folgendes Problem: Das angesprochene Gesetz ist empirisch nicht – auch nicht mit Hilfsmitteln – beobachtbar. Beobachtbar sind lediglich die **Auswirkungen** des Gesetzes in konkreten „Fällen", etwa bei Befragten. Wir können nur einzelne Individuen beobachten (oder befragen) und müssen anhand der dabei ermittelten Ergebnisse auf die Gültigkeit der Wenn-Dann-Aussage schließen.

Tafel 1-4 zeigt zunächst die generelle Form einer **wissenschaftlichen Erklärung,** und hieraus wird deutlich, wie die offenbar benötigte Verbindung zwischen allgemeinem Gesetz (repräsentiert durch die Wenn-Dann-Aussage) und beobachtbarem Einzelfall herstellbar ist.

Tafel 1-4:   Zur Form einer wissenschaftlichen Erklärung:

Gesetz (repräsentiert durch eine Wenn-Dann-Aussage) [23]	Explanans	allgemeingültig	Wenn eine Person gewerkschaftlich gebunden ist, dann ist ihr die SPD am sympathischsten.
Randbedingungen[24] (individuelle Gegebenheiten)		konkreter Fall	Herr Müller ist gewerkschaftlich gebunden.
zu erklärendes Phänomen	Explanandum		Herrn Müller ist die SPD am sympathischsten.

Das dargestellte Verfahren wird **deduktives Schließen** (oder kurz: **Deduktion**) genannt. Wenn ein allgemeines Gesetz, repräsentiert durch die Wenn-Dann-Aussage, wahr ist und die entsprechenden Randbedingungen oder individuellen Gegebenheiten („Wenn-Komponente") vorliegen, dann ist aus diesen beiden Informationen logisch korrekt eine Konklusion abzuleiten, die besagt, dass ein bestimmtes Phänomen („Dann-Komponente") auftritt. Die Wenn-Dann-Aussage **erklärt,** warum bei entsprechenden Randbedingungen das betreffende Phänomen (Explanandum) auftritt. Für unser Beispiel ist dieser Vorgang stichwortartig in der rechten äußeren Spalte nachvollzogen. Die Wenn-Dann-Aussage und die Randbedingungen werden dabei als „Explanans" (das Erklärende) bezeichnet und das zu erklärende Phänomen als

---

[23] ACHTUNG: Oft wird eine *deterministische Wenn-Dann-Aussage,* sofern sie gut bewährt ist, auch als „Gesetz" bezeichnet. Dieser Sprachgebrauch kann jedoch zu Missverständnissen führen (vgl. Patzelt, [6]2007: 89) und wird deshalb hier nicht verwendet.

[24] Auch: **Anfangsbedingungen, Ausgangsbedingungen** oder **Antezedenzbedingungen** genannt. Statt Randbedingungen kann natürlich auch nur eine einzige Randbedingung angegeben sein!

„Explanandum" (das zu Erklärende). Aus einem **allgemeingültigen** Gesetz[25] wird auf einen **konkreten** Fall geschlossen, und damit ist die oben geforderte Verbindung hergestellt.

Es kann ferner festgestellt werden, **ob die Wenn-Dann-Aussage empirisch falsch ist**[26]. Sie ist dann falsch, wenn in einem konkreten Fall – bei Vorliegen der entsprechenden Randbedingungen – das zu erklärende Phänomen *nicht* auftritt, wenn wir also in unserem Beispiel einen wahlberechtigten Bundesbürger finden, der gewerkschaftlich gebunden ist, dem aber eine andere Partei als die SPD am sympathischsten ist. Dieser Gedanke wird im Absatz über das **Falsifikationsprinzip** wieder aufgegriffen.

Leider kann *nicht* festgestellt werden, **ob die Wenn-Dann-Aussage empirisch wahr ist**. Auch wenn tausende von Einzelbeobachtungen in konkreten Fällen mit der Wenn-Dann-Aussage in Einklang stehen, ist es möglich, dass weitere Einzelbeobachtungen mit der Wenn-Dann-Aussage nicht in Einklang stehen. Auch dieser Gedanke wird im Absatz über das Falsifikationsprinzip wieder aufgegriffen.

Geltungsbereich von Wenn-Dann-Aussagen

Weiter oben wurde bereits darauf hingewiesen, dass in der empirisch-quantitativen Wissenschaft in der Regel Gesetze, ausgedrückt in Wenn-Dann-Aussagen, untersucht werden. Im Idealfall handelt es sich dabei um **universal geltende**, räumlich und zeitlich nicht eingeschränkte Gesetze[27]. Die in den Sozialwissenschaften untersuchten Wenn-Dann-Aussagen sind allerdings in der Regel raum-zeitlich eingeschränkt, was ihren wissenschaftlichen Wert (gemessen an dieser „Messlatte") entsprechend schmälert[28]. Werden Wenn-Dann-Aussagen mit **extrem** eingeschränktem Geltungsbereich untersucht, beispielsweise solche, die nur für die anwesenden Teilnehmer eines Statistik-Kurses an einem bestimmten Tag und an einem bestimmten Ort gelten, dann sind diese Untersuchungen, wie unmittelbar einsichtig, weitgehend wissenschaftlich wertlos. Wie gesagt, werden beim derzeitigen Stand der Forschung raum-zeitlich nicht eingeschränkte Wenn-Dann-Aussagen kaum untersucht. Auch der Geltungsbereich in unserem Beispiel ist auf wahlberechtigte Bundesbürger beschränkt. Die genannten Überlegungen sollten jedoch klarmachen, dass der Geltungsbereich von Wenn-Dann-Aussagen in der Regel **möglichst wenig eingeschränkt** werden sollte.

---

[25] Bzw. einem Gesetz, das innerhalb einer bestimmten raum-zeitlichen Einschränkung allgemeingültig ist.

[26] Hierzu Popper (1993: 116) „Die deduktive Logik ist nicht nur die Theorie der *Übertragung der Wahrheit* von Prämissen auf die Konklusion, sondern gleichzeitig auch umgekehrt die Theorie der *Rückübertragung der Falschheit* von der Konklusion auf wenigstens eine der Prämissen".

[27] Gut bewährte deterministische Wenn-Dann-Aussagen, die weder räumlich noch zeitlich eingeschränkt sind, werden **„nomologische Aussagen"** genannt.

[28] Wenn ein „Gesetz" z.B. nur für „entwickelte Industrienationen" (wie auch immer definiert) gilt, dann ist es kein *universales* Gesetz mehr, nach dem die Wissenschaft letztlich sucht. Ein universales Gesetz müsste Sachverhalte, bei deren Vorliegen wir von „entwickelten Industrienationen" sprechen, mit berücksichtigen. Damit würde es als Spezialfall (beim Vorliegen der entsprechenden Sachverhalte) auch für entwickelte Industrienationen gelten.

Die Grundidee des Falsifikationsprinzips

Wie kann nun die **empirische Wahrheit einer Wenn-Dann-Aussage**, wie in unserem Beispiel: *„Wenn eine Person gewerkschaftlich gebunden ist, dann ist ihr die SPD unter allen
Parteien des Parteienspektrums am sympathischsten"*, untersucht werden? Die Antwort aus
der Sicht der empirisch-quantitativen Forschungsmethodologie in der Tradition des kritischen
Rationalismus (s.u.) heißt: Man konfrontiere die Aussage, wie in Tafel 1-4 demonstriert, mit
der Realität und versuche nachzuweisen, dass die Aussage **nicht** zutrifft. Mit anderen Worten:
Man versuche, sie zu **falsifizieren**. Gelingt dieser Versuch, so ist die Aussage falsch – zumindest, sofern die Beobachtungen für den „konkreten Fall" (vgl. Tafel 1-4) zutreffend sind[29].
Misslingt er (was der Wissenschaftler in der Regel[30] hofft), wird die Aussage **vorläufig** als
„wahr" (oder besser: „bewährt") akzeptiert, bis ein neuerlicher Falsifikationsversuch „erfolgreich" verläuft, die Aussage falsifiziert wird, und damit als „falsch" erkannt wird[31]. Grund für
die etwas komplizierte Art der Wahrheitsprüfung ist, dass Wenn-Dann-Aussagen grundsätzlich nicht empirisch **verifiziert** werden können[32], d.h. ihre Wahrheit kann nicht ein für alle-
mal festgestellt werden[33]. Unser Beispiel zeigt dies: Egal, wie viele Personen wir befragen
(oder anderswie untersuchen): Selbst wenn wir bei allen gewerkschaftlich gebundenen Test-
personen feststellen sollten, dass ihnen die SPD unter den Parteien des Parteienspektrums am
sympathischsten ist, ist die Aussage damit nicht verifiziert. Schon bei der nächsten Testperson
kann es passieren, dass die Wenn-Dann-Aussage nicht zutrifft und sich somit als „falsch"
erweist[34]. Die *Falschheit* der Wenn-Dann-Aussage kann dagegen festgestellt werden – wieder
vorausgesetzt, dass die Beobachtungen für den „konkreten Fall" (vgl. Tafel 1-4) zutreffend
sind. Im vorliegenden Beispiel genügt hierzu sogar eine einzige (nicht erwartungskonform
handelnde) Testperson[35].

---

[29] Diese Einschränkung ist sehr wichtig (vgl. die Ausführungen zum „Basissatzproblem" weiter unten).

[30] ... und *entgegen* dem Anliegen Poppers!

[31] Was hier dargestellt wurde, ist die Sichtweise des sogenannten **„naiven Falsifikationismus"**, der sich in
dieser reinen Form als nicht sinnvoll erwiesen hat und auch kaum praktiziert wird. Zur Verdeutlichung der
Grundidee des Falsifikationsprinzips genügt diese Darstellung jedoch meines Erachtens.
Eine Weiterentwicklung stellt der **„methodologische Falsifikationismus"** dar. Er räumt ein, dass Basissätze
falsch sein können (auf dieses Problem wird weiter unten eingegangen) und dass daher eine Falsifikation, so
wie sie oben dargestellt wurde, strenggenommen nicht möglich ist, sondern auf *Annahmen* oder *Vereinbarun-
gen* über die Wahrheit von Basissätzen beruht.
Eine noch fruchtbarere und praktikablere Abwandlung stellt der **„raffinierte Falsifikationismus"** dar. Er ist
in Lakatos (1982: 31–46) oder Chalmers [5](2001: 63–72) besprochen.

[32] Es sei denn, ihr Geltungsbereich ist *extrem* eingeschränkt.

[33] Im Unterschied zu Existenzaussagen, bei denen dies möglich ist!

[34] Anders ausgedrückt: Wenn-Dann-Aussagen lassen sich in Allaussagen (vgl. Tafel 1-1) „übersetzen". Für
unser Beispiel wäre dies die Allaussage: „Allen gewerkschaftlich gebundenen Personen ist unter den Parteien
des Parteienspektrums die SPD am sympathischsten". Allaussagen lassen sich nicht verifizieren (außer man
schränkt ihren Geltungsbereich extrem ein). Die Wahrheit der genannten Aussage kann nicht für alle gewerkschaftlich gebundenen Personen, die *heute* leben, die *jemals gelebt haben* und die *jemals leben werden*, festgestellt werden.

[35] Aus didaktischen Gründen wurde als Beispiel eine Aussage gewählt, bei der bereits ein *einziger* nicht erwar-
tungskonformer Fall zur Falsifikation führt. In der sozialwissenschaftlichen Forschung wird dagegen in der
Regel mit probabilistischen oder stochastischen Aussagen gearbeitet (einige sich daraus ergebende Konsequenzen besprechen Schnell u.a. [9]2011: 61–64), bei denen dies nicht der Fall ist. Damit erübrigt sich auch das
Problem einer derart raschen Falsifikation.

Kritischer Rationalismus

Aus dem oben Gesagten ergibt sich das Hauptprinzip der empirisch-quantitativen Forschungs-methodologie, bzw. die Grundvoraussetzung dafür, dass sie überhaupt angewandt werden kann. Sie lautet: **„Alle Aussagen einer empirischen Wissenschaft müssen prinzipiell an der Erfahrung scheitern können"** (vgl. Popper, [10]1994: 15). Popper benutzt die Erfüllung dieser Forderung als *Abgrenzungskriterium* dafür, ob eine Aussage als „wissenschaftlich" zu bezeichnen ist oder nicht. Wissenschaftlich ist eine Aussage dann, wenn im voraus ein ent-scheidendes Experiment (oder eine Beobachtung) angegeben werden kann, das die Aussage bei entsprechend ‚negativem' Ausgang falsifiziert[36]. Aussagen zu falsifizieren kann man, wie oben dargestellt, durch deduktives Schließen (und die Konfrontation des Ergebnisses mit „der Realität") versuchen.

Die Idee des **kritischen**[37] **Rationalismus** besagt, dass wissenschaftliche Aussagen den oben genannten Kriterien genügen sollen, dass das Vorgehen bei der Prüfung der Aussagen inter-subjektiv nachprüfbar sein soll, und dass solche Prüfungen auf jeden Fall stattfinden sollen[38].

Welche Aussagen sind mit Hilfe des Falsifikationsprinzips prüfbar?

Aus dem Hauptprinzip der empirisch-quantitativen Forschungsmethodologie (s.o.) folgt, dass nicht alle Aussagen im Rahmen dieser Forschungsmethodologie prüfbar sind. Tafel 1-5 zeigt beispielhaft einige Aussagen, die nicht an der Erfahrung scheitern können.

Tafel 1-5:   Beispiele für nicht falsifizierbare Aussagen.

1. Gott liebt alle Lebewesen.

2. Für jeden Menschen beginnt sofort nach seinem Tod ein „Leben nach dem Tod".

3. Wenn der Hahn kräht auf dem Mist, ändert sich's Wetter, oder es bleibt wie's ist.

4. Es gibt weiße Raben.

5. Du sollst nicht töten.

6. Es ist verwerflich, andere zu betrügen.

---

[36] Angemerkt sei dazu, dass die Angabe eines entscheidenden Experiments (oder einer entsprechenden Beob-achtung) eine *Konvention* darstellt! Lakatos (1982: 15–16) erzählt hierzu die (erfundene) Geschichte eines Physikers (in der Zeit vor Einstein), den die Beobachtung, dass ein Planet von seiner berechneten Bahn ab-weicht, *nicht* dazu veranlasst, Newtons Mechanik und sein Gravitationsgesetz als widerlegt zu betrachten. Statt dessen sucht er weiter *auf der Grundlage dieser Theorie* nach Erklärungen für die aufgetretene „Anoma-lie".

[37] Mit „kritisch" ist dabei gemeint, dass sowohl die Forschungsergebnisse als auch die Arbeitsmethoden bei deren Erzielung ständig kritisch überprüft werden können – und zwar (im Prinzip) von jedermann.

[38] Vgl. zum kritischen Rationalismus – in einer überarbeiteten Form – das Standardwerk „Logik der Forschung" (Popper, [10]1994) aus dem Jahre 1934, die Texte 1 und 2 aus dem „Karl Popper Lesebuch" (Miller (Hrsg.), 1995: 4–25), oder Popper [6](1980; Band 2: 275–319), woraus „Text 2" im Lesebuch entnommen ist.

Allen Aussagen aus Tafel 1-5 ist gemein, dass sie nicht falsifizierbar sind – wenn auch aus unterschiedlichen Gründen. In den Aussagen 1 und 2 werden Begriffe bzw. Sachverhalte angesprochen, die keinen **empirischen Bezug** haben und deshalb auch nicht an der Realität scheitern können. In Aussage 1 wird der Begriff „Gott" verwendet. Gott als „Gegenstand" oder „Merkmalsträger" ist kein durch Messung erfassbares Objekt und kann damit empirisch nicht untersucht werden. In Aussage 2 ist vom „Leben nach dem Tod" die Rede. Auch diese Aussage entzieht sich einer Prüfung, selbst wenn man die Begriffe „Tod" und „Leben" sowie die zeitliche Reihenfolge als „klar" voraussetzt. Auch dann kann empirisch nicht untersucht werden, ob nach dem Tod einer Person der Sachverhalt „Leben nach dem Tod" auftritt oder nicht, da sich dieser Sachverhalt unseren Wahrnehmungsmöglichkeiten entzieht und damit die Aussage nicht falsifiziert werden kann. Die dritte Aussage ist **tautologisch** (ohne Informationsgehalt) und kann daher nicht an der Realität scheitern. Wir können tausende von Hähnen beobachten und gleichzeitig das Wetter (egal, wie definiert) bzw. dessen Konstanz oder Veränderung: Die Aussage ist aus logischen Gründen notwendigerweise wahr und daher prinzipiell nicht falsifizierbar. Tautologische Aussagen können durchaus im „alltäglichen Wissenschaftsbetrieb" vorkommen und sollten dann als solche erkannt und eliminiert (oder entsprechend modifiziert) werden. Die vierte Aussage ist eine **reine Existenzaussage** (vgl. Tafel 1-1). Auch solche Aussagen können nicht an der Erfahrung scheitern. Zum Beispiel kann nicht ausgeschlossen werden, dass – trotz aller gegenteiligen Beobachtungen – irgendwann und irgendwo ein weißer Rabe lebt, gelebt hat oder noch leben wird[39]. Das Lehrbuch-Standardbeispiel des „weißen Raben" lässt sich natürlich auf viele andere Bereiche übertragen, etwa: „Es gibt Menschen, die den Ausgang von Kriegen schon vor deren Beginn kennen". Die fünfte und die sechste Aussage sind **normative Aussagen**[40]. Auch normative Aussagen (und damit alle entsprechenden Aussagen normativ orientierter Wissenschaftler!) können nicht an der Realität scheitern. Ob und welche Grundrechte von einem Staat garantiert werden sollen, welche Erziehungsziele angestrebt werden sollen, oder ob es verwerflich ist, „krank zu feiern", ist durch empirische Prüfungen nicht entscheidbar. Insgesamt lässt sich anhand dieser Beispiele festhalten, dass längst nicht *alle* Aussagen empirisch prüfbar sind. Das in diesem Buch vorgestellte Werkzeug „empirisch-quantitative Analyse" ist **nicht universell einsetzbar**, sondern nur für bestimmte, geeignete Fragestellungen. Nur solche Aussagen sind damit prüfbar, die an der Erfahrung scheitern können.

---

[39] Diese Aussage kann zwar nicht an der Erfahrung scheitern, sie kann jedoch *verifiziert* werden. Tritt irgendwann und irgendwo einmal ein weißer Rabe auf, so ist die Aussage damit verifiziert – allerdings nur, falls (dies ist eine wichtige Einschränkung!) die entsprechende Beobachtung „fehlerfrei" erfolgt(e).

[40] D.h. entweder ein Werturteil oder eine Aussage darüber, was sein soll, was anzustreben ist etc. (Handlungsanweisung).

Zur Prüfbarkeit von Werturteilen in der empirisch-quantitativen Forschung

Wie anhand von Tafel 1-5 demonstriert, können Werturteile mit den Methoden der empirisch-quantitativen Forschung nicht untersucht werden. Sie können nicht *Gegenstand* der Forschung sein. Mit anderen Worten: ihr Wahrheitsgehalt kann nicht zum Gegenstand einer empirischen Prüfung gemacht werden. Die Aussage etwa: „Der Marienplatz in München ist schön" ist nicht falsifizierbar und damit als Forschungsgegenstand ungeeignet. Dagegen können Aussagen, die mit den Mitteln der empirisch-quantitativen Forschung untersucht werden, sehr wohl Werturteile *beinhalten*. Die Aussage: „über die Hälfte der Bürger Münchens halten den Marienplatz für schön" kann (prinzipiell) falsifiziert werden und ist damit prüfbar[41].

Das Basissatzproblem

Zur Zeitpunkt der Beobachtung tritt bestimmtes Phänomen auf

Mit dem Falsifikationsprinzip, so wie es weiter oben dargestellt wurde, ist ein schwerwiegendes, bisher noch nicht angesprochenes, Problem verbunden. Wenn eine Wenn-Dann-Aussage anhand eines konkreten Falles geprüft und damit ein Falsifikationsversuch unternommen wird, dann wurde bisher davon ausgegangen, dass **Basissätze**[42] wie: „Herr Müller ist gewerkschaftlich gebunden und ihm ist die SPD am sympathischsten" die entsprechenden empirischen Sachverhalte „korrekt" wiedergeben. Dies ist jedoch alles andere als selbstverständlich, denn Basissätze beruhen letztlich auf *Konventionen*, wie nachfolgend dargestellt wird. Selbst wenn ein Basissatz lediglich auf den Wahrnehmungen des „unbewaffneten" Auges (oder anderer Sinnesorgane) beruht, stellt sich das Problem, dass Wahrnehmungen erstens fehlbar und zweitens theorieabhängig sind. Um ein einfaches (und damit triviales) Beispiel zu geben: Wer feststellt: „Hier steht ein Soldat" kann einerseits auf eine Wachsfigur oder eine andere Sinnestäuschung „hereinfallen" und andererseits kann er den Träger eines Faschingskostüms fälschlicherweise als Soldaten klassifizieren, weil sein theoretisches Vorverständnis ihm dies aufgrund der Kleidung und der Ausrüstung des Mannes nahelegt[43]. Meist sind jedoch auch noch Messinstumente im Spiel, weshalb man sich zusätzlich darauf einigen muss, ob die Qualität der Messung (vgl. hierzu genauer Kapitel 2) als hinreichend anzusehen ist[44].

---

[41] Um die Frage des Verhältnisses zwischen Werturteilen (z.B. Vorstellungen von wünschenswerten Zuständen in einer Gesellschaft, persönlichen Meinungen und Zielsetzungen eines Forschers etc.) und wissenschaftlicher Arbeit entbrannte eine Diskussion, die allgemein als **„Werturteilsstreit"** bezeichnet wird. Diese Diskussion ist überblicksartig in Schnell u.a. [9](2011: 80–84) dargestellt.

[42] Popper [10](1994: 69) versteht unter Basissätzen „.... Sätze [d.h. Aussagen; der Verf.], die behaupten, dass sich in einem individuellen Raum-Zeit-Gebiet ein beobachtbarer Vorgang abspielt" (vgl. auch: a.a.O: 425). ACHTUNG: Oft werden als „Basissätze" nur entsprechende Aussagen bezeichnet, die sich auf *das Explanandum* (vgl. Tafel 1-4) beziehen. In diesem Fall gelten die nachfolgenden Ausführungen *zusätzlich* für Aussagen, die sich auf die Randbedingungen beziehen!

[43] Zur Theorieabhängigkeit der Wahrnehmung vgl. auch Chalmers [5](2001: 5–18).

[44] Popper [10](1994: 66) sagt über Basissätze. „.... wir brauchen sie zur ... Falsifikation von Theorien". Und weiter: „Die Basissätze werden durch Beschluss, durch Konvention anerkannt, sie sind *Festsetzungen*" (a.a.O.: 71). „*Festsetzungen* sind es somit, die über das Schicksal der Theorie entscheiden" (a.a.O.: 73). Dabei wird allerdings gefordert, auf die Formulierung von Basissätzen *größtmögliche Sorgfalt* zu verwenden und die Schritte, die zur Annahme des Basissatzes geführt haben, *intersubjektiv nachvollziehbar* (und nachprüfbar) darzulegen.

Hypothesen

Ein wichtiger Bestandteil der empirisch-quantitativen Forschung ist die Prüfung von „**Hypo-thesen**". Man meint damit in der Regel Allaussagen[45], die einer wissenschaftlichen Prüfung unterzogen wurden oder werden, die eventuell auch aufgrund „erfolgreicher" Falsifikations-versuche modifiziert (und erneut geprüft) wurden oder werden, deren Wahrheitsgehalt jedoch nicht abschließend geklärt ist.

Theorien

Das Ziel empirisch-quantitativer Forschung ist es nicht, eine möglichst große Ansammlung von miteinander unverbundenen Hypothesen zu kreieren, auch wenn diese Hypothesen viele Falsifikationsversuche überlebt haben und damit vorläufig(!) als empirisch wahr akzeptiert sind – oder besser gesagt: als „bewährt" gelten. Ziel der Forschung ist es vielmehr, zumindest die Einzelhypothesen, die sich auf einen bestimmten Gegenstandsbereich beziehen, wider-spruchsfrei miteinander zu verbinden und auf diese Weise ein komplexeres „Modell" des entsprechenden Ausschnitts der Realität zu erhalten. Gelingt dies, so kann bereits von einer Theorie gesprochen werden. Ein zweiter, anspruchsvollerer Sprachgebrauch fordert zusätz-lich, dass ein „harter Kern" von Grundannahmen besteht, aus dem die betreffenden, wider-spruchsfreien Hypothesen abgeleitet werden[46]. Für unser Beispiel könnte man die Cleavage-Theorie heranziehen. Ihr „harter Kern" besteht, grob skizziert, in folgenden Annahmen: Im Verlauf tiefgreifender gesellschaftlicher Konflikte bilden sich längerfristige Bindungen zwi-schen den Bevölkerungsgruppen, welche die Konfliktparteien bilden, und *den* Organisationen, die sie jeweils vertreten und unterstützen. Diese Bindungen bestehen auch dann noch lange Zeit fort, wenn der betreffende Konflikt nicht mehr relevant ist. Aus dieser Grundannahme lässt sich ableiten, dass sich während der „heißen Phase" der Arbeiterbewegung Bindungen zwischen den Arbeitern und den Gewerkschaften sowie der SPD bildeten, da beide Organisa-tionen die Sache der Arbeiter unterstützten. Aus diesem Grund sollten z.B. Arbeiter tenden-ziell Sympathie für die Gewerkschaften zeigen und die SPD bevorzugen. Es lassen sich aber auch andere Hypothesen aus dieser Grundannahme ableiten, etwa, durch analoge Argumenta-tion für den Kulturkampf, ein entsprechender Zusammenhang zwischen einer Kirchenbindung und der Bevorzugung des Zentrums bzw. (mit einigen Zusatzannahmen) heute der CDU/CSU[47].

---

[45] Gelegentlich werden auch Existenzaussagen, die einer wissenschaftlichen Prüfung unterzogen wurden oder werden, als Hypothesen bezeichnet.

[46] Ausgehend von diesen Überlegungen können Theorien als „Strukturen" aufgefasst werden – woraus sich, je nachdem, wie diese Strukturen aussehen, eine Reihe von wissenschaftstheoretischen Konsequenzen ergeben (vgl. hierzu: Lakatos, 1982: 46–107).

[47] Nachzulesen ist dies z.B. ausführlich bei Pappi (1985).

Zur Beurteilung des Wahrheitsgehalts von Theorien

Aus der Sicht der empirisch-quantitativen Forschung spielt es für die Beurteilung der „Wahrheit" einer Theorie überhaupt keine Rolle, auf welche Weise sie „entdeckt" wurde (**Entdeckungszusammenhang**). Ob die Cleavage-Theorie beispielsweise durch das Studium historischer Prozesse, durch einen Dozenten, der einen ähnlichen Prozeß in seinem Seminar beobachtet und diese Erfahrung auf historische Situationen überträgt oder durch eine plötzliche „Eingebung" entdeckt (oder besser gesagt: formuliert) wurde, ist für die Beurteilung ihres Wahrheitsgehalts ohne Belang. Ebenso ohne Bedeutung hierfür ist es, auf welche Weise sie verwertet wird oder wurde (**Verwertungszusammenhang**). Ob die Cleavage-Theorie zur „rein wissenschaftlichen" Forschung ohne irgendwelche erkennbaren Eigeninteressen verwendet wird oder zur Wahlkampfplanung einer bestimmten Partei, spielt für die Beurteilung ihres Wahrheitsgehalts keine Rolle. Ausschlaggebend für die Beurteilung des Wahrheitsgehalts einer Theorie ist lediglich der **Begründungszusammenhang**, d.h. die methodologischen Schritte, die unternommen werden, um ihre Wahrheit zu prüfen. Hierzu gehört in erster Linie, Hypothesen aus ihr abzuleiten und diese zu prüfen, d.h. zu versuchen, sie zu falsifizieren. Diese Möglichkeit wurde weiter oben ausführlich besprochen.

Einige weitere Möglichkeiten, eine Theorie zu beurteilen

Um zu begründen, warum eine bestimmte Theorie ein „Modell" der Realität darstellt, und zwar ein besseres als andere Theorien[48], können noch weitere Schritte unternommen werden, als den empirischen Wahrheitsgehalt von aus ihr abgeleiteten Aussagen zu prüfen. Nach Popper [10](1994: 7–8) bieten sich hierzu zusätzlich an: „... der logische Vergleich ... [von aus ihr abgeleiteten; der Verf.] Folgerungen untereinander, durch den das System auf seine **innere Widerspruchslosigkeit** hin zu untersuchen ist; eine Untersuchung der **logischen Form** der Theorie mit dem Ziel, festzustellen, ob es den Charakter einer empirisch-wissenschaftlichen Theorie hat, also z.B. nicht tautologisch ist; der **Vergleich mit anderen Theorien**, um unter anderem festzustellen, ob die zu prüfende Theorie, falls sie sich in den verschiedenen Prüfungen bewähren sollte, als wissenschaftlicher Fortschritt zu bewerten wäre ...". In letzterem Fall lässt sich beispielsweise ihr **Geltungsbereich** untersuchen. Ist er größer als bei konkurrierenden Theorien, dann spricht dies für die betreffende Theorie. Dasselbe gilt für ihre **Erklärungskraft**. Ist sie größer als die konkurrierender Theorien, d.h. können mehr Phänomene mit ihr erklärt werden als mit anderen Theorien – oder sogar bisher unbekannte Phänomene vorhergesagt werden – so spricht auch das für die Theorie. Ferner sollte eine Theorie möglichst **einfach** sein, dabei aber trotzdem eine hohe Erklärungskraft aufweisen.

Festzuhalten ist nach dem oben Gesagten, dass das Prüfen von aus ihr abgeleiteten Hypothesen, was in diesem Buch schwerpunktmäßig besprochen wird, nur *eine* (wenn auch zentrale) Möglichkeit darstellt, eine Theorie zu beurteilen!

---

[48] Und damit, weshalb sie anderen Theorien vorgezogen werden sollte!

Weiterführende Literatur zu Kapitel 1:

Zum kritischen Rationalismus nach Popper

Popper [13](1972)
Popper [10](1994)
Popper, [6](1980; Band 2: 275–319)
Popper-Texte in: Miller (Hrsg., 1995: 4–25)

Raffinierter Falsifikationismus

Lakatos (1982: 31–46)
Chalmers [5](2001: 63–72)

Leicht lesbare Einführungen in die Wissenschaftstheorie (für Sozialwissenschaftler)

Chalmers [5](2001)
Patzelt [6](2007: 67–124)
Prim / Tilmann [8](2000)
Opp [6](2005)   ← *(etwas schwerer zu lesen)*

2 Das Umfrageinstrument

In Kapitel 1 wurde dargelegt, dass längst nicht alle Aussagen mit den Mitteln der empirischen Sozialforschung prüfbar sind und dass die empirische Prüfung von Aussagen mit einer Reihe von Implikationen im wissenschaftstheoretischen Bereich verbunden ist. *Hat* man sich für den Weg der empirischen Sozialforschung entschieden, müssen die zentralen Begriffe der zu prüfenden Aussagen operationalisiert und die entsprechenden Merkmale *gemessen* werden. Mit diesem Schritt befasst sich Kapitel 2.

Am Anfang steht in Kapitel 2.1 die Frage, was im Rahmen der empirischen Sozialforschung überhaupt unter einer „Messung" und unter einer „Skala" zu verstehen ist. Dann werden die verschiedenen „Skalenniveaus", auf denen Messungen durchgeführt werden können, vorgestellt und die Möglichkeiten und Grenzen bei der Interpretation numerischer Messwerte auf den einzelnen Skalenniveaus beschrieben.

Kapitel 2.2 befasst sich mit den in der empirischen Sozialforschung eingesetzten Messinstrumenten. Die Messinstrumente können sowohl auf *einzelnen* Fragen (Items) des Fragebogens als auch auf *mehreren* Fragen basieren. Messinstrumente werden im Rahmen von Tests, die Auskunft über bestimmte Merkmalsausprägungen liefern sollen, eingesetzt. Eine zentrale Stellung nehmen in Kapitel 2.2 die Gütekriterien „Objektivität", „Reliabilität" und „Validität", die ein Test erfüllen sollte, ein. Kapitel 2.2 liefert weiter einen kurzen Überblick über die klassische Testtheorie. Mit Hilfe der klassischen Testtheorie können die Begriffe „Reliabilität" und „Validität" näher definiert werden. Ferner stellt sie die heute gebräuchlichste Grundlage für die Entwicklung von Tests dar. Schließlich werden noch zwei relativ einfache Verfahren zur Entwicklung von Messinstrumenten bzw. zur Testentwicklung besprochen. Erstens, ausgehend von Überlegungen zur klassischen Testtheorie, das Likert-Verfahren und zweitens die Guttman-Skalierung – ein Verfahren, mit dem versucht wird, einige Schwächen der klassischen Testtheorie zu überwinden.

Zum Abschluss folgt in Kapitel 2.3 eine Besprechung der Formulierung und der Plazierung von Einzelitems, die in einem Fragebogen enthalten sind. Die Antworten auf die Einzelitems bilden in jedem Fall die Basisinformation, anhand derer numerische Werte für die Ausprägungen der zu untersuchenden Merkmale ermittelt werden. In erster Linie werden in Kapitel 2.3 Regeln aufgezeigt, die unbedingt einzuhalten sind, um überhaupt interpretierbare Messwerte für die einzelnen Items zu erhalten. Ferner sind dort ausgewählte empirische Ergebnisse berichtet, die sich mit den Effekten der Fragenformulierung und der Fragebogenkonstruktion auf die Beantwortung von Fragen befassen. Vorweg genommen sei an dieser Stelle schon der Hinweis, dass sich sowohl die Frageformulierung als auch die Gestaltung des Fragebogens *zusätzlich* daran zu orientieren haben, ob die Befragung in mündlicher (face-to-face), schriftlicher oder telefonischer Form durchgeführt wird. Dieses Problem wird hier ausgeklammert und in Kapitel 4.4 gesondert besprochen.

2.1 Messung und Skalenniveaus

> *Vor diesem Kapitel sollten Sie gelesen haben:*
> - *Kap. 1 (Wissenschaftstheoretische Vorbemerkungen)*

Empirisches Relativ

Wie in Kapitel 1 bereits besprochen, geht die empirische Forschung davon aus, dass die Welt – auch im sozialen Bereich – aus „Gegenständen" (bei Umfragen meist „Personen") besteht, die bestimmte Merkmale aufweisen. Betrachten wir nun diese „Gegenstände" (Personen) und die Beziehungen (**Relationen**)[1] zwischen ihnen genauer. Im einfachsten Fall handelt es sich um zwei Personen, sagen wir Kerstin und Patrick. Welche Beziehungen könnten zwischen den beiden bestehen? Nachfolgend sind einige Möglichkeiten aufgeführt.

Patrick ist um zwei Jahre älter als Kerstin.

Patrick verdient doppelt so viel wie Kerstin.

Patrick wurde 1970 geboren, Kerstin 1972.

Patrick hat ein anderes Geschlecht als Kerstin.

Patrick hat, ebenso wie Kerstin, die deutsche Staatsbürgerschaft.

Patrick ist weniger künstlerisch begabt als Kerstin.

Patrick ist verheiratet mit Kerstin.

Patrick wurde gestern bei einem Wettlauf Siebter, Kerstin war die erste im Ziel.

Patrick hat bisher *einen* Berg (über 2000 Meter) bestiegen, Kerstin fünf.

Bereits dieses kleine, problemlos weiterzuführende Beispiel zeigt: Die Personen haben eine große Zahl von Merkmalen, anhand derer sie „in Beziehung gesetzt" werden können. Je nachdem, welches der Merkmale man betrachtet, können diese „Beziehungen" ganz unterschiedlicher Natur sein. Beispielsweise sind Patrick und Kerstin hinsichtlich ihrer Staatsbürgerschaft „gleich", hinsichtlich ihres Geschlechts dagegen „ungleich". Damit ist es nicht sinnvoll, von Relationen zwischen den Personen „an sich" zu sprechen, denn Patrick und Kerstin können nicht gleichzeitig „ungleich" und „gleich" sein. Die Personen sind statt dessen als „Merkmalsträger" zu verstehen, und nur *in bezug auf die Ausprägung bestimmter Merkmale* kann von einer Relation wie beispielsweise „gleich" oder „ungleich" gesprochen werden.

---

[1] Hier wird eine Definition des Begriffs „Relation" verwendet, die zum Beispiel auch Bortz u.a. [7](2010: 15) oder Kromrey [12](2009: 218) verwenden. Teilweise verwendet man auch eine andere Definition, die z.B. bei Steyer u.a. [2](2001) ausführlich dargestellt ist. *In diesem Fall* spräche man von einer „Relationsvorschrift".

Betrachtet man ganz allgemein eine Menge von Personen und ihre Relationen in bezug auf die Ausprägung eines bestimmten Merkmals, sagen wir ihres Alters, dann spricht man von einem empirischen relationalen System oder kurz von einem **empirischen Relativ** (in seiner einfachsten Form). Bei repräsentativen Umfragen werden natürlich wesentlich mehr als zwei Personen befragt[2], der Einfachheit halber wollen wir jedoch auch für die weiteren Überlegungen jeweils ein sehr kleines empirisches Relativ betrachten. Es besteht aus vier Personen. In Tafel 2.1-1 sind diese vier Personen aufgeführt, nebst einigen ihrer Merkmale.

Tafel 2.1-1: Vier Personen und einige ihrer Merkmale

	Konfession	Reihenfolge im Ziel nach einem Wettlauf	Jahr der Geburt	Alter in Jahren (im Jahre 1997)	Anzahl der Kinder
Frau Sieger	evangelisch	Erste	1972	25	2
Herr Zweitmann	katholisch	Zweiter	1947	50	0
Frau Dritte	konfessionslos	Dritte	1944	53	1
Herr Lahm	katholisch	Vierter	1919	78	1
SKALENTYP:	NOMINALSKALA	ORDINALSKALA	INTERVALLSKALA	RATIOSKALA	ABSOLUTSKALA

Unterschiedliche Eigenschaften im empirischen Relativ

Offenbar sind die in Tafel 2.1-1 angesprochenen Relationen unterschiedlicher Natur. So ist es zum Beispiel sinnvoll, davon zu sprechen, dass Frau Sieger *doppelt* so viele Kinder hat wie Frau Dritte oder dass Herr Zweitmann doppelt so alt ist wie Frau Sieger. Offenbar nicht sinnvoll ist es, davon zu sprechen, dass eine Person „doppelt so viel Konfession" hat wie eine andere oder, dass Herr Lahm bei einem Wettlauf „doppelt so viel Rangplatz" aufweist wie Herr Zweitmann. Ebenso ist es wenig sinnvoll, bei Angaben zu historischen Zeitpunkten (wie dem Jahr der Geburt) von „Verdoppelung" zu sprechen. Eine Person, die im Jahre 1900 n.Chr. geboren ist, ist nicht im „doppelt sovielten Jahr" (der Erdgeschichte) geboren wie eine Person, die im Jahre 950 n.Chr. geboren ist[3]. Je nachdem, welches Merkmal betrachtet wird, hat also das betreffende empirische Relativ unterschiedliche Eigenschaften. Von „Verdoppelung" zu sprechen ist in manchen empirischen relationalen Systemen sinnvoll, in anderen nicht.

---

[2] In der Regel sind es etwa tausend Befragte oder mehr!

[3] Nach einem heute noch in weiten Teilen Äthiopiens verwendeten Kalendersystem (das etwa acht Jahre hinter unserem „hinterherhinkt") wären die beiden Personen beispielsweise in den Jahren 1892 und 942 geboren. Verdoppelt man „942", so ergibt sich „1884" und nicht „1892".

Messung

An dieser Stelle kommt die **Messung**, von der bisher noch keine Rede war, ins Spiel. Unter „Messung" versteht man in der empirischen Sozialforschung die Zuordnung von Symbolen, in der Regel von reellen Zahlen, zu Personen (oder allgemein: „Objekten") des empirischen Relativs, und zwar so, dass die Relationen[4] unter den Personen (hinsichtlich eines bestimmten Merkmals)[5] den Relationen unter den Zahlen entsprechen. Oder anders ausgedrückt: Das **empirische Relativ** wird **strukturtreu**[6] in ein **numerisches**[7] **Relativ** abgebildet. Ist es zum Beispiel sinnvoll, im empirischen Relativ von „Verdoppeln" (zum Beispiel des Alters) zu sprechen, dann muss einer Verdoppelung der Merkmalsausprägung im empirischen Relativ eine Verdoppelung des Zahlenwerts im numerischen Relativ entsprechen.

Repräsentationsproblem

Es ist allerdings keineswegs selbstverständlich, dass ein gegebenes empirisches Relativ strukturtreu in ein numerisches Relativ abgebildet werden kann. Dies muss erst bewiesen werden. In diesem Zusammenhang spricht man vom „**Repräsentationsproblem**". Nähere Ausführungen hierzu finden sich in Heidenreich [5](1999a: 346) oder in Diekmann [20](2009: 282–284).

Die Skala

Nun zur Abbildung mit Hilfe einer „Skala": Eine **Skala** ist nach Kromrey [12](2009: 221) definiert als „... das geordnete Tripel aus einem empirischen relationalen System **A**, dem numerischen relationalen System **N** und dem Morphismus f: **A → N**, also durch (**A, N,** f)". Unter einer Skala versteht man damit ein empirisches Relativ, das aus einer Menge von Objekten und den betrachteten Relationen besteht, *plus* ein numerisches Relativ, das das empirische Relativ strukturtreu abbildet, *plus* die entsprechenden Zuordnungsregeln.

Achtung: Verschiedene Techniken der Einstellungsmessung, wie beispielsweise die von Likert (vgl. Kap. 2.2), werden ebenfalls als „Skalierung" und die entsprechenden Fragebatterien als „Skalen" bezeichnet. Solche „Skalen" sind von Skalen im Sinne der Messtheorie, wie sie hier besprochen werden, zu unterscheiden!

---

[4] Die folgenden Ausführungen beziehen sich auf *zweistellige* Relationen, d.h. es werden jeweils *zwei* Personen in Beziehung gesetzt. ACHTUNG: der Begriff „zweistellige Relation" ist oft anders definiert (s. Fußnote 1).

[5] In manchen Fällen (auf die hier nicht näher eingegangen wird) werden auch *mehrere* Merkmale gleichzeitig betrachtet!

[6] Eine strukturtreue Abbildung wird auch „**Morphismus**" genannt. In der Regel handelt es sich dabei um einen **Homomorphismus**, das heißt, jeder Person wird zwar *eindeutig* eine Zahl zugeordnet, jedoch kann diese Zahl auch anderen Personen zugeordnet werden (beispielsweise wird allen Männern die Zahl „1" zugeordnet und allen Frauen die Zahl „2"). Geschieht die Zuordnung von Zahlen zu Personen dagegen *eineindeutig*, das heißt wird jeder Person (und *nur* dieser Person!) genau eine Zahl (wie etwa eine Mitgliedsnummer) zugeordnet, so dass aus der Zahl wieder auf die konkrete Person geschlossen werden kann, spricht man von einem **Isomorphismus**.

[7] Dies stellt zumindest den Regelfall dar. Theoretisch wären auch alphanumerische oder ähnliche Relative denkbar, allerdings besteht Uneinigkeit in der Frage, ob in diesem Fall noch von einer „Messung" gesprochen werden kann.

Skalenniveaus

Üblicherweise werden vier „Typen" von Skalen oder „Skalenniveaus" unterschieden, und zwar **Nominal-**, **Ordinal-**, **Intervall-** und **Ratioskalen**. Intervall- und Ratioskalen werden oft unter dem Oberbegriff **„metrische Skalen"** zusammengefasst. Von „Skalenniveaus" spricht man unter anderem deshalb, weil je nachdem, welcher Skalentyp vorliegt, die jeweiligen numerischen Skalenwerte *unterschiedlich* interpretiert werden können und in der oben genannten Reihenfolge von Skalentyp zu Skalentyp zunehmend mehr Relationen interpretiert werden können.

Skalenniveaus und die Interpretation von Skalenwerten

Auf **Nominalskalenniveau** können Skalenwerte nur dahingehend interpretiert werden, ob sie *gleich oder verschieden* sind. Weisen wir etwa in Tafel 2.1-1 dem Merkmal „evangelisch" den Wert „1" zu, „katholisch" den Wert „2" und „konfessionslos" den Wert „3", dann ist es nur sinnvoll, diese Werte dahingehend zu interpretieren, ob sie gleich oder ungleich sind, denn auch bei den Personen des empirischen Relativs können wir nur zwischen „gleicher Konfession" und „unterschiedlicher Konfession" unterscheiden. Die Tatsache, dass der Wert „2" für „katholisch" größer ist als der Wert „1" für „evangelisch" bildet keine entsprechende (größer-) Relation im empirischen Relativ ab und kann daher nicht interpretiert werden. Dasselbe gilt dafür, dass der Wert für „konfessionslos" um „2" größer ist als der Wert für „evangelisch" und dafür, dass der Wert für „katholisch" doppelt so hoch ist wie der Wert für „evangelisch".

Auf **Ordinalskalenniveau** ist zusätzlich zur *Gleichheit oder Ungleichheit* auch noch die *Reihenfolge* der Werte im numerischen Relativ interpretierbar. Auch dies entspricht den Relationen im empirischen Relativ, wie die „Reihenfolge im Ziel" von Personen, die einen Wettlauf veranstaltet haben, demonstriert (vgl. Tafel 2.1-1).

Auf **Intervallskalenniveau** können zusätzlich zur *Gleichheit oder Ungleichheit* und zur *Reihenfolge* der Werte im numerischen Relativ auch noch deren *Differenzen* interpretiert werden. Für das Geburtsjahr in Tafel 2.1-1 ist interpretierbar, ob es mit dem einer anderen Person übereinstimmt oder nicht, ob es höher oder niedriger ist als das einer anderen Person und zusätzlich, wie groß die Differenz zwischen zwei Geburtsjahren ist. Frau Sieger ist beispielsweise 25 Jahre später geboren als Herr Zweitmann. Diese Differenz ist genau so groß wie die zwischen Frau Dritte und Herrn Lahm.

Auf **Ratioskalenniveau** können zusätzlich zur *Gleichheit oder Ungleichheit*, zur *Reihenfolge* und zu den *Differenzen* der Werte im numerischen Relativ auch noch deren *Verhältnisse* interpretiert werden. Für das „Alter in Jahren" ist interpretierbar, ob zwei Personen gleich oder unterschiedlich alt sind, ob eine Person jünger oder älter ist als eine andere, um wieviel Jahre sich das Alter zweier Personen unterscheidet und zusätzlich, ob eine Person doppelt so alt, ½ mal so alt oder 1,2 mal so alt wie eine andere ist. Einen Sonderfall der Ratioskala stellt die **Absolutskala** dar, wie sie etwa bei Anzahlen oder Anteilswerten vorliegt. Bei ihr können, zusätzlich zu den Eigenschaften einer Ratioskala, auch noch die Werte „an sich" interpretiert werden. Ein Beispiel: Beim „Lebensalter", einem Merkmal auf *Ratioskalenniveau*, ist es unerheblich, ob es in „Jahren", „Monaten", „Wochen", „Tagen", „Stunden" oder einer anderen Einheit gemessen wird. Einer Person des empirischen Relativs können damit im numerischen Relativ – je nach der verwendeten Maßeinheit – unterschiedliche Zahlenwerte für das „Lebensalter" zugeordnet werden, obgleich empirisch das Alter eine einzige, ganz bestimmte „Ausprägung" hat. Damit können die Zahlenwerte im empirischen Relativ „als solche" nicht interpretiert werden. Anders bei der *Absolutskala*. Wenn jemand ein Kind hat, dann ist ihm im numerischen Relativ für die „Anzahl seiner Kinder" auch der Wert „1" zuzuweisen und kein anderer. Es wäre nicht sinnvoll, zur Messung der „Anzahl der Kinder" eine andere Maßeinheit, etwa „Doppelkinder", zu verwenden.

Übung 2.1-1

Welches Skalenniveau entspricht den folgenden Merkmalen?

- Gewicht (z.B. Körpergewicht)

- Geschlecht

- Zufriedenheit mit dem Beruf

- Jahreszahlen des Regierungsantritts aller türkischen Sultane

- Länge der Regierungszeit der einzelnen türkischen Sultane

- Familienstand (ledig, verheiratet, geschieden etc.)

- Anteil der Frauen unter den Berufstätigen

- Mitgliedsnummer in einer politischen Partei
   (Wenn die Mitglieder nach ihrem Eintrittszeitpunkt in aufsteigender Reihenfolge mit 1, 2, 3 usw. numeriert sind)

Zum Unterschied zwischen Intervall- und Ratioskalenniveau

Eine Ratioskala unterscheidet sich von einer Intervallskala dadurch, dass bei ihr zusätzlich zu den Eigenschaften einer Intervallskala ein **interpretierbarer Nullpunkt im empirischen Relativ** besteht. Die Beispiele aus Tafel 2.1-1 demonstrieren dies. Für das Alter in Jahren existiert bei den Personen des empirischen Relativs ein „absoluter Nullpunkt". Zu einem bestimmten Zeitpunkt beginnt das Leben, vorher hat das Lebensalter den Wert „null" im Sinne von „nicht vorhanden". Damit ist Ratioskalenniveau erreicht. Die Größe: „Jahr der Geburt" (oder sonst irgend eines historischen Ereignisses) hat dagegen keinen solchen inhaltlich interpretierbaren Nullpunkt. Zwar existiert im *numerischen* Relativ der Wert „0" für das Jahr von Christi Geburt, jedoch ist dieser numerische Wert „null" mehr oder minder willkürlich festgesetzt. Auch vor Christi Geburt wurden Menschen geboren und fanden historische Ereignisse statt! Andere Kalendersysteme setzen andere numerische Nullpunkte und datieren dementsprechend Geburtsjahre und historische Ereignisse anders. Damit liegt bei Jahreszahlen Intervallskalenniveau vor. Allerdings stellt sich an dieser Stelle sofort die Frage, ob es denn im empirischen Relativ wirklich keinen interpretierbaren Nullpunkt gibt, oder ob wir ihn nur nicht feststellen können. Gäbe es einen solchen Nullpunkt, dann wäre das „Datum" von Ereignissen auf der Erde ein ratioskaliertes Merkmal, das von uns derzeit *aus Unkenntnis über das empirische Relativ* nicht strukturtreu gemessen wird.

Die zu messenden Strukturen des empirischen Relativs müssen bekannt sein!

Möchte man eine Messung durchführen, also ein empirisches relationales System *strukturtreu in ein numerisches relationales System abbilden*, dann muss man hierzu notwendigerweise die betreffenden Strukturen des empirischen Relativs kennen. Dieser Punkt klingt trivial, in der Praxis bereitet es jedoch oft große Schwierigkeiten, sich ein Bild von diesen Strukturen im empirischen Relativ zu machen.

Nehmen wir etwa das Merkmal „Temperatur". Lange Zeit wurde diesem Merkmal Intervallskalenniveau zugeschrieben. Aufgrund dieses „Vorwissens" wurden verschiedene Temperaturskalen entwickelt, etwa von Celsius[8] oder von Fahrenheit[9]. Erst später entdeckte man einen absoluten Nullpunkt der Temperatur. Bei diesem absoluten Nullpunkt findet keine Molekularbewegung mehr statt. Tiefere Temperaturen können nicht auftreten. Was bedeutet diese Entdeckung für die Temperaturmessung nach Celsius und nach Fahrenheit? Sie bedeutet, dass mit diesen „Messungen" das empirische Relativ *nicht* strukturtreu in ein numerisches Relativ abgebildet wird. Dies leistet erst (nach unserem derzeitigen Wissen) die Temperaturmessung nach Kelvin[10]. Sie findet auf Ratioskalenniveau statt. Bei Zahlenwerten, die durch eine Temperaturmessung in °K gewonnen wurden, sind im Unterschied zu den anderen beiden Skalen auch Verhältnisse interpretierbar[11], wie es der Beschaffenheit des empirischen Relativs entspricht. In Tafel 2.1-2 sind für verschiedene Ausprägungen des Merkmals „Temperatur" im

---

[8] Anders **Celsius** (1701–1744, Uppsala) legte zwei Punkte fest: Den Gefrier- und den Siedepunkt des Wassers (bei 760 mm Quecksilbersäule). Diesen Punkten wies er die Werte „0" und „100" zu (allerdings *ursprünglich* mit: „Siedepunkt = 0 °C" und „Gefrierpunkt = 100 °C"). Er unterteilte den Abstand zwischen diesen beiden Punkten in hundert gleich große Teile. Jeder Teil entspricht „einem Grad Celsius". Die Einteilung kann nach oben über 100 °C hinaus und auch nach unten in den negativen Bereich über 0 °C fortgesetzt werden. Die *heute gebräuchliche* Form der Temperaturmessung in „°C" geht auf den Physiker Strömer (1750) zurück.

[9] Daniel Gabriel **Fahrenheit** (1686 Danzig – 1736 Den Haag) legte ebenfalls zwei Punkte fest: Die Temperatur einer Mischung aus Eis und Salz und die des menschlichen Körpers. Diesen Punkten wies er die Werte „0" und „96" (später „99") zu. Auch er unterteilte den Abstand zwischen den beiden Punkten linear und gelangte so zu der Einheit „1 Grad Fahrenheit". Auch diese Einteilung kann über die beiden festgesetzten Punkte hinaus nach oben in den positiven und nach unten in den neagtiven Bereich hinein fortgesetzt werden.

[10] Lord William Thomson **Kelvin** (1824 Belfast – 1907 Netherhall) bezeichnet den absoluten Nullpunkt im empirischen Relativ mit dem Zahlenwert „0" im numerischen Relativ. Die Temperatureinheit ist „1 Grad Kelvin" – das ist der 273,15te Teil der thermodynamischen Temperatur des Tripelpunktes des Wassers. (Beim Tripelpunkt haben Feststoff und Flüssigkeit den gleichen Dampfdruck. Alle drei Phasen liegen gleichzeitig nebeneinander vor und stehen im Gleichgewicht zueinander.)

[11] Zur Illustration: „32 °C" ist nicht doppelt so warm wie „16 °C". Würde man die Messung alternativ in „Grad Fahrenheit" durchführen, so entsprächen diesen Temperaturen „61 °F" und „90 °F", die Zahlenwerte würden sich also *nicht* verdoppeln.

empirischen Relativ die Temperaturwerte in °C, °F und in °K angegeben. Hier wird nochmals deutlich, dass in allen drei *numerischen* Relativen der Wert „0" vorkommt, dass er jedoch nur bei der Temperaturmessung nach Kelvin einen absoluten Nullpunkt bezeichnet. *Wären* die numerischen Werte der Temperaturskalen nach Celsius bzw. nach Fahrenheit strukturtreue Abbildungen des empirischen Relativs, dann wäre ferner kaum einzusehen, weshalb ausgerechnet die Werte -273.2 °C bzw. -459.7 °F einen Endpunkt der Skala darstellen sollten (vgl. Tafel 2.1-2).

Am Beispiel „Temperatur" wird deutlich, wie schwer es bereits bei einem relativ leicht zu beobachtenden Merkmal sein kann, sich Kenntnis über die Struktur des empirischen Relativs zu verschaffen. In den Sozialwissenschaften sind diese Schwierigkeiten oft noch ungleich größer, insbesondere dann, wenn die Ausprägungen *latenter* Merkmale wie etwa „Autoritarismus" oder „Anomie" gemessen werden sollen.

Tafel 2.1-2:   Vergleich von Temperaturwerten, gemessen in °C, °F und in °K

	verschiedene Ausprägungen des Merkmals „Temperatur" im empirischen Relativ:				
	absoluter Nullpunkt	Temperatur Eis- / Salz- Mischung	Gefrierpunkt des Wassers	Körper- temperatur des Menschen	Siedepunkt des Wassers
Werte des nume- rischen Relativs, gemessen in:					
°Celsius	-273.2	-17.8	0.0	37.2	100.0
°Fahrenheit	-459.7	0.0	32.0	98.6	212.0
°Kelvin	0	255.4	273.2	310.4	373.2

Eindeutigkeitsproblem

Bei einer Messung wird lediglich verlangt, dass ein empirisches Relativ strukturtreu in ein numerisches Relativ abgebildet wird. Wie bereits aus den „parallel" zu verwendenden Temperaturskalen nach Celsius und nach Fahrenheit ersichtlich, besteht dabei in vielen Fällen durchaus noch Spielraum bei der Frage, *welche* numerischen Werte den Merkmalsausprägungen zugewiesen werden. Dieser Spielraum ist abhängig vom Skalenniveau. Je höher das Skalenniveau, desto geringer ist er. Tafel 2.1-3 demonstriert dies.

Dort sind die in Tafel 2.1-1 vorkommenden Merkmalsausprägungen und die zu ihrer Messung verwendeten numerischen Werte – der Höhe nach geordnet – in den ersten beiden Spalten aufgeführt. Die numerischen Werte dienen als „Ausgangswerte" und sind mit „x" bezeichnet. In den darauffolgenden Spalten sind diese Ausgangswerte transformiert. Es handelt sich dabei um eineindeutige Transformationen[12] (Spalte 3) und um Transformationen nach den Zuord-

---

[12] Jeder Merkmalsausprägung (und *nur* dieser) wird genau ein numerischer Wert zugewiesen. Ansonsten ist die Zuweisung der numerischen Werte willkürlich.

nungsfunktionen[13] $y = x^2$, $y = 3x + 5$ und $y = 7x$ (Spalten 4 bis 6). Die drei Zuordnungsfunktionen sind Beispiele für positiv monotone, positiv lineare und positiv proportionale Transformationen. Die Frage ist, welche Transformationen auf den einzelnen Skalenniveaus vorgenommen werden können, ohne die Strukturtreue des numerischen Relativs (in bezug auf das empirische Relativ) zu verletzen. Dieser Frage wird ohne mathematische Beweisführung anhand der Beispiele aus Tafel 2.1-3 nachgegangen.

Auf **Nominalskalenniveau** ist nur interpretierbar, ob die numerischen Werte gleich oder ungleich sind wie andere Werte. Die Gleichheit oder Ungleichheit von Werten bleibt bei allen Transformationen erhalten (man sieht das zum Beispiel an der Gleichheit der beiden Werte für die Merkmalsausprägung „katholisch"), mithin sind auf Nominalskalenniveau alle genannten Transformationen zulässig.

Auf **Ordinalskalenniveau** ist zusätzlich die Reihenfolge der numerischen Werte interpretierbar und muss daher bei zulässigen Transformationen erhalten bleiben. Dies trifft für alle genannten Transformationen zu, bis auf nur „eineindeutige" Transformationen. Solche Transformationen sind auf Ordinalskalenniveau nicht zulässig. Bei der eineindeutigen Transformation in Tafel 2.1-3 wird beispielsweise die nach den Ausgangswerten *letzte* Person im Ziel nach den transformierten Werten zur *ersten*! Bei den anderen Transformationen bleibt dagegen, wie gesagt, die Reihenfolge erhalten.

Auf **Intervallskalenniveau** sind zusätzlich die Differenzen von numerischen Werten interpretierbar. In unserem Beispiel etwa ist die Differenz zwischen 1919 und 1944 genau so groß wie die zwischen 1947 und 1972 – nämlich 25 Jahre. Die Gleichheit dieser beiden Differenzen bleibt nur bei positiv linearen Transformationen (im Beispiel mit „75") und bei positiv proportionalen Transformationen (im Beispiel mit „175") erhalten, nicht jedoch bei nur eineindeutigen Transformationen (im Beispiel „70" vs. „2") und bei positiv monotonen Transformationen (im Beispiel „96575" vs. „97975")[14]. Die letzten beiden Transformationen sind auf Intervallskalenniveau nicht zulässig.

Auf **Ratioskalenniveau** sind auch Verhältnisse numerischer Werte interpretierbar. Beispielsweise ist ein Lebensalter von 50 Jahren doppelt so hoch wie eines von 25 Jahren. Dieses Verhältnis bleibt in Tafel 2.1-3 nur bei positiv proportionalen Transformationen erhalten (350 = 2 · 175; vgl. Tafel 2.1-3), bei allen anderen Transformationen dagegen nicht. Somit sind diese Transformationen auf Ratioskalenniveau unzulässig.

Bei **Absolutskalen** sind, wie Tafel 2.1-3 demonstriert, überhaupt keine Transformationen mehr zulässig, da die numerischen Werte „an sich" interpretierbar sind und damit nicht verändert werden dürfen.

Insgesamt zeigt sich, dass mit höher werdendem Skalenniveau immer weniger Transformationen strukturerhaltend und damit zulässig sind. Die Frage, welche Transformationen der Zahlenwerte im numerischen Relativ zulässig sind, bezeichnet man als **Eindeutigkeitsproblem**.

---

[13] Die Zuordnungsfunktion $y = 3x + 5$ ordnet beispielsweise dem Wert $x = 4$ den Wert $y = 17$ zu. Dieses Ergebnis (für y) erhält man einfach durch Einsetzen von „4" in die Funktion $y = 3x + 5$.

[14] Die Angaben in Klammern lassen sich aus Tafel 2.1-3 errechnen.

Tafel 2.1-3:   Zulässige[*] und unzulässige Transformationen

(1)	(2)	(3)	(4)	(5)	(6)
	Ausgangs-werte x	einein-deutige Transfor-mation	positiv monotone Transfor-mation *Beispiel:* $y = x^2$	positiv lineare Transfor-mation *Beispiel:* $y = 3x + 5$	positiv proportionale Transfor-mation *Beispiel:* $y = 7x$
NOMINALSKALA					
Konfession:					
evangelisch	1	23	1	8	7
katholisch	2	15	4	11	14
katholisch	2	15	4	11	14
konfessionslos	3	99	9	14	21
ORDINALSKALA					
Reihenfolge im Ziel:					
Erste	1	23	1	8	7
Zweiter	2	15	4	11	14
Dritte	3	99	9	14	21
Vierter	4	6	16	17	28
INTERVALLSKALA					
Geburtsjahr:					
1919	1919	31	3682561	5762	13433
1944	1944	101	3779136	5837	13608
1947	1947	16	3790809	5846	13629
1972	1972	18	3888784	5921	13804
RATIOSKALA					
Alter:					
25	25	33	625	80	175
50	50	1700	2500	155	350
53	53	28	2809	164	371
78	78	608	6084	239	546
ABSOLUTSKALA					
Kinderzahl:					
0	0	0	0	5	0
1	1	23	1	8	7
1	1	23	1	8	7
2	2	15	4	11	14

*   *Die auf dem jeweiligen Skalenniveau zulässigen Transformationen sind hell hinterlegt.*

Bedeutsamkeitsproblem

Eine andere Frage ist, welche Aussagen aufgrund einer Messung gemacht werden können und welche nicht. Man spricht in diesem Zusammenhang vom **Bedeutsamkeitsproblem**. Ohne explizit darauf einzugehen war das Bedeutsamkeitsproblem bereits bei der Frage, wie die numerischen Werte auf den unterschiedlichen Skalenniveaus interpretiert werden können, Gegenstand unserer Überlegungen. Übung 2.1-2 beschäftigt sich nochmals mit dieser Problematik. Hiermit eng verbunden ist die Frage, welche Maßzahlen auf welchen Skalenniveaus sinnvollerweise errechnet (und interpretiert) werden können. So ist beispielsweise das arithmetische Mittel erst ab dem Intervallskalenniveau aufwärts eine interpretierbare Maßzahl. Auch intuitiv würde wohl kaum jemand auf die Idee kommen, für die Befragten aus Tafel 2.1-1 bzw. 2.1-3 deren „durchschnittliche Konfession" anhand ihrer numerischen Werte zu berechnen. In Kapitel 5.1 wird diese Frage weiter thematisiert.

Übung 2.1-2

Markieren Sie in der untenstehenden Tabelle mit einem „X", welche Beziehungen zwischen den Werten des numerischen Relativs auf den unterschiedlichen Skalenniveaus interpretierbar sind.

	Nominal-skala	Ordinal-skala	Intervall-skala	Ratio-skala	Absolut-skala
Gleichheit/Ungleichheit von Werten	X				
Größer-/Kleiner-Relation bei Werten		X			
Differenzen von Werten			X		
Verhältnisse von Werten				X	
Werte „an sich"					X

Anmerkungen zur axiomatischen Messtheorie

Im Interesse einer möglichst einfachen Darstellungsweise wurde in Kapitel 2.1 nicht explizit auf die axiomatische Messtheorie eingegangen – wenngleich sie trotzdem die Grundlage vieler der hier angesprochenen Überlegungen darstellt. Der interessierte Leser findet eine knappe Einführung in die axiomatischen Messtheorie in Kromrey [12](2009: 218–229) und eine leicht lesbare Darstellung des Inhalts von Kapitel 2.1, die enger Bezug auf die axiomatische Messtheorie nimmt als der vorliegende Text, in Diekmann [20](2009: 279–302). Dort wird auch das Repräsentationsproblem, das hier nur am Rande erwähnt wurde, weiter ausgeführt (a.a.O.: 247–248).

2.2 Messinstrumente

> *Vor diesem Kapitel sollten Sie gelesen haben:*
> - *(Kap. 2.1 Messung und Skalenniveaus)*
> - *(Kap. 8.1 Regressionsanalyse (lineare Einfachregression))*
> - *(Kap. 8.2 Korrelationsanalyse)*

Definition des Begriffs „Test"

Das Wort „Test" hat im alltäglichen wie im wissenschaftlichen Sprachgebrauch eine ganze Reihe unterschiedlicher Bedeutungen[15]. Lienert u.a. [6](1998: 1) schlagen folgende Definition vor: „Ein Test ist ein wissenschaftliches Routineverfahren zur Untersuchung eines oder mehrerer empirisch abgrenzbarer Persönlichkeitsmerkmale mit dem Ziel einer möglichst quantitativen Aussage über den relativen Grad der individuellen Merkmalsausprägung". In der sozialwissenschaftlichen Forschung wird diese Definition üblicherweise in zwei Punkten weiter gefasst. Erstens muss es sich bei einem Test nicht um ein *Routineverfahren* handeln. Es kann auch ein neu entwickeltes, zum ersten Mal angewandtes Verfahren sein, das allerdings theoretisch begründet sowie genau beschrieben und damit intersubjektiv nachvollziehbar sein muss[16]. Zweitens sollen nicht nur *Persönlichkeitsmerkmale* mit einem Test erfasst werden, sondern auch andere Merkmale einer Person wie deren Werthaltungen, Einstellungen oder deren kognitive Fähigkeiten. Um dem Rechnung zu tragen, wird im vorliegenden Buch folgende Definition des Begriffs **Test** verwendet: „Ein Test ist ein wissenschaftliches Verfahren zur Untersuchung eines oder mehrerer empirisch abgrenzbarer Merkmale einer Person mit dem Ziel einer möglichst quantitativen Aussage über den relativen Grad der individuellen Merkmalsausprägung". Das Ziel ist also mit anderen Worten die Ermittlung eines entsprechenden **Testwerts**. Ein „Test" *kann* nach dieser Definition auf nur einer einzigen Frage (einem Item) im Fragebogen als Messinstrument[17] basieren. In vielen Fällen werden jedoch die Antworten auf *mehrere* Items herangezogen, um einen Testwert zu ermitteln. Entsprechende Verfahren (wie das Likert-Verfahren oder die Guttman-Skalierung) werden später vorgestellt. Nicht besprochen wird die Indexbildung (vgl. hierzu z.B. Schnell u.a., [9]2011: 158–170).

Die inhaltlichen Schwerpunkte von Kapitel 2.2 liegen bei einer Darstellung des Grundgedankens der klassischen Testtheorie, der Gütekriterien eines Tests (insbesondere der Reliabilität und der Validität) sowie der Testkonstruktion nach dem Likert-Verfahren und der Guttman-Skalierung.

---

[15] Lienert u.a. [6](1998: 1) unterscheiden beispielsweise für den Bereich der Psychologie folgende Bedeutungen: „a) Ein Verfahren zur Untersuchung eines Persönlichkeitsmerkmals. b) Den Vorgang der Durchführung der Untersuchung. c) Die Gesamtheit der zur Durchführung notwendigen Materialien. d) Jede Untersuchung, sofern sie Stichprobencharakter hat. e) Gewisse mathematisch-statistische Prüfverfahren (z.B. Chi-Quadrat-Test). f) Kurze, außerplanmäßige ‚Zettelarbeiten' im Schulunterricht."

[16] Insofern muss das Verfahren „wissenschaftlich" sein.

[17] Als **Messinstrumente** bezeichne ich im Rahmen von Umfragen diejenigen Items, die zur Ermittlung eines Testwerts herangezogen werden, plus die Regeln zur Ermittlung des Testwerts. Die numerischen Werte für *einzelne Fragen* (Items) nenne ich im folgenden „**Messwerte**".

Gütekriterien eines Tests im Überblick

Nach Lienert u.a. [6](1998: 7) soll ein Test drei Hauptgütekriterien genügen[18]. Er soll objektiv, reliabel und valide sein. Unter **Objektivität** versteht man den Grad, in dem die Ergebnisse eines Tests von den Anwendern, die ihn benutzen, unabhängig sind. Man unterscheidet Durchführungs- Auswertungs- und Interpretationsobjektivität. Die Forderung nach **Durchführungsobjektivität** meint, dass das Ergebnis eines Tests nicht von den Forschern oder sonstigen „außenstehenden" Personen, die ihn durchführen, beeinflusst werden sollte. Beispielsweise sollten bei einem mündlichen Interview die Antworten der jeweils befragten Person nicht davon abhängen, *welche* Interviewerin oder *welcher* Interviewer die Befragung durchführt[19]. Die Forderung nach **Auswertungsobjektivität** besagt, dass die Ergebnisse der Auswertung eines Tests nicht von den auswertenden Personen abhängen dürfen. Anders ausgedrückt: Wer auch immer den Test auswertet, muss zu demselben (numerischen) Ergebnis kommen. Bei Umfragen ist Auswertungsobjektivität meist gegeben. Einem Kreuz bei der Antwortmöglichkeit „katholisch" für die Konfession oder der Zahlenangabe „25" im Fragebogen für das Lebensalter wird, unabhängig von der auswertenden Person, der hierfür festgelegte Zahlenwert zugewiesen[20]. Mit der Forderung nach **Interpretationsobjektivität** ist gemeint, dass unterschiedliche Forscher aufgrund eines bestimmten numerischen Wertes nicht zu unterschiedlichen Schlüssen kommen dürfen. Dieses Problem ergibt sich zum Beispiel dann, wenn für die numerischen Werte eines ordinal- oder intervallskalierten Merkmals, sagen wir „Rechtsextremismus", von verschiedenen Forschern *willkürlich* „cutting points" (numerische Werte als „Trennpunkte") festgelegt werden, ab denen die befragten Personen in eine bestimmte Gruppe (im Beispiel: „Rechtsextreme") eingestuft werden[21]. Ein und dieselbe Person mit ein und demselben numerischen Wert könnte dann, je nach dem cutting-point des betreffenden Forschers, entweder als „rechtsextrem" oder als „nicht rechtsextrem" eingestuft werden.

Die zweite Hauptforderung verlangt die **Reliabilität** eines Tests. Damit ist gemeint, dass ein Test zuverlässig (d.h. genau) misst – ganz egal *was* auch immer er misst. Eine Körperwaage beispielsweise ist nach diesem Verständnis dann ein reliables Messinstrument, wenn ein und dieselbe Person bei mehrmaligem Wiegen immer denselben Messwert erhält – vorausgesetzt natürlich, ihr Gewicht bleibt während dessen unverändert. Ob dabei tatsächlich *das* gemessen wird, was gemessen werden soll, nämlich das Körpergewicht, ist für die Beurteilung der Reliabilität unerheblich. Die Waage wäre also auch dann ein reliables Messinstrument, wenn

---

[18] Daneben nennen Lienert u.a. [6](1998: 7 und 11–14) als *bedingte* Forderungen, dass ein Test vier **Nebengütekriterien** genügen solle. Er solle normiert, vergleichbar, ökonomisch und nützlich sein.

[19] Leider sind solche Interviewereffekte – zumindest in mündlichen Interviews – in vielen Fällen sogar empirisch nachgewiesen (vgl. hierzu z.B. Reinecke, 1991: 27–31).

[20] Trotzdem kann es natürlich vorkommen, etwa bei der Kodierung von Antworten auf *offen* formulierte Fragen (vgl. Kap. 2.3), dass Auswertungsobjektivität nicht gegeben ist!

[21] Dieses leider oft praktizierte Vorgehen ist schon deshalb problematisch, weil kaum einzusehen ist, warum ein und dasselbe Merkmal *gleichzeitig* als nominal- *und* als ordinal- oder intervallskaliert betrachtet wird. Wenn „Rechtsextremismus" ein ordinal- oder intervallskaliertes Merkmal ist, dann ist eine Einteilung in „Rechtsextreme" und „nicht Rechtsextreme" inhaltlich wenig sinnvoll. Handelt es dich dagegen um ein nominal skaliertes Merkmal, dann ist es kaum sinnvoll, auf ordinalem oder metrischem Skalenniveau zu messen.

sie bei jedem Gebrauch um genau 10 Kilo zuviel anzeigen würde oder wenn sie ganz etwas anderes als das Körpergewicht (zuverlässig!) anzeigen würde.

Die dritte Hauptforderung nach der **Validität** eines Tests bezieht sich auf das bisher „ausgesparte" Problem, *was* der Test inhaltlich misst. Ein Test ist dann valide, wenn er genau *das* misst, was er messen soll und nichts anderes. Eine Körperwaage ist beispielsweise kaum ein valides Instrument zur Messung des Blutdrucks einer Person. Trotzdem kann sie nach wie vor ein reliables Messinstrument sein. Und natürlich kann sie auch weiterhin ein valides Instrument sein – allerdings valide zur Messung des Körpergewichts und nicht des Blutdrucks!

Klassische Testtheorie

Nach Kapitel 2.1 versteht man unter einer Messung die strukturtreue Abbildung eines empirischen Relativs in ein numerisches Relativ. Ungeklärt ist dabei bisher, *auf welche Weise* mittels eines Tests ein empirisches in ein numerisches Relativ abgebildet wird. Mit solchen Fragen beschäftigt sich die Testtheorie. Die meisten derzeit gebräuchlichen Tests wurden und werden auf der Grundlage der „klassischen Testtheorie" entwickelt. Aus diesem Grund sind nachfolgend die wichtigsten Teile der klassischen Testtheorie überblicksartig dargestellt. Ich lehne mich dabei eng an die Darstellung in Fischer (1974) an, wo die Argumentation im Detail nachzulesen ist[22].

Die klassische Testtheorie ist im wesentlichen eine Messfehlertheorie. Ihre Grundannahme besteht darin, den Messwert, den man bei der Testung *einer Person* erhält, grundsätzlich als fehlerbehaftet zu betrachten. Jeder empirisch ermittelte Messwert setzt sich nach dieser Vorstellung additiv aus einem „**wahren Wert**" (true score) und einem **Messfehler** (oder kurz: Fehler) zusammen (vgl. Fischer, 1974: 26–28).

Betrachten wir nun nicht wie bisher *eine* einzige Person, sondern eine Population P von Personen. Für diese Population lassen sich folgende Sätze ableiten:
1. Der Erwartungswert des Messfehlers ist gleich null (einfacher: Der durchschnittliche Messfehler in jeder beliebigen Population oder Teilpopulation P ist null).
2. Die Korrelation zwischen den Fehlern und den wahren Werten eines Tests (über die Personen der Population) ist gleich null.
3. Die Korrelation zwischen den Fehlern im Test X_i und den wahren Werten für einen *anderen* Test X_j (über die Personen der Population) ist gleich null.
4. Die Korrelation zwischen den Messfehlern zweier Tests ist gleich null (vgl. Fischer, 1974: 29–32).

---

[22] Das englischsprachige Standardwerk zur klassischen Testtheorie ist das Buch von Lord/Novick (1968). Eine weitere Übersichtsdarstellung zur klassischen Testtheorie findet sich in Heidenreich [5](1999a: 352–354). Ausführliche Darstellungen beinhalten auch Wegener (1983) und Steyer/Eid [2](2001). Ein deutschsprachiges Standardwerk zur Testtheorie und zur praktischen Anwendung von Tests stellt Lienert u.a. [6](1998) dar.

Reliabilität und Validität nach der klassischen Testtheorie

Aus der Sicht der klassischen Testtheorie sind die Gütekriterien „Reliabilität" und „Validität" genauer als bisher definierbar. Per Definition gilt als **Reliabilität** eines Tests das Quadrat[23] der Korrelation (in der Population) zwischen den beiden Variablen „Messwert" X und „wahrer Wert" T. In Formelschreibweise:

$$\text{Reliabilität}^{24} = \rho_{XT}^{2}$$

Festzuhalten ist allerdings, dass die „wahren Werte" empirisch nicht ermittelbar sind.

Aus dem Modell der klassischen Testtheorie lässt sich jedoch noch eine weitere Beziehung ableiten, nämlich:

$$\text{Reliabilität} = \rho_{XX'}$$

Dabei stellt $\rho_{XX'}$ die Korrelation zwischen zwei parallelen[25] Tests in der Population dar. Als *Schätzung* für die Reliabilität kann die Korrelation (nicht deren Quadrat!) zwischen zwei parallelen Tests X und X' in einer Stichprobe verwendet werden. In Formelschreibweise:

$$\text{Schätzung für die Reliabilität} = r_{XX'}$$

Als **Validität** eines Tests gilt per Definition die Korrelation (in der Population) zwischen den Messwerten des Tests (X) und einem „Kriterium" (Y)[26]. Sie kann durch eine entsprechende Korrelation mittels einer Stichprobe geschätzt werden. In Formelschreibweise:

$$\text{Validität} = \rho_{XY}$$

$$\text{Schätzung für die Validität} = r_{XY}$$

Nachdem für jede Variable in der Regel (zumindest prinzipiell) mehrere Außenkriterien gefunden werden können, wird deutlich, dass nicht von „der" Validität gesprochen werden kann, sondern nur von der Validität in bezug auf ein bestimmtes Außenkriterium. (Nähere Ausführungen zur Reliabilität und zur Validität aus Sicht der klassischen Testtheorie finden sich in Fischer, 1974: 36–42).

---

[23] Analog zum Bestimmtheitsmaß R^2 der Einfachregression (vgl. Kapitel 8.1). Man kann ferner zeigen, dass die Reliabilität dem Prozentsatz der wahren Varianz (im Gegensatz zur Fehlervarianz!) an der Gesamtvarianz entspricht (vgl. Fischer, 1974: 37). Ist die Messung *völlig fehlerfrei*, dann wird die Reliabilität gleich eins.

[24] Dieser Korrelationskoeffizient bezieht sich nicht auf eine bestimmte Stichprobe, sondern auf die Grundgesamtheit. Er wird daher der üblichen Konvention folgend nicht mit „r", sondern mit „ρ" (Rho) bezeichnet.

[25] **Parallelität** bedeutet ..., dass zwei Messungen (Tests) gleichen Erwartungswert und gleiche Fehlervarianz bei jeder Person v aus einer beliebigen Population P haben. ‚Parallele Tests messen dieselbe Eigenschaft gleich gut', (Fischer, 1974: 34).

[26] Fischer (1974: 42) formuliert sehr eng: „Unter dem Kriterium versteht man diejenige Variable, welche mit Hilfe des Tests vorhergesagt werden soll, z.B. die spätere Schulleistung durch einen Schulreifetest ...". Nach einer weicheren Definition versteht man unter Außenkriterien solche Variablen, die, vom Test unabhängig erhoben, in direkter oder indirekter Weise das zu messende Merkmal repräsentieren (Lienert u.a., ⁶1998: 11).

Die Attenuation-Formel

Aus dem Modell der klassischen Testtheorie ist noch ein für die praktische Arbeit wichtiger Sachverhalt ableitbar: Sind die wahren Werte zweier Variablen, sagen wir „Rechtsextremismus" (X) und „Fremdenfeindlichkeit" (Y), korreliert, dann entspricht die empirisch gemessene Korrelation nur dann der Korrelation der wahren Werte, wenn alle Messfehler gleich null und beide Instrumente damit vollständig reliabel sind. Trifft dies nicht zu, wovon realistischerweise in aller Regel auszugehen ist, dann wird die Korrelation (dem Betrag nach) um so stärker unterschätzt, je größer die jeweiligen Messfehler sind[27]. Hat man bereits eine Schätzung für die Reliabilität der beiden Tests ($r_{XX'}$ bzw. $r_{YY'}$), kann die Korrelation zwischen den wahren Werten T_x und T_y mit der sogenannten **„attenuation-Formel"** (Verdünnungsformel)[28] geschätzt werden (vgl. Fischer, 1974: 42–44). Die Formel lautet:

$$\text{Schätzung für } \rho_{T_X T_Y} = \frac{r_{XY}}{\sqrt{r_{XX'} \cdot r_{YY'}}}$$

Ergibt sich zum Beispiel in einer *Stichprobe* für den Zusammenhang zwischen „Rechtsextremismus" (X) und „Fremdenfeindlichkeit" (Y) ein Korrelationskoeffizient von $r_{xy} = 0.52$ und wurde ferner die Reliabilität für den Rechtsextremismus-Test mit r = 0.83 und für den Fremdenfeindlichkeits-Test mit r = 0.79 geschätzt, dann ergibt sich als Schätzung für die Korrelation der wahren Werte:

$$\text{Schätzung für } \rho_{T_X T_Y} = \frac{0.52}{\sqrt{0.83 \cdot 0.79}} = 0.64$$

Im Nenner des Bruchs steht das geometrische Mittel (vgl. Kap. 5.1) der – geschätzten – Reliabilitäten der beiden Tests. Wären beide Tests vollständig reliabel, dann stünde unter der Wurzel „1.0 · 1.0". Der Nenner des Bruchs würde damit zu „1". Der geschätzte Wert entspräche in diesem Fall genau der empirisch ermittelten Korrelation in der Stichprobe.

An diesem Beispiel wird auch klar: Niedrige Korrelationen müssen nicht unbedingt bedeuten, dass zwischen den betreffenden Variablen nur ein geringer (oder gar kein) Zusammenhang besteht. Wenn die entsprechenden Tests wenig reliabel sind, dann treten auch bei starken Korrelationen der wahren Werte entsprechend schwächere Korrelationen der empirisch gemessenen Werte in einer Stichprobe auf.

---

[27] Man kann sich dies an einem (ebenfalls unrealistischen) Beispiel vergegenwärtigen: Angenommen, die wahren Werte von X und Y wären vollständig (mit r = 1) korreliert. Trägt man die entsprechenden Wertepaare wie in Kapitel 8.1 als Punkte in ein Koordinatensystem ein, dann liegen alle Punkte auf einer Geraden. Addiert man zu den Werten für X und Y jeweils noch einen (positiven oder negativen) Messfehler, so werden die Punkte nicht mehr auf einer Geraden liegen, das heißt, die empirisch festgestellte Korrelation sinkt unter „1".

[28] Der Name kommt von der „Verdünnung" einer Korrelation durch Messfehler.

Kritik an der klassischen Testtheorie

Gegen den Ansatz der klassischen Testtheorie sind eine Reihe von Einwänden vorgebracht worden, deren Ausführung allerdings den Rahmen dieses Buches sprengen würde. Sie sind nachzulesen in Fischer (1974: 114–145) oder überblicksweise in Heidenreich [5](1999a: 360–362). Trotz der teilweise schwerwiegenden Einwände ist die klassische Testtheorie derzeit die wohl am häufigsten verwendete theoretische Basis für die in der Umfrageforschung eingesetzten Messinstrumente. Heidenreich [5](1999a: 362) meint hierzu: „... zu viele Messinstrumente, die auf der Grundlage dieses Modells entwickelt wurden, haben sich im Netzwerk empirischer Beziehungen bewährt, um ihnen die Tauglichkeit ... abzusprechen".

In der *Einstellungsmessung* (im weitesten Sinne) werden mit Abstand am häufigsten Instrumente verwendet, die nach dem – im Rahmen der klassischen Testtheorie rekonstruierbaren – Likert-Verfahren entwickelt wurden. Diese Methode der Konstruktion und Entwicklung von Messinstrumenten ist im folgenden beschrieben.

Die Grundidee des Likert-Verfahrens

Rensis Likert (1932) entwickelte ein sehr einfaches und daher in der Umfrageforschung äußerst beliebtes Verfahren zur Konstruktion von Messinstrumenten. Ich werde versuchen, dieses Verfahren ausgehend von der klassischen Testtheorie zu erläutern. Nach der klassischen Testtheorie setzt sich ein empirisch gemessener Wert – sagen wir zur Illustration der Wert „4", den Frau Huber bei einem Item zur Erfassung von Fremdenfeindlichkeit erzielte – aus einem „wahren Wert" und einem aufaddierten (zufälligen) Fehlerwert zusammen. Ein Forscher kennt allerdings nur den empirisch ermittelten Messwert, *nicht* jedoch dessen Aufteilung in wahren Wert und Fehlerwert. Er kann damit aus dem Messwert eines Items nicht auf den ihn interessierenden wahren Wert schließen. Gelingt es jedoch *mehrere* Items zu finden, die parallele Tests darstellen und damit dasselbe messen, lässt sich dieses Problem lösen, wie Tafel 2.2-1 demonstriert. Hier stehen acht solcher paralleler Items zur Verfügung. Der Forscher hat Frau Huber die acht Items vorgelegt und für sie die acht unter „Messwert" aufgeführten Werte erhalten. Nehmen wir einmal an, wir wären allwissend und uns wäre die Zusammensetzung der Messwerte bekannt. Diese Werte (wahre Werte plus Fehlerwerte) stehen in den beiden rechten Spalten von Tafel 2.2-1. Wir wissen dann, dass der wahre Wert „5" beträgt und wir wissen auch, dass die Summe der wahren Werte „40" beträgt und deren arithmetisches Mittel über alle Items (Summe der wahren Werte / 8) wieder „5". Wir können nun beobachten, wie ein Forscher – zumindest näherungsweise – den wahren Wert ermittelt. Der Forscher weiß nämlich, dass die Fehlerwerte sich gegenseitig tendenziell aufheben, also zu „null" addieren, da es sich um Zufallsfehler handelt. In Tafel 2.2-1 addieren sie sich sogar (zu Demonstrationszwecken!) perfekt zu „null". Damit muss die Summe der wahren Werte (annähernd) der Summe der Messwerte entsprechen. Die Summe der Messwerte kann also als Schätzung für die Summe der wahren Werte verwendet werden – obwohl aus dem Messwert von nur *einem* Item nicht auf den wahren Wert geschlossen werden kann. Teilt man die Summe der Messwerte durch die Anzahl der Items, dann erhält man formal das arithmetische Mittel der einzelnen Messwerte und inhaltlich eine Schätzung des wahren Wertes, den die Items messen[29]. Allerdings gilt diese Argumentation nur für den Fall, dass die Annahmen der klassischen Testtheorie zutreffen und dass die verwendeten Items tatsächlich parallele Tests darstellen!

Tafel 2.2-1:   Demonstrationsbeispiel 1 zur Grundidee des Likert-Verfahrens

	Messwert	= wahrer Wert	+ Fehlerwert
Item 1	4	5	-1
Item 2	8	5	+3
Item 3	6	5	+1
Item 4	1	5	-4
Item 5	2	5	-3
Item 6	5	5	±0
Item 7	4	5	-1
Item 8	10	5	+5
Summe:	40	40	0
Summe / 8:	5	5	0

Nun wird es in der Praxis kaum möglich sein, eine Reihe von Items zu finden, die alle im Sinne der klassischen Testtheorie ein und denselben wahren Wert (fehlerbehaftet) messen. Nach dem Verfahren von Likert wird eine „weichere" Forderung erhoben, nämlich, dass alle Items nur *eine* Dimension – zum Beispiel die Ausprägung einer bestimmten politischen Einstellung – erfassen sollen (**Eindimensionalität**). Alle verwendeten Items sollen Indikatoren für ein und dieselbe „latente Dimension", etwa den Grad der Fremdenfeindlichkeit der Befragten, darstellen. Mit anderen Worten: Die einzelnen Items sollten im Idealfall (der kaum jemals eintreten wird!) mit r = 1.0 mit dieser latenten Dimension korreliert sein[30]. In den Messwert dürfen nun neben dem Messfehler auch andere Größen als die Ausprägung der latenten Variablen einfließen – insbesondere die Schwierigkeit[31] der Items. Damit können – auch bei vollständig reliabler Messung – ein und derselben Merkmalsausprägung (etwa bei Frau Huber) *unterschiedliche* Messwerte bei den verschiedenen Items entsprechen. Tafel 2.2-2 demonstriert dies. Hier werden zwei Items (Item A und Item B) angenommen, die dieselbe latente Dimension erfassen. Die Itemwerte sind jeweils mit r = 1.0 mit der Ausprägung der

---

[29] Die Division durch die Anzahl der Items ist nicht die *entscheidende* Operation, da auf Intervallskalenniveau, das beim Likert-Verfahren vorausgesetzt wird (s.u.), positiv proportionale Transformationen (wie die Division durch eine natürliche Zahl) erlaubt sind und ein numerisches Relativ lediglich strukturerhaltend in ein anderes numerisches Relativ überführen (vgl. Tafel 2.1–3). Neue Informationen ergeben sich hieraus nicht. Die Division kann damit auch unterbleiben.

[30] Zumindest wenn man *lineare* Zusammenhänge unterstellt. (Bei der Korrelationsanalyse, so wie sie in Kapitel 8.2 beschrieben ist, werden lineare Zusammenhänge angenommen. Näheres siehe Kapitel 8.2).

[31] Näheres hierzu weiter unten!

latenten Variablen (LV) korreliert. Die Regressionsgeraden[32] für Item A und Item B sind eingezeichnet. Man sieht, dass ein und derselben Ausprägung der latenten Variablen zwei unterschiedliche Messwerte entsprechen, nämlich ungefähr „5" bei Item A und „4" bei Item B.

Tafel 2.2-2:   Demonstrationsbeispiel 2 zur Grundidee des Likert-Verfahrens[33]

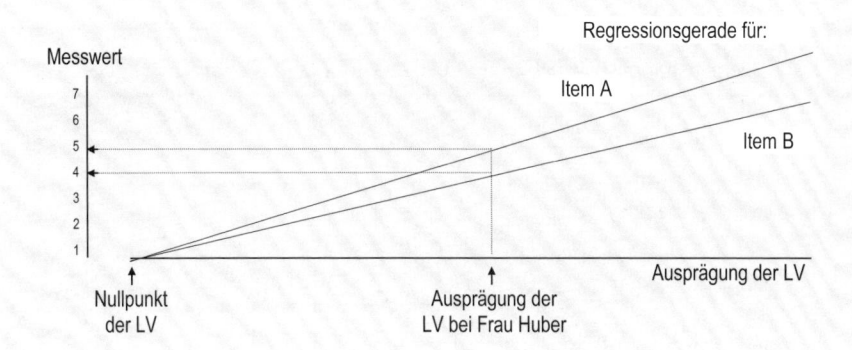

Nehmen wir an, uns stünden vier solcher Items, die vollkommen mit ein und derselben latenten Variablen korreliert sind, zur Verfügung. Nehmen wir ferner an, wir kennen die Regressionsgleichungen, die den Werten der latenten Variablen entsprechende Messwerte für die jeweiligen Items zuweisen. In diesem Fall können wir für jede Person aus ihrem Wert für die latente Variable ihre Itemwerte errechnen. Tafel 2.2-3 demonstriert dies anhand von vier Personen mit unterschiedlichen Werten (2, 6, 10 und 18) für die latente Variable. Für jede Person lassen sich ihre Messwerte für die Items C, D, E und F berechnen[34]. In der untersten Zeile von Tafel 2.2-3 steht die Summe aus diesen Messwerten. Vergleichen wir nun diese Summe der Messwerte für die vier Items (unterste Zeile) mit den Werten der latenten Variablen für die betreffenden Personen (oberste Zeile), so lässt sich feststellen, dass Differenzen zwischen den Werten der latenten Variablen zweier Personen den Differenzen der Summe ihrer Messwerte für die vier Items entsprechen[35]. Beispielsweise ist die Differenz der Werte der latenten Variablen zwischen Person eins und Person zwei mit „+4" genau so groß wie die zwischen den Personen zwei und drei. Entsprechend sind auch die Differenzen zwischen den

---

[32] Als *unabhängige* Variable wird die Ausprägung der latenten Variablen angesehen, als *abhängige* Variable der Messwert für das jeweilige Item (bei der gegebenen Ausprägung der latenten Variablen). Bei einer Korrelation von r = 1.0 liegen die Messwerte auf der Regressionsgeraden. Zur Regression vgl. Kap. 8.

[33] In diesem Beispiel wird vereinfachend angenommen, dass die latente Variable einen „Nullpunkt" hat (und nicht bipolar strukturiert ist wie etwa ein Einstellungsspektrum von politisch „ganz links" bis „ganz rechts" stehend) und dass der niedrigste Messwert dem Nullpunkt der latenten Variablen entspricht.

[34] In der Darstellung von Tafel 2.2-3 entspricht der Wert der latenten Variablen der *unabhängigen* und der Messwert für das betreffende Item der *abhängigen* Variablen. Aus der üblichen Form „y = b • x + a" für eine Regressionsgleichung wird also in Tafel 2.2-3 die Form „Messwert = b • LV + a". Für das Item C hat beispielsweise „b" den Wert „3" und „a" den Wert „5". Anmerkung: Die Messwerte sind unrealistisch hoch und dienen nur zur Demonstration der Grundidee!

[35] Für „Verhältnisse" anstelle von „Differenzen" gilt diese Argumentation nicht!

jeweiligen Summen der Messwerte dieser Personen mit „+56"[36] gleich groß. Dass gleiche Differenzen bei der latenten Variablen gleichen Differenzen bei der Summe der Messwerte entsprechen, lässt sich auch beim Vergleich der Personen eins und drei bzw. drei und vier feststellen. Der Differenz von „+8" in beiden Fällen bei den Werten der latenten Variablen (oberste Zeile von Tafel 2.2-3) entspricht eine Differenz von „+112" bei der Summe der Messwerte (unterste Zeile).

Tafel 2.2-3:   Demonstrationsbeispiel 3 zur Grundidee des Likert-Verfahrens

		Person 1	Person 2	Person 3	Person 4
Wert der latenten Variablen (LV) $\rightarrow$		2	6	10	18
Item C:	Messwert (= $3 \cdot$ LV + 5) $\rightarrow$	11	23	35	59
Item D:	Messwert (= $2 \cdot$ LV + 1) $\rightarrow$	5	13	21	37
Item E:	Messwert (= $4 \cdot$ LV + 3) $\rightarrow$	11	27	43	75
Item F:	Messwert (= $5 \cdot$ LV + 2) $\rightarrow$	12	32	52	92
Summe der vier Messwerte:		39	95	151	263

Tafel 2.2-3 demonstriert folgende Grundidee des Likert-Verfahrens. Auf **Intervallskalenniveau** wird ein empirisches Relativ (dem entsprechen die Werte für die latente Variable) strukturtreu in ein numerisches Relativ, bestehend aus der „Summe der Messwerte", abgebildet. Es werden Items (allerdings in der Regel mehr als vier!) gesucht, die alle Indikatoren für ein und dieselbe latente Dimension sind und diese möglichst reliabel und valide messen. Eindimensionalität sowie eine reliable und valide Messung haben wir bisher *vorausgesetzt*. Beim Likert-Verfahren werden diese Kriterien empirisch geprüft (hierzu gleich mehr). Stehen entsprechende Items zur Verfügung und werden sie in einer Umfrage eingesetzt, dann wird für jede befragte Person die Summe ihrer Itemwerte berechnet[37]. Dieser Summenwert dient als Schätzung für die Ausprägung der latenten Variablen bei der betreffenden Person. Treten dabei bei den einzelnen (Item-) Messwerten zufällige Messfehler auf, so heben diese sich (analog zur

---

[36] Diese Differenz ist aus Tafel 2.2-3 (unterste Zeile) zu errechnen.

[37] Treten „fehlende Werte" auf, das heißt hat eine befragte Person das eine oder andere der Items nicht beantwortet, dann kann man daraus grundsätzlich zwei Konsequenzen ziehen: Die erste Möglichkeit besteht darin, für die betreffende Person keinen Gesamtsummenwert zu berechnen und sie damit von der Auswertung auszuschließen. Eine andere Möglichkeit, insbesondere wenn aus einer großen Anzahl von Items nur ein einziges nicht beantwortet wurde, besteht darin, diesem Item als „Wert" das arithmetische Mittel (vgl. Kap. 5.1) aller anderen Itemwerte zuzuweisen. Es wäre beispielsweise bei einer Batterie von 25 Items schwer einzusehen, warum man die Information aus 24 Items „verschenken" sollte, nur weil ein einziges Item nicht beantwortet wurde. Prinzipiell ist dieses Verfahren auch bei zwei, drei oder mehr fehlenden Itemwerten anwendbar. Bis zu wie vielen fehlenden Itemwerten es angewendet wird, ist allerdings eine mehr oder weniger subjektive Entscheidung.

Argumentation in Tafel 2.2-1) tendenziell gegenseitig auf. Der Summenwert wird oft – aber nicht notwendigerweise! – durch die Anzahl der Items geteilt. Er entspricht dann dem arithmetischen Mittel aus den einzelnen Messwerten einer Person bei den Items. So viel zur *Grundidee* des Likert-Verfahrens, das auch „**Technik der summierten Einschätzungen**" genannt wird. Nachfolgend ist dieses Verfahren im Detail geschildert. Zur Illustration sind zusätzlich in Anlage 2 zwei nach dem Likert-Verfahren entwickelte Instrumente dargestellt.[38]

Likert-Verfahren: Form der verwendeten Items

Ein Item, das im Rahmen des Likert-Verfahrens verwendet wird, hat die Form eines Statements, dem eine Antwortskala[39] folgt, auf der das Statement „eingeschätzt" werden kann (Ratingskala). Die Antwortskala ist meist (innerhalb einer Befragung einheitlich!) fünf- sechs- oder siebenstufig. Tafel 2.2-4 zeigt ein Beispiel hierfür. Das dort dargestellte Item könnte zur Messung der latenten Dimension „Politikerverdrossenheit"[40] verwendet werden. Eine befragte Person wird – je nach Erhebungstechnik[41] – beispielsweise gebeten, die Antwort anzukreuzen, der am ehesten ihrer Meinung entspricht. Als Messwert dieser Person für das Item gilt der in Klammern angegebene Wert unter dem Kreuz, das sie gesetzt hat[42]. Kreuzt also eine befragte Person „... stimme ich eher zu" an, erhält sie damit den Wert „4" für das betreffende Item.

Tafel 2.2-4:   Beispiel für ein beim Likert-Verfahren eingesetztes Item

Den Politikern geht es nur um die Macht. Dieser Meinung stimme ich ...				
überhaupt nicht zu (1)	eher nicht zu (2)	teils / teils (3)	eher zu (4)	voll und ganz zu (5)

Werden Antwortskalen wie in Tafel 2.2-4 so formuliert, dass sie „Zustimmung" vs. „Nicht-Zustimmung/Ablehnung" ausdrücken, dann besteht die Gefahr, dass der Messwert durch eine „Zustimmungstendenz"[43] der befragten Person verzerrt wird. Personen, die eine solche Tendenz aufweisen, erzielen systematisch höhere Messwerte für die einzelnen Items (und damit auch für die Summe der Messwerte) als Personen ohne diese Tendenz. Um dem entgegenzuwirken, strebt man an, etwa die Hälfte der verwendeten Items „negativ" in bezug auf die zu

---

[38] Ein ausführlich beschriebenes Beispiel aus der empirischen Forschungspraxis findet sich in Freyhold (1971). Das dort entwickelte fertige Instrument findet sich in Anlage 2.

[39] Das Wort „Antwort*skala*" hat sich zwar eingebürgert, diese „Skala" ist jedoch keine Skala im Sinne der Definition aus Kapitel 2.1.

[40] Dieses „Unwort" wird *seiner Kürze wegen* dennoch als Synonym für „Verdruss über das Gebaren der Politiker" verwendet.

[41] Mündliche, schriftliche oder telefonische Befragung.

[42] Zur Fragebogenkonstruktion: Der Wert in Klammern wird in der Regel im Fragebogen *nicht* mit aufgeführt!

[43] Zustimmungstendenz heißt, dass die befragte Person dazu neigt, den Statements *unabhängig* von ihrem Inhalt zuzustimmen. Mehr hierzu in Kapitel 2.3.

messende latente Dimension zu polen. Tafel 2.2-5 zeigt ein solches Beispielitem, wenn die latente Dimension wieder „Politikerverdrossenheit" ist. Das *Statement* ist „umgepolt". Die (verbale) *Antwortvorgabe* ist gleich geblieben, allerdings sind die *Messwerte*, die den einzelnen verbalen Antworten zugeordnet werden, ebenfalls „umgepolt". Eine Person mit einem sehr hohen Maß an Politikerverdrossenheit wird beispielsweise dem Statement aus Tafel 2.2-4 voll und ganz zustimmen (Messwert 5) und dem Statement aus Tafel 2.2-5 überhaupt nicht zustimmen (ebenfalls Messwert 5). Damit erhält sie als Summe für die beiden Items den höchstmöglichen Wert, was auch ihrer sehr großen Politikerverdrossenheit entspricht. Man hofft bei diesem Verfahren, dass sich die Verzerrungen durch Zustimmungstendenz „herausmitteln", da sie bei den positiv gepolten Items die Messwerte systematisch vergrößern und bei den negativ gepolten Items die Messwerte systematisch verkleinern.

Tafel 2.2-5: Beispiel für ein beim Likert-Verfahren eingesetztes „negativ gepoltes" Item[44]

Den Politikern geht es um das Wohl der einfachen Leute. Dieser Meinung stimme ich ...				
überhaupt nicht zu (5)	eher nicht zu (4)	teils / teils (3)	eher zu (2)	voll und ganz zu (1)

Im folgenden wird, um die Darstellung des Likert-Verfahrens nicht unnötig kompliziert zu gestalten, auf diese Problematik nicht weiter eingegangen. **Wir tun also so, als gäbe es nur positiv gepolte Items!** Die folgenden Überlegungen sind jedoch problemlos auch auf die (teilweise) Verwendung von negativ gepolten Items übertragbar.

Eine letzte Bemerkung noch zum Problem der Zustimmungstendenz: Ich sehe kein Problem darin, bei den Items *zweiseitig* formulierte (oder: ausbalancierte) Antwortmöglichkeiten vorzugeben[45]. Die Befragten müssen sich dann in mehr oder minder starkem Maße für eine von zwei *Alternativen* entscheiden[46] und nicht mehr zwischen „Zustimmung" und „Nicht-Zustimmung/Ablehnung". In diesem Fall erübrigt sich das Problem der Zustimmungstendenz[47].

---

[44] Zur Fragebogenkonstruktion: Der Wert in Klammern wird in der Regel im Fragebogen *nicht* mit aufgeführt!

[45] Vgl. Kapitel 2.3.

[46] Ein Item könnte z.B. lauten: „Die Politiker sind daran interessiert, den Einfluss der kleinen Leute... A. ...zu erweitern; B. ...zu verringern". Die befragte Person hat sich dabei auf einer „Leiter" mehr oder weniger stark in Richtung von Alternative A oder von Alternative B zu entscheiden und erzielt damit einen entsprechenden Messwert. Dient das Item zur Erfassung von „Politikerverdrossenheit", dann würden die Messwerte um so höher, je mehr die Entscheidung zugunsten von Alternative B ausfällt.

[47] Man wird allerdings auch in diesem Fall insofern unterschiedlich gepolte Items verwenden, als man die „symptomatischen" Antwortalternativen unterschiedlich anordnen wird (z.B. bei etwa der Hälfte der Items auf der linken und bei der anderen Hälfte der Items auf der rechten Seite einer Leiterskala).

Likert-Verfahren: Itemanalyse

Die Konstruktion eines Tests nach dem Likert-Verfahren beginnt mit der Sammlung von vielen Statements (idealerweise um die hundert, in der Praxis jedoch meist deutlich weniger), die sich alle auf ein und dieselbe zu messende Dimension beziehen. Die Statements können dabei nach „Augenschein" oder nach einschlägigem Vorwissen, etwa aus früheren Untersuchungen, zusammengestellt werden. Sie sollten die zu messende Dimension klar „ansprechen". Die eigentliche Messung erfolgt durch die ihnen jeweils beigeordnete Antwortskala.

Als erstes wird nun empirisch geprüft, ob die Items alle (mehr oder weniger gut) eine gemeinsame latente Dimension erfassen – bzw. welche Items dies tun und welche nicht. Hierzu setzt man die Items in einer Umfrage ein[48]. Für jede befragte Person erhält man dabei für jedes der Items einen Messwert. Werden zum Beispiel hundert Items eingesetzt, dann muss jede Person die hundert Items beantworten und liefert damit hundert Messwerte – für jedes Item einen. Als nächstes müssten idealerweise für jedes einzelne Item dessen Werte mit den Werten der latenten Variablen[49], die es erfassen soll, korreliert werden. Allerdings ist die (zunächst nur theoretisch angenommene) latente Variable nicht direkt messbar wie die Werte der einzelnen Items. Damit entfällt die Möglichkeit einer „direkten" Korrelation. Man kann sich jedoch vorläufig[50] auf den Standpunkt stellen, dass man *insgesamt* mit den ausgewählten ca. hundert Items nicht völlig „danebenliegt", was die zu messende Dimension betrifft. In diesem Fall kann man die *Summe der hundert Itemwerte* ersatzweise als eine Schätzung für die Ausprägung der latenten Variablen bei einer befragten Person betrachten. Mit diesem Ersatzmaß können die gesuchten Korrelationen berechnet werden. *Für jedes Item* wird die Korrelation seiner Werte (über alle befragten Personen) mit dem Gesamtsummenwert für alle (übrigen)[51] Items berechnet. Die Korrelationskoeffizienten nennt man **Trennschärfekoeffizienten**[52] der betreffenden Items[53]. Der Trenn-

---

[48] Die dabei erzielten Messwerte sind natürlich abhängig von den befragten Personen. Generell sollte man darauf achten, dass die Ausprägung des Merkmals, das gemessen werden soll, bei den befragten Personen auch „über die volle Breite" variiert.

[49] Jede befragte Person hat nach unserer Vorstellung einen bestimmten Wert für die latente Variable. Dem entspricht, dass das betreffende Merkmal bei ihr mehr oder weniger stark ausgeprägt ist.

[50] Und zunächst ungeprüft! Geprüft wird diese Annahme erst später bei der Validierung des fertigen Instruments.

[51] Nach der geschilderten Grundidee müsste man für jedes Item die Korrelation seiner Werte mit dem Gesamtsummenwert aus *allen* Items berechnen. Diese Korrelation überschätzt jedoch den Zusammenhang, da der Wert des betreffenden Items auch in den Gesamtsummenwert aus allen Items eingeht und diesen damit beeinflusst. Um das zu verhindern, berechnet man die Korrelation mit einem reduzierten (man sagt: „korrigierten") Gesamtsummenwert, bei dem die Werte aller Items *mit Ausnahme* dessen, für das die Korrelation berechnet werden soll, aufsummiert werden. Man spricht dann von der „korrigierten" oder „bereinigten" Item-Gesamtsummenkorrelation.

[52] Oft auch „bereinigte Trennschärfekoeffizienten", wenn diese von den entsprechenden unkorrigierten Korrelationskoeffizienten (siehe vorherige Fußnote) unterschieden werden sollen.

[53] Ein vom Ansatz her vergleichbares Verfahren zur Ermittlung von gut diskriminierenden (trennscharfen) Items, das jedoch nicht die Werte *aller* Items einbezieht, funktioniert folgendermaßen: Für jede befragte Person wird wieder ein (oft „korrigierter") Gesamtsummenwert errechnet. Dann betrachtet man die beiden „extremen" Personengruppen, deren Gesamtsummenwerte unterhalb des ersten bzw. oberhalb des dritten Quartils (vgl. Kap. 5.1) der Werteverteilung liegen. Für beide Gruppen wird getrennt der Mittelwert des zu analysierenden Items errechnet. Unterscheidet er sich zwischen den beiden Gruppen signifikant, was (im Falle von normalverteilten Werten für das zu analysierende Item) durch einen t-Test für Mittelwertdifferenzen (vgl. Bortz u.a. [7](2010: 124–125) zu prüfen ist, dann ist das betreffende Item trennscharf.

schärfekoeffizient ist ein wichtiges Merkmal, anhand dessen entschieden wird, ob ein Item in der endgültigen Version des Tests verbleibt oder nicht[54].

Ein anderes Kriterium ist die „**Schwierigkeit**"[55] des Items. Gut geeignet für die Konstruktion eines Messinstruments nach dem Likert-Verfahren sind Items im mittleren Schwierigkeitsbereich mit großer Streuung. Zudem sollten sich die Items hinsichtlich ihrer Schwierigkeit und ihrer Streuung möglichst wenig unterscheiden (vgl. Laatz, 1993: 281).

So viel zur sogenannten „**Itemanalyse**", nach der entschieden wird, welche Items des ursprünglichen Itempools für den endgültigen Test beibehalten werden. Der endgültige Test umfasst etwa 20 bis 30 der „besten" Items[56]. Der Testwert (also der mit dem fertigen Instrument ermittelte numerische Wert der befragten Person) für das fertige Instrument errechnet sich wie bereits gesagt als Summe der Itemwerte, wobei gegebenenfalls deren Polung (siehe oben) zu beachten ist. Der nächste Arbeitsschritt besteht darin, die Reliabilität und die Validität des „fertigen Instruments" zu prüfen. Idealerweise verwendet man hierzu eine neue Stichprobe[57], oft werden diese Prüfungen jedoch auch an der selben Stichprobe durchgeführt.

Likert-Verfahren: Reliabilität des fertigen Tests

Grundsätzlich wurde bereits weiter oben gesagt, dass die Korrelation zweier paralleler Tests in einer Stichprobe als Schätzung für die Reliabilität verwendet werden kann. Eine erste Methode, eine solche Schätzung vorzunehmen, nennt man **Paralleltest-Methode**. Bei ihr werden zwei parallele Testformen, zum Beispiel zwei Versionen eines Intelligenztests, miteinander korreliert. Lienert u.a.[6](1998: 182) bemerken hierzu: „Die Möglichkeit, zwei Parallelformen an ein und dieselbe Stichprobe darzubieten, gilt als das beste Verfahren zur Beurteilung der

---

[54] Zusätzlich zur Berechnung vom Trennschärfekoeffizienten können die Items des Itempools auch einer Faktorenanalyse (vgl. Bortz u.a. [7](2010: 385–433) unterzogen werden. Dieses Verfahren kann hier aus Platzgründen nicht näher geschildert werden. Der Grundgedanke ist, dass Items, die alle ein und dieselbe latente Dimension messen, auf einen gemeinsamen, „hinter ihnen liegenden" Einflussfaktor zurückführbar sein müssten.

[55] Der Begriff „Schwierigkeit" bezieht sich ursprünglich auf die Items von Leistungstests mit den Antwortausprägungen „richtig" (meist mit „1" kodiert) und „falsch" (meist mit „0" kodiert). Ein Item hat dann eine hohe Schwierigkeit, wenn es von wenigen Personen einer Stichprobe richtig gelöst werden kann. Als „**Schwierigkeitsindex**" bezeichnet man den Anteil (relative Häufigkeit) der Untersuchungsteilnehmer, die das Item richtig lösen. ACHTUNG: Diese Definition kann leicht zu einiger sprachlicher Verwirrung führen! Ein *schwieriges Item* wird von *wenigen* Untersuchungsteilnehmern richtig gelöst und hat daher einen *niedrigen Schwierigkeitsindex*. Ein *leichtes Item* hat dementsprechend einen *hohen Schwierigkeitsindex*!
Der Begriff der „Schwierigkeit" kann auf alle Items mit zwei Antwortalternativen (z.B. „stimme zu" und „stimme nicht zu") übertragen werden. Er wird ferner auch auf Items wie in Tafel 2.2-4 mit mehreren Antwortalternativen übertragen. Ein einfaches Maß für die Schwierigkeit ist dann – bei gleichem Wertebereich für alle Items – der Itemmittelwert (falls hohe Itemwerte einer starken Merkmalsausprägung entsprechen). „Schwierige" Items haben dabei einen niedrigen Mittelwert. Als *normiertes* Maß berechnet man die Schwierigkeit bei Items mit mehreren Antwortalternativen (nach Bortz u.a., [3]2003: 218) als den Quotienten:

$$\text{Schwierigkeitsindex} = \frac{\text{Summe der Werte von allen Befragten}}{\text{Maximal von allen Befragten erzielbarer Summenwert}},$$

wobei die numerischen Werte für die Items 0, 1, 2 usw. betragen („0" ist also der geringstmögliche Itemwert).

[56] In der Forschungspraxis werden oft aus ökonomischen Gründen weniger Items verwendet, was in der Regel einen „Qualitätsverlust" für das Instrument mit sich bringt.

[57] Um Prüfwerte zu erhalten, die *unabhängig* von den Messwerten sind, aufgrund derer die Itemanalyse durchgeführt wurde. Ersatzweise kann man auch die Stichprobe teilen, falls ihr Umfang dies zulässt.

Testreliabilität. Es wird allerdings nicht nur vorausgesetzt, dass zwei Parallelformen vorhanden sind, sondern auch, dass diese auf *Äquivalenz* überprüft worden sind" (Hervorhebung im Original). Diese Voraussetzungen sind bei Instrumenten, die in Umfragen eingesetzt werden, so gut wie nie gegeben und entsprechend wird diese Methode auch kaum verwendet.

Öfter wird dagegen die **Test-Retest-Methode** eingesetzt. Bei ihr wird ein Test den selben Befragten *zweimal* vorgegeben. Jede befragte Person erhält damit zwei Testwerte. Diese beiden Testwerte werden miteinander korreliert. Der hieraus resultierende Korrelationskoeffizient dient als Reliabilitätsschätzung. Der Test wird also (nach Ablauf einer gewissen Zeit) quasi als „sein eigener Paralleltest" interpretiert. Allerdings müssen hierzu zwei Voraussetzungen erfüllt sein: Erstens darf der Testeinsatz zum Zeitpunkt „eins" das zu messende Merkmal nicht verändern, und zweitens darf sich die Ausprägung des zu messenden Merkmals auch sonst zwischen den beiden Befragungszeitpunkten, etwa durch Stimmungsschwankungen oder „Reifungsprozesse", nicht ändern. Mit anderen Worten: Es wird die *Stabilität des zu messenden Merkmals* zwischen den beiden Messzeitpunkten vorausgesetzt.
Zusätzlich stellt sich bei repräsentativen Umfragen ein praktisches Problem: Die Befragten müssen ein *zweites Mal* befragt werden, was in der Regel mit einem erheblichen organisatorischen und finanziellen Aufwand verbunden ist. Aus diesem Grund werden solche Test-Retest-Untersuchungen normalerweise entweder nur in kleinem Rahmen – zum Beispiel als Pretest – durchgeführt oder dann, wenn nach dem Forschungsdesign ohnehin zwei oder mehr Befragungswellen geplant sind und eine Test-Retest-Untersuchung in die „eigentliche" Untersuchung[58] integrierbar ist.

Relativ problemlos innerhalb *einer* Untersuchung durchzuführen ist dagegen die **Methode der Testhalbierung** (Bestimmung der split-half-Reliabilität). Man teilt hierzu den Test in zwei gleichwertige[59] Hälften, errechnet bei jeder befragten Person für die beiden Testhälften getrennt die Summe der Itemwerte und korreliert diese beiden Summenwerte. Die Idee ist dabei, einen Test quasi in zwei parallele Testhälften aufzuteilen und *deren* Reliabilität nach der Paralleltest-Methode zu schätzen[60]. Dabei besteht allerdings das Problem, dass ein Test auf viele Arten in zwei Teile geteilt werden kann. Je nachdem, wie diese (mehr oder weniger willkürliche) „Aufteilungsentscheidung" ausfällt, ergeben sich andere Schätzungen für die Reliabilität des Gesamttests.

---

[58] Bei mehrwelligen Befragungen wird man in erster Linie an *Veränderungen* von Merkmalen interessiert sein!

[59] Die genaue Definition dieser „Gleichwertigkeit" ist für die folgende Argumentation unerheblich. Näheres hierzu findet sich in Lienert u.a. [6](1998: 183–184).

[60] Diese „Paralleltests", deren Reliabilität geschätzt wird, sind *kürzer* als der vollständige Test, dessen Reliabilität eigentlich geschätzt werden soll. Aus diesem Grund wird die Reliabilität des *vollständigen* Tests mit dem Verfahren unterschätzt. Dies kann, gleiche Streuungen der Teilskalen vorausgesetzt, mit der **Spearman-Brown-Formel**:

$$\text{Schätzwert für die Reliabilität des vollständigen Tests} = \frac{2 \cdot r_{\text{Hälfte 1; Hälfte 2}}}{1 + r_{\text{Hälfte 1; Hälfte 2}}}$$

korrigiert werden (vgl. hierzu Lienert u.a. [6]1998: 184–185). Für eine Korrelation der beiden Testhälften von $r_{\text{Hälfte 1; Hälfte 2}} = 0.69$ würde sich beispielsweise ein Wert von „0.82" als Schätzung für die Reliabilität des vollständigen Tests ergeben.

Eine weitere Methode der Reliabilitätsbestimmung stellt die Analyse der **internen Konsistenz dar.** Dabei geht man davon aus, dass ein Test nicht nur in zwei, sondern in drei, vier, fünf usw. Teile aufteilbar ist – bis hin zu einer Aufteilung in so viele Teile, wie Testitems zur Verfügung stehen. Zur Abschätzung der internen Konsistenz können (je nach den speziellen Gegebenheiten) eine ganze Reihe von Koeffizienten verwendet werden, wobei der heute gebräuchlichste der Koeffizient von Cronbach (1951) entwickelt wurde. Er hat einen Wertebereich zwischen „0" und „1" und wird „**Cronbachs** α", genannt. Empirische Werte über 0.8 werden allgemein als akzeptabel betrachtet. Näheres zu den verschiedenen Koeffizienten findet sich in Lienert u.a. [6](1998: 191–200).

Likert-Verfahren: Validität des fertigen Tests

Als nächster Schritt nach der Reliabilitätsprüfung ist die Validität des fertigen Tests zu prüfen. Zu untersuchen ist also, inwieweit der Test auch tatsächlich das misst, was er messen soll. Seine Reliabilität ist hierzu eine notwendige, jedoch keine hinreichende Voraussetzung. Üblicherweise werden drei Formen der Validität unterschieden, nämlich Inhaltsvalidität, Kriteriumsvalidität und Konstruktvalidität. Schon daran sieht man, dass von „der" Validität eines Tests kaum gesprochen werden kann. Die Validität eines Tests kann nur in bezug auf den jeweils angelegten „Maßstab" beurteilt werden.

Die **Inhaltsvalidität** (content validity oder face validity) ist eine in den meisten Fällen nur nach „Augenschein", jedoch nicht empirisch prüfbare Form der Validität. Sie bezieht sich darauf, wie gut die einzelnen Items des Tests das zu messende Merkmal (bzw. dessen Ausprägung) in allen seinen Aspekten repräsentieren. Einem Test zur Messung von „Berufszufriedenheit" würde man beispielsweise mangelnde Inhaltsvalidität bescheinigen, wenn sich alle Items nur auf die Zufriedenheit mit dem erzielten Einkommen beziehen würden, da in diesem Fall wesentliche Aspekte der Berufszufriedenheit, wie etwa die Zufriedenheit mit dem Arbeitsklima, mit Vorgesetzten, mit den persönlichen Entfaltungsmöglichkeiten oder mit den Aufstiegschancen nicht berücksichtigt wären. In der Regel wird die Inhaltsvalidität eines Tests durch „Expertenrating" geprüft. Stimmen mehrere Experten unabhängig voneinander in dem Urteil überein, ein ihnen vorgelegter Test sei in diesem Sinne valide, dann wird dem Test Inhaltsvalidität zugesprochen.

Bei der Beurteilung der **Kriteriumsvalidität** (criterion-related validity) eines Tests geht man davon aus, dass die mit ihm ermittelten Testwerte – *falls* der Test das misst, was er messen soll – mit bestimmten „Außenkriterien" sehr eng korreliert sein sollten. Als Außenkriterien (oder kurz: Kriterien) gelten Kriterienwerte, die – vom Test unabhängig erhoben – in irgendeiner direkten oder indirekten Weise das Merkmal, das es zu erfassen gilt, repräsentieren oder widerspiegeln[61]. Falls ein Test beispielsweise „Rechtsextremismus" misst, dann ist zu erwarten, dass die Testwerte mit der Häufigkeit, mit der rechtsextremes Schrifttum konsumiert

---

[61] Nach Lienert u.a. [6](1998: 11). Lienert u.a. beziehen sich allerdings speziell auf *Persönlichkeits*merkmale.

wird, zusammenhängen. Dieses Merkmal könnte also als Außenkriterium dienen[62]. Die Validität des Außenkriteriums (oder der Außenkriterien, falls mehrere zur Verfügung stehen) wird dabei angenommen[63]. Idealerweise sollten nach obiger Definition die Außenkriterien mit anderen Methoden gemessen werden als der Test. Bei einem Test, der im Rahmen einer Umfrage eingesetzt wird, sollten sie also nicht durch zusätzliche Umfrageitems gemessen werden, sondern durch andere Verfahren, wie zum Beispiel Beobachtung, Fremdeinschätzung (z.B. durch Nachbarn der befragten Person) oder sonstige Informationen, die über die befragte Person verfügbar sind. Allerdings ist dies in der Regel mit einem ganz erheblichen Aufwand verbunden, der aus ökonomischen Gründen nur in seltenen Fällen getrieben werden kann. Aus diesem Grund werden derartige Validierungen oft doch in einer „weicheren"[64] Form mit Außenkriterien, die gleichzeitig mit den Testwerten im Rahmen einer Umfrage gemessen werden, durchgeführt.

Nach dem Zeitpunkt, zu dem das Außenkriterium gemessen wird, unterscheidet man Übereinstimmungsvalidität und Vorhersagevalidität. Die **Übereinstimmungsvalidität** (concurrent validity) wird geprüft, wenn das Außenkriterium *zum gleichen Zeitpunkt* gemessen wird wie die Werte des zu validierenden Tests. Die **Vorhersagevalidität** (predictive validity) wird geprüft, wenn man untersucht, inwiefern sich aus den Testwerten zu einem gegebenen Zeitpunkt die Ausprägung des Außenkriteriums zu einem *späteren Zeitpunkt* vorhersagen lässt. Das Standardbeispiel hierfür ist die Vorhersage von Schulnoten (Außenkriterien) anhand eines vorhergehenden Schuleignungstests.

Eine besondere Form der Übereinstimmungsvalidität wird durch die **Technik der bekannten Gruppen** bestimmt (known groups validity). Sind bestimmte Gruppen bekannt, in denen das zu erfassende Merkmal besonders stark (oder besonders schwach) ausgeprägt ist, dann kann die Zugehörigkeit zu diesen Gruppen als Außenkriterium dienen. Die Mitglieder einer rechtsextremen Partei müssten beispielsweise bei einem zu validierenden Rechtsextremismus-Test höhere Werte erzielen als Nicht-Mitglieder.

Abschließend ist festzuhalten, dass auch die Kriteriumsvalidität nicht „an sich" bestimmbar ist. Sie wird über die Korrelation mit Außenkriterien geschätzt, und je nach verwendetem Außenkriterium werden in der Regel unterschiedliche Korrelationen auftreten.

---

[62] Näheres zum Prozeß der Gewinnung von Außenkriterien findet sich in Lienert u.a. [6](1998: 220–222).

[63] Um die Gefahr eines unendlichen Regresses zu vermeiden (auch die Kriterien, die zur Validierung der Validierungskriterien herangezogen werden, müssten auf ihre Validität hin untersucht werden usw.) schlagen Lienert u.a. [6](1998: 221) vor, die Validität der Außenkriterien durch Experten beurteilen zu lassen. Ob diese Urteile dann letztlich akzeptiert werden, bleibt jedoch eine subjektive Entscheidung dessen, der eine Validierungsuntersuchung durchführt.

[64] Diese Form der Validierung ist insofern „weicher", als möglicherweise Einflüsse der *Art der Datenerhebung* (Befragung) sowohl auf die Testwerte als auch auf die Außenkriterien wirken und „Scheinzusammenhänge" produzieren könnten. Beispielsweise könnte sich eine Korrelation zwischen zwei Merkmalen, die „an sich" (im empirischen Relativ) unkorreliert sind, dadurch ergeben, dass die *beiden* entsprechenden Tests in hohem Ausmaß Zustimmungstendenz (vgl. Kap. 2. 3) erfassen. Derartige Verzerrungen treten in erster Linie bei Umfrageitems auf. Würde das Außenkriterium nicht über Umfrageitems, sondern durch die Ergebnisse einer Beobachtung gemessen, würde ein solcher, auf die Art der Datenerhebung zurückzuführender Zusammenhang, nicht auftreten.

Die mit Abstand komplexeste Form der Validität nennt man **Konstruktvalidität** (construct validity). Bortz u.a. [3](2003: 200–201) geben folgende allgemeine Definition: „Ein Test ist konstruktvalide, wenn aus dem zu messenden Zielkonstrukt Hypothesen ableitbar sind, die anhand der Testwerte bestätigt werden können". Man formuliert also ein Netz von Hypothesen über den Zusammenhang des zu messenden Merkmals mit anderen Merkmalen. Diese Relationen des empirischen Relativs müssen sich, sofern sie tatsächlich „vorliegen" und die Merkmale valide gemessen werden, in entsprechenden Relationen im numerischen Relativ niederschlagen. Nimmt man lineare Zusammenhänge an, müssen also entsprechende Korrelationen auftreten. Treten entsprechende Zusammenhänge empirisch auf, so wird dies als Indiz[65] für die Konstruktvalidität des Tests gewertet. Treten sie *nicht* auf, so kann dies verschiedene Ursachen haben. Entweder ist der Test nicht valide, oder die anderen Tests, mit deren Werten die Testwerte zusammenhängen müssten, sind nicht valide, oder die aufgestellten Hypothesen sind falsch, oder es treffen mehrere dieser Punkte gleichzeitig zu. Welche der Möglichkeiten zutrifft (bzw. zutreffen), kann nur durch weitere Forschung ermittelt werden. Die Konstruktvalidierung ist also stark theoriegebunden und eigentlich ein „Forschungsprogramm". Es wird nicht nur die Validität eines einzelnen Tests geprüft, sondern gleichzeitig die Validität mehrerer Tests *und* die Gültigkeit der zugrundegelegten Hypothesen[66]. Detaillierte Ausführungen hierzu finden sich in Falter (1977).

Campbell und Fiske (1959) haben ein im Vergleich zu dem angesprochenen „Forschungsprogramm" einfacheres Verfahren zur Konstruktvalidierung vorgeschlagen. Danach werden verschiedene – aus theoretischer Sicht zusammenhängende – Konstrukte mit unterschiedlichen Messmethoden gemessen und alle gemessenen Werte untereinander korreliert. So lässt sich eine **Multitrait-Multimethod-Matrix** (MTMM) erstellen, die alle Korrelationen enthält. Anhand von Tafel 2.2-6 als Demonstrationsbeispiel soll der Grundgedanke dieses Verfahrens dargestellt werden. Oval umrandet sind drei (latente!) Konstrukte, nämlich „Rechtsextremismus", die „politische Selbsteinschätzung als ‚rechts'" und die „Befürwortung einer multikulturellen Gesellschaft". Zur Messung dieser Konstrukte dient eine Reihe von Tests, wobei jedes Konstrukt mit mehreren Tests, die auf unterschiedlichen Methoden beruhen, gemessen wird. Die „Befürwortung einer multikulturellen Gesellschaft" wird beispielsweise mit zwei Tests (Test M1 und Test M2) gemessen. Test M1 könnte eine Einstellungsmessung nach dem Likert-Verfahren sein und Test M2 die Einschätzung der Testperson durch eine ihr nahestehende Person. Für jede Testperson werden also 9 Testwerte ermittelt.[67] Die Korrelationen dieser Testwerte werden in eine Korrelationsmatrix eingetragen.

---

[65] Mit *Sicherheit* kann jedoch nicht auf Konstruktvalidität geschlossen werden, da sich auch aus empirisch falschen Prämissen logisch korrekt empirisch wahre Konklusionen ableiten lassen. Falter (1977: 382–383) demonstriert dies ausführlich.

[66] Implizit wird ferner geprüft, „... ob der mit dem Konstrukt bezeichnete Sachverhalt vorliegt, ob es sich also um ein empirisch und theoretisch sinnvolles Konstrukt handelt (= **Konzeptvalidität**)" (Falter, 1977: 381).

[67] Drei zur Messung von „Rechtsextremismus", vier zur Messung des Merkmals „politische Selbsteinschätzung als rechts" und zwei zur Messung der „Befürwortung einer multikulturellen Gesellschaft".

Tafel 2.2-6:   Demonstrationsbeispiel zur Konstruktvalidierung

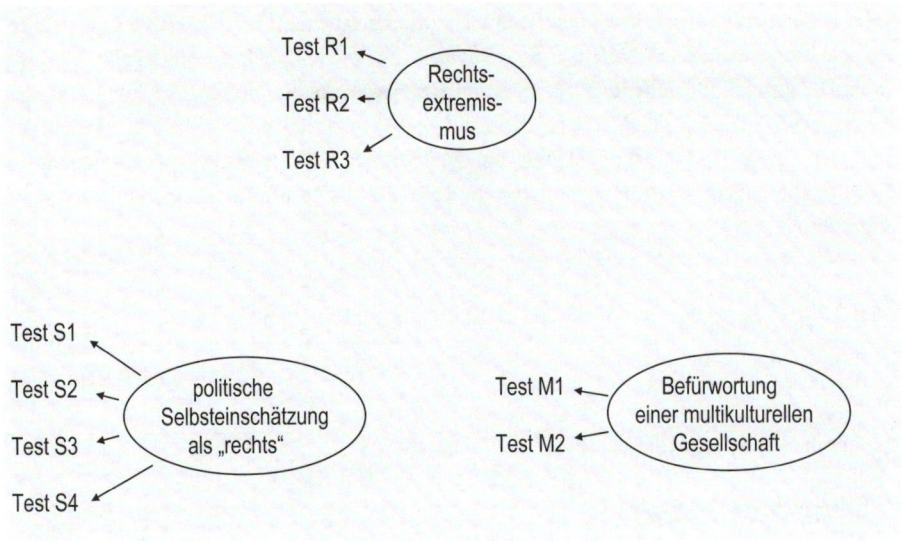

Dabei müssen die Korrelationen drei Bedingungen erfüllen, wenn sie als Indiz für die Konstruktvalidität dienen sollen: Erstens müssen die Werte der verschiedenen Tests zur Messung *eines Konstrukts*, zum Beispiel die Tests R1, R2 und R3, hoch miteinander korrelieren (denn sie sollen ja ein und dasselbe Konstrukt „Rechtsextremismus" messen!). Dieses Kriterium gilt als Indiz für **konvergente Validität** (convergent validity). Zweitens müssen die Korrelationen zwischen den Werten von Tests, die *verschiedene Konstrukte* messen, beispielsweise die Korrelation zwischen den Tests R2 und S4, schwächer sein als die eben genannten Korrelationen. Würde im Beispiel der Test S4 stärker mit den Tests R1, R2 und R3 zusammenhängen als mit den Tests S1, S2 und S3, dann würde er eher „Rechtsextremismus" messen und nicht die politische Selbsteinschätzung als „rechts". Dieses Kriterium gilt als Indiz für **diskriminante Validität** (discriminant validity). Drittens müssen die Korrelationen zwischen den Werten von Tests, die *verschiedene Konstrukte* messen – unabhängig von der Methode – jeweils die gleiche Richtung aufweisen und vom Betrag her ähnlich hoch sein. Jeder der drei Tests zur Messung von „Rechtsextremismus" muss beispielsweise mit jedem der beiden Tests zur Messung der „Befürwortung einer multikulturellen Gesellschaft" negativ und vom Betrag her in vergleichbarer Höhe korrelieren. Soviel im Überblick zur MTMM. Diese Methode ist für den interessierten Leser ausführlich in Bortz u.a. [3](2003: 202–206) beschrieben.

Für Validitätsuntersuchungen gilt generell: Sofern sie mit Hilfe von Korrelationen durchgeführt werden, können diese Korrelationen in unterschiedlichen Befragtengruppen unterschiedlich ausfallen. Für einen Rechtsextremismus-Test, für den in einer Stichprobe aus *erwachsenen* Personen Kriteriumsvalidität festgestellt wurde, muss dies unter Jugendlichen nicht notwendigerweise auch der Fall sein. Man spricht in diesem Fall von **differentieller Validität**.

Guttman-Skalierung: Die Skalenkonstruktion

Abschließend soll eine weitere, relativ einfach zu handhabende Möglichkeit dargestellt werden, ein Instrument zur Messung eines ordinal skalierten (unipolaren) Merkmals zu entwickeln: Die **Guttman-Skalierung** oder **Skalogramm-Analyse**. Bei diesem von Louis Guttman (1944; 1950; zit. nach Heidenreich, [5]1999b: 432–437) entwickelten Verfahren werden den Befragten eine Reihe von Items vorgegeben, die jeweils mit „ja" oder „nein" (bzw. äquivalenten Formulierungen) zu beantworten sind. In Tafel 2.2-7 sind die Items einer solchen Skala aufgeführt.

Tafel 2.2-7:   Items der Guttman-Skala „Zustimmung zu Protesten"

1. Beteiligung an einer Unterschriftensammlung	befürworte ich	lehne ich ab
2. Teilnahme an einer genehmigten politischen Demonstration	befürworte ich	lehne ich ab
3. Beteiligung an einem Boykott	befürworte ich	lehne ich ab
4. Weigerung, Mieten, Raten oder Steuern zu bezahlen	befürworte ich	lehne ich ab
5. Aufhalten des Verkehrs mit einer Demonstration	befürworte ich	lehne ich ab
6. Beteiligung an einem wilden Streik	befürworte ich	lehne ich ab
7. Besetzung von Fabriken, Ämtern und anderen Gebäuden	befürworte ich	lehne ich ab

Die Skala ist im „ZUMA-Handbuch Sozialwissenschaftlicher Skalen" (1983) unter „N06" dokumentiert.

Man geht davon aus, dass sich für jedes zu messende Merkmal (wie die „Zustimmung zu Protesten") prinzipiell unendlich viele solcher Items finden lassen, die sich nur durch ihre Schwierigkeit[68] unterscheiden. Je stärker das Merkmal ausgeprägt ist, desto „schwierigeren" Items wird zugestimmt. Bildlich gesprochen haben die Items dabei vergleichbare Eigenschaften wie die Sprossen einer Leiter[69]. Je nachdem, wie stark das Merkmal bei einer befragten Person ausgeprägt ist, „steigt" sie mehr oder weniger die Leiter empor – sprich: stimmt sie mehr oder wenigeren der Items zu. Als Skalenwert für eine Person genügt es damit anzugeben, wie vielen Items sie zustimmt (oder wie hoch sie auf der Leiter steigt).

Es werden jedoch nicht nur Personen skaliert, sondern auch die Items. Die Items stehen (wie die Sprossen der Leiter) in einer bestimmten, genau festgelegten Reihenfolge. Wer zum Beispiel auf Sprosse Nummer vier steht, der muss vorher die Sprossen Nummer eins bis drei erklommen haben und darf noch nicht Sprosse Nummer fünf oder eine höhere

---

[68] Der Begriff „Schwierigkeit" wurde bereits weiter oben im Rahmen der Itemanalyse beim Likert-Verfahren erläutert.

[69] Allerdings hat die Leiter die etwas ungewöhnliche Eigenschaft, dass der Abstand der Sprossen nicht festgelegt und damit in der Regel nicht gleich groß ist. Die Guttman-Skala misst auf *Ordinalskalenniveau*!

Sprosse erklommen haben. Wem der Messwert „vier" zugeordnet wird, der muss die Items Nummer eins bis drei positiv beantwortet haben und darf weder Item Nummer fünf noch ein höheres Item positiv beantwortet haben. Soviel zum *Modell* der Guttman-Skalierung[70].

Prüfung einer Guttman-Skala

Fischer (1974: 141) bemerkt zu diesem Messmodell: „GUTTMANS Modell ist deterministisch und stellt Anforderungen an die empirischen Daten, welche wohl in speziell konstruierten Beispielen, nie jedoch in der Praxis erfüllt sind". Bei einer perfekten Guttman-Skala hängt die Beantwortung der Items (abgesehen von ihrer Schwierigkeit) nur von der Ausprägung des gemessenen Merkmals ab[71]. Es kann nun empirisch geprüft werden, inwieweit die Annahmen des Messmodells zutreffen, da sie nur ganz bestimmte Antwortmuster bei den Befragten erlauben. Zum Beispiel darf es nicht vorkommen, dass jemand Item Nummer vier zustimmt, nicht jedoch Item Nummer drei (siehe oben!).

Tafel 2.2-8:   Antworten von zehn Befragten auf die Skalenitems aus Tafel 2.2-7

	Antwort* auf Item Nummer ...						
	Item 1	Item 2	Item 3	Item 4	Item 5	Item 6	Item 7
Person 1	0	0	0	0	0	0	0
Person 2	1	0	0	0	0	0	0
Person 3	1	1	0	0	0	0	0
Person 4	1	1	0	0	0	0	0
Person 5	1	1	1	0	0	0	0
Person 6	1	1	1	1	0	0	0
Person 7	1	1	0	1	0	0	0
Person 8	1	1	1	1	1	0	0
Person 9	1	1	1	1	1	1	0
Person 10	1	1	1	1	1	1	1

* 1 = befürworte ich; 0 = lehne ich ab

In Tafel 2.2-8 sind zur Illustration für zehn Personen die Werte, die sie bei der Beantwortung der Items der Guttman-Skala zur Messung der „Zustimmung zu Protesten" (vgl. Tafel 2.2-7) erzielten, aufgeführt. Alle Personen, bis auf die fett hervorgehobene Person Nummer sieben, haben modellkonforme Antworten gegeben. Der Übersichtlichkeit halber ist das Beispiel zusätzlich so konstruiert, dass *alle* modellkonformen Antwortmuster vorkommen und dass die Personen der Reihe nach das gemessene Merkmal in immer stärkerer Ausprägung aufweisen.

---

[70] Wie aus einer Reihe von geeigneten Items eine Guttman-Skala in der Praxis konstruiert werden kann, falls die Reihenfolge der Items nicht von vornherein festliegt, beschreiben Schnell u.a. [9](2011: 184–186).

[71] Vgl. Fischer (1974: 142). Fischer spricht von der „Homogenität" eines Tests. Näheres hierzu in Fischer (1974: 125–127 und 141–144).

Das Antwortmuster von Person Nummer sieben ist wie gesagt *nicht* modellkonform. Sie hat insgesamt drei Items zugestimmt und damit den Skalenwert „3". Modellkonform wäre es gewesen, wie Person Nummer fünf den Items eins bis drei zuzustimmen und den Items vier bis sieben nicht. Im Vergleich zu diesem Antwortmuster liegen bei Person sieben zwei Abweichungen oder „Fehler" vor (in Tafel 2.2-8 dunkel hinterlegt). Das Ausmaß, in dem solche Fehler[72] vorkommen, wird bei Guttman-Skalen mit dem **Reproduzierbarkeitskoeffizienten** (coefficient of reproducability, abgekürzt: CR) erfasst. Er berechnet sich nach:

$$CR = 1 - \frac{\text{Anzahl der Fehler}}{\text{Anzahl der Items} \cdot \text{Anzahl der Befragten}}$$

Falls keine fehlenden Werte vorkommen, steht im Nenner des Bruchs die Anzahl der insgesamt abgegebenen Antworten. Von „1" wird damit die relative Häufigkeit[73] der Fehler abgezogen, womit CR nichts anderes ausdrückt als die relative Häufigkeit der modellkonformen Antworten. Nach einer allgemein anerkannten Konvention sollte CR bei einer „akzeptablen" Skala nicht wesentlich unter 0.9 liegen[74].

Einige Besonderheiten der Guttman-Skalierung

Fischer (1974: 137) bezeichnet dieses Verfahren als den „... ersten systematischen Ansatz zur Überwindung der klassischen Testtheorie". Warum?
Aus messtheoretischer Sicht bemängelt Diekmann [20](2009: 269) an der klassischen Testtheorie, „... dass die Skalen das zentrale Kriterium der ‚**Repräsentationsmessung**' nicht erfüllen. So wird in der klassischen Testtheorie ungeprüft metrisches Skalenniveau ... vorausgesetzt. Messmethoden auf der Grundlage von Skalierungsmodellen prüfen dagegen auch direkt oder indirekt, ob überhaupt die Voraussetzungen zur Konstruktion einer Skala eines bestimmten Messniveaus erfüllt sind". Dies ist bei der Guttman-Skala der Fall. Bei ihr wird über den Reproduzierbarkeitskoeffizienten *empirisch* geprüft, ob (zumindest annähernd) ein mindestens ordinales Messniveau vorliegt[75].

---

[72] Was unter „Fehler" zu verstehen ist, kann auch anders definiert werden. Vgl. hierzu z.B. Diekmann [20](2009: 274).

[73] Vgl. Kapitel 5.3.

[74] Dies gilt für den Reproduzierbarkeitskoeffizienten einer bereits „fertigen" Guttman-Skala. Wird sie dagegen erst *entwickelt* und damit *so konstruiert*, dass CR hohe Werte annimmt, dann sollten die erreichten CR-Werte deutlich über 0.9 liegen, denn sie sind künstlich erhöht. In anderen Stichproben ist dann mit kleineren CR-Werten zu rechnen.

[75] Zum Unterschied zwischen der **Repräsentationsmessung**, wie sie bei der Guttman-Skalierung vorliegt und der **Indexmessung**, wie sie etwa bei der Konstruktion von Tests nach dem Likert-Verfahren vorliegt, vgl. Heidenreich [5](1999b: 410–439).

Heidenreich [5](1999a: 360–361) fasst einen weiteren wichtigen Punkt bei Tests, die basierend auf der klassischen Testtheorie konstruiert wurden, zusammen: „Alle wesentlichen Test- bzw. Itemparameter (Reliabilität, Validität, Schwierigkeitsindex, Trennschärfe) sind stichproben- bzw. populationsabhängig; sie können nicht unabhängig von der Zusammensetzung einer Stichprobe geschätzt werden. Die Übertragbarkeit von Testergebnissen aus einer Population in eine andere ist daher nicht möglich. Messungen sind daher grundsätzlich „normorientiert", also an der sozialen Bezugsnorm ausgerichtet (Vergleichswerte aus Eichstichproben). Der beobachtete Messwert einer Person ist daher relativ zur durchschnittlichen Leistung (= Norm) einer Referenzgruppe zu sehen". Dieses Problem besteht bei einer Guttman-Skala nicht. Das ihr zugrundeliegende Modell ist **populationsunabhängig** (vgl. Fischer, 1974: 140). Für das Antwortmuster *jeder einzelnen Person* kann festgestellt werden, ob es mit den Modellannahmen übereinstimmt oder nicht. Insbesondere kann die Eindimensionalität einer Guttman-Skala ohne den (verteilungsabhängigen) Begriff der Korrelation festgestellt werden (vgl. Fischer, 1974: 145).

Fischer (1974: 140) nennt noch einen weiteren wichtigen Punkt in bezug auf die Guttman-Skalierung: „Eine andere Eigenschaft des Modells ... ist die **Symmetrie zwischen Items und Personen**. Sie ist semantisch sofort einsichtig, wenn man sich das Lösen eines Items als Sieg der Vp [Versuchsperson] über das Item und das ‚Nicht-Lösen-Können' als ‚Sieg' des Items über die Person vorstellt. ... Es hat den Anschein, als wäre diese Symmetrie eine wesentliche Bedingung für eine einwandfreie Schätzung von Personen- und Itemparametern, das heißt für die Separierbarkeit der Parameter". Die Symmetrie zwischen Items und Personen lässt sich auch anhand von Tafel 2.2-8 durch folgende Überlegung zeigen: Wenn man die Messwerte von Personen für die verschiedenen Items kennt, kann man daraus auf die Rangfolge der Items in bezug auf das Merkmalskontinuum schließen.

Schließlich sei noch hervorgehoben, dass die Messung von **extremen Merkmalsausprägungen** bei der Guttman-Skalierung kaum Probleme bereitet. Sie kann ohne größere Schwierigkeiten nach oben und nach unten hin erweitert werden. Bei einem nach dem Likert-Verfahren entwickelten Instrument ergeben sich dagegen erhebliche Probleme. Man erkennt dies unmittelbar an Tafel 2.2-2, wenn man sich überlegt, welche Messwerte bei extrem hoher Ausprägung der latenten Variable (LV) für die Items erreicht werden. Ab einem bestimmten Punkt stehen – je nach Lage der Regressionsgeraden – entweder keine Itemwerte mehr zur Verfügung oder die Werte der Items konzentrieren sich *in der Regel* (bei nicht extremer Ausprägung der LV) auf den unteren Bereich, womit die Werte dort nur noch wenig streuen und damit nicht mehr gut zwischen den Befragten mit unterschiedlichen Ausprägungen der LV im mittleren und unteren Bereich differenzieren.

Abschließende Bemerkungen zur Skalierung

Im Interesse einer möglichst einfachen Darstellung wurde das Konzept der „**Itemcharakter-istik**" („item characteristic function" oder: „trace line") nicht vorgestellt. Es ist beispielsweise bei Bortz u.a.[3] (2003: 206–207) dargestellt.

Weiter beschränkte sich Kapitel 2.2 auf die Darstellung der beiden heute wohl gebräuchlichsten Verfahren zur Konstruktion von Messinstrumenten. Daneben gibt es eine Fülle **anderer Verfahren**, die im Überblick zum Beispiel in Heidenreich[5] (1999b: 407–439) oder in Bortz u.a.[3] (2003: 221–230)[76] beschrieben sind.

Wegener (1983) teilt die Skalierungstechniken danach ein, „**wer eigentlich skaliert**", der einzelne Befragte (z.B. bei den hier nicht besprochenen Magnitude-Skalen), das Befragtenuniversum (z.B. bei der Guttman-Skalierung) oder der Forscher bzw. die Forschergemeinschaft, wie zum Beispiel beim Likert-Verfahren.

Ferner wurde die Unterscheidung zwischen **Personen-orientierten** „Skalierungstechniken" wie dem Likert-Verfahren, **Reiz-zentrierten** Skalierungstechniken (wie dem – hier nicht besprochenen – Verfahren von Thurstone) und **Reaktions-orientierten** Skalierungstechniken wie der Guttman-Skalierung nicht thematisiert. Nachzulesen ist diese Unterscheidung in Heidenreich[5] (1999b: 407–408).

Als Antwort auf die Mängel der klassischen Testtheorie entstanden eine Reihe von (hier nicht besprochenen) **probabilistischen Testtheorien**. Einführungen hierzu finden sich in Fischer (1974) oder überblicksweise in Bortz u.a.[3] (2003: 206–212).
Die **Rasch-Skalierung**, ein gelegentlich verwendetes Verfahren, das auf einem probabilistischen Ansatz basiert, ist in Heidenreich[5] (1999a: 364–368), im Überblick in Bortz u.a.[3] (2003: 226–227) oder, anhand einer empirischen Untersuchung, ausführlich in Wakenhut (1974) beschrieben.

Aber auch andere Alternativen sind denkbar. Es ist zum Beispiel möglich, ein Verfahren der Psychophysik, die Magnitude-Skalierung, zur Messung von Einstellungen heranzuziehen[77].

Insgesamt sollte mit Kapitel 2.2 klar geworden sein, dass eine Messung nicht „theorielos" durchgeführt werden kann, auch wenn dieser Punkt nicht bei jeder Messung neu thematisiert wird. Messungen sind theoriegebunden, und wer Messungen durchführt, akzeptiert damit zwangsläufig die der Messung entsprechenden theoretischen Grundlagen! Dieser Tatsache sollte man sich bewusst sein, wenn man eigene Messungen durchführt oder bereits vorliegende Messwerte interpretiert.

---

[76] ACHTUNG: Die Berechnung der Testwerte für die Thurstone-Skala ist dort unrichtig beschrieben. Sie berechnen sich als Mittelwerte aus den Itemwerten jeweils einer Person.

[77] Ein Überblick hierzu findet sich in Schumann (2000).

2.3 Fragenformulierung und Fragebogenkonstruktion

Vor diesem Kapitel sollten Sie gelesen haben:
- *Kap. 2.1 (Messung und Skalenniveaus)*
- *Kap. 2.2 (Messinstrumente)*

In Kapitel 2.3 werden wichtige Prinzipien für den Aufbau eines Fragebogens und für die Formulierung von Fragen, die in einem Fragebogen eingesetzt werden, vorgestellt. Dabei sei allerdings betont, dass die Konstruktion von Fragebogen und der in ihnen enthaltenen Fragen eher eine „Kunstlehre" darstellt als eine „Methode", deren Einsatz ein gewünschtes Ergebnis, nämlich einen „guten" Fragebogen, garantiert[78].

Die Methodenforschung hat bisher eine Reihe von Effekten, die durch bestimmte Frageformulierungen oder einen bestimmten Aufbau des Fragebogens hervorgerufen werden, untersucht. Solche Effekte werden im vorliegenden Kapitel besprochen. Man sollte sie kennen, wenn man selbst einen Fragebogen konstruiert oder bereits vorliegende Fragebögen beurteilt[79]. In der Regel wird man versuchen, die betreffenden Antworteffekte zu vermeiden. Sie können jedoch auch *bewusst* eingesetzt werden, etwa wenn Fragen, die aufeinander „ausstrahlen"[80], absichtlich in einer ganz bestimmten Reihenfolge gestellt werden.

Andererseits stellt sich oft nicht die Frage, ob *ein* Effekt eingesetzt oder vermieden werden soll, sondern ob von *zwei* komplementären Effekten eher der eine oder der andere erwünscht ist. In solchen Fällen sind meist subjektive Entscheidungen zu treffen, etwa – um ein Beispiel zu nennen – ob bei einer Frage die Antwortkategorie „ich habe keine Meinung hierzu" vorgegeben wird oder nicht. Im ersten Fall riskiert man, dass wenig entscheidungsfreudige Befragte mit „ich habe keine Meinung hierzu" antworten, obwohl sie „im Grunde" doch eine der inhaltlichen Antwortvorgaben präferieren. Im zweiten Fall riskiert man, dass Befragte, die zu dem betreffenden Thema keine Meinung haben, sich eine der vorgegebenen inhaltlichen Antworten mehr oder weniger willkürlich „aussuchen", da die zutreffende Antwort: „ich habe keine Meinung hierzu" nicht zur Auswahl steht.

Schließlich sind einige Konstruktionsprinzipien *unbedingt* einzuhalten, da ihre Verletzung zwangsläufig zu unerwünschten Effekten führt. So müssen Fragen beispielsweise „eindimensional" sein, d.h. aus einer Antwort wie „ja" (oder „nein") muss eindeutig hervorgehen, *worauf* sich dieses „ja" (oder „nein") bezieht.

Bevor jedoch die angesprochene *Formulierung* von Fragen im Detail diskutiert wird, ist nachfolgend zuerst besprochen, welche *Funktionen* die einzelnen Fragen im Fragebogen erfüllen – oder anders ausgedrückt, welche Fragetypen unterschieden werden können.

---

[78] Einen Überblick über dennoch vorhandene theoretische Ansätze gibt Diekmann [20](2009: 439–446).

[79] Die meisten der in diesem Kapitel besprochenen Effekte können auch ganz bewusst zur Manipulation von Umfrageergebnissen verwendet werden. Hierauf gehen zum Beispiel Krämer (2011) oder Holm (1975, Band 1: 63–64) besonders ein. Das vorliegende Kapitel dient daher zusätzlich dem Zweck, es den „Konsumenten" von Umfragen zu ermöglichen, solche Manipulationen gegebenenfalls zu erkennen.

[80] Vgl. „Halo-Effekt" (weiter unten).

Fragen zur Messung von Merkmalen und ihre Einteilung

Die meisten Fragen eines Fragebogens dienen natürlich dem Ziel, bestimmte Merkmale zu messen. Eine erste Einteilung solcher Fragen kann im Anschluss an Kapitel 2.1 danach vorgenommen werden, ob das zu messende Merkmal im empirischen Relativ (nach unserer Kenntnis) **nominalem, ordinalem, Intervall- oder Ratioskalenniveau** entspricht. Nachdem in aller Regel eine *strukturtreue* Abbildung des empirischen in das numerische Relativ erwünscht ist, sollten auch die jeweiligen Fragen entsprechend gestaltet sein. Man kann natürlich die Messung auch auf einem niedrigeren Skalenniveau durchführen, sollte sich dann aber bewusst sein, dass damit erstens Information „verschenkt" wird und zweitens statistische Auswertungsverfahren, die ein höheres Skalenniveau voraussetzen, nicht mehr einsetzbar sind!

Eine zweite Einteilung von Fragen zur Messung bestimmter Merkmale kann danach vorgenommen werden, ob das zu messende Merkmal „**manifest**" ist, also (prinzipiell) direkt oder indirekt beobachtbar (wie das Geschlecht oder ein Gewicht) oder ob es „**latent**" ist, also weder direkt noch indirekt *beobachtbar* (wie etwa „Sparsamkeit" oder „Konservatismus"). Im ersten Fall wird man versuchen, Fragen zur direkten Messung des betreffenden Merkmals zu formulieren. Im zweiten Fall besteht das Problem, dass latente Merkmale *selbst* ihrer Natur nach nicht direkt messbar sind. Man wird daher versuchen, mit den Fragen solche *manifesten* Merkmale zu messen, aus denen (mit Hilfe geeigneter Theorien und Verfahren) auf die Ausprägung des zu messenden *latenten* Merkmals geschlossen werden kann.

Eine weitere Einteilung von Fragen zur Erfassung eines Merkmals kann nach der Messung von Eigenschaften, von Überzeugungen, des Verhaltens oder schließlich von Einstellungen der betreffenden Person erfolgen. **Eigenschaften** der befragten Personen sind zum Beispiel ihr Alter, ihre Schulbildung, ihr Einkommen oder ihr Familienstand. Sie können von ihr nicht oder nur sehr schwer bzw. mit gravierenden Konsequenzen verändert werden. Wie die Beispiele schon zeigen, fallen unter diesen Fragentyp in erster Linie die Fragen des „demographischen Teils" am Schluss einer Befragung, aber auch andere „Faktfragen" wie: „Besitzen Sie ein Auto" oder „trinken Sie Alkohol?" sowie Fragen zur Erfassung von Persönlichkeitseigenschaften im engeren und weiteren Sinne. Fragen zur Messung von **Überzeugungen** der befragten Personen sind Fragen danach, was sie für „wahr" und was für „falsch" halten (hierzu gehören zum Beispiel „Wissensfragen" oder Einschätzungen wie die, für welche politische Partei die Stimmung in der Bevölkerung momentan am günstigsten sei). Fragen zur Messung des **Verhaltens** sind etwa: „Haben Sie gestern ferngesehen?" oder: „Werfen Sie Glasflaschen normalerweise in einen Glascontainer oder in die allgemeine Mülltonne?". Bei solchen Fragen wird nicht das Verhalten direkt erfasst, sondern der Bericht einer befragten Person über ihr Verhalten. Dieser Punkt ist problematisch, da viele Studien zeigen, dass selbstberichtetes Verhalten nicht unbedingt dem tatsächlich an den Tag gelegten Verhalten entspricht[81]. Fragen

---

[81] Vgl. hierzu zum Beispiel Herkner [2](2008: 211). Unter anderem berichtet er dort ein besonders anschauliches empirisches Beispiel zur möglichen Inkonsistenz von Einstellungen und entsprechendem Verhalten. Er schreibt: „Eines der ersten diesbezüglichen Experimente wurde von LaPiere (1934) publiziert. LaPiere besuchte gemeinsam mit einem chinesischen Paar zahlreiche Hotels und Gaststätten in den Vereinigten Staaten. Die Chinesen wurden in mehr als 250 Gastbetrieben bedient und nur ein einziges Mal abgewiesen. Der Autor schickte anschließend an alle besuchten Betriebe einen Brief mit einigen Fragen. In mehr als 90 Prozent der Antworten äußerten sich die Inhaber der Gastbetriebe dahingehend, dass Chinesen in ihren Betrieben als Gäste nicht erwünscht wären und nicht bedient würden".

zur Messung von **Einstellungen** der befragten Personen sind wertender Natur und beziehen sich darauf, was die Befragten für gut und/oder wünschenswert halten und was für schlecht und/oder nicht wünschenswert. Beispielfragen wären etwa: „Lieben Sie Musik?" oder: „Welche Partei ist Ihnen derzeit am sympathischsten?".

Drei besondere Typen von Fragen zur Erfassung von Merkmalen

Insbesondere zur Erfassung von Verhalten, das schon einige Zeit zurückliegt, werden gelegentlich **Rückerinnerungsfragen** (Recallfragen) gestellt. Eine der wohl am häufigsten eingesetzten Fragen dieses Typs ist die Frage nach dem Wahlverhalten bei einer zurückliegenden Bundestagswahl in politischen Umfragen, um, unter zusätzlicher Verwendung der Wahlsonntagsfrage[82], „Wählerwanderungen" analysieren zu können. Rückerinnerungsfragen bergen allerdings immer die Gefahr von „Erinnerungsverzerrungen". Manche Leute erinnern sich nicht mehr korrekt daran, welche Partei sie bei der Bundestagswahl vor vier Jahren gewählt haben. Speziell bei der genannten Recallfrage ist in der Wahlforschung zusätzlich ein sogenannter „*Bandwagon-Effekt*" bekannt, d.h. Befragte tendieren offenbar *nach der Wahl* dazu, anzugeben, diejenige Partei gewählt zu haben, die sie (nach dem Ergebnis der Wahl) als den Sieger ansehen. Recallfragen werden in einigen Forschungsbereichen trotz der Gefahr von „Erinnerungsverzerrungen" einfach deshalb eingesetzt, weil der Forschungsgegenstand es verlangt und bessere Alternativen fehlen[83]. Man denke etwa an die Befragung von „Zeitzeugen". Aber Rückerinnerungsfragen müssen nicht zwangsläufig solche Probleme mit sich bringen – insbesondere dann, wenn nach sehr kurz zurückliegendem Verhalten gefragt wird. Die Frage: „Wie lange haben Sie gestern Zeitung gelesen?" wird in der Regel präzisere Antworten liefern als die Frage: „Wie lange lesen Sie normalerweise täglich Zeitung?" – bei der die Befragten sich erst an die Dauer des Zeitungslesens in den letzten Tagen oder Wochen (nebenbei bemerkt: wievielen eigentlich?) zurückerinnern und dann noch einen Durchschnittswert (wie eigentlich?)[84] ermitteln müssen.

Ein anderer besonderer Fragetyp ist die **hypothetische Frage**. Antworten auf Fragen dieses Typs sind in aller Regel schwer zu interpretieren (was misst eigentlich eine hypothetische Frage?), andererseits werden solche Fragen durchaus in Umfragen verwendet[85]. Eine Frage dieses Typs gehört sogar zum „Standardrepertoire" der empirischen Wahlforschung – nämlich die eben angesprochene Wahlsonntagsfrage. Hypothetische Fragen können damit nicht von vornherein als „unzulässig" abgelehnt werden, wie dies gelegentlich in der Literatur geschieht[86].

---

[82] „Welche Partei würden Sie wählen, wenn nächsten Sonntag Bundestagswahl wäre?"

[83] Hans-Dieter Klingemann (1985: 240) schreibt beispielsweise in Anspielung auf die genannten Schwierigkeiten in einem Aufsatz, in dem Recallfragen zur Bundestagswahl eine entscheidende Rolle spielen: „We are painfully aware of all the pitfalls that the use of recall questions implies. However, there is no alternative ...".

[84] Zählen Sonn- und Feiertage mit? Zählen die Urlaubstage mit? Ist das arithmetische Mittel gefragt, oder ein anderes Maß für einen „mittleren Wert"?

[85] Vgl. beispielsweise Laatz (1993: 129).

[86] Schnell u.a. [9](2011: 328) argumentieren beispielsweise so.

Manche Autoren wie Friedrichs [14](1990: 200–201) befürworten sogar ausdrücklich gut gestellte hypothetische Fragen. Der springende Punkt ist bei hypothetischen Fragen, wie die
betreffenden Antworten interpretiert werden. Der *direkte* Schluss auf ein entsprechendes
Verhalten in einer Situation, wie sie in der hypothetischen Frage angesprochen wird, ist sicherlich in aller Regel sehr problematisch.

Ebenfalls kontrovers wird in der Literatur darüber diskutiert, ob die „**Frage nach dem
Grund**" eine zulässige Frageform darstellt oder nicht[87]. Nach Meinung des Verfassers können
solche Fragen in bestimmten Fällen durchaus sinnvoll eingesetzt werden, zum Beispiel, wenn
nach der Beantwortung der Wahlsonntagsfrage zusätzlich gefragt wird: „Und *warum* haben
Sie sich so entschieden?". Falls man daran interessiert ist, welchen Grund ein Befragter *selbst*
für seine Wahlentscheidung sieht, ist diese Frage sinnvoll. Ist man an der selbst formulierten
Begründung des Befragten nicht interessiert, dann ist es selbstverständlich auch nicht sinnvoll, diese Frage zu stellen. Es hängt also von der jeweiligen Fragestellung ab, ob die „Frage
nach dem Grund" einsetzbar ist oder nicht.

Filterfragen

Einen weiteren Fragetyp (neben dem zur Messung eines Merkmals) stellen **Filterfragen** dar.
Sie dienen zwar *prinzipiell* auch zur Messung eines Merkmals, eine wichtige zusätzliche oder
ausschließliche Aufgabe besteht jedoch darin, je nach der Antwort auf die betreffende Frage
das Interview an einer ganz bestimmten Stelle fortzusetzen. Gibt ein Befragter zum Beispiel
an, Rentner zu sein, dann wäre es nicht sinnvoll, ihn wie einen Berufstätigen nach der Zufriedenheit mit seinem Arbeitsplatz zu fragen. Daher steht normalerweise bei der Antwortalternative „Rentner" ein Verweis, an welcher Stelle das Interview fortzusetzen ist. Der Rentner
wird mit anderen Worten über die Fragen zur Arbeitsplatzzufriedenheit „hinweggefiltert".

Fragen aus „taktischen" Gründen

Manchmal werden aus „taktischen" Gründen Fragen in den Fragebogen aufgenommen, an
deren Beantwortung man inhaltlich gar nicht (oder nur am Rande) interessiert ist. Sie dienen
anderen Zielen, etwa um den Befragten auf einen neuen Fragekomplex „einzustimmen" oder
um „Peinlichkeiten" zu vermeiden. In einer Fragenbatterie, mit der die Ausbreitung von
„High-Tech-Produkten" im Haushalt untersucht wird, könnte neben den entsprechenden
Produkten wie PC, ISDN-Anschluss usw. auch danach gefragt werden, ob im Haushalt ein
Telefon, Radio oder ein Fernsehgerät vorhanden ist, um solche Befragte nicht zu frustrieren,
die keine High-Tech-Produkte im Haushalt haben und auf die lange Liste mit High-Tech-
Produkten ansonsten immer wieder dementsprechend mit „nein, nicht vorhanden" antworten
müssten.

---

[87] Vgl. zum Beispiel die gegensätzlichen Ausführungen von Friedrichs [14](1990: 194–195), der ausdrücklich *für*
solche Fragen plädiert, und Schnell u.a. [9](2011: 329), die sie ausdrücklich *ablehnen*.

Kontrollfragen für „willkürliches Ankreuzen"

In vielen Fragebogen finden sich zusätzlich zu den bereits genannten Fragetypen Kontrollfragen auf bestimmte Antwortverzerrungen. Die wichtigsten Formen, soweit sie die Konstruktion von Fragen und des Fragebogens ganz allgemein betreffen, sind nachfolgend vorgestellt[88]. Es kann zum Beispiel sein, dass ein Befragter seine Antworten mehr oder weniger willkürlich gibt – sei es aus „Jux", aus der Absicht heraus, die Befragung zu „sabotieren", weil er intellektuell nicht in der Lage ist, die ihm gestellten Fragen zu verstehen, oder aus anderen Gründen. Die Fragebogen von solchen Personen sollten mit einiger Sicherheit erkannt werden, da es in aller Regel sinnvoll ist, solche eher willkürlich oder unwahr beantworteten Fragebogen aus dem Datensatz zu entfernen. Zu diesem Zweck können zum Beispiel **„unsinnige" Fragen** vorgegeben werden, also Fragen, die mit „nein" oder äquivalenten Formulierungen bzw. mit „weiß nicht" beantwortet werden müssten. So könnte in einem Fragenblock, in dem Sprichwörter zu beurteilen sind, auch das „Sprichwort": „Wer hohe Häuser baut, wird festen Willen ernten" vorkommen. Dieses „Sprichwort" ist weder geläufig, noch kann ihm irgendein Sinn zugeschrieben werden. Es dürfte daher auch nicht „positiv" bewertet werden. Geschieht die Beantwortung der Fragen dagegen willkürlich, dann wird auch diese Frage mit einer gewissen Wahrscheinlichkeit „positiv" beantwortet werden. Generell lässt sich willkürliches Antworten erkennen, wenn man bewusst einige Fragen vorgibt, die bei nicht willkürlicher Beantwortung nur **in einer ganz bestimmten Weise zu beantworten sind**. Die Anzahl der „fehlerhaften" oder „auffälligen" Antworten ist dann ein Anhaltspunkt dafür, in welchem Ausmaß ein Befragter willkürlich antwortet.

Die willkürliche Beantwortung von Fragen kann auch durch andere Methoden, so zum Beispiel die Analyse von **Antwortkombinationen**, mit einiger Sicherheit aufgedeckt werden (vgl. Tafel 2.3-1). Gelegentlich werden Fragen ausschließlich zu dem Zweck in einen Fragebogen aufgenommen, um zusammen mit einer bereits aus inhaltlichen Gründen vorgegebenen Frage ein solches „Kontrollpaar" zu bilden. Beispielsweise könnte man neben der Frage: „Welche Partei würden Sie wählen, wenn nächsten Sonntag Bundestagswahl wäre" an anderer Stelle im Fragebogen einen Fragenblock einschieben, in dem für die einzelnen Parteien gefragt wird, ob man sich *überhaupt* vorstellen könne, sie einmal zu wählen. Wenn jemand dann zum Beispiel angibt, im Falle einer Bundestagswahl die Grünen zu wählen, andererseits sich aber nicht einmal grundsätzlich vorstellen kann, die Grünen zu wählen, so ist mit einiger Wahrscheinlichkeit zumindest eine der Antworten mehr oder weniger willkürlich gegeben.

Eine letzte Möglichkeit, willkürliches oder unwahres Antworten aufzudecken, besteht darin, **ein und dieselbe Frage doppelt**, das heißt an zwei unterschiedlichen, möglichst weit auseinanderliegenden Stellen im Fragebogen zu stellen. Werden die Fragen unterschiedlich beantwortet, ist auch dies ein Hinweis auf willkürliches Antworten durch den Befragten[89]. Allerdings besteht bei diesem Vorgehen die Gefahr, den Befragten durch das wiederholte Stellen der Frage zu verärgern. Die Methode sollte daher nur eingesetzt werden, wenn die Wiederholungsfrage(n) unauffällig gestaltet und im Fragebogen plaziert werden können. In

---

[88] Eine Übersicht zu den möglichen Antwortverzerrungen findet sich in Schnell u.a. [9](2011: 346–347).
[89] Hierbei ist darauf zu achten, dass keine Halo-Effekte (siehe weiter unten) auftreten!

Tafel 2.3-1 weiter unten sind die oben besprochenen Möglichkeiten, Kontrollfragen für „will-kürliches Antworten" zu stellen, noch einmal zusammengestellt.

Kontrollfragen für „Zustimmungstendenz"

Antwortkombinationen, die aus Gründen der Logik aus einer zustimmenden und einer ablehnenden Antwort bestehen müssten, können auch dazu verwendet werden, abzuschät-zen, ob und inwieweit ein Befragter Zustimmungstendenz (Ja-Sage-Tendenz, Akquieszenz) zeigt – d.h. die Tendenz, Fragen unabhängig von ihrem Inhalt zuzustimmen[90]. Beantwortet beispielsweise ein Befragter sowohl die Frage „Sollten Ihrer Meinung nach die bereits existie-renden Atomkraftwerke in der Bundesrepublik stillgelegt werden" als auch – später im Inter-view – die Frage „Sollten Ihrer Meinung nach die bereits existierenden Atomkraftwerke in der Bundesrepublik weiterbetrieben werden" mit „ja", so ist dies ein Anhaltspunkt dafür, dass bei ihm Zustimmungstendenz vorliegt. Dieser Fall ist in der dritten (mittleren) „Zeile" von Tafel 2.3-1 angesprochen. Auch einzelne Fragen können dazu verwendet werden, Zustimmungsten-denz zu erfassen. Es handelt sich hierbei um **Fragen, die in aller Regel (oder sogar immer) mit „nein" beantwortet werden müssten**. Antwortet ein Befragter auf solche Fragen mit „ja", zum Beispiel auf die Fragen: „Haben Sie schon einmal die DSP gewählt?", „Haben Sie letzte Woche ein Buch über Mikroben gelesen"[91], „Kennen Sie den CDU-Parlamentarier Paul Hergarten?" usw., so ist dies ebenfalls ein Hinweis auf das Vorliegen einer Zustimmungsten-denz beim Befragten. Dieser Fall entspricht der ersten „Zeile" in Tafel 2.3-1.

Zustimmungstendenz wird in der Literatur entweder als **Persönlichkeitsmerkmal** von Be-fragten mit geringer Ich-Stärke angesehen oder als **erlerntes Verhalten**[92].

Kontrollfragen für „sozial erwünschte" Antworten

Eine weitere wichtige Antworttendenz ist die, sozial erwünschte Antworten zu geben – d.h. Antworten, von denen der Befragte glaubt, sie würden von ihm ganz allgemein bei „norm-gerechtem" Verhalten erwartet oder auch in der speziellen Situation der Befragung (etwa vom Interviewer). Man unterscheidet dementsprechend zwischen **kultureller** und **situationaler sozialer Erwünschtheit**. Die Antworttendenz in Richtung „sozialer Erwünschtheit" wird in der Literatur entweder als Ausdruck eines **Persönlichkeitsmerkmals**, das sich im Streben nach sozialer Anerkennung äußert, aufgefasst oder als eine **Strategie, die Interviewsituation zu beeinflussen**, zum Beispiel um negative Konsequenzen – in irgendeiner Form – zu ver-meiden.

---

[90] Näheres hierzu findet sich in Esser (1977) und in Esser (1986).

[91] Dies ist zwar prinzipiell möglich, jedoch sehr unwahrscheinlich. Werden *mehrere* derartige (voneinander unabhängige) Fragen eingebaut, dann liegt die Wahrscheinlichkeit dafür, eine ganze Reihe dieser Fragen in der „unwahrscheinlichen" Art und Weise zu beantworten, nahe bei „null".

[92] In Schnell u.a. [9](2011: 347) wird hierauf mit entsprechenden Literaturverweisen eingegangen.

Auch zur Erfassung solcher Antworttendenzen können spezielle Fragen in den Fragebogen eingebaut werden. Dies sind entweder **Statements, die sozial erwünschtes Verhalten beinhalten** und somit im Sinne der sozialen Erwünschtheit „zustimmend" beantwortet werden müssten, die aber andererseits so formuliert sind, dass sie bei ehrlichem Antworten (in aller Regel) nicht so beantwortet werden können. Ein Beispiel hierfür wäre das Statement: „Ich bin niemals ärgerlich, wenn ich um eine Gefälligkeit gebeten werde". Kaum jemand, der ehrlich antwortet, wird dem zustimmen können[93]. **Oder es sind Statements, die sozial unerwünschtes Verhalten beinhalten** und somit im Sinne der sozialen Erwünschtheit „ablehnend" beantwortet werden müssten, die aber andererseits so formuliert sind, dass sie bei ehrlichem Antworten (in aller Regel) nicht so beantwortet werden können[94]. Ein Beispiel hierfür wäre das Statement: „Es ist schon vorgekommen, dass ich zu spät zu einer Verabredung erschienen bin". Dieses Statement mit sozial unerwünschtem Inhalt wird ein ehrlich antwortender Befragter normalerweise nicht mit „nein" beantworten können, selbst wenn er in der Regel pünktlich ist. Oft werden derartige Fragen zu umfangreicheren Instrumenten zusammengefasst. Solche Instrumente sind zum Beispiel im „ZUMA-Handbuch Sozialwissenschaftlicher Skalen" (1983) in Kapitel „P" beschrieben[95].

Zur Trennung der Effekte

Mit den Tendenzen, „willkürlich" oder „unwahr" zu antworten, Fragen unabhängig von ihrem Inhalt zuzustimmen (Zustimmungstendenz) und Fragen in „sozial erwünschter" Art und Weise zu beantworten, wurden drei wichtige Antworttendenzen vorgestellt, die über entsprechende Kontrollfragen erfasst werden können. Allerdings ist es *schwierig, diese Effekte zu „trennen"*. Der Grund: Jede der genannten Antworttendenzen schlägt sich zwar bei entsprechenden Kontrollfragen in bestimmten Antworten bzw. Antwortmustern nieder, oft aber führen unterschiedliche Antworttendenzen zu ein und demselben Effekt. Tafel 2.3-1 verdeutlicht dies. Wird beispielsweise eine Kontrollfrage, die mit „nein" beantwortet werden müsste, mit „ja" beantwortet (erste „Zeile" in Tafel 2.3-1), dann kann die Ursache hierfür entweder willkürliches Antworten sein, oder eine Zustimmungstendenz, oder (zumindest bei Fragen mit „sozial erwünschtem" Inhalt) eine Tendenz, sozial erwünschte Antworten zu geben.

---

[93] Diese Frage entspricht der ersten „Zeile" in Tafel 2.3-1.
[94] Diese Frage entspricht der zweiten „Zeile" in Tafel 2.3-1.
[95] Auf weitere, allerdings englischsprachige Skalen verweisen Schnell u.a. [9](2011: 348).

Tafel 2.3-1:   Geeignete Kontrollfragen für unterschiedliche Antworttendenzen

	A n t w o r t t e n d e n z:		
Kontrollfrage(n):	**willkürliches / unwahres Antworten**	**Zustimmungs- tendenz**	**Tendenz, sozial er- wünscht zu antworten**
„Ja" bei Frage, die mit „nein" beantwortet werden müsste.	geeignet, aber „Fehler" nicht zwangsläufig	geeignet	geeignet, falls Inhalt der Frage „sozial erwünscht"
„Nein" bei Frage, die mit „ja" beantwortet werden müsste.	geeignet, aber „Fehler" nicht zwangsläufig		geeignet, falls Inhalt der Frage „sozial unerwünscht"
„Ja" bei einer Frage *plus* „ja" bei gegenteilig formulierter Frage.	geeignet, aber „Fehler" nicht zwangsläufig	geeignet	
„Nein" bei einer Frage *plus* „nein" bei gegentei- lig formulierter Frage.	geeignet, aber „Fehler" nicht zwangsläufig		
Unterschiedliche Ant- worten auf identische Frage (bei Wiederholung)	geeignet, aber „Fehler" nicht zwangsläufig		

Die *Kontrollfragen für willkürliches / unwahres Antworten* unterscheiden sich ferner von den übrigen besprochenen Kontrollfragen dadurch, dass beim Vorliegen dieser Antworttendenz die in Tafel 2.3-1 genannten „auffälligen" Antworten und Antwortmuster (in Tafel 2.3-1 „Fehler" genannt) nicht mehr oder weniger zwangsläufig[96] auftreten, sondern nur mit einer gewissen Wahrscheinlichkeit. Beantwortet ein Befragter zum Beispiel – völlig unabhängig vom Inhalt – etwa sechzig Prozent der Fragen[97] mit „ja", so wird auch eine Kontrollfrage, die eigentlich mit „nein" zu beantworten ist (erste „Zeile" in Tafel 2.3.1), von ihm mit einer Wahrscheinlichkeit von „0.6" (sechzig Prozent) „auffällig" beantwortet. Damit wird sie aber gleichzeitig mit einer Wahrscheinlichkeit von „0.4" (vierzig Prozent) völlig „unauffällig" beantwortet. Deshalb wird man zur Kontrolle auf willkürliches Antworten gegebenenfalls eine ganze Reihe von geeigneten Fragen und Fragepaaren einsetzen, für jede „auffällige" Antwort oder Antwortkombination einen „Verdachtspunkt" vergeben und dann, wenn sich bei einem Befragten diese „Verdachtspunkte" *häufen*, von einer Tendenz zum willkürlichen Antworten sprechen. Wann dies der Fall ist, muss letztendlich subjektiv vom Forscher ent- schieden werden. Feste Regeln hierfür existieren nicht.

---

[96] Mehr oder weniger zwangsläufig treten sie bei den übrigen beiden Antworttendenzen auf – zumindest für den (Ideal-) Fall, dass die Frage bzw. Fragenkombination ein reliables und valides (vgl. Kapitel 2.2) Mess- instrument für die Antworttendenz darstellt.

[97] Mit den Antwortvorgaben „ja" und „nein".

Frageformulierung: *Offene versus geschlossene Fragen*

Betrachten wir nun nach den *Aufgaben*, die eine Frage innerhalb des Fragebogens hat, deren *Formulierung* genauer. Zunächst besteht ein grundsätzlicher Unterschied zwischen Fragen, die **offen formuliert** sind wie etwa: „Was sind Ihrer Meinung nach die wichtigsten Probleme, die es heute in der Bundesrepublik zu lösen gilt?", bei denen also der Befragte seine Antwort selbst formulieren muss, und **geschlossen formulierten** Fragen, bei denen dem Befragten Antwortalternativen zur Auswahl vorgegeben werden, wie zum Beispiel bei der Wahlsonntagsfrage: „Welche Partei würden Sie wählen, wenn nächsten Sonntag Bundestagswahl wäre?" mit den Antwortvorgaben „CDU/CSU", „SPD", „FDP", „Grüne", „LINKE", „andere Partei" und „ich würde nicht wählen".

Die Formulierung von geschlossenen Fragen setzt voraus, dass die *möglichen Antworten bekannt* sind. Sind die möglichen Antworten dagegen nicht oder nicht vollständig bekannt – wie im oben genannten Fall der „wichtigsten Probleme" – bietet es sich an, die Frage offen zu formulieren.

Werden offene Fragen in repräsentativen Umfragen (mit einer hohen Befragtenzahl) gestellt und sollen die Antworten anschließend statistisch ausgewertet werden, muss ein *Kategorienschema* entweder schon vorhanden sein oder entwickelt werden, um die offen formulierten Antworten zu verkoden. Mit anderen Worten: Jeder offen formulierten Antwort muss eindeutig[98] ein Zahlenwert zugewiesen werden, der einer bestimmten Antwortkategorie entspricht[99]. Damit kann die Frage bei der späteren Auswertung *formal* wie eine geschlossene Frage behandelt werden. *Inhaltlich* ist allerdings zu bedenken, dass offene Fragen auch dann eine *andere Qualität* haben als geschlossene Fragen, wenn der Gegenstand der Fragen identisch ist[100].

Wird die oben genannte Frage nach den „wichtigsten Problemen" offen formuliert, dann muss der Befragte sich selbst (ohne „Hilfestellung") mit dem Problem befassen, um seine Antwort geben zu können[101]. Wird sie dagegen geschlossen formuliert, dann besteht die Aufgabe des

---

[98] Nicht: <u>ein</u>eindeutig! D.h., jeder offen formulierten Antwort muss zwar genau ein Zahlenwert zugewiesen werden, jedoch muss aus dem Zahlenwert nicht eindeutig die exakte Formulierung der Antwort ersichtlich sein. Damit ist es möglich, dass mehrere Antwortformulierungen einer Kategorie zugeordnet werden, und von dieser Möglichkeit wird im Normalfall zur „Informationsverdichtung" auch Gebrauch gemacht. Die Antworten: „Wir sollten unsere Umwelt bewahren!", „Wir müssen die Umwelt vor Zerstörung schützen!", „Die Umweltverschmutzung muss gestoppt werden!" usw. könnten beispielsweise einer Antwortkategorie „Umweltschutz" zugeordnet werden.

[99] Das Kategorienschema sollte in den meisten Fällen möglichst fein strukturiert sein. Damit hält man sich für spätere Auswertungen die Option offen, je nach Fragestellung die Kategorien nach unterschiedlichen Kriterien maschinell (und damit relativ einfach) zu übergreifenden Kategorien zusammenzufassen. Die oben genannten „wichtigsten Probleme" könnten zum Beispiel dann nicht nur wie üblich nach Inhalten kategorisiert werden (Umweltschutz, Arbeitslosigkeit, Rentensicherheit ...), sondern auch, falls das Untersuchungsziel dies verlangt, danach, ob soziale oder wirtschaftliche Aspekte angesprochen sind (beides kann sich hinter „Umweltschutz" etc. verbergen) oder ob eher auf „stabile", unveränderte Verhältnisse Wert gelegt wird oder auf eine Veränderung der derzeit bestehenden Verhältnisse (Umweltschutz kann heißen, die Umwelt zu bewahren *oder* sie aktiv positiv zu gestalten!) – um nur zwei alternative Kategorisierungsmöglichkeiten zu nennen.

[100] Schwarz u.a. (1989: 26) zeigen auch empirisch, dass offen und geschlossen formulierte Fragen bei sonst identischem Inhalt zu sehr unterschiedlichen Antworten führen können.

[101] In diesem Zusammenhang stellt sich die Frage, ob alle Befragten eine in etwa gleich gute Fähigkeit besitzen, sich zu artikulieren, oder ob diese Fähigkeit unter ihnen differiert und hieraus Verzerrungen der Antworten resultieren können. In der Regel soll eine Antwort ja nicht messen, wie gut eine befrage Person sich artikulieren kann, sondern etwas anderes.

Befragten darin, aus einem vorgegebenen „Antwortmenü" eine oder mehrere Antworten *auszuwählen*. Vielleicht werden ihm dabei Antworten vorgegeben, auf die er selbst bei offener Beantwortung gar nicht gekommen wäre, die ihm jedoch plausibel erscheinen und die er deshalb auch auswählt. Es könnte sogar sein, dass er überhaupt keine Meinung zu der gestellten Frage hat, dass ihm auch keine der vorgegebenen Antwortalternativen plausibel erscheint und dass er dennoch „aus Verlegenheit" eine Antwort auswählt – zum Beispiel, um nicht uninformiert zu erscheinen (soziale Erwünschtheit!). Diese Möglichkeit besteht bei einer offen formulierten Frage in dieser Form nicht.

Ein Nachteil von offen formulierten Fragen besteht unter ökonomischen Gesichtspunkten darin, dass die Entwicklung eines Kategorienschemas für die Antworten und die entsprechende Kodierung der offenen Antworten in aller Regel in jeder Beziehung *sehr aufwendig* ist. Diese Arbeitsgänge erfordern meist gut geschultes Personal, viel Zeit und sie verursachen, damit verbunden, erhebliche Kosten[102]. Falls möglich, werden daher in der Umfrageforschung geschlossene Fragen eingesetzt. Allerdings gibt es durchaus Fälle, in denen es ratsam ist, offene Fragen zu verwenden und in denen sie auch tatsächlich in Umfragen eingesetzt werden. Es geschieht etwa, wenn die möglichen Antworten nicht bekannt sind oder wenn sie zwar bekannt sind, man jedoch aus theoretischen Gründen besonderen Wert darauf legt, als Antwort *keine* „Auswahl aus einem Menü" zu erhalten.

In letzterem Fall werden oft **offene Fragen mit Feldverschlüsselung** eingesetzt. Dabei wird im Rahmen eines Interviews der betreffenden Person eine offene Frage gestellt, die Antwort jedoch sofort vom Interviewer einer (ihm vorliegenden!) Antwortkategorie zugeordnet. Es liegt auf der Hand, dass in diesem Fall die Zuordnung der Antwort zu einer Antwortkategorie besonders „einfach" sein muss und damit insbesondere das Kategorienschema relativ grob. Der Interviewer muss schließlich während des Gesprächs „nebenbei" die Kodierung vornehmen und hat daher keine Zeit, ausführliche Überlegungen hierzu anzustellen. Dies ist in der Regel ein Nachteil, da normalerweise versucht werden sollte, ein möglichst feines (allerdings noch „überblickbares") Kategorienschema zu entwickeln[103].

Offene Fragen bieten sich auch dann an, wenn die möglichen Antworten zwar prinzipiell bekannt sind, jedoch *extrem zahlreich*, und wenn nicht bekannt ist, welche Antworten tatsächlich gegeben werden. Ein Beispiel wäre die Frage: „Welcher Spitzenpolitiker ist Ihnen am sympathischsten?". Alle in Frage kommenden Spitzenpolitiker als Antwortalternativen einer geschlossenen Frage aufzuführen ist kaum praktikabel. Relativ unkompliziert ist es dagegen, die Frage offen zu stellen und später vor der Auswertung jedem genannten Politiker einen Zahlenkode zuzuweisen. Für die Auswertung dieser Daten können dann – je nach Fragestellung – die Politiker (bzw. deren Zahlenkode) immer wieder neu unterschiedlich kategorisiert werden, etwa nach „Parteizugehörigkeit", nach „Amtszeit in Jahren", nach „Geschlecht" usw.

Oft werden auch **halboffene Fragen** (auch „Hybridfragen" genannt) gestellt. Dies sind zunächst einmal geschlossene Fragen, bei denen nur bei ganz bestimmten Antworten eine offene

---

[102] Versuchen Sie doch einmal, für das Beispiel in Anlage 3 ein Kategorienschema für die Antworten zu entwickeln. Sie werden feststellen, dass selbst in diesem kleinen Beispiel hierzu viel Zeit und Sachverstand nötig sind.

[103] Die Antwortkategorien können bei Verwendung eines feinen Kategorienschemas zu Analysezwecken jeweils nach *unterschiedlichen* Kriterien zusammengefasst werden, je nachdem, welche Zusammenfassung für die betreffende Auswertung am sinnvollsten erscheint (vgl. auch Fußnote 99).

„Nachfrage" angehängt ist. Zum Beispiel werden bei der schon angesprochenen „Wahlsonntagsfrage" als Antwortmöglichkeiten (neben der Wahlenthaltung) die einzelnen großen Parteien vorgegeben sowie, für den Fall, dass jemand eine unbedeutende, kleine Partei wählen würde, die Antwort „eine andere Partei". Entscheidet sich ein Befragter für „eine andere Partei", dann (und nur dann!) wird er *offen* weiter gefragt: „Und *welche* Partei würden Sie wählen?". Diese Nachfrage ist eine „ganz normale" offene Frage, d.h. sie muss nachträglich kodiert werden. Allerdings hält sich der Aufwand hierfür in engen Grenzen, weil erfahrungsgemäß nur ein sehr kleiner Teil der befragten Personen die betreffende Antwort auf die Wahlsonntagsfrage geben wird. Die meisten Befragten werden sich für eine der großen Parteien (oder die Wahlenthaltung) entscheiden und werden daher nicht offen weiterbefragt.

Frageformulierung: eindimensional!

Im folgenden werden einige *allgemeine Regeln* für die Formulierung von Fragen beschrieben. Die erste Regel besagt, dass Fragen zur Messung von ordinal oder metrisch skalierten Merkmalen eindimensional zu formulieren sind. In der Frage muss genau *ein* Sachverhalt angesprochen werden, auf den sich dann die Antwort bezieht. Eine solche Frage könnte beispielsweise lauten: „Sollte Tierquälerei bestraft werden?". Diese Regel ist besonders wichtig, denn falls sie verletzt ist, sind die entsprechenden Fragen nicht mehr sinnvoll auswertbar.

Dies sei an einem Beispiel verdeutlicht. Angenommen, die Beispielfrage würde lauten: „Sollte Tierquälerei bestraft werden, weil Tiere genauso Schmerz empfinden wie wir?". Diese Frage könnte jemand, der an sich der Meinung ist, Tierquälerei sollte bestraft werden, mit „nein" beantworten, weil er der Begründung, Tiere würden *genauso* Schmerz empfinden wie wir, nicht zustimmt oder weil er die Begründung aus anderen Erwägungen heraus ablehnt. In der zweiten Frageversion werden, je nachdem, wie die Befragten die Frage „verstehen", mehrere Fragen auf einmal gestellt. Erstens die Frage nach ihrer Meinung bezüglich der Bestrafung von Tierquälerei, zweitens die Frage nach ihrer Ansicht darüber, ob Tiere Schmerz genauso empfinden wie Menschen und drittens die Frage danach, ob, *falls* Tierquälerei bestraft werden sollte, die genannte Begründung hierfür als angemessen erachtet wird oder nicht. Damit aber ist aus der Antwort „ja" oder „nein" nicht mehr ersichtlich, auf welche der Fragen sich das „ja" bzw. „nein" bezieht. Die Antworten auf eine solche Frage können somit auch nicht mehr sinnvoll interpretiert und ausgewertet werden[104].

---

[104] Zu mehrdimensionalen Frageformulierungen gibt Holm (1976, Bd. 4: 125) folgende Illustration: „Es ist, wie wenn man die Frage stellt: Auf einem Schiff stellt der Kapitän insgesamt 100 Grad fest. Auf dem wievielten Länge*grad* befindet sich das Schiff und wieviel *Grad* Celsius herrschen an Bord (wenn beide zusammen 100 ergeben)?".

Eine besondere Art der Mehrdimensionalität entsteht, wenn in Fragen Worte wie „immer",
„niemals", „alle", „niemand", „keine" oder ähnliche verwendet werden. Wenn eine befragte
Person beispielsweise der Ansicht ist, generell ein „freundlicher Mensch" zu sein, dann kann
sie dem Statement: „Ich bin zu meinen Mitmenschen immer freundlich" entweder aufgrund
dieser Ansicht zustimmen, oder sie kann es ablehnen, weil doch in aller Regel irgendwann
und irgendwo einmal der Fall eintritt, dass auch ein generell freundlicher Mensch ausnahms-
weise unfreundlich zu seinen Mitmenschen ist. Das Wort „immer" ist jetzt ausschlaggebend
für die Beantwortung. Auch in diesem Fall ist aus einer Antwort nicht mehr erkennbar, worauf sie sich bezieht.

Die bisherigen Überlegungen beziehen sich wie gesagt auf die Messung von ordinal oder
metrisch skalierten Merkmalen. Eine gewisse Ausnahme von der „Eindimensionalitäts-Regel"
stellen – zumindest auf den ersten Blick – Fragen zur Erfassung von nominal skalierten Merkmalen dar. Als Beispiel hierfür diene die Frage: „Welcher Spitzenpolitiker ist ihnen derzeit
am sympathischsten?" Auch hier ist zwar zunächst Eindimensionalität gefordert. Aus den
oben genannten Gründen kann man auch hier sinnvollerweise *nicht* formulieren: „Welcher
Spitzenpolitiker ist ihnen derzeit am sympathischsten oder Ihrer Meinung nach am erfolg-
reichsten?". Sind die Politiker jedoch einmal genannt, dann kann man sie in einem zweiten
Schritt anhand ihrer Merkmale auf *mehreren* Dimensionen ordnen, zum Beispiel nach Geschlecht, Alter, Parteizugehörigkeit und vielen anderen Dimensionen mehr. Aus diesem
Grund wird manchmal angeführt, einzelne Fragen seien auch zur Messung *mehrerer* Dimensionen geeignet[105]. Nach der oben dargestellten Sichtweise entspricht der zweite Schritt jedoch einer Reihe von neuen Fragen, etwa: „Welches Geschlecht hat der Politiker" oder „Welches Alter hat der Politiker" – und diese Fragen müssen wieder eindimensional gestellt sein.
So gesehen gilt auch hier die Forderung nach eindimensionaler Frageformulierung!

Frageformulierung: keine mehrdeutigen Formulierungen!

Ein ähnliches Problem entsteht, wenn mehrdeutige Formulierungen oder hochgradig abstrakte
Ausdrücke in einer Frage verwendet werden. Nehmen wir als Beispiel die Frage: „Sind Sie
der Meinung, Politiker sollten herausragende Persönlichkeiten sein?". Unter „Persönlichkeit"
kann man „Selbstsicherheit", einen hohen Bekanntheitsgrad, eine bestimmte „Ausstrahlung"
auf andere, „die *Einzigartigkeit* eines bestimmten Menschen" und vieles mehr verstehen.
Insofern ist auch diese Frage mehrdimensional. Auch hier kann beispielsweise der Antwort
„ja" nicht mehr entnommen werden, auf *worauf* sich das „ja" bezieht. Die Antworten auf eine
solche Frage können ebenfalls nicht mehr sinnvoll interpretiert werden.

---

[105] Laatz (1993: 117) argumentiert beispielsweise: „Schließlich kann auch eine einzige Frage zur Messung
mehrerer Dimensionen dienen. ... Keinesfalls gilt also die Regel, *eine* Frage zur Messung *einer* Dimension".

Frageformulierung: einfach!

Generell sollten Fragen in jeder Beziehung möglichst einfach formuliert werden, d.h. sie sollten so wenig Anforderungen wie möglich an den Befragten stellen. So ist es beispielsweise ratsam, um das Alter einer Person zu erheben nicht *direkt* nach dem Alter zu fragen, sondern nach dem Geburtsjahr. Warum? Das Geburtsjahr ist eine feste Jahreszahl, die bei sehr vielen Gelegenheiten angegeben werden muss (also „geübt" wird) und die sich vor allem im Laufe des Lebens nicht ändert. Das Lebensalter dagegen ändert sich von Jahr zu Jahr. Es gibt viele Menschen, die, nach ihrem Alter befragt, erst einmal zu rechnen beginnen – sei es, weil ihnen ihr Alter unwichtig ist oder weil sie es aus anderen Gründen vergessen haben. Sein Geburtsjahr kann dagegen jeder Mensch in der Regel sofort und ohne nachzudenken nennen. Die Frage nach dem Geburtsjahr stellt damit geringere Anforderungen an die Befragten als die Frage nach dem Lebensalter und sollte deshalb bevorzugt werden. Zu einer möglichst einfachen Frageformulierung gehört auch, dass die Frage in einer allen Befragten vertrauten und verständlichen Form gestellt wird.

Nachfolgend werden vier wichtige Fälle des Gebots einfacher Frageformulierung gesondert behandelt, nämlich die Vermeidung möglicherweise unbekannter Ausdrücke, die Vermeidung doppelter Negationen, die Vermeidung zu langer Fragen und der Einsatz von möglichst konkreten Formulierungen – insbesondere bei Verhaltensfragen.

Frageformulierung: keine möglicherweise unbekannten Ausdrücke!

Möglicherweise unbekannte Ausdrücke in der Frageformulierung müssen (zumindest im Regelfall) vermieden werden[106]. Hierzu zählen insbesondere Fachausdrücke. Ein Befragter, der sich zur Gefahr eines GAUs in deutschen Kernkraftwerken äußern soll, kann dies nicht tun, wenn ihm nicht bekannt ist, dass sich hinter dem GAU der „größte anzunehmende Unfall" mit den entsprechenden Konsequenzen verbirgt.

Frageformulierung: keine doppelten Negationen!

Das Gebot der Einfachheit verbietet es in aller Regel auch, Befragte mit doppelten Verneinungen zu konfrontieren. Lautet beispielsweise ein Statement „Ich arbeite nicht gerne im Team" und die dazugehörigen Antwortvorgaben „stimmt" und „stimmt nicht", so ist es für viele Befragte schwer nachzuvollziehen, was in diesem Fall die Antwort „stimmt nicht" bedeutet – nämlich: „Ich arbeite gerne im Team". Solche Schwierigkeiten kann man in den meisten Fällen durch eine Umformulierung der Frage (des Statements) vermeiden. Im vorliegenden Beispiel könnte man etwa das Statement: „Ich arbeite gerne im Team" verwenden

---

[106] Eine Ausnahme könnten Kontrollfragen darstellen, bei denen *absichtlich* unbekannte Ausdrücke verwendet werden.

oder „Es widerstrebt mir, im Team zu arbeiten". In beiden Fällen sind die Antwortvorgaben „stimmt" und „stimmt nicht" leicht und eindeutig zu interpretieren.

Frageformulierung: kurze Fragen stellen!

Sehr lange Fragen *überfordern* den Befragten leicht. Hierzu ein Statement, das bereits Holm (1975, Bd. 1: 79) als Negativ-Beispiel verwendete: „Wenn im Lehrerkollegium Zweifel bestehen, ob man einen Schüler versetzen soll oder nicht, dann sollte man ihn prinzipiell versetzen, wenn man vermutet, dass ihm durch eine Nichtversetzung seelischer Schaden zugefügt wird". Abgesehen von vielen anderen Schwächen dieser Frage: Wer weiß eigentlich – sagen wir nachdem ihm nach dreißig Minuten Interviewzeit diese Frage vorgelesen wurde – am Ende der Frage noch, wie die Eingangsformulierung lautete und damit, worauf er eigentlich antworten soll?

Ferner steigt mit der Länge der Frage die Gefahr der *Mehrdimensionalität* (siehe oben!). Betrachten wir hierzu eine Frage, die erfassen soll, ob ein Befragter einen autoritären Erziehungsstil bevorzugt oder nicht. Das Statement lautet: „Zu den wichtigsten Dingen, die Kinder lernen müssen, gehört es, zur richtigen Zeit Autorität in Frage zu stellen"[107]. Wenn dieses Statement abgelehnt wird, dann kann dies heißen, dass der Befragte meint, Kinder sollten „Autorität" nicht in Frage stellen, es kann aber auch heißen, dass Kinder sehr wohl „Autorität" in Frage stellen sollen, dass dies aber nicht zu den *wichtigsten* Dingen gehört, die sie lernen sollen – um nur zwei „Lesarten" dieses Statements zu nennen. Die Gefahr derartiger Mehrdimensionalität ist normalerweise um so geringer, je kürzer eine Frage formuliert ist und je mehr „schmückendes Beiwerk" weggelassen wird. Eine kurze Formulierung für das Statement könnte lauten: „Kinder sollten lernen, Autoritäten in Frage zu stellen".

Eine Möglichkeit, extrem kurze Fragen zu stellen, wurde von Glenn D. Wilson (1973) vorgestellt. Er legte in seiner Konservatismus-Skala den Befragten nur *Schlagworte* wie „Todesstrafe", „Patriotismus", „Theorie der Evolution" oder „Horoskope" vor, mit der Bitte jeweils anzugeben, ob sie dies befürworteten bzw. daran glaubten oder nicht. In diesem Fall sind die Fragen extrem einfach formuliert, Verständnisschwierigkeiten und die Möglichkeit der Mehrdimensionalität sind praktisch ausgeschlossen (es sei denn, der betreffende Begriff selbst ist unklar) und doppelte Negationen können natürlich auch kaum auftreten. Von ihrer Einfachheit her ist diese Formulierungsart das Maximum des Machbaren.

Möglichst kurze Fragen zu stellen bietet sich auch aus einem ganz *praktisch-ökonomischen Grund* an. Je kürzer eine Frage ist, desto billiger ist es, sie im Rahmen einer repräsentativen Umfrage zu stellen. Bei Verwendung derartiger Fragen wird also entweder die Umfrage billiger oder, was der Regelfall sein dürfte, es können mit dem gleichen zeitlichen und finanziellen Aufwand mehr Fragen gestellt werden.

---

[107] Diese (negativ gepolte) Frage stammt aus einer Skala zur Messung der generellen Tendenz, sich Autoritäten zu unterwerfen und Gehorsam zu üben. Vgl. hierzu Lederer u.a. (1995: 64 und 392).

Möglichst konkrete Frageformulierungen verwenden!

Im Interesse einer einfachen Frageformulierung sollten insbesondere Verhaltensfragen möglichst konkret formuliert werden. Statt zu fragen: Wie häufig sehen Sie fern? Sehr oft, oft, ab und zu, selten oder nie?" sollte man besser fragen: „Wie lange sehen Sie normalerweise am Tag fern?"[108]. Damit wird den Befragten erspart zu interpretieren, was mit „sehr oft" etc. gemeint ist und der Forscher bekommt gleichzeitig eine präzisere Angabe, als er sie mit der ersten Frageformulierung erhalten würde.

Ist man in erster Linie nicht daran interessiert, den durchschnittlichen Fernsehkonsum für jeden *einzelnen* Befragten (als ein individuelles Merkmal) zu ermitteln, sondern nur daran, wie häufig von einem „durchschnittlichen" Befragten am Tag ferngesehen wird, dann kann die Frage noch konkreter formuliert werden, nämlich: „Wie lange haben Sie gestern ferngesehen?". Jetzt müssen die Befragten auch keine Durchschnittswerte mehr berechnen. Für den *einzelnen* Befragten werden die Antworten nun zwar unter Umständen stark von Zufälligkeiten beeinflusst sein, in der *Gesamtgruppe* aller Befragten werden sich diese zufälligen Abweichungen nach oben und nach unten jedoch bei der Mittelwertberechnung[109] für den täglichen Fernsehkonsum (in Stunden) tendenziell ausgleichen[110].

Frageformulierung: „Härte" der Frage berücksichtigen!

Dieser Punkt ist leichter gesagt als getan. Tatsache ist, dass erfahrungsgemäß „hart" formulierten Fragen (oder Antwortalternativen) in aller Regel seltener zugestimmt wird als „weicher" formulierten – auch wenn die betreffenden Formulierungen logisch (annähernd) äquivalent sind[111]. Ein oft für diesen Effekt zitiertes Beispiel ist ein Fragensplit-Experiment aus Schuman/Presser (1981: 277), in dem innerhalb ein und derselben Umfrage die Hälfte der untersuchten Personen gefragt wurde: „Glauben Sie, dass die USA öffentliche Angriffe auf die Demokratie *verbieten* sollten?" und die andere Hälfte: „Glauben Sie, dass die USA öffentliche Angriffe auf die Demokratie *nicht erlauben* sollten?". Im ersten Fall, bei der härter formulierten Frage, antworteten wesentlich weniger Befragte mit „ja" als im zweiten Fall bei der „weicher" formulierten Frage (vgl. hierzu auch Reuband, 2001).

Allerdings können – schon wegen des damit verbundenen erheblichen Aufwands – in den meisten Fällen solche Fragensplit-Experimente *vor* dem Einsatz einer Frage nicht durchgeführt werden, und selbst, wenn dies der Fall sein sollte, ist immer noch zu klären, *welche* der Frageformen denn die „richtige" ist. Trotzdem sollte man die Kenntnis dieses

---

[108] Antwort: in „Stunden".

[109] Gemeint ist hier die Mittelwertberechnung *durch den Forscher* anhand der Daten seiner Befragten.

[110] Im vorliegenden Beispiel ist bei dieser Art der Fragestellung allerdings darauf zu achten, dass nicht Verzerrungen durch die Wahl bestimmter Interviewtage entstehen. Würden zum Beispiel alle Interviews montags durchgeführt, ist ein hoher „durchschnittlicher Fernsehkonsum" schon deshalb zu erwarten, weil an Sonntagen besonders häufig ferngesehen wird.

[111] Dass logisch äquivalente Formulierungen auch dann, wenn sie sich *nicht* durch ihre „Härte" unterscheiden, zu unterschiedlichen Antwortverteilungen führen können, demonstriert Lamp (2001) anhand von Zahlenangaben.

Effekts bei der Konstruktion und nicht zuletzt bei der Beurteilung von bereits in Umfragen gestellten Fragen berücksichtigen. Manchmal erkennt man so „mit bloßem Auge", ob in einer Umfrage offensichtlich durch extrem harte oder weiche Frageformulierungen Ergebnisse „verzerrt" (oder gar „manipuliert") sind.

Frageformulierung: (normalerweise) keine suggestiven Formulierungen!

Bei suggestiven Formulierungen wird dem Befragten eine bestimmte Antwort „in den Mund gelegt", worunter normalerweise die Qualität der Frage leidet. Wollen wir beispielsweise wissen, ob jemand schon einmal die Republikaner gewählt hat, dann können wir ganz einfach fragen: „Haben Sie schon einmal die Republikaner gewählt?". Lautet dagegen die Frage: „Fast alle Bundesbürger verabscheuen die Republikaner und nur ganz wenige ungebildete und geistlose Menschen wählen diese Partei noch. Gehören Sie etwa zu denen? Haben Sie schon einmal die Republikaner gewählt?", dann wird zumindest ein Teil der früheren Republikanerwähler aufgrund dieser suggestiven Formulierung nicht zugeben, sie gewählt zu haben. Der *tatsächliche* Anteil der früheren Republikanerwähler bleibt dabei natürlich unverändert, woraus folgt, dass der Anteil der Republikanerwähler unterschätzt wird und unsere Messung damit verfälscht wird. Das Beispiel mag übertrieben sein, trotzdem sollte man generell darauf achten, suggestive Formulierungen zu vermeiden. Krämer (2011: 123–125) schildert ein Beispiel, wie nach einer Umfrage der IG-Metall 95 Prozent aller bundesdeutschen Arbeitnehmer das Arbeiten am Samstag ablehnten, während nach einer fast gleichzeitig durchgeführten Umfrage des Marplan-Instituts 72 Prozent aller Beschäftigten auch zum Arbeiten am Wochenende bereit waren – ein Effekt, der offenbar auf suggestive Frageformulierungen (in zwei unterschiedlichen Richtungen) zurückzuführen ist[112].
In manchen Ausnahmefällen werden – entgegen der Regel: „Keine suggestiven Formulierungen!" – solche Formulierungen bewusst und gezielt eingesetzt, insbesondere um bei „heiklen Fragen" (siehe unten) Antworthemmungen abzubauen.

Frageformulierung: stereotype Formulierungen vermeiden!

Stereotype Formulierungen stellen eine besondere Form suggestiver Formulierungen dar. Hierunter fallen Ausdrücke, die derart stark positiv oder negativ wertbesetzt sind, dass allein durch sie – ohne Rücksicht auf den sonstigen Inhalt der Frage – eine Antwort in der entsprechenden Richtung gegeben wird. Es ist ein Unterschied, ob gefragt wird: „Sollte Sultan Quabus Bin Said ihrer Meinung nach weiterhin *Staatsoberhaupt und Regierungschef* im Oman bleiben?" oder: „Sollte Sultan Quabus Bin Said ihrer Meinung nach weiterhin *Diktator* im Oman bleiben?". Egal was man über die eigentliche Frage (etwa aus geopolitischen Erwägungen heraus) denkt, einen „Diktator" wird wohl kaum jemand im Amt belassen wollen. Ähnliche Stereotype

---

[112] In Krämer (2011: 125–128) finden sich weitere Beispiele für Effekte, die durch suggestive Frageformulierungen verursacht werden, ebenso in Holm (1975, Bd. 1: 61).

wären etwa: „Invasoren", „Ausbeuter", „Terrorismus" oder, positiv wertbesetzt, „Demokratie", „Menschenrechte" oder „Freiheit".

Frageformulierung bei heiklen Fragen

Nehmen wir an, in einer Umfrage soll erhoben werden, ob und in welchem Umfang Büroan-
gestellte Büromaterial stehlen. Hierzu könnte man die Frage stellen „Stehlen Sie hin und
wieder Büromaterial?". Doch diese Frage wird kaum jemand, schon wegen des stark negativ
wertbesetzten Begriffs „stehlen", mit „ja" beantworten. Außerdem werden die Befragten
vielleicht negative Konsequenzen befürchten, wenn sie einen Diebstahl zugeben. Kurz: es
handelt sich hier um eine heikle Frage. Es gibt nun einige Möglichkeiten, die Frage so umzu-
formulieren, dass Befragte, die Büromaterial stehlen, dies leichter zugeben können. Sie sind
in Mayntz u.a. [5](1978: 110–111) ausführlich beschrieben. In Anlehnung an diese Quelle könnte
man den Sachverhalt *entschärfen oder verharmlosen*: „Haben Sie schon einmal ein paar Blei-
stifte oder so etwas mit nachhause genommen?". Man könnte auf einen „*Mitläufereffekt*"
setzen: „Es ist ja bekannt, dass die meisten... haben auch Sie ...?", man kann das Stehlen von
Büromaterial als etwas ganz *selbstverständliches* darstellen: „Es ist ja ganz selbstverständlich,
dass ... haben Sie auch ...?" oder man könnte versuchen den Befragten zu *überrumpeln*: „Bitte
denken Sie einmal genau nach: Wann haben Sie zum letzten Mal ...?". Hier wird das Stehlen
von Büromaterial unterstellt und der Befragte auf eine Denkaufgabe abgelenkt. Falls der
Befragte dieses Manöver allerdings durchschaut, kann es leicht sein, dass das Interview damit
beendet ist. Insofern sollte von dieser Technik – wenn überhaupt – nur sehr behutsam
Gebrauch gemacht werden! Die genannten Techniken sind natürlich auch bei anderen heiklen
Fragen, etwa bei Fragen zum Sexualverhalten, zu finanziellen Angelegenheiten, zu Gesetzes-
übertretungen aller Art usw. anwendbar.

Eine weitere Technik bei heiklen Fragen besteht darin, *möglichst allgemein gehaltene Antworten* vorzugeben. Dies geschieht beispielsweise regelmäßig bei Umfragen, wenn nicht nach
dem genauen Haushaltseinkommen gefragt wird (was dem Befragten „unverschämt" vorkommen könnte), sondern nur nach Einkommenskategorien. Der Befragte hat damit das Ge-
fühl, man möchte es „eigentlich gar nicht so genau wissen". Unterstützt wird dieser Eindruck
oft noch durch eine einleitende Bemerkung, die besagt, man benötige die Information „nur zu
statistischen Zwecken". Auch diese Technik ist in Mayntz u.a. [5](1978: 110) beschrieben.

Eine weitere Technik, um Angaben zu heiklen Fragen zu erheben, stellt die **Randomized-
Response-Technik** dar. Sie ermöglicht es dem Befragten, völlig anonym zu bleiben, da niemand (auch nicht ein Interviewer) rekonstruieren kann, ob seine Antwort sich auf die eigentlich interessierende heikle Frage bezieht oder auf eine andere, „harmlose" Frage. Trotzdem
können aus solchen Antworten Informationen für die untersuchte Personen*gruppe* ermittelt
werden – allerdings nicht über einzelne Individuen. Dieses komplizierte Verfahren wird in der
Praxis sehr selten eingesetzt, da es hohe Anforderungen insbesondere an den Befragten stellt.
Aus diesem Grund wird es an dieser Stelle auch nicht näher vorgestellt. Eine gut lesbare
Darstellung der Randomized-Response-Technik findet sich jedoch für den interessierten Leser
in Diekmann [20](2009: 488–495).

Antwortvorgaben: vollständig!

Zu den Antwortvorgaben zunächst eine Selbstverständlichkeit: Sie sollten vollständig sein und damit das gesamte Spektrum aller möglichen Antworten abdecken. Beispielsweise ist es nicht zulässig, bei der „Wahlsonntagsfrage" (Welche Partei würden Sie wählen, wenn nächsten Sonntag Bundestagswahl wäre) nur die großen Parteien vorzugeben.

Antwortvorgaben: möglichst keine „offenen" oder „ungleich breite" Klassen vorgeben!

Beschäftigen wir uns nun mit den Gestaltungsmöglichkeiten bei der Antwortvorgabe. Eine erste Regel bezieht sich auf den Fall, dass für *metrisch* skalierte Merkmale Antwort*kategorien* oder Klassen vorgegeben werden. In diesem Fall sollten die Klassen eine einheitliche Breite aufweisen (etwa 200 €-Schritte beim persönlichen Nettoeinkommen) und es sollten möglichst keine nach oben oder nach unten hin offenen Klassen wie beispielsweise „5000 € und mehr" benutzt werden. Damit vermeidet man von vornherein Schwierigkeiten bei der späteren Auswertung der Daten, die auf unterschiedliche Klassenbreiten zurückzuführen sind. In Kapitel 5.3 ist ein solcher Fall beschrieben, der eintritt, wenn Histogramme für derartige Daten erstellt werden sollen.

Antwortvorgaben: einseitig oder zweiseitig?

Eine Frage, genauer gesagt das Statement in einer Frage und die auf das Statement bezogenen Antwortvorgaben, können in den meisten Fällen ein- oder zweiseitig[113] formuliert werden. Tafel 2.3-2 zeigt hierzu ein (auf das Wesentliche reduziertes) Beispiel. Die linke Frage ist inhaltlich einseitig formuliert. Einem Statement kann zugestimmt, oder es kann abgelehnt werden. Die rechte Frage ist zweiseitig formuliert. Hier ist nicht Zustimmung oder Ablehnung für *eine* inhaltliche Alternative gefragt, sondern eine Entscheidung zwischen *zwei* inhaltlichen Alternativen. Die zweiseitige Frageformulierung und Antwortvorgabe hat den Vorteil, dass bei ihr eine Antwortverzerrung durch „Zustimmungstendenz" ausgeschlossen ist – da nicht nach „Zustimmung" (oder „Ablehnung") gefragt ist.

Tafel 2.3-2:   Einseitig und zweiseitig formulierte Fragen

einseitige Antwortvorgabe:	*zweiseitige Antwortvorgabe:*
Politiker werden von den Medien ganz allgemein eher zu negativ dargestellt.	**Politiker werden von den Medien ganz allgemein ...**
☐ ja, stimmt ☐ nein, stimmt nicht	☐ eher zu positiv dargestellt ☐ angemessen dargestellt ☐ eher zu negativ dargestellt

---

[113] Man sagt auch: „unbalanciert" oder „balanciert".

Antwortvorgaben: „weiß nicht", „keine Meinung" und Ähnliches

Grundsätzlich stellt sich die Frage, ob „weiß nicht"[114] als Antwortalternative explizit vorgegeben werden soll oder nicht. Im ersten Fall riskiert man, wie bereits in der Einleitung erwähnt, dass wenig entscheidungsfreudige Befragte mit „weiß nicht" antworten, obwohl sie „im Grunde" doch eine der inhaltlichen Antwortvorgaben präferieren. Im zweiten Fall (bei Nicht-Vorgabe) riskiert man, dass Befragte, die zu dem betreffenden Thema (zum Beispiel aus Uninformiertheit oder Desinteresse) keine Meinung haben, sich eine der vorgegebenen inhaltlichen Antworten „aussuchen", da die eigentlich zutreffende Antwort „weiß nicht" nicht zur Auswahl steht. *Welches* der beiden Risiken eher in Kauf genommen werden kann, ist von Fall zu Fall unterschiedlich und neu zu beurteilen. Befragt man beispielsweise Berufstätige nach ihrer Zufriedenheit am Arbeitsplatz, so ist davon auszugehen, dass jeder Berufstätige eine Meinung hierzu hat. In diesem Fall ist es günstiger, *keine* Antwortmöglichkeit „weiß nicht" vorzugeben[115], da hiermit das „erste Risiko" („weiß nicht" wegen zu geringer Entscheidungsfreudigkeit) reduziert wird und das „zweite Risiko" („Aussuchen" einer Antwort ohne entsprechende Meinung) minimal sein dürfte. Fragt man andererseits etwa Wahlberechtigte nach ihrer Beurteilung der Verkehrspolitik der LINKEn, dann ist anzunehmen, dass ein Großteil der befragten Personen diese Verkehrspolitik schlichtweg nicht kennt und daher keine Meinung zu dem Thema hat. In diesem Fall ist es günstiger, eine Antwortmöglichkeit „weiß nicht" explizit vorzugeben, da das „zweite Risiko" („Aussuchen" einer Antwort ohne entsprechende Meinung), das in diesem Fall sehr hoch sein dürfte, damit reduziert wird.

Manchmal wird „weiß nicht" auch in Form einer **Vorfilterfrage** vorgegeben. Vor der oben genannten Frage zur Beurteilung der Verkehrspolitik der LINKEn würde in so einem Fall beispielsweise sinngemäß gefragt: „Haben Sie eine Meinung zur Verkehrspolitik der Partei Die Linke?". Nur Befragte, die dies mit „ja" beantworten, bekommen dann die „eigentliche" Frage zur Beurteilung der Verkehrspolitik der LINKEn gestellt, die übrigen werden über diese Frage hinweggefiltert, bekommen sie also nicht gestellt. Dieses Verfahren hat allerdings in der praktischen Durchführung den Nachteil, dass sich die Anzahl der zu stellenden Fragen damit deutlich erhöht. Wohl hauptsächlich aus diesem Grund werden solche Vorfilterfragen nur selten gestellt – dann nämlich, wenn ganz besonderer Wert darauf gelegt wird, dass bezüglich einer bestimmten Frage „meinungslose" Personen sich nicht trotzdem eine der vorgegebenen Antwortalternativen aussuchen.

Auf jeden Fall *unzulässig* ist es, *„weiß nicht" als mittlere Antwortalternative* zu verwenden. Tafel 2.3-3 zeigt derart unzulässige Antwortvorgaben. „Weiß nicht" wird in diesem Fall *sowohl* von Befragten angekreuzt, die keine Meinung zu der Frage haben, *als auch* von Befragten, die sehr wohl eine Meinung zu der Frage haben und sich für eine „mittlere" Antwort entscheiden. Damit aber ist die Antwort nicht mehr eindeutig interpretierbar. Aus diesem

---

[114] Der Einfachheit halber steht „weiß nicht" hier auch für „keine Meinung" und ähnliche Formulierungen.

[115] Bei mündlichen und telefonischen Umfragen, die von *Interviewern* durchgeführt werden, ist in diesem Fall meist *für den Interviewer* die Antwortkategorie „weiß nicht" trotzdem vorgegeben. Falls der Befragte sich *von sich aus* (ohne Vorgabe) entsprechend äußert, wird diese Antwortkategorie vom Interviewer angekreuzt. Der Interviewer hat damit allerdings einen gewissen Interpretationsspielraum, da *er* sich (eventuell nach einer zusätzlichen Nachfrage) für die Antwortkategorie entscheiden muss.

Grund muss „weiß nicht", wenn es explizit vorgegeben wird, deutlich von den „eigentlichen", inhaltlichen Antwortalternativen abgesetzt werden.

Tafel 2.3-3:   Unzulässiger Einsatz von „weiß nicht" als mittlerer Antwortalternative

einseitige Antwortvorgabe:	*zweiseitige Antwortvorgabe:*
Politiker werden von den Medien ganz allgemein eher zu negativ dargestellt.	**Politiker werden von den Medien ganz allgemein ...**
☐ ja, stimmt	☐ eher zu positiv dargestellt
☐ weiß nicht	☐ weiß nicht
☐ nein, stimmt nicht	☐ eher zu negativ dargestellt

Antwortvorgaben: Mittelkategorie vorgeben?

Eine häufig diskutierte Frage ist, ob unter den vorgegebenen Antwortalternativen eine Alternative enthalten sein sollte, die inhaltlich einer „Mittelposition" entspricht, oder ob die befragte Person – falls sie die Frage beantwortet – gezwungen werden sollte, sich für die eine oder andere Alternative (meist in abgestufter Form) zu entscheiden. Tafel 2.3-4 demonstriert beide Möglichkeiten für eine Frage zur Beurteilung der eigenen wirtschaftlichen Lage. Das Argument *für* die Vorgabe einer mittleren Antwortalternative lautet: Wenn die Meinung einer befragten Person exakt einer Mittelposition zwischen den übrigen Antworten entspricht, dann sollte sie auch die Möglichkeit haben, dies zu äußern. Hat sie diese Möglichkeit aufgrund des Fehlens der Mittelkategorie nicht, kann sie nur entweder zufällig eine der beiden „nächstliegenden" mittleren Kategorien ankreuzen (womit das Ergebnis verfälscht wird), mit „weiß nicht" antworten (was dem Sachverhalt nicht entspricht) oder die Antwort ganz verweigern (obwohl sie eigentlich antworten möchte). Das Argument *gegen* die Vorgabe einer mittleren Antwortalternative lautet: Erstens wird in der Regel die Meinung nicht so exakt der Mittelposition entsprechen, dass nicht ein „ganz kleiner" Ausschlag zugunsten der einen oder anderen inhaltlichen Richtung zu verzeichnen wäre. Zweitens gibt es Befragte, die aus verschiedenen Gründen[116] unabhängig vom Inhalt der Frage dazu neigen, die Mittelkategorie anzukreuzen, selbst wenn sie „eigentlich" inhaltlich die eine oder andere Antwortalternative bevorzugen. Solchen Befragten wird keine Gelegenheit gegeben, dies zu tun. Wie schon bei der Vorgabe von „weiß nicht" als Antwortalternative, sollte auch diese Frage von Fall zu Fall abhängig vom Inhalt der Frage und von den Zielen der Untersuchung entschieden werden.

Zur Untersuchung der Effekte, die durch die Vorgabe bzw. Nicht-Vorgabe einer mittleren Antwortalternative zustande kommen, wurden eine Reihe von Methodenexperimenten durchgeführt. Ein Beispiel hierfür ist in Laatz (1993: 134) zusammenfassend berichtet.

---

[116] Zum Beispiel, um einer Entscheidung aus dem Weg zu gehen oder um die Befragung „abzukürzen".

Tafel 2.3-4:   Antworten mit und ohne mittlerer Antwortalternative

Wie beurteilen Sie zur Zeit Ihre eigene wirtschaftliche Lage?	☐ sehr gut	☐ sehr gut
	☐ gut	☐ gut
	☐ teils gut / teils schlecht	☐ eher gut
	☐ schlecht	☐ eher schlecht
	☐ sehr schlecht	☐ schlecht
		☐ sehr schlecht

Symmetrie der Antwortvorgaben

Unabhängig davon, ob eine Mittelkategorie vorgegeben ist oder nicht, sollte die Anzahl der Kategorien diesseits und jenseits der (inhaltlichen) „Mitte"[117] gleich groß sein. In Tafel 2.3-4 ist dies beachtet. Wäre es nicht so, wären also zum Beispiel fünf Antwortalternativen in Richtung „gut" und nur eine in Richtung „schlecht" vorgegeben, dann bestünde die Gefahr, dass die Befragten aufgrund der suggestiven Wirkung der schieren Anzahl der Antwortvorgaben in Richtung „gut" diese Richtung auch bevorzugen[118].

Antwortvorgaben werden von den Befragten „interpretiert"

Eine Reihe von Methodenexperimenten hat gezeigt, dass Antwortvorgaben *in ihrer Gesamtheit* von den befragten Personen „interpretiert" werden – also beispielsweise auch „zusätzliche Angaben" (z.B. zur Kodierung der Antworten) oder die Anordnung der Antworten. Dies sei an einem Beispiel demonstriert[119]. Hippler u.a. (1991) stellten in einer Umfrage der Hälfte der von ihnen befragten Personen folgende Frage: „Wie erfolgreich waren Sie im Leben? Bitte benutzen Sie die Leiter, um mir zu antworten. Das geht so: 0 bedeutet ‚überhaupt nicht erfolgreich' und 10 bedeutet, dass Sie außerordentlich erfolgreich waren. Welche Zahl wählen Sie?" Dazu wurde eine 11-stufige „Leiter" mit den Zahlen „0" bis „10" vorgelegt. Die Werte zwischen „0" und „10" gaben den Befragten Gelegenheit, ihr Urteil abzustufen. Die andere Hälfte der Befragten bekam exakt dieselbe Frage und dieselben Antworten vorgelegt, nur die Zahlenwerte der Leiter liefen nun von „-5" bis „+5" anstatt von „0" bis „10". Allein die Änderung dieser Zahlenwerte bewirkte, dass die zweite Hälfte der befragten Personen im Durchschnitt deutlich höhere „Sprossen" auf der Leiter wählten als die erste. Offenbar wurden die unteren Leitersprossen negativer wahrgenommen, wenn sie mit negativen Zahlen bezeichnet

---

[117] Ist keine Mittelkategorie *explizit* vorgegeben, so liegt die „Mitte" zwischen den beiden am schwächsten ausgeprägten Antwortkategorien in inhaltlich gegensätzlicher Richtung. In Tafel 2.2-3 wäre dies zwischen „eher gut" und „eher schlecht".

[118] Vgl. hierzu Holm (1975 Band 1: 59).

[119] Ein anderes anschauliches Beispiel findet sich in Diekmann [20](2009: 462–463).

waren, als wenn sie mit positiven Zahlen gekennzeichnet waren. Für solche Effekte der Antwortgestaltung gilt ähnliches wie schon für die „Härte" der Frageformulierung: Zwar lassen
sich keine festen Regeln dafür angeben, in welchem (quantifizierbaren) Ausmaß solche Effekte auftreten, man sollte sich ihrer aber dennoch bewusst sein, wenn man selbst Fragen konstruiert oder Fragen, die andere Forscher gestellt haben, beurteilt.

Antwortvorgaben: Ranking oder Rating?

Sollen die befragten Personen unterschiedliche Dinge (im weitesten Sinn) hinsichtlich der
Wichtigkeit, die sie ihnen beimessen, hinsichtlich der Sympathie, die sie für sie empfinden
oder hinsichtlich eines anderen „Maßstabs" beurteilen, dann stellt sich die Frage: Rating oder
Ranking? Unter **Rating** versteht man dabei, dass jedes einzelne „Ding" anhand einer sogenannten Ratingskala eingeschätzt wird. Beispielsweise könnte für eine Reihe von politischen
Zielen gefragt werden, wie wichtig sie den Befragten persönlich sind. Für jedes Ziel wird
dabei eine Einschätzung auf einer „Leiter"[120] von „völlig unwichtig" bis „sehr wichtig" verlangt. Tafel 2.3-5 (linke Hälfte) demonstriert dies. Für jede befragte Person können so die
verschiedenen Ziele anhand eines *gemeinsamen* Maßstabs ihrer Wichtigkeit nach eingeordnet
werden. Allerdings werden in der Regel verschiedene Ziele den gleichen „Rating-Platz"
einnehmen, da nur eine begrenzte Anzahl solcher Plätze zur Verfügung steht[121].
Nach einem anderen Verfahren, dem **Ranking**, werden die befragten Personen gebeten, die
genannten Dinge (hier: Ziele) in eine Rangordnung zu bringen. Tafel 2.3-5 (rechte Hälfte)
zeigt dies für unser Beispiel. Manchmal sollen dabei (wie in Tafel 2.3-5) *alle* Ziele ihrer
Wichtigkeit nach geordnet werden, manchmal nur die ersten (zum Beispiel die ersten drei
Ziele) und im Extremfall soll nur das wichtigste Ziel genannt werden (also das erste Ziel in
der Rangreihe). Bei diesem Verfahren können (normalerweise) keine Rangplätze mehrfach
vergeben werden, d.h. die Ziele werden (im Gegensatz zum Rating) in eine eindeutige Rangreihe gebracht. Beide Verfahren, Ranking und Rating, führen unter Umständen, insbesondere
wenn nicht einzelne Individuen, sondern die Durchschnittswerte ganzer Personengruppen
analysiert werden, zu sehr unterschiedlichen Ergebnissen[122]. Welches Verfahren vorzuziehen

---

[120] Das ist die „Ratingskala". Ratingskalen können aber auch anders aussehen. Erstens können die „Enden" der
Leiter anders benannt sein, etwa: „bin voll und ganz dafür – bin voll und ganz dagegen", „völlig richtig – völlig falsch" oder auch „links–rechts", wenn eine Einschätzung nach politischen Grundhaltungen erbeten wird.
Zweitens können, neben den „Enden" der Leiter, auch die einzelnen „Sprossen" benannt sein, zum Beispiel:
„völlig richtig – weitgehend richtig – teils richtig, teils falsch – weitgehend falsch – völlig falsch". Eine „Leiter" kann in diesem Fall noch als zusätzliche Hilfe verwendet werden, oft werden aber auch nur diese Antwortalternativen *alleine* vorgegeben. Schließlich kann auch nach „Schulnoten" gefragt werden oder nach einer Einstufung auf einem imaginären „Thermometer", dessen Wertebereich üblicherweise von „0" (geringstmögliche Ausprägung) bis „100" (höchstmögliche Ausprägung) reicht. Anhand solcher Ratingskalen
könnte zum Beispiel die wahrgenommene Kompetenz von Politikern erfragt werden (Schulnoten) oder
ihr Engagement für den Umweltschutz, so wie die Befragten es einschätzen (Thermometer). Weitere Gestaltungsmöglichkeiten für Ratingskalen finden sich in Heidenreich [5](1999b: 411–413).

[121] Spätestens dann, wenn mehr Dinge eingeordnet werden sollen als „Rating-Plätze" zur Verfügung stehen,
müssen zwangsläufig „Rating-Plätze" mehrfach belegt werden. Im Beispiel aus Tafel 2.2-5 wäre dies der
Fall, wenn neun oder mehr Ziele zu bewerten wären.

[122] Diekmann [20](2009: 459–461) berichtet ein Beispiel hierfür.

ist, hängt wieder vom Ziel der Untersuchung ab. Ist man eher an der *relativen* Wichtigkeit, die einem Ziel beigemessen wird (also an der Ermittlung einer Rangreihe), interessiert, dann wird man das Ranking-Verfahren vorziehen, ist man eher an der *absoluten* Wichtigkeit, die einem Ziel beigemessen wird, interessiert, dann wird man das Rating-Verfahren vorziehen und dabei sinnvollerweise auch in Kauf nehmen, dass möglicherweise mehreren Zielen dieselbe Wichtigkeit zugeschrieben wird (und damit keine eindeutige Rangreihe mehr existiert).

Tafel 2.3-5:   Beispielfragen zu „Rating" und „Ranking"

Rating:

Sie finden nun fünf Ziele, für die sich Politiker einsetzen können. Bitte kreuzen Sie für jedes Ziel an, wie wichtig es ihrer persönlichen Meinung nach ist.

Ein Kreuz im Kästchen ganz rechts bedeutet, dass Ihnen das Ziel sehr wichtig ist, ein Kreuz im Kästchen ganz links bedeutet, dass es ihnen völlig unwichtig ist, und mit den Kästchen dazwischen können Sie ihre Meinung abstufen.

Arbeitslosigkeit bekämpfen
völlig unwichtig ☐☐☐☐☐ sehr wichtig

Umweltschutz verbessern
völlig unwichtig ☐☐☐☐☐ sehr wichtig

preiswerten Wohnraum schaffen
völlig unwichtig ☐☐☐☐☐ sehr wichtig

Renten sichern
völlig unwichtig ☐☐☐☐☐ sehr wichtig

Steuersystem vereinfachen
völlig unwichtig ☐☐☐☐☐ sehr wichtig

Ranking:

Sie finden nun fünf Ziele, für die sich Politiker einsetzen können.

Arbeitslosigkeit bekämpfen
Umweltschutz verbessern
preiswerten Wohnraum schaffen
Renten sichern
Steuersystem vereinfachen

Bitte ordnen Sie diese Ziele danach, wie wichtig sie ihrer persönlichen Meinung nach sind.
(Bitte eintragen!)

wichtigstes Ziel: _____

zweitwichtigstes Ziel: _____

drittwichtigstes Ziel: _____

viertwichtigstes Ziel: _____

fünftwichtigstes Ziel: _____

Antwortvorgaben: Mehrfachantworten zulassen?

Werden – wie in Tafel 2.3-5 – eine Reihe von inhaltlich unterschiedlichen Antwortmöglichkeiten vorgegeben, dann stellt sich die Frage, ob die Befragten sich für *eine* der Antwortvorgaben entscheiden sollen oder ob sie auch *mehrere* Antwortvorgaben als „zutreffend" auswählen können. Im Beispiel aus Tafel 2.3-5 (rechts) entsprächen dem entweder die Frage nach dem wichtigsten Ziel (Auswahl *einer* Antwortmöglichkeit) oder die Frage: „Bitte sagen Sie mir, welche der genannten Ziele Sie persönlich für wichtig halten" (Möglichkeit von Mehrfachantworten). Der erste Fall stellt, wie schon gesagt, einen Spezialfall des Rankings dar, in dem nur nach dem Spitzenplatz gefragt wird. Der zweite Fall ist ein Spezialfall des Ratings. Hier ordnet die befragte Person jede Antwortalternative einer von zwei Antwortkategorien, hier einer der beiden Kategorien" „wichtig" oder „weniger wichtig" bzw. „unwichtig", zu. Ein Problem bei dieser Art der Fragestellung darin besteht, dass die Befragten die „Gegenkategorie", in diesem Beispiel zu „wichtig", selbst bestimmen müssen. Diese „Gegenkategorie" kann beispielsweise „weniger wichtig" oder auch „unwichtig" heißen. Je nachdem, *wie* diese Gegenkategorie heißt, wird im Gegenzug auch die *vorgegebene* Kategorie „wichtig" etwas anders interpretiert werden. Es ist ein Unterschied, ob jemand die zu beurteilenden Ziele nach den Kategorien „wichtig" und „weniger wichtig" einordnet oder nach den Kategorien „wichtig" und „unwichtig". Genau dies ist aber aus der Antwort nicht mehr ersichtlich. Aus diesem Grund sollte, falls Mehrfachantworten zugelassen werden, darauf geachtet werden, dass beim Bestimmen der (normalerweise nicht genannten) „Gegenkategorie" für die Befragten möglichst wenig Spielraum herrscht.

Anzahl der Antwortvorgaben

Die Anzahl der Antwortvorgaben bei geschlossenen Fragen sollte ganz allgemein die kognitiven Fähigkeiten eines „durchschnittlichen Befragten" nicht überfordern. Bei mündlichen (oder telefonischen) Befragungen, in denen keine zusätzlichen Hilfsmittel[123] eingesetzt werden, gelten zum Beispiel als Faustregel maximal sieben Antwortalternativen als Obergrenze. Laatz (1993: 133) betont zusätzlich, dass die Anzahl der vorgegebenen Antwortklassen „ ... in etwa dem Differenzierungsgrad der Befragten selbst entsprechen ..." sollte. Allerdings dürfte dieser „Differenzierungsgrad" der Befragten in der Praxis erstens schwer feststellbar sein und zweitens zwischen den verschiedenen Befragten variieren. Auch in dieser Hinsicht werden damit in der Regel Kompromisse unumgänglich sein.

Antwortvorgaben: Primacy- und Recencyeffekte vermeiden

Insbesondere wenn sich die Befragten unter *sehr vielen* inhaltlich unterschiedlichen Antwortmöglichkeiten zu entscheiden haben, treten oft Primacy- und/oder Recencyeffekte auf, d.h. die ersten und die letzten Antwortmöglichkeiten werden – unabhängig von ihrem Inhalt – vermehrt ausgewählt. Würden etwa in der Frage aus Tafel 2.3-5 (rechts) nicht fünf, sondern zwanzig oder dreißig Ziele vorgegeben und die Befragten gebeten, das ihnen persönlich wichtigste Ziel auszuwählen, dann würden die ersten und die letzten Antwortalternativen (unabhängig von ihrem Inhalt) häufiger ausgewählt, als wenn diese Alternativen im mittleren Bereich plaziert wären. Laatz (1993: 135–137) geht hierauf näher ein.

---

[123] Dies könnten etwa Listen sein, auf denen die Antwortalternativen notiert sind und die den Befragten als Beantwortungshilfe nach dem Stellen der betreffenden Frage vorgelegt werden. Bei der Frage nach der Berufsgruppe werden zum Beispiel typischerweise solche Listen verwendet, da man hier in der Regel *mehr* als maximal sieben Kategorien unterscheiden möchte.

Einige Regeln für die Fragebogenkonstruktion:

Ein Fragebogen sollte generell mit einigen einfach und angenehm zu beantwortenden **Einleitungsfragen** oder „Eisbrecherfragen" beginnen. Der Grund: In aller Regel entscheidet sich mit den ersten Fragen eines Interviews, ob dieses überhaupt zustande kommt oder nicht. Hat eine zu befragende Person erst einmal die ersten vier oder fünf Fragen beantwortet, dann wird das Interview normalerweise auch bis zum Schluss durchgeführt. Ein Abbruch des Interviews geschieht, wenn überhaupt, in den meisten Fällen ganz zu Beginn des Interviews, also nach den ersten Fragen.

Bei Umfragen im sozialwissenschaftlichen Bereich ist es ferner meist sinnvoll, eine Art *Gesprächssituation* herzustellen, also die Fragen nicht in völlig willkürlicher Reihenfolge vorzulegen, sondern Themenbereiche zusammenzufassen und gegebenenfalls überleitende Fragen oder Bemerkungen zwischen den einzelnen Themenbereichen einzubauen[124]. Auch kann eine „**Trichterung**" vorgenommen werden, d.h. man kann bei einem bestimmten Thema von allgemeineren Fragen zu immer spezielleren Fragen kommen oder eine „umgekehrte Trichterung", bei der man von speziellen Fragen auf allgemeinere kommt[125].

Meist ist ein Fragebogen für die Befragten angenehmer zu beantworten, wenn *schwierige Passagen von „Erholungsphasen" getrennt* sind. Der leichten Beantwortbarkeit von Fragebogen dient es auch, wenn *möglichst einheitliche Frage- und Antwortformate* verwendet werden. Insgesamt sollte die durchschnittliche *Beantwortungszeit möglichst kurz* sein, um die Befragten nicht zu überfordern. Sie sollte als Faustregel nicht über einer Stunde liegen und besser deutlich kürzer sein.

Am Ende des Fragebogens werden meist in einem gesonderten Block **demographische Angaben** wie „Alter", „Geschlecht", „Schulbildung" etc. erhoben. Manchmal werden in diesen „unverfänglichen" Fragebogenteil, in dem es nicht um Einstellungen, sondern „nur" um Fakten geht, dennoch Einstellungsfragen – wie etwa die zur Parteiidentifikation – „hineingeschmuggelt", und zwar dann, wenn man die betreffende Frage absichtlich von den übrigen Einstellungsfragen abtrennen und in ein entsprechendes „unverfängliches" Umfeld plazieren möchte[126]. *Vor* den demographischen Angaben wird oft eine Überleitung eingebaut, die auf das Ende des Interviews hinweist und das Interview für die befragte Person subjektiv verkürzen soll. Sie könnte etwa lauten: „Zum Schluss noch einige Angaben zu statistischen Zwecken: ...".

Ganz am Ende der Befragung werden manchmal noch durch **Abschlussfragen** von den Befragten Informationen über die Befragungssituation erbeten, etwa darüber, welche besonderen Schwierigkeiten sie bei der Befragung hatten, was sie im Verlauf der Befragung als positiv oder negativ empfanden und Ähnliches. War ein Interviewer zugegen, so kann auch dieser in entsprechenden Abschlussfragen über die Befragungssituation berichten, etwa darüber, wie

---

[124] Solche Überleitungen sind besonders wichtig bei *Mehr-Themen-Umfragen* (oder: *Bus-Umfragen*), bei denen hintereinander Fragen aus teilweise sehr unterschiedlichen Themenbereichen – wie etwa politische Einstellungen, Konsumgewohnheiten und Erziehungszielen – gestellt werden.

[125] Bei Trichterungen wird der weiter unten besprochene *Halo-Effekt* ganz bewusst eingesetzt. Je nach dem Untersuchungsziel ist es entweder sinnvoll, zuerst allgemeinere Fragen anzusprechen und dann speziellere oder umgekehrt.

[126] Vgl. auch hierzu den weiter unten besprochenen Halo-Effekt.

gut der Befragte seiner Meinung nach die Fragen verstanden hat oder ob dritte Personen während des Interviews anwesend waren und wenn ja, ob sie die Antworten beeinflusst haben oder nicht.

Die gesamte Gestaltung, sowohl der Fragen als auch des Fragebogens, muss sich *danach richten, ob eine Befragung in mündlicher, schriftlicher oder telefonischer Form vorgenommen wird.* Hierauf werden wir in Kapitel 4.4 ausführlich zu sprechen kommen. An dieser Stelle sei nur angemerkt, dass insbesondere bei schriftlichen Befragungen, in denen die Befragten mit dem Fragebogen „allein gelassen werden", besonderes Augenmerk auf eine *einfache Filterführung* und ein *gutes Lay-Out,* d.h. eine optisch übersichtliche und ansprechende Gestaltung des Fragebogens, gelegt werden muss.

Generell sollte man nach Möglichkeit *bereits bekannte Fragen verwenden.* Für solche Fragen, die schon in früheren repräsentativen Umfragen eingesetzt wurden, sind grundlegende Angaben – wie etwa das arithmetische Mittel und die Standardabweichung[127] für die zugehörige Antwort oder ihr Zusammenhang mit anderen Fragen – bekannt. Damit erübrigt sich für diese Fragen ein **Pretest,** der ansonsten für einen neu entwickelten Fragebogen auf jeden Fall durchgeführt werden sollte. Bei einem Pretest[128] wird eine kleine Anzahl von „Probebefragten"[129] gebeten, den (vorläufig) fertigen Fragebogen auszufüllen und ihre Erfahrungen bei der Beantwortung in irgendeiner Weise zu dokumentieren. Eine gute Methode hierfür ist das „laut Denken", bei dem die befragte Person während der Beantwortung der Fragen zusätzlich das ausspricht, was sie gerade denkt. Auf diese Weise können missverständliche Formulierungen und ähnliche, nicht intendierte Effekte *vor* dem „eigentlichen" Einsatz des Fragebogens aufgedeckt und behoben werden. Außerdem erhält man einen ersten groben Eindruck davon, wie lange die Befragung im Durchschnitt dauert und wie die Verteilung der Antworten auf die einzelnen Fragen in der Hauptbefragung aussehen wird. In der Regel werden für einen Pretest allerdings (aus Kostengründen) keine *repräsentativ* ausgewählten Befragten eingesetzt, daher ist der letztgenannte Schluss auf die Antwortverteilungen in der Hauptbefragung streng genommen nicht möglich. Verwendet man jedoch möglichst „bunt gemischte" Befragte[130] für den Pretest, so können erfahrungsgemäß zumindest extreme Tendenzen in der Antwortverteilung, etwa, dass fast alle Befragten von sieben vorgegebenen Antworten ein und dieselbe wählen, erkannt werden. Führt ein Pretest zu gravierenden Veränderungen des Fragebogens, dann sollte mit der überarbeiteten Version erneut ein Pretest durchgeführt werden, um zu prüfen, ob die zu behebenden Mängel tatsächlich behoben sind und auch, ob sich nicht bei der Überarbeitung des Fragebogens neue Fehler oder Schwächen eingeschlichen haben.

---

[127] Diese Maßzahlen sind in Kapitel 5.1 und 5.2 beschrieben.

[128] Ein Überblick der im Rahmen eines Pretests einsetzbaren Verfahren findet sich in Prüfer/Rexroth (1996).

[129] Es sollten keine homogenen Gruppen wie etwa „Studenten", „Parteimitglieder", „Betriebsangehörige" etc. befragt werden, außer natürlich, die Hauptuntersuchung bezieht sich auf eine solche Gruppe. Ferner sollten mindestens etwa zwanzig bis dreißig Personen im Rahmen des Pretests befragt werden.

[130] Für sozialwissenschaftliche Fragestellungen, die sich auf die Wahlberechtigten der Bundesrepublik Deutschland beziehen, sollten beispielsweise zumindest alle Ausprägungen der Merkmale „Alter", „Bildung" und „Geschlecht" vertreten sein – im Idealfall annähernd so, wie sie unter den Wahlberechtigten „tatsächlich" verteilt sind.

Zur Fragebogenkonstruktion: Halo-Effekte

Ein besonderes Problem bei der Fragebogenkonstruktion stellen **Halo-Effekte**[131] (auch: Positions-, Fragekontext- oder Fragereiheneffekte) dar. Damit ist gemeint, dass Fragen auf die jeweils hinter ihnen plazierten Fragen „ausstrahlen" können. Wird, um ein krasses Beispiel zu konstruieren, eine Person danach befragt, ob sie für oder gegen die Todesstrafe ist, dann wird ihre Antwort davon beeinflusst, ob sie unmittelbar vorher mit Fragen zum Mord an Taxifahrern und zu abscheulichen Kindesmisshandlungen konfrontiert wurde oder mit Fragen, die sich mit den Folgen von Fehlurteilen der Justiz beschäftigen. Im ersten Fall wird man eher dahingehend beeinflusst, *für* die Todesstrafe zu plädieren, im zweiten Fall dahingehend, *gegen* sie zu plädieren.

Halo-Effekte werden manchmal bewusst eingesetzt, um auf bestimmte Fragestellungen „hinzuführen"[132] oder um bestimmte Fragen ganz bewusst zu „färben"[133]. In der Regel möchte man sie jedoch vermeiden. Zu diesem Zweck sollte man Fragen, die aufeinander ausstrahlen könnten, räumlich voneinander trennen. Damit verstößt man allerdings gegen das oben besprochene Gebot, eine Art „Gesprächssituation" herzustellen und nicht ständig von einem Thema zum anderen zu wechseln. Auch in dieser Beziehung muss in der Praxis der Fragebogenkonstruktion ein Kompromiss gefunden werden, der letztlich weitgehend von subjektiven Entscheidungen des Forschers (aufgrund der Zielsetzung der Untersuchung) abhängt. So subjektiv diese Entscheidungen auch sein mögen: Die Effekte, die sie verursachen, sind empirisch nachweisbar. Ausführlich behandelt sind Effekte der Fragenreihenfolge in Laatz (1993: 151–153)[134].

Zur Fragebogenkonstruktion: Zusatzfragen für Wiederholungsbefragungen

Sollen die Teilnehmer an einer Umfrage zu einem späteren Zeitpunkt nochmals befragt werden, sind einige Zusatzfragen in den Fragebogen aufzunehmen. Zuerst müssen sie ihr *Einverständnis* dazu erklären, dass sie später nochmals befragt werden und dass hierzu ihr Name und ihre Adresse zeitweilig gespeichert bleibt. Diese Einverständniserklärung wird in der Regel am Anfang der Befragung erbeten, um nicht zu hohe Ablehnungsraten von nach dem Interview „erschöpften" Befragten zu bekommen. Zweitens muss natürlich ihr *Name* und ihre *Adresse* an irgendeiner Stelle des Fragebogens bzw. des Interviews erfragt werden, damit sie später für die Nachbefragung wieder kontaktiert werden können.

---

[131] Unter „Halo" versteht man ursprünglich den „Hof" der Sonne (oder des Mondes), also eine gewisse Art der „Überstrahlung".

[132] Vgl. die weiter oben besprochene „Trichterung".

[133] Dieser Effekt kann zum Beispiel bei der Konstruktion von Instrumenten genutzt werden, indem die Fragen von Guttman-Skalen *in der richtigen Reihenfolge hintereinander* angeordnet werden oder die Fragen eines nach dem Likert-Verfahren entwickelten Instruments gemeinsam in *einem zusammenhängenden* Fragenblock gestellt werden. Die beiden Verfahren der Instrumentenentwicklung sind in Kapitel 2.2 beschrieben.

[134] Wie die Anordnung von Fragen in einer ganz bestimmten Reihenfolge – insbesondere dann, wenn eingangs suggestive Fragen gestellt werden – zur Manipulation von Umfrageergebnissen verwendet werden können, schildert Krämer (2011: 126–128) anhand eines drastischen, allerdings fiktiven Beispiels.

Zur Fragebogenkonstruktion: Anonymitätszusicherung

In der Regel wird man den Befragten vor dem Beginn der Befragung zusichern, dass ihre Antworten (je nach dem Untersuchungsdesign so gut wie möglich) anonym behandelt werden, das heißt, dass später ihre Antworten ihnen als Person nicht mehr zuzuordnen sind. Damit soll das Vertrauen der Befragten gewonnen werden, sie sollen sich frei fühlen, auch bei „heiklen" Fragen ehrlich zu antworten und sie sollen damit auch nicht zuletzt eher bereit sein, sich überhaupt befragen zu lassen. Es gibt allerdings Untersuchungen, die zeigen, dass solche Anonymitätszusicherungen nicht allzu nachdrücklich und damit auffällig gemacht werden sollten, da sonst die Gefahr besteht, dass die befragte Person „Verdacht schöpft" – auch wenn dies völlig unbegründet ist – und eine Befragung verweigert. In Hippler u.a. (1990: 54–67) ist eine derartige Untersuchung berichtet.

Zur Fragebogenkonstruktion: Gemeindekennziffer für Mehrebenenanalysen

Bei Umfragen werden Individualdaten, das heißt im Regelfall Merkmale der befragten Person, erhoben und später analysiert. So könnte man zum Beispiel der Frage nachgehen, ob Katholiken besonders häufig die CDU/CSU wählen. In vielen Fällen ist es über diese rein individuenbezogene Art der Analyse hinaus sinnvoll, zusätzlich Aggregatdaten[135] wie den Katholiken-*anteil* im Wohnort der Befragten in die Analysen einzubeziehen. Solche Informationen können kaum verlässlich (wer kennt schon den Anteil an Konfessionslosen in seinem Wohnort?) und sicher nicht umfassend von den Befragten geliefert werden – ganz abgesehen von dem Problem, dass derartige Fragen den Fragebogen „aufblähen" und die Interviewdauer verlängern würden. Von den Statistischen Landesämtern sind solche Informationen dagegen relativ leicht und umfassend maschinenlesbar zu bekommen. Für jede Gemeinde der Bundesrepublik sind eine ganze Reihe von Informationen, etwa zu ihrer konfessionellen Struktur, zur Gemeindegröße und zu deren zeitlicher Entwicklung, zur gewerblichen Struktur, Arbeitslosenzahlen, Wahlbeteiligung und Stimmenanteile für die verschiedenen politischen Parteien bei Bundestags-, Landtags-, Europawahlen oder Wahlen auf Gemeindeebene und vieles mehr verfügbar. Ferner hat jede Gemeinde eine Gemeindekennziffer, aus der das Bundesland, der Regierungsbezirk und der Kreis hervorgeht, in dem die Gemeinde liegt. Entsprechendes gilt für die kreisfreien Städte. Dieser Gemeindekennziffer sind die genannten maschinenlesbaren Angaben der Statistischen Landesämter zugeordnet. Wird die Gemeindekennziffer auch im Fragebogen erhoben[136], dann können durch diese einzige zusätzliche Angabe die *Interviewdaten* der Befragten mit den *Aggregatdaten*, die eine Fülle von Informationen über „ihre" Gemeinden enthalten, in Verbindung gebracht werden. Fragestellungen wie: „Haben Katholi-

---

[135] Zu Aggregatdaten vgl. Kapitel 4.1.

[136] Dies kann beispielsweise durch einen Interviewer, der den Ort kennt, in dem er ein Interview durchführt und der in einem Verzeichnis die Gemeindekennziffer dieses Ortes nachschlagen und im Fragebogen eintragen kann, erledigt werden. Bei schriftlichen Umfragen könnten die Befragten (nach einer entsprechenden Erläuterung) gebeten werden, den Namen ihres Wohnortes (und falls nicht schon bekannt Kreis und Bundesland) im Fragebogen zu vermerken. Mit diesen Angaben können dann später vom Forscher die Gemeindekennziffern ermittelt und im Fragebogen eingetragen werden.

ken in „Katholiken-Hochburgen" (in irgendeiner Hinsicht) andere Einstellungen als Katholiken in Gemeinden mit sehr geringem Katholikenanteil?" können dann untersucht werden[137].

---

[137] Man spricht in solchen Fällen von „Mehrebenenanalysen", da auf der individuellen Ebene erhobene Daten (Interview) und auf Aggregatebene zur Verfügung stehende Daten (Angaben über die Gemeinde) *gleichzeitig* miteinander analysiert werden.

Weiterführende Literatur zu Kapitel 2:

Zur axiomatischen Messtheorie

Kromrey [12](2009: 218–229) → *knappe Einführung*
Diekmann [20](2009: 279–302) → *Darstellung der Skalenniveaus in Anlehnung an die axiomatischen Messtheorie*

Mehr zur Mess- und Testtheorie

Heidenreich [5](1999a: 342–374)

Indexbildung

Schnell / Hill / Esser [9](2011: 158–170)

Ein englischsprachiges Standardwerk zur klassischen Testtheorie

Lord / Novick (1968)

Klassische Testtheorie: Darstellung und Kritik

Fischer (1974: 16–45 und 114–145)
Wegener (1983)
Steyer / Eid [2](2001: 99–214)
Heidenreich [5](1999a: 360–362) → *Überblick*

Validierung theoretischer Konstrukte

Falter (1977)

Multitrait-Multimethod-Methode (MTMM)

Bortz u.a. [3](2003: 202–206)

Itemcharakteristiken

Bortz u.a. [3](2003: 206–207)

Weitere Verfahren zur Testentwicklung

Heidenreich [5](1999b: 407–439)

Probabilistische Testtheorien

Fischer (1973)

Rasch-Skalierung

Heidenreich [5](1999a: 364–368)

Wakenhut (1974) → *Darstellung am Beispiel einer empirische Untersuchung*

Überblick über theoretische Ansätze zur Fragenformulierung / Fragebogenkonstruktion

Diekmann [20](2009: 439–446)

Übersicht zu möglichen Antwortverzerrungen

Schnell u.a. [9](2011: 346–347)

Zur Randomized-Response-Technik

Diekmann [20](2009: 488–495)

Schnell u.a. [9](2011: 333–335)

Lensvelt-Mulders u.a. (2005) → *Meta-Analyse*

Indirekte und projektive Fragen

Diekmann [20](2009: 474–476)

Noelle-Neumann / Petersen (1996: 171–188 und 502–506)

Asendorpf [4](2007: 223–227) → *sehr kritische Darstellung*

Ein englischsprachiges Standardwerk zur Fragenformulierung

Schuman / Presser (1981)

3 Stichproben

Kapitel 3 beschäftigt sich mit Fragen der Stichprobenziehung, der Beurteilung der „Güte" von Stichproben und mit verschiedenen Gewichtungstechniken. Der Schwerpunkt liegt dabei auf Wahrscheinlichkeitsauswahlen und hierbei insbesondere auf der Ziehung einfacher und mehrstufiger Zufallsstichproben. Ferner werden die Sonderfälle „Klumpenstichproben" und „geschichtete Stichproben" besprochen sowie einige oft verwendete spezielle Auswahltechniken, wie der Einsatz von Netzen des ADM-Mastersamples, die Random-Walk-Technik, der Einsatz eines Schwedenschlüssels, die Geburtstags-Auswahltechnik und die Random-Digit-Dialing-Technik. Kapitel 3.6 beschäftigt sich schließlich mit dem wichtigen Problem der „Non-Responses".

Betrachten wir als Einstieg zum Thema „Stichproben" die Aussage: „Für die Wahlberechtigten der Bundesrepublik gilt: Wenn sie gewerkschaftlich gebunden sind, erhöht dies für sie – im Vergleich zu den übrigen Wahlberechtigten – die Wahrscheinlichkeit, dass ihnen die SPD unter allen Parteien des Parteienspektrums am sympathischsten ist". Diese Aussage diente bereits in Kapitel 1 (in deterministischer Form) als Beispiel.

Der Geltungsbereich dieser Aussage ist von den Personen her gesehen klar: Sie bezieht sich auf alle Wahlberechtigten der Bundesrepublik. Würde man eine **Vollerhebung** durchführen, dann müsste man alle Wahlberechtigten befragen[1]. Sie bilden bei einer Untersuchung zur Prüfung der genannten Aussage die **Grundgesamtheit** (Population). Jede wahlberechtigte Person ist ein **Element** dieser Grundgesamtheit[2]. Vollerhebungen sind allerdings schon vom Aufwand her nur in Ausnahmefällen, etwa bei Volkszählungen, (zumindest angenähert) durchführbar. Normalerweise werden bei Umfragen Teilerhebungen durchgeführt, die neben dem geringeren Aufwand, der im Vergleich zu einer Vollerhebung zu treiben ist, den Vorteil haben, dass sie schneller durchführbar und in manchen Fällen sogar qualitativ „besser" sind als Vollerhebungen[3]. Mit Hilfe verschiedener Auswahlverfahren können **Stichproben** (samples) aus der Grundgesamtheit gezogen werden[4]. Üblicherweise werden dabei **„Wahrscheinlichkeitsauswahlen"** (die in der Regel als Grundlage wissenschaftlicher Untersuchungen dienen), **„bewusste Auswahlen"** und **„willkürliche Auswahlen"** unterschieden. Die Auswahlverfahren sind in Tafel 3-1 im Überblick dargestellt[5] und werden nachfolgend genauer besprochen.

---

[1] Von dem Problem, dass diese Personengruppe von ihren Mitgliedern her ständig im Wandel begriffen ist, sei an dieser Stelle einmal abgesehen.

[2] Die Anzahl der Elemente einer *Grundgesamtheit* bezeichnet man üblicherweise mit dem Großbuchstaben „N".

[3] Beispielsweise ist bei einer Volkszählung, die eine Vollerhebung zum Ziel hat, schon aufgrund des sehr großen Organisationsaufwands mit vielen Fehlern und Pannen aller Art zu rechnen. Eine Befragung von tausend Personen ist dagegen überschaubar und kann allgemein sehr viel „sorgfältiger" durchgeführt werden.

[4] Die Anzahl der Elemente einer *Stichprobe* bezeichnet man üblicherweise mit dem Kleinbuchstaben „n". Eine Stichprobe, die aus 1200 Befragten besteht, wird auch als „Stichprobe des Umfangs n = 1200" bezeichnet.

[5] Die *Form* der Darstellung in Tafel 3-1 orientiert sich an einem ähnlichen Schaubild in Schnell u.a. [9](2011: 262). *Inhaltlich* treten jedoch Abweichungen im Vergleich zu diesem Schaubild auf.

Tafel 3-1:   Übersicht über die Auswahlverfahren

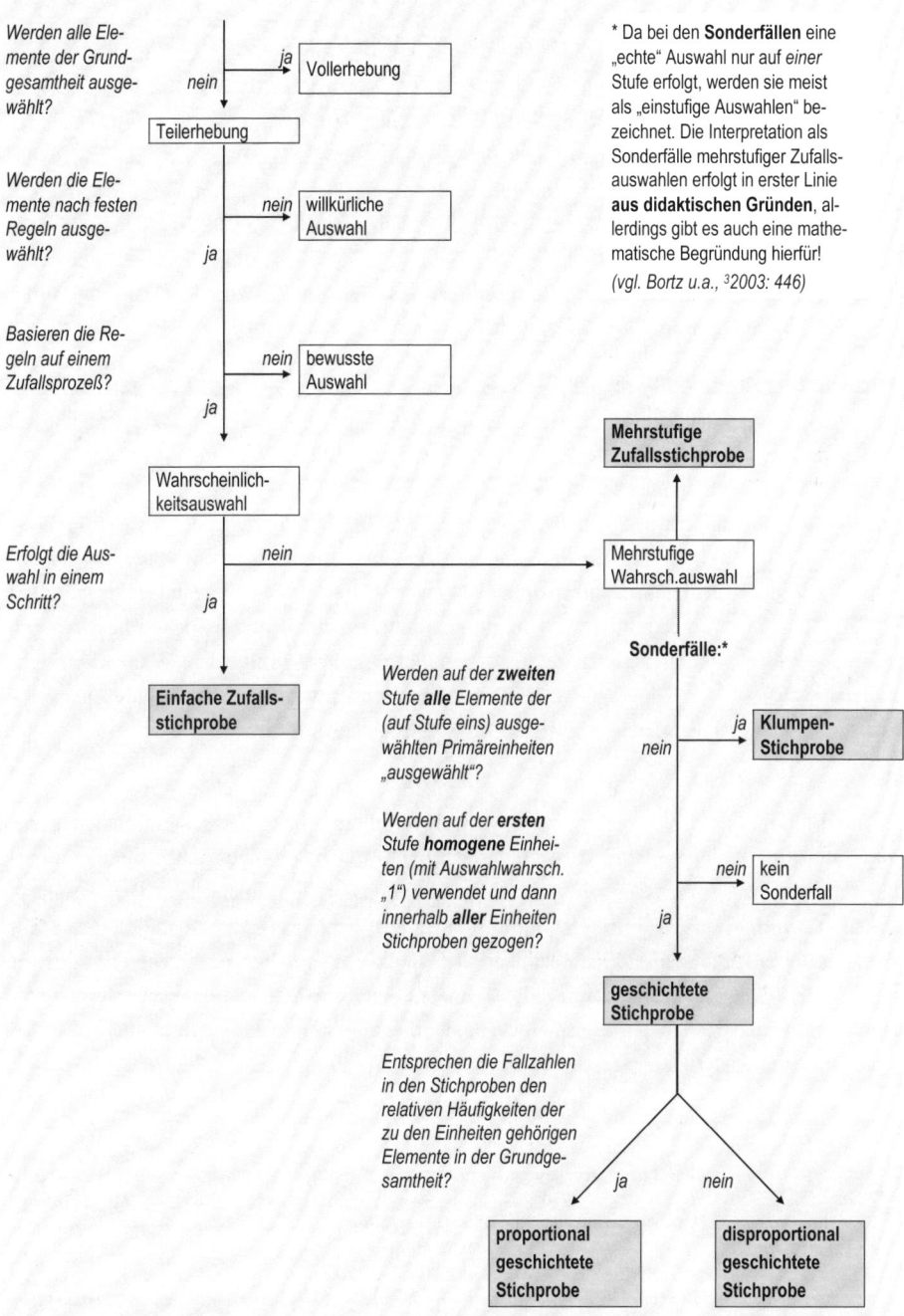

Werden alle Ele-
mente der Grund-
gesamtheit ausge-
wählt?

nein

ja → Vollerhebung

Teilerhebung

Werden die Ele-
mente nach festen
Regeln ausge-
wählt?

ja

nein → willkürliche Auswahl

Basieren die Re-
geln auf einem
Zufallsprozeß?

ja

nein → bewusste Auswahl

Wahrscheinlich-keitsauswahl

Erfolgt die Aus-
wahl in einem
Schritt?

ja

nein → Mehrstufige Wahrsch.auswahl → **Mehrstufige Zufallsstichprobe**

Einfache Zufalls-stichprobe

Werden auf der zweiten
Stufe alle Elemente der
(auf Stufe eins) ausge-
wählten Primäreinheiten
„ausgewählt"?

Sonderfälle:*

nein

ja → **Klumpen-Stichprobe**

Werden auf der ersten
Stufe homogene Einhei-
ten (mit Auswahlwahrsch.
„1") verwendet und dann
innerhalb aller Einheiten
Stichproben gezogen?

ja

nein → kein Sonderfall

geschichtete Stichprobe

Entsprechen die Fallzahlen
in den Stichproben den
relativen Häufigkeiten der
zu den Einheiten gehörigen
Elemente in der Grundge-
samtheit?

ja

nein

proportional geschichtete Stichprobe

disproportional geschichtete Stichprobe

* Da bei den **Sonderfällen** eine „echte" Auswahl nur auf *einer* Stufe erfolgt, werden sie meist als „einstufige Auswahlen" bezeichnet. Die Interpretation als Sonderfälle mehrstufiger Zufallsauswahlen erfolgt in erster Linie **aus didaktischen Gründen**, allerdings gibt es auch eine mathematische Begründung hierfür! *(vgl. Bortz u.a., ³2003: 446)*

Vorher jedoch noch ein Wort zur **Repräsentativität** von Stichproben. Der Begriff der „repräsentativen Stichprobe" – und damit auch der auf ihr basierenden „repräsentativen Umfrage" – hat sich zwar eingebürgert, ist jedoch kein statistischer Fachbegriff. In der Literatur ist er zudem oft *unterschiedlich* definiert[6]. Meist wird mit der Repräsentativität einer Stichprobe verbunden, dass sie ein „verkleinertes Abbild der Grundgesamtheit" darstellt[7]. Für die Argumentation in diesem Buch wird der Begriff der „Repräsentativität" nicht benötigt. Da sich der Begriff **„repräsentative Umfrage"** jedoch wie gesagt eingebürgert hat, verwende ich ihn dennoch, und zwar synonym für den umständlicheren Ausdruck „Umfrage, die auf einer einfachen Zufallsstichprobe, einer mehrstufigen Zufallsstichprobe mit PPS-Design (vgl. Kap. 3.2) und ggf. Transformation (vgl. Kap. 3.2 und 3.5), auf einer proportional geschichteten Zufallsstichprobe oder auf einer disproportional geschichteten Zufallsstichprobe, die durch Design-Gewichtung proportionalisiert wurde (vgl. Kap. 3.2), beruht".

Ziel der Stichprobenziehung bei repräsentativen Umfragen ist es, aus den empirisch ermittelten Kennwerten der *Stichprobe*, wie etwa dem Anteil der Protestwähler, auf entsprechende Parameter[8] der *Grundgesamtheit* zu schließen. Stichproben dienen ferner als Basis der statistischen Hypothesenprüfung, also beispielsweise der Prüfung der Frage, ob ein empirisch ermittelter Zusammenhang in der *Stichprobe* nur ein „Zufallsprodukt" darstellt, das sich ergeben hat, obwohl in der *Grundgesamtheit* kein derartiger Zusammenhang auftritt, oder ob dies mit hinreichend geringer Irrtumswahrscheinlichkeit ausgeschlossen werden kann (vgl. Kap. 6 und 7.2-7.3). Die Ziele können allerdings streng genommen nur mit Zufallsstichproben (random samples) erreicht werden. **Zufallsstichproben erhält man als Resultat von Wahrscheinlichkeitsauswahlen**[9]. Der Schwerpunkt der Darstellung wird im folgenden auf Wahrscheinlichkeitsauswahlen und den daraus resultierenden Zufallsstichproben liegen.

Vorab einige Grundbegriffe: Wird aus einer Grundgesamtheit eine Stichprobe gezogen, so ist es für die Beurteilung des betreffenden Auswahlverfahrens (bzw. bei der Entscheidung zugunsten des einen oder anderen Auswahlverfahrens) hilfreich, zwischen „angestrebter Grundgesamtheit", „Auswahlgesamtheit" und „Inferenzpopulation" zu unterscheiden[10]. Die **angestrebte Grundgesamtheit** oder **Zielpopulation** (target population) umfasst alle Elemente, auf die sich die zu prüfenden (Zusammenhangs-) Hypothesen beziehen oder generell, falls nur eine *Beschreibung* beabsichtigt ist[11], alle Elemente, über die Aussagen gemacht werden sollen. Im eingangs genannten Beispiel bestünde die angestrebte Grundgesamtheit aus den Wahlberechtigten der Bundesrepublik.

---

[6] Vgl. hierzu beispielsweise Schnell u.a. [9](2011: 298–300).

[7] Zu den Begriffen **„globale"** und **„spezifische"** Repräsentativität" vgl. Bortz u.a. [3](2003: 400–401). In Diekmann [20](2009: 430) ist ferner dargestellt, dass eine Stichprobe aufgrund ihres begrenzten (endlichen) Umfangs niemals *sämtliche* Merkmalsverteilungen einer Population „repräsentieren" kann.

[8] Die „Kennwerte" einer *Grundgesamtheit* werden **Parameter** genannt.

[9] Vgl. Diekmann [20](2009: 378). Eine **Wahrscheinlichkeitsauswahl** liegt vor, wenn jedes Element der Grundgesamtheit eine von null verschiedene, angebbare Wahrscheinlichkeit hat, in die Stichprobe aufgenommen zu werden (vgl. auch Diekmann, [20]2009: 380).

[10] Vgl. hierzu Schnell u.a. [9](2011: 263–265). Zu weiteren Unterteilungen und entsprechenden Literaturverweisen vgl. Diekmann [20](2009: 376–379).

[11] Etwa die Feststellung des Anteils der „Berufspendler" (wie auch immer genau definiert).

Nehmen wir einmal an, ein Forscher hätte es in mehrmonatiger Arbeit geschafft, eine Liste aller Wahlberechtigten der Bundesrepublik zu erstellen. Diese Liste (frame) beinhaltet symbolisch die **Auswahlgesamtheit** (frame population; survey population), die auch **Erhebungsgesamtheit**[12] oder Erhebungs-Grundgesamtheit genannt wird. Könnte der Forscher aus den in der Liste aufgeführten Namen ohne weiteres eine Zufallsstichprobe ziehen? Nein! Da die Erstellung der Liste einige Monate gedauert hat, ist zumindest ein Teil der Eintragungen „veraltet". In der Liste werden beispielsweise die Namen von vielen Wahlberechtigten, die erst kürzlich das Wahlrecht erhielten, noch nicht enthalten sein (**undercoverage**), es werden sich in ihr die Namen von in der Zwischenzeit verstorbenen Wahlberechtigten befinden (**overcoverage**), oder es werden Namen doppelt erscheinen[13], etwa weil sie während der Erstellung der Liste umgezogen sind und deshalb an zwei Orten erfasst wurden. Mit anderen Worten, die Auswahlgesamtheit, die „praktisch" als Grundlage der Stichprobenziehung dient, wird nicht hundertprozentig deckungsgleich mit der angestrebten Grundgesamtheit sein. Ähnliche Probleme ergeben sich bei den meisten Auswahlverfahren – man denke etwa an die Auswahl von Haushalten aus dem Telefonbuch!

Gehen wir einen Schritt weiter. Aus der Auswahlgesamtheit wird eine Zufallsstichprobe gezogen und eine Umfrage unter den gezogenen Personen durchgeführt. Nicht alle Personen werden sich an der Umfrage beteiligen. Wenn beispielsweise alle Berufstätigen mit einer Tagesarbeitszeit von vierzehn Stunden und mehr (= „Vielarbeiter") – aus Zeitmangel – nicht an der Befragung teilnehmen[14], dann entsteht ein zusätzliches Problem: Da sich die gesamte Bevölkerungsgruppe der „Vielarbeiter" (die ja einen Teil der angestrebten Grundgesamtheit darstellt) nicht an der Umfrage beteiligt hat, kann aus der Stichprobe der Umfrageteilnehmer nicht auf diesen Teil der angestrebten Grundgesamtheit geschlossen werden – auch nicht, wenn die angestrebte Grundgesamtheit und die Auswahlgesamtheit identisch sein sollten. Auch in diesem Idealfall kann aus der Stichprobe nur auf die angestrebte Grundgesamtheit *abzüglich* der „Vielarbeiter", die **Inferenzpopulation**, geschlossen werden. Als Inferenzpopulation bezeichnet man allgemein (als Konzept!) diejenige Grundgesamtheit, auf die aufgrund der Stichprobe tatsächlich geschlossen werden kann. Ziel einer Stichprobenziehung ist es, dass angestrebte Grundgesamtheit, Auswahlgesamtheit und Inferenzpopulation möglichst identisch sind. Dieses Ziel sollte schon *vor* einer Umfrage bei der Wahl des einzusetzenden Auswahlverfahrens berücksichtigt werden – nicht erst bei der Interpretation der Ergebnisse der Untersuchung, wenn etwaige Mängel der Stichprobe nicht mehr revidiert werden können!

---

[12] Unter **Erhebungs*einheiten*** versteht man diejenigen Elemente der Grundgesamtheit, die *überhaupt* die Möglichkeit (also eine Wahrscheinlichkeit von mehr als „null") haben, bei dem gewählten Auswahlverfahren in die Stichprobe zu gelangen. Wer nicht auf der Liste steht, hat diese Möglichkeit nicht. Er befindet sich damit nicht unter den Erhebungseinheiten.

[13] Was ihre Auswahlwahrscheinlichkeit erhöht!

[14] Aus Darstellungsgründen nehmen wir einmal (unrealistischerweise) an, dass dies die *einzigen* Ausfälle sind und dass die *gesamte* Gruppe der „Vielarbeiter" komplett ausfällt!

3.1 Einfache Zufallsstichproben

Wie Tafel 3-1 zeigt, stellt die **einfache Zufallsstichprobe** (simple random sample) den einfachsten Fall einer Wahrscheinlichkeitsauswahl dar. Die Auswahl erfolgt per Zufall *in einem Schritt* aus der Grundgesamtheit[15]. Voraussetzung hierfür ist, dass die Elemente der Grundgesamtheit entweder direkt oder in Form von „Stellvertretern" für den Auswahlvorgang zur Verfügung stehen. Bei repräsentativen Umfragen, die sich auf – von der Anzahl ihrer Elemente her gesehen – sehr große Grundgesamtheiten beziehen, kommt praktisch nur die zweite Möglichkeit („Stellvertreter") in Betracht. Meist existiert dann eine Liste oder Kartei, in der die Elemente der Grundgesamtheit, zum Beispiel alle Studierenden der Universität Mainz, mit Namen und Adressen (stellvertretend für die betreffenden Personen) aufgeführt sind. Die Auswahl muss nun so erfolgen, dass für jedes Element der Grundgesamtheit die *gleiche*[16] *Wahrscheinlichkeit* (größer als „null") besteht, in die Stichprobe aufgenommen zu werden.

Zur Veranschaulichung: Eine einfache Zufallsstichprobe könnte im genannten Beispiel (Studierende der Universität Mainz) gezogen werden, indem man alle Karteikarten in eine große **Lostrommel** wirft, gut durchmischt, und (am besten nach jeweils erneutem Mischen) Stück für Stück die gewünschte Anzahl von Karteikarten zieht. Dies entspräche genau der Idee des Verfahrens (Urnenmodell), würde aber vermutlich seitens der Hochschulverwaltung einigen Unmut hervorrufen. Das üblicherweise eingesetzte Verfahren zur Ziehung einer Zufallsstichprobe arbeitet daher mit Zufallszahlen[17]. Jedem Element der Grundgesamtheit wird eine Zahl zugeordnet (die nur dieses eine Mal vergeben wird!) und für den so entstehenden Wertebereich werden so viele Zufallszahlen bestimmt, wie Elemente in die Stichprobe gelangen sollen. Die Zufallszahlen repräsentieren dann die Elemente der Stichprobe.

Wichtig ist, dass tatsächlich für jedes Element der Grundgesamtheit *dieselbe* Wahrscheinlichkeit besteht, ausgewählt zu werden. Bei **systematischen Auswahlverfahren**, die oft als angenäherte Zufallsverfahren betrachtet werden, ist dies *nicht* der Fall, was zu Problemen führen kann, und zwar dann, wenn bei der Art und Weise der Auflistung der „Repräsentanten" der Elemente der Grundgesamtheit systematische Zusammenhänge bestehen. Ein beliebtes Verfahren ist zum Beispiel das **„Ziehen der n-ten Karte"** aus einer Kartei (oder ein entsprechendes Vorgehen bei einer Liste). Ein einfaches Gedankenspiel macht das *Problem* schnell klar: Nehmen wir an, die zu untersuchende Grundgesamtheit wäre die Belegschaft eines Betriebs. Die Untersuchung beschäftigt sich mit der Zufriedenheit im Beruf. Der Betrieb ist (sehr) formal und hierarchisch gegliedert. Er besteht aus einer Reihe von Abteilungen mit jeweils 20 Mitarbeitern – davon ein Abteilungsleiter. Eine Liste aller Mitarbeiter, aus der die Stichprobe gezogen werden soll, ist ebenso hierarchisch aufgebaut. Immer wird

---

[15] Dieses „simple random sampling" (**SRS**) stellt den einfachsten Fall einer „equal probability selection method" (**EPSEM**) dar, bei welcher eine Auswahl in einem einzigen Schritt *nicht* gefordert ist. Gefordert ist bei einer EPSEM – wie der Name schon sagt – nur die gleiche Auswahlwahrscheinlichkeit für jedes Element.

[16] Nicht nur eine *angebbare* Wahrscheinlichkeit (größer als „null"), wie dies allgemein für eine Wahrscheinlichkeitsauswahl gefordert ist.

[17] Näheres zur Gewinnung der Zufallszahlen findet sich in Schnell u.a. [9](2011: 270 und 475–476).

zuerstd er Abteilungsleiter aufgeführt, dann seine 19 Untergebenen, und dann folgt die nächste Abteilung. Ein Forscher weiß nichts von dieser Systematik, beschließt, jeden zwanzigsten Mitarbeiter auszuwählen („Ziehen der n-ten Karte"), legt per Zufall einen „Startpunkt" unter den ersten zwanzig Mitarbeitern auf der Liste fest und geht dann ans Werk. Liegt der „Startpunkt" bei einem *Untergebenen*, dann kann bei Auswahl jeder zwanzigsten Person kein einziger Abteilungsleiter mehr in die Stichprobe gelangen. Liegt er dagegen bei einem *Abteilungsleiter*, dann kann kein Untergebener mehr ausgewählt werden. Würde man (wie oben dargestellt) alle Namen auf Kärtchen schreiben, diese in eine Lostrommel werfen und anschließend die gewünschte Anzahl von Personen ziehen, träte das Problem nicht auf! Leider sind systematische Zusammenhänge im Aufbau der Auswahllisten (oder entsprechender Informationsträger) nicht immer so klar und leicht erkennbar wie in dem Gedankenspiel[18]. Man sollte sich auf jeden Fall *vor* dem Einsatz eines systematischen Auswahlverfahrens genau überlegen, ob mit solchen Problemen zu rechnen ist und ob gegebenenfalls entsprechende Verzerrungen in Kauf genommen werden können oder nicht[19].

Schließlich sei noch eine wichtige Eigenschaft von einfachen Zufallsstichproben angesprochen: **Zieht man aus einer einfachen Zufallsstichprobe erneut eine einfache Zufallsstichprobe, so erhält man als Ergebnis wieder eine Zufallsstichprobe** aus der ursprünglichen Grundgesamtheit. Ein Beispiel: Der weiter oben beschriebene Forscher, der eine Liste aller Wahlberechtigten der Bundesrepublik erstellt hat, zieht aus ihr eine einfache Zufallsstichprobe, bei der jede wahlberechtigte Person mit einer Wahrscheinlichkeit von 1 / 30 000 gezogen wird[20]. Bei etwa 60 Millionen Wahlberechtigten in der Grundgesamtheit erhält er damit eine Stichprobe von grob geschätzt 2000 Wahlberechtigten[21]. Betrachtet er diese Stichprobe quasi als „neue Grundgesamtheit" und zieht aus ihr erneut eine einfache Zufallsstichprobe, bei der jede Person mit einer Wahrscheinlichkeit von 1 / 2 gezogen wird[22], so erhält er eine neue Stichprobe mit dem halben Umfang, also mit (etwa) 1000 Wahlberechtigten. Diese Stichprobe stellt ebenfalls eine Zufallsstichprobe aus der *ursprünglichen* Grundgesamtheit aller Wahlberechtigten dar, wobei für alle Elemente der Grundgesamtheit die Wahrscheinlichkeit, ausgewählt zu werden, gleich groß – allerdings nur halb so hoch – ist.

Wir werden diesen Gedanken später bei den „Stichprobenausfällen" (Kapitel 3.6) wieder aufgreifen. Stichprobenausfälle (non-responses) stellen *dann* kein großes Problem dar, wenn die tatsächlich untersuchten (befragten) Personen als angenäherte Zufallsstichprobe aus den „eigentlich" zu befragenden Personen betrachtet werden können. Mehr hierzu weiter unten.

---

[18] Genaueres hierzu in Böltken (1976: 163–178).

[19] Bei der weiter unten genauer besprochenen „Geburtstags-Auswahltechnik" (innerhalb eines ausgewählten Haushalts wird diejenige Person befragt, die als nächstes Geburtstag hat) werden beispielsweise die aus ihm notwendigerweise resultierenden Verzerrungen (Überrepräsentation bestimmter Geburtsmonate!) dann in Kauf genommen, wenn man sich sehr sicher ist, dass sie keinen systematischen Einfluss auf die Merkmale und Zusammenhänge, die untersucht werden sollen, haben.

[20] Die Wahrscheinlichkeit einer Auswahl beträgt anders ausgedrückt: $0.0000\overline{3}$ (= 1 / 30 000).

[21] $60\ 000\ 000 \cdot 0.0000\overline{3} = 2000$.

[22] Die Wahrscheinlichkeit einer Auswahl beträgt anders ausgedrückt: 0.5 (= 1/2).

3.2 Mehrstufige Zufallsstichproben

> *Vor diesem Kapitel sollten Sie gelesen haben:*
> - *Kap. 3.1 (Einfache Zufallsstichproben)*

In vielen Fällen besteht keine Möglichkeit, einfache Zufallsstichproben zu ziehen – selbst wenn man dies gerne möchte. Die Wahlberechtigten der Bundesrepublik sind hierfür ein Beispiel. Der Forscher, der eine Liste aller Wahlberechtigten erstellt hat, war nur ein (hypothetisches) Demonstrationsbeispiel. Tatsächlich steht keine solche Liste, in der die **Erhebungseinheiten**[23] aufgeführt sind, für die Stichprobenziehung zur Verfügung. In solchen Fällen kann man durch **mehrstufige Wahrscheinlichkeitsauswahlen** eine Zufallsstichprobe aus den Erhebungseinheiten ziehen. Dabei werden Wahrscheinlichkeitsauswahlen in mehreren „Stufen" hintereinander durchgeführt. Auf der ersten Stufe wird eine Zufallsstichprobe gezogen, allerdings nicht direkt unter den Erhebungseinheiten, aus denen man „eigentlich" die Stichprobe ziehen möchte, sondern aus *Gruppen* dieser Erhebungseinheiten, die **Primäreinheiten** (primary sampling units; PSUs) genannt werden. *Innerhalb* der ausgewählten Primäreinheiten wird dann jeweils eine neue Zufallsstichprobe gezogen, und zwar – falls dies nunmehr möglich ist – unter den „eigentlichen" Erhebungseinheiten, womit die Stichprobenziehung beendet ist. Ist es noch nicht möglich, wird das Verfahren fortgesetzt. Die Stichprobenziehung erfolgt dann wieder unter – diesmal kleineren – (Unter-)Gruppen der „eigentlich" interessierenden Erhebungseinheiten, den **Sekundäreinheiten** (second stage units; SSUs). *Innerhalb* der ausgewählten Sekundäreinheiten wird jeweils eine neue Zufallsstichprobe gezogen, und zwar wieder – falls dies möglich ist – unter den „eigentlichen" Erhebungseinheiten, womit gegebenenfalls wieder die Stichprobenziehung beendet ist. Ist eine Ziehung unter den Erhebungseinheiten immer noch nicht möglich, wird das Verfahren wie gehabt fortgesetzt.

Die Darstellung des Vorgehens bei diesem Verfahren wird sich in Kapitel 3.2 aus didaktischen Gründen auf *zweistufige* Wahrscheinlichkeitsauswahlen beschränken.

Beispiel zur Demonstration der Grundidee des Vorgehens (Stichprobenumfang: n = 1)

Zur Demonstration der Grundidee des Vorgehens bei mehrstufigen Wahrscheinlichkeitsauswahlen dient Tafel 3.2-1. Betrachten wir ein (fiktives) Bundesland, aus dessen Einwohnern (Erhebungseinheiten) eine Zufallsstichprobe gezogen werden soll. Die Ziehung einer einfachen Zufallsstichprobe ist nicht möglich, da nirgends eine Liste aller Einwohner des Bundeslandes existiert. Wohl aber existiert eine Liste aller 2400 Gemeinden (Primäreinheiten) dieses Bundeslandes, in der auch die Einwohnerzahlen der Gemeinden ausgewiesen sind. Zu Demonstrationszwecken sei zunächst vereinfachend angenommen, dass *jede* Gemeinde 5000 Einwohner hat („Fall 1" in Tafel 3.2-1). Wie entsteht nun in unserem Beispiel eine Zufalls-

---

[23] Das sind, wie gesagt, die Elemente der Grundgesamtheit, die *überhaupt* die Möglichkeit (also eine Wahrscheinlichkeit von mehr als „null") haben, in die Stichprobe zu gelangen (vgl. Einleitung zu Kapitel 3).

stichprobe durch ein mehrstufiges (in diesem Falle zweistufiges) Auswahlverfahren? Auf der **ersten Stufe** wird eine Zufallsstichprobe (etwa durch Zufallszahlen) aus den Gemeinden gezogen. Bildlich gesprochen: In eine Urne werden 2400 Zettel mit den Namen der Gemeinde, die sie repräsentieren, gegeben und anschließend per Zufall ein Zettel (eine Gemeinde) gezogen. Dabei hat jede Gemeinde eine Wahrscheinlichkeit von 1 / 2400, gezogen zu werden. *Innerhalb* der gezogenen Gemeinde wird dann auf der **zweiten Stufe** eine einfache Zufallsstichprobe aus deren Einwohnern gezogen. Auch hier kann man sich wieder bildlich vorstellen, dass in eine Urne 5000 Zettel mit den Namen der Einwohner der Gemeinde gegeben werden und dann per Zufall ein Zettel (Einwohner) gezogen wird. Jeder Einwohner wird so mit einer Wahrscheinlichkeit von 1 / 5000 gezogen. Wenn ein Einwohner in die Stichprobe gelangt, dann sind bei ihm *beide* Voraussetzungen gegeben: seine *Gemeinde* wurde gezogen und *er* wurde persönlich innerhalb seiner Gemeinde gezogen. Um insgesamt die Wahrscheinlichkeit für einen Einwohner, in die Stichprobe zu gelangen, zu errechnen, müssen beide Wahrscheinlichkeiten multipliziert werden[24]. Damit ergibt sich für jeden Einwohner eine Wahrscheinlichkeit von 1 / 12 000 000, in die Stichprobe zu gelangen. Dies entspricht genau der Wahrscheinlichkeit, die sich bei einer *einfachen Zufallsstichprobe* ergäbe. In diesem Fall stünden alle 12 000 000 Einwohner[25] des Bundeslandes auf einer Liste und die Wahrscheinlichkeit für eine bestimmte Person, aus dieser Liste ausgewählt zu werden, betrüge folglich 1/12 000 000. Die Wahrscheinlichkeit für eine bestimmte Person, ausgewählt zu werden, ist bei beiden Vorgehensweisen also gleich groß. Allerdings erfolgt die Auswahl im Beispiel nicht mehr in *einem* Schritt, so dass keine einfache Zufallsauswahl mehr vorliegt.

Erweiterung der Grundidee auf Stichproben mit größerem Umfang als „n = 1"

Der übliche Stichprobenumfang liegt bei repräsentativen Umfragen etwa bei n = 1000 oder mehr[26] und damit erheblich höher als – wie bisher angenommen – bei „n = 1". Größere Stichproben lassen sich jedoch leicht herstellen, indem auf den unterschiedlichen Auswahlstufen jeweils *mehrere* Einheiten (anstatt wie bisher nur eine) gezogen werden. Zieht man beispielsweise 200 Gemeinden und pro Gemeinde 5 Einwohner, erhält man eine Stichprobe des Umfangs n = 1000[27]. Jede Gemeinde wird jetzt mit einer Wahrscheinlichkeit von 200 / 2 400 ausgewählt und die Wahrscheinlichkeit für einen Einwohner, innerhalb einer gewählten Gemeinde ausgewählt zu werden, beträgt 5 / 5000. Damit hat jeder Einwohner insgesamt eine Wahrscheinlichkeit von $(200 / 2400) \cdot (5 / 5000) = 1 / 12\,000$, ausgewählt zu werden. Sie ist, entsprechend dem Stichprobenumfang von n = 1000, jetzt 1000 Mal höher als vorher bei einem Stichprobenumfang von n = 1 (siehe oben). Auch die neue Auswahlwahrscheinlichkeit für einen Einwohner des Bundeslandes ist identisch mit der, die man bei einer *einfachen*

---

[24] Näheres hierzu findet sich in Bortz u.a. [7](2010: 54), wo im Rahmen der Wahrscheinlichkeitsrechnung die Wahrscheinlichkeit dafür, dass zwei voneinander unabhängige Ereignisse gemeinsam auftreten, beschrieben ist.

[25] Berechnung der Einwohnerzahl: $2\,400 \cdot 5000 = 12\,000\,000$.

[26] Um das Beispiel nicht unnötig zu komplizieren, sei das Problem der „Ausfälle" an dieser Stelle ausgeklammert. Mehr hierzu in Kapitel 3.6.

[27] $200 \cdot 5 = 1000$.

Zufallsstichprobe erhalten würde. In diesem Fall würden aus einer Liste der 12 000 000 Einwohner 1000 per Zufall ausgewählt, womit sich für jeden Einwohner eine Auswahlwahrscheinlichkeit von 1000 / 12 000 000, also gekürzt 1 / 12 000, ergäbe.

PPS-Designs

Dass jedes Element der Erhebungseinheiten (hier: Einwohner) mit derselben Wahrscheinlichkeit ausgewählt wird, trifft allerdings bei dem bisher geschilderten Vorgehen *nicht mehr* zu, wenn die Primäreinheiten (hier Gemeinden) – wie realistischerweise anzunehmen – aus *unterschiedlich* vielen Erhebungseinheiten (Einwohnern) bestehen. „Fall 2" in Tafel 3.2-1 demonstriert dies. Nehmen wir an, Gemeinde Nummer eins hätte 3000 Einwohner und Gemeinde Nummer zwei hätte 6000 Einwohner. Ein Bewohner der Gemeinde eins würde dann, falls eine *einzige* Person (für eine Stichprobe des Umfangs n = 1) ausgewählt wird, mit einer Wahrscheinlichkeit von 1 / 7 200 000 ausgewählt werden, ein Bewohner der Gemeinde zwei dagegen nur mit einer (halb so hohen) Wahrscheinlichkeit von 1 / 14 400 000. In den meisten Fällen ist dies unerwünscht, denn meist ist man daran interessiert *gleiche* Auswahlwahrscheinlichkeiten für alle Elemente der Grundgesamtheit zu erzielen.

Wie „Fall 3" in Tafel 3.2-1 demonstriert, ist das Problem lösbar, indem die einzelnen Primäreinheiten nicht mehr mit *gleicher* Wahrscheinlichkeit für die Stichprobe ausgewählt werden, sondern mit einer Wahrscheinlichkeit, die proportional zum Anteil (bezogen auf die Grundgesamtheit) der in ihr enthaltenen Erhebungseinheiten ist (probability proportional to size; **PPS**). Bildlich gesprochen: In die Lostrommel, aus der die Stichprobe unter den Gemeinden gezogen wird, kommt nicht mehr für jede Gemeinde *ein* Zettel, sondern so viele Zettel, wie die betreffende Gemeinde Einwohner hat. Für die Gemeinde Nummer eins liegen dann 3000 Zettel in der Lostrommel, für Gemeinde Nummer zwei sind es 6000 Zettel, und für alle übrigen Gemeinden insgesamt 11 991 000, so dass alles in allem 12 000 000 Zettel in der Urne liegen. Gemeinde eins wird nun mit einer Wahrscheinlichkeit von 3000 / 12 000 000 ausgewählt und, *falls* diese Gemeinde ausgewählt wurde, ein Einwohner von ihr mit einer Wahrscheinlichkeit von 1 / 3000. Insgesamt ergibt sich damit für ihn eine Auswahlwahrscheinlichkeit von 1 / 12 000 000. *Alle* Einwohner des fiktiven Bundeslandes haben jetzt wieder diese Auswahlwahrscheinlichkeit, wie Tafel 3.2-1 anhand einiger Gemeinden demonstriert.

Größere Stichproben als solche vom Umfang n = 1 können gezogen werden, indem auf den einzelnen Stufen mehr Einheiten als nur eine ausgewählt werden. Wie man das geschilderte Verfahren auf mehr als zweistufige Auswahlverfahren übertragen kann, ist in Kalton (1983: 40) beschrieben. Die hier an einem *Beispiel* erläuterte Argumentation findet man verallgemeinert mit den zugehörigen Formeln ebenfalls in Kalton (1983: 38–40). Verfahren zur praktischen Ziehung von PPS-Stichproben sind in Schnell u.a. [9](2011: 477–479) beschrieben.

Tafel 3.2-1:   Demonstrationsbeispiele zu „zweistufigen Wahrscheinlichkeitsauswahlen":
               Aufbau eines fiktiven Bundeslandes

Gemeinden	Anzahl der Einwohner	Wahrscheinlichkeit für einen Einwohner, dass bei Ziehung eines Samples vom Umfang n = 1 ...		
		... „seine" Gemeinde gezogen wird	... falls seine Gemeinde gezogen wurde, er persönlich gezogen wird	... beides zutrifft, er also persönlich gezogen wird
Fall 1: Gemeinden mit gleichen Einwohnerzahlen 2 x einfache Zufallsauswahl				
Gemeinde 1	5 000	1 / 2 400	1 / 5 000	1 / 12 000 000
Gemeinde 2	5 000	1 / 2 400	1 / 5 000	1 / 12 000 000
Gemeinde 3	5 000	1 / 2 400	1 / 5 000	1 / 12 000 000
Gemeinde 4	5 000	1 /2 400	1 / 5 000	1 / 12 000 000
...				
Gemeinde 2400	5 000	1 / 2 400	1 / 5 000	1 / 12 000 000
Fall 2: Gemeinden mit unterschiedlichen Einwohnerzahlen 2 x einfache Zufallsauswahl				
Gemeinde 1	3 000	1 / 2 400	1 / 3 000	1 / 7 200 000
Gemeinde 2	6 000	1 / 2 400	1 / 6 000	1 / 14 400 000
Gemeinde 3	7 000	1 / 2 400	1 / 7 000	1 / 16 800 000
Gemeinde 4	4 000	1 / 2 400	1 / 4 000	1 / 9 600 000
...				
Gemeinde 2400	6 000	1 / 2 400	1 / 6 000	1 / 14 400 000
Fall 3: Gemeinden mit unterschiedlichen Einwohnerzahlen 1 x PPS-Design; 1 x einfache Zufallsauswahl				
Gemeinde 1	3 000	3 000 / 12 000 000	1 / 3 000	1 / 12 000 000
Gemeinde 2	6 000	6 000 / 12 000 000	1 / 6 000	1 / 12 000 000
Gemeinde 3	7 000	7 000 / 12 000 000	1 / 7 000	1 / 12 000 000
Gemeinde 4	4 000	4 000 / 12 000 000	1 / 4 000	1 / 12 000 000
...				
Gemeinde 2400	6 000	6 000 / 12 000 000	1 / 6 000	1 / 12 000 000
insgesamt: **2400 Gemeinden** *(Primäreinheiten)*	**insgesamt:** **12 000 000 Einwohner** *(Erhebungseinheiten)*			

3.3 Klumpenstichproben und geschichtete Stichproben

> *Vor diesem Kapitel sollten Sie gelesen haben:*
> - *Kap. 3.1 (Einfache Zufallsstichproben)*
> - *Kap. 3.2 (Mehrstufige Zufallsstichproben)*

Klumpenstichprobe

Als Sonderfall einer zweistufigen Wahrscheinlichkeitsauswahl kann die **Klumpenstichprobe**[28] (cluster sample) betrachtet werden. Bei ihr werden auf der zweiten Stufe *alle* Erhebungseinheiten in die Stichprobe aufgenommen. Dieses Verfahren bietet sich zum Beispiel an, wenn aus den Schülern eines Bundeslandes, sagen wir Rheinland-Pfalz, eine Zufallsstichprobe gezogen werden soll. Eine Liste aller Schüler des Bundeslandes wird in der Regel nicht vorliegen, wohl aber eine Liste aller Schulklassen[29]. Jeder Schüler ist Mitglied einer Schulklasse[30]. Folglich stellen für die Grundgesamtheit der Schüler die Schulklassen ein Äquivalent zu den „Gemeinden" aus Tafel 3.2-1 dar und natürlich die Schüler ein Äquivalent zu den dortigen „Einwohnern". Im ersten Auswahlschritt werden aus der vorliegenden Liste Schulklassen (analog zu: „Gemeinden") ausgewählt. Im zweiten „Auswahlschritt" – das ist die Besonderheit – gelangen *alle* Schüler der Klassen, die ausgewählt wurden, in die Stichprobe. Sollen aufgrund der Fragestellung einer Untersuchung nicht lediglich einzelne Elemente der Grundgesamtheit (z.B. Schüler aus Rheinland-Pfalz) *ohne Bezug zueinander* betrachtet werden, sondern ganze Teilkollektive (z.B. Schulklassen), so bietet es sich auch aus diesem Grund an, eine Klumpenstichprobe aus den Teilkollektiven zu ziehen. Bei Klumpenstichproben besteht allerdings die Gefahr des Auftretens von **Klumpeneffekten**. Klumpeneffekte treten dann auf, wenn die Klumpen sehr homogen hinsichtlich bestimmter Merkmale ihrer Elemente sind, die Klumpen untereinander in dieser Beziehung dagegen sehr heterogen. In diesem Fall liefert die Klumpenstichprobe ein verzerrtes Abbild der Grundgesamtheit[31]. Genaueres hierzu findet sich in Böltken (1976: 294–322). Zur Vermeidung von Klumpeneffekten ist zu fordern, dass die Heterogenität der Elemente *innerhalb der Klumpen* möglichst groß sein sollte (also eine bunt gemischte Klasse und keine reine „Streberklasse", „Mädchenklasse" oder „Rowdy-Klasse" usw.) und dass die Heterogenität der Elemente *zwischen den Klumpen* möglichst gering sein sollte (alle Klassen sollten möglichst „gleich" sein. Ein Lehrer, der die Klasse wechselt, sollte möglichst wenig Unterschiede bemerken). Zusätzlich können

---

[28] Als **Klumpen** werden dabei die „Primäreinheiten" bezeichnet.

[29] Allgemein gesprochen: Eine Auflistung aller Einheiten der Grundgesamtheit erübrigt sich (vgl. auch Böltken, 1976: 289).

[30] Die allgemeine Forderung lautet: „Jede der Erhebungseinheiten, deren Aggregate die Klumpen bilden, muss irgendeinem, aber auch nur einem einzigen dieser Klumpen, zuzuordnen sein" (Böltken, 1976: 292–293).

[31] Allerdings stellt sich ein Klumpeneffekt „... nur für bestimmte Merkmale ein, die mit der Klumpenbildung in Zusammenhang stehen" (Böltken, 1976: 307–308). Im „Klassenbeispiel" würde zwar Homogenität hinsichtlich der Ausprägung des Merkmals „besuchter Schultyp" herrschen, jedoch weitgehende Heterogenität bezüglich des Geschlechts der Schüler innerhalb einer Klasse.

Klumpeneffekte durch die Erhebung möglichst vieler, kleinerer (und etwa gleich großer) Klumpen verringert werden. „Dadurch fällt ... die verzerrende Wirkung eines homogenen und daher ‚ausgefallenen‘ Klumpens weniger stark ins Gewicht" (Böltken, 1976: 303).

Ist es nicht möglich, annähernd gleich große Klumpen zu bilden (zum Beispiel im Falle von Schulklassen, deren Größe festgelegt und vom Forscher nicht zu beeinflussen ist), können hieraus Verzerrungen bei Parameterschätzungen resultieren (vgl. Böltken, 1976: 299). Um dies zu vermeiden, kann man gegebenenfalls die Klumpen mit einer Wahrscheinlichkeit proportional zu ihrem Umfang (PPS-Design) auswählen.

Ausführlich ist die Ziehung von Klumpenstichproben – sowie die damit verbundenen Konsequenzen – in Böltken (1976: 289–322) beschrieben.

Geschichtete Stichproben

Als weiterer Sonderfall einer zweistufigen (Wahrscheinlichkeits-) Auswahl kann die **geschichtete (Zufalls-) Stichprobe** betrachtet werden. Bei ihr kommt es darauf an, dass die Elemente (Erhebungseinheiten) innerhalb der „Primäreinheiten", **Schichten** oder „strata" genannt, bezüglich eines bestimmten Merkmals (oder auch mehrerer, falls dies realisierbar ist) möglichst *homogen* sind. Ferner wird auf der zweiten Auswahlstufe aus *jeder* Primäreinheit eine (Zufalls-) Stichprobe gezogen.

Als **Beispiel** diene ein Forscher, der das Durchschnittseinkommen der berufstätigen Münchner Bürger ermitteln möchte. Die Münchner Stadtverwaltung bietet ihm hierzu alternativ zwei Grundlagen für die Stichprobenziehung an[32]: erstens *einen* Karteikasten, in dem alle Berufstätigen Münchens alphabetisch geordnet vorliegen und zweitens *eine Reihe* von Karteikästen, wobei innerhalb der Karteikästen die Berufstätigen wieder alphabetisch geordnet sind, die einzelnen Karteikästen jedoch *nur bestimmte* Einkommensgruppen enthalten. Alle extremen Spitzenverdiener befinden sich in einem Karteikasten, alle extrem wenig Verdienenden in einem anderen. Die dazwischen liegenden Einkommensgruppen verteilen sich auf die übrigen Kästen.

Der Forscher kann nun eine einfache Zufallsstichprobe aus der großen „Gesamtkartei" ziehen. Wie in Kapitel 6 genauer zu besprechen sein wird, kann es ihm dabei allerdings beispielsweise passieren, dass er eine Stichprobe zieht, in der relativ (zu ihrem Anteil an der Grundgesamtheit) wenige Spitzenverdiener ausgewählt wurden, dafür aber relativ viele extrem schlecht verdienende Personen. Benutzt der Forscher das arithmetische Mittel des Einkommens der Bürger in dieser *Stichprobe* als Schätzung für das arithmetische Mittel des Einkommens in der *Grundgesamtheit* der Münchner Berufstätigen, so wird er sich deutlich nach unten verschätzen, zumal das arithmetische Mittel relativ stark durch „Ausreißer" beeinflusst wird (vgl. Kap. 5.1). Es hätte allerdings auch – bei einer anderen Zusammensetzung der Zufallsstichprobe – sein können, dass er sich deutlich nach

---

[32] Datenschutzaspekte seien hier einmal außer Acht gelassen!

oben verschätzt. Kann er den „Spielraum" (Standardfehler: vgl. Kapitel 6.1) für solche Fehler einschränken?

Ja, er kann – und zwar, indem er eine *geschichtete* Zufallsstichprobe zieht. Er verwendet hierzu als „Primäreinheiten" die Karteikästen mit den verschiedenen Einkommensgruppen. Jeder Karteikasten entspricht damit einer „Gemeinde" in Tafel 3.2-1. Jede Primäreinheit (jeder Karteikasten; jede Schicht) hat dabei eine Auswahlwahrscheinlichkeit von 1, das heißt, *jeder* Karteikasten wird für die Stichprobenziehung auf der zweiten Stufe verwendet. Dort zieht der Forscher *innerhalb* jedes Karteikastens eine einfache Zufallsstichprobe. Bei einer **proportional geschichteten** Zufallsstichprobe wird der Umfang der einzelnen Zufallsstichproben so gewählt, dass er dem jeweiligen „Anteil" der Schicht an der Grundgesamtheit entspricht[33]. Beinhaltet ein Karteikasten die Karteikarten von zwölf Prozent der Münchner Berufstätigen, dann werden aus dem Karteikasten so viele Karten gezogen, dass ihre Anzahl zwölf Prozent der *Gesamtstichprobe* ausmacht. Trifft dies nicht zu, spricht man von einer **disproportional geschichteten** Zufallsstichprobe. Bei *disproportional* geschichteten Zufallsstichproben haben *nicht* alle Elemente der Grundgesamtheit die gleiche Auswahlwahrscheinlichkeit. Damit können Kennwerte (zum Beispiel Anteilswerte) aus dieser Stichprobe nicht als Schätzung für die entsprechenden Parameter in der Grundgesamtheit verwendet werden. Beispielsweise könnte der Anteil der Protestwähler, falls diese in bestimmten Schichten besonders häufig (oder selten) vorkommen, nur aufgrund ihrer Schichtzugehörigkeit über- bzw. unterschätzt werden. Diese Verzerrung (in bezug auf die Grundgesamtheit) versucht man nachträglich rechnerisch durch ein Gewichtungsverfahren, die Design-Gewichtung (oder Proportionalisierung), auszugleichen.

Design-Gewichtung

Das Beispiel in Tafel 3.3-1 veranschaulicht das Vorgehen bei der **Design-Gewichtung**. Es geht von einer Grundgesamtheit von einer Million Personen aus. Von diesen Personen sind 540 000 Protestwähler, der Protestwähleranteil beträgt also insgesamt 54 Prozent. Die Grundgesamtheit kann in zwei Schichten aufgeteilt werden, wobei allerdings *innerhalb* der Schichten andere Protestwähleranteile, nämlich 75% bzw. 40%, auftreten.

Ein Forscher, zieht aus dieser Grundgesamtheit zunächst eine *proportional geschichtete* Zufallsstichprobe des Umfangs n = 2400. Bei proportionaler Schichtung muss er 960 Personen aus Schicht 1 und 1440 Personen aus Schicht 2 auswählen. Da Schicht 1 zu 75% aus Protestwählern besteht, zieht er bei einer einfachen Zufallsauswahl dort etwa[34] 720 Protestwähler. Analog zieht er aus Schicht 2 etwa 576 Protestwähler. Damit enthält seine Stichprobe (etwa) 1296 Protestwähler, was einem Anteil von 54 Prozent an den 2400 befragten Personen ausmacht. Das Beispiel demonstriert, dass Anteilswerte aus proportional geschichteten Zufalls-

---

[33] Die Kenntnis dieses Anteils ist *notwendig* dafür, dass eine proportional geschichtete Stichprobe gezogen werden kann. Man muss wissen, wieviele Berufstätige sich in jedem Karteikasten befinden (und damit auch, wieviele Berufstätige es insgesamt gibt)!

[34] Mit den möglichen Abweichungen von dieser Anzahl wird sich Kapitel 6 beschäftigen.

stichproben ohne weitere „Bearbeitung" als Schätzwerte für die entsprechenden Anteile in der Grundgesamtheit dienen können[35].

Anders verhält es sich bei *disproportional geschichteten* Stichproben. Nehmen wir an, der Forscher zieht wieder eine Stichprobe des Umfangs n = 2400, diesmal zieht er jedoch aus beiden Schichten gleich viele Personen, nämlich 1200, womit er eine disproportional geschichtete Stichprobe erhält. In Schicht 1, die zu 75% aus Protestwählern besteht, zieht er damit etwa 900 Protestwähler und in Schicht 2, die zu 40% aus Protestwählern besteht, zieht er etwa 480 Protestwähler. Damit enthält seine Stichprobe (etwa) 1380 Protestwähler. Der sich daraus ergebende Protestwähleranteil von 57.5 Prozent stimmt *nicht* mit dem Protestwähleranteil in der Grundgesamtheit überein. Der Anteil in der Stichprobe kann *nicht* als Schätzung für den Anteil in der Grundgesamtheit verwendet werden!

Die Design-Gewichtung hat zum Ziel, diesen Nachteil *nachträglich*, also bei der Analyse der Daten aus einer *bereits gezogenen* Stichprobe, zu beheben[36]. Zu diesem Zweck werden die einzelnen Fälle „gewichtet", wobei das Gewicht proportional zur inversen Auswahlwahrscheinlichkeit gewählt wird. Dies sei an Tafel 3.3-1 demonstriert. Da zum Beispiel in *Schicht zwei* von 600 000 Personen in der Grundgesamtheit 1200 Personen gezogen werden, hat jede Person eine Wahrscheinlichkeit von 1200 / 600 000, gezogen zu werden. Die inverse Auswahlwahrscheinlichkeit[37] beträgt 600 000 / 1200 = 500.

Verwendet man diese inverse Auswahlwahrscheinlichkeit als Design-Gewicht, dann kann man sich den Effekt im vorliegenden Fall so vorstellen, dass jede befragte Person bei der Auswertung 500 Mal berücksichtigt wird. Jede befragte Person aus *Schicht eins* wird dementsprechend 333.$\overline{3}$ Mal berücksichtigt (vgl. Tafel 3.3-1). Damit ergeben sich (gewichtet) für die erste Schicht ungefähr 300 000 „Protestwähler" bei insgesamt 400 000 „Befragten" und für die zweite Schicht ungefähr 240 000 „Protestwähler" bei insgesamt 600 000 „Befragten". Alles in allem erhält man also ungefähr 540 000 „Protestwähler" bei 1 000 000 „Befragten" und damit wieder den korrekten Protestwähleranteil von 54 Prozent.

Als Design-Gewicht muss allerdings nicht unbedingt die inverse Auswahlwahrscheinlichkeit dienen. Es genügt, wenn das Design-Gewicht *proportional* hierzu ist. In den letzten beiden Zeilen von Tafel 3.3-1 wurde beispielsweise ein Design-Gewicht von 0.8 für Schicht 1 verwendet und ein Design-Gewicht von 1.2 für Schicht 2, was zur Folge hat, dass die (gewichtete) „Gesamt-Fallzahl" wieder 2400 beträgt und damit dem Stichprobenumfang entspricht. Generell werden **Design-Gewichte als (multiplikative) Faktoren – proportional zur inversen Auswahlwahrscheinlichkeit** – gebildet. Von „Design-Gewichtung" (im Gegensatz zum weiter unten besprochenen „Redressment") spricht man dann, wenn eine Verzerrung ausgeglichen werden soll, die durch das Stichprobendesign verursacht wird. Im vorliegenden Beispiel soll der Effekt der ungleichen Auswahlwahrscheinlichkeiten, je nachdem, ob eine Person Schicht eins oder Schicht zwei angehört, ausgeglichen werden.

---

[35] Das Non-Response-Problem (vgl. Kapitel 3.6) sei an dieser Stelle einmal ausgeklammert!

[36] Eine andere Möglichkeit wäre, per Zufall 400 Personen aus Schicht 1 zu bestimmen und diese aus der Stichprobe zu entfernen, womit wieder eine *proportional* geschichtete Stichprobe entstünde. Allerdings wären dann die Informationen der 400 entfernten Personen verloren.

[37] Der Kehrbruch zur Auswahlwahrscheinlichkeit.

Tafel 3.3-1:   Beispiel zur Design-Gewichtung

	Schicht 1 Protestwähler- anteil: 75%	Schicht 2 Protestwähler- anteil: 40%	Zeilensumme	Anteil der Protestwähler in beiden Schichten zusammen (in Prozent)
Grundgesamtheit				
Personen (Elemente)	400 000	600 000	1 000 000	
Anzahl der Protestwähler	300 000	240 000	540 000	**54.0%**
Stichprobe, n=2400, proportionale Schichtung				
Personen (Elemente)	960	1440	2400	
Anzahl der Protestwähler	≈ 720	≈ 576	≈ 1296	$\approx$**54.0%**
Stichprobe, n=2400, disproportionale Schichtung				
Personen (Elemente)	1200	1200	2400	
Anzahl der Protestwähler	≈ 900	≈ 480	≈ 1380	$\approx$**57.5%**
Auswahlwahrscheinlichkeit einer Person innerhalb ihrer Schicht	$\dfrac{1200}{400\,000}$	$\dfrac{1200}{600\,000}$		
Inverse Auswahlwahr- scheinlichkeit:	$333.\overline{3} = \dfrac{400\,000}{1200}$	$500 = \dfrac{600\,000}{1200}$		
Gewichtung mit der inversen Auswahlwahrscheinlichkeit:				
„Personen"	400 000	600 000	1 000 000	
„Anzahl der Protestwähler"	$\approx 300\,000$	$\approx 240\,000$	$\approx 540\,000$	$\approx$**54.0%**
Gewichtung mit 0.8 bzw. 1.2:				
„Personen"	960	1440	2400	
„Anzahl der Protestwähler"	≈ 720	≈ 576	≈ 1296	$\approx$**54.0%**

Warum zieht man geschichtete Zufallsstichproben? Ein Grund wurde bereits angesprochen: Sie können **genauere Schätzungen** liefern als ungeschichtete Zufallsstichproben. Das erstgenannte Beispiel zeigt dies. Bei einer (proportional) *geschichteten* Zufallsstichprobe ist es nicht möglich (wie bei einer einfachen Zufallsstichprobe), dass die Gruppe der Spitzenverdiener stark unterrepräsentiert ist (oder dass im Extremfall überhaupt kein Spitzenverdiener in die Stichprobe gelangt) bzw. dass die Gruppe der extrem schlecht Verdienenden überrepräsentiert ist. Ein zweiter wichtiger Punkt: **Bei Bedarf können bestimmte Schichten bewusst überrepräsentiert werden.** Sollen beispielsweise im Rahmen einer Untersuchung die Unterschiede zwischen Spitzenverdienern und den übrigen Einkommensgruppen analysiert werden, ist hierfür aus statistischen Gründen eine *Mindestanzahl* von Spitzenverdienern notwendig, die bei einer einfachen Zufallsauswahl und der üblichen Stichprobengröße kaum erreichbar ist.

3.4 Willkürliche und bewusste (nicht zufallsgesteuerte) Auswahlen

> *Vor diesem Kapitel sollten Sie gelesen haben:*
> - *Kap. 3.1 (Einfache Zufallsstichproben)*
> - *Kap. 3. 2 (Mehrstufige Zufallsstichproben)*
> - *Kap. 3.3 (Klumpenstichproben und geschichtete Stichproben)*

Willkürliche Auswahlen, bei denen vom Forscher die Frage, welche Elemente (Personen) der Grundgesamtheit in die Stichprobe aufgenommen werden, *willkürlich* entschieden wird, spielen in der Umfrageforschung kaum eine Rolle. Allenfalls werden derartige Stichproben (aus ökonomischen Gründen) in Pretests im Rahmen der Vorbereitung der „eigentlichen" Umfragen eingesetzt. Der Grund für die ablehnende Haltung gegenüber willkürlichen Auswahlen wurde bereits angesprochen: Aus Stichproben, die keine Zufallsstichproben sind, können (ohne Zusatzannahmen) *keine* Schlüsse auf die Grundgesamtheit gezogen werden. Mit anderen Worten: Verfahren wie die später genauer zu besprechenden inferenzstatistischen Verfahren sind bei solchen Stichproben nicht einsetzbar! Damit ist in aller Regel die Stichprobe für die Forschung insofern „wertlos", als man normalerweise Aussagen über die Grundgesamtheit machen möchte und Stichproben nur als „Hilfsmittel" zu diesem Zweck betrachtet. Geht es allerdings ausschließlich darum, zu versuchen, eine (deterministische) Hypothese zu falsifizieren (vgl. Kap. 1), so können hierzu auch willkürliche Stichproben eingesetzt werden.

Dasselbe gilt für die sogenannten **bewussten Auswahlen**. Zu nennen wäre in diesem Zusammenhang unter anderem das **Schneeballverfahren**[38], bei dem beispielsweise bei einer schriftlichen Befragung eine Gruppe von Personen gebeten wird, jeweils einige Fragebögen mit der Bitte um Beantwortung und Rücksendung an andere Personen – etwa ihren Freundeskreis –

---

[38] Vgl. hierzu auch Gabler (1992).

weiterzugeben[39]. Dieses Vorgehen wird manchmal bei der Analyse sozialer Netzwerke oder zur Erfassung von Personen aus seltenen Populationen praktiziert. Weitere Arten von bewussten Auswahlen sind die **Auswahl extremer Fälle**, bei der solche Elemente (Personen) in die Stichprobe gelangen, die eine extreme Ausprägung in bezug auf ein bestimmtes Merkmal (oder auf mehrere) haben oder die **Auswahl typischer Fälle**, bei der solche Elemente ausgewählt werden, die als besonders charakteristisch für die Grundgesamtheit (in bezug auf welche Merkmale auch immer) angesehen werden. Näheres zu den genannten Formen der bewussten Auswahl findet sich in Schnell u.a. [9](2011: 292–294).

Die einzige Form der bewussten Auswahl, die in der Umfrageforschung eine gewisse Bedeutung hat, ist das **Quotenverfahren** (oder: Quotaverfahren). Der Grundgedanke beim Quotenverfahren ist folgender: Bei vielen *Grundgesamtheiten* ist die Verteilung einiger Merkmale oder Merkmalskombinationen bekannt. Zum Beispiel ist für die Grundgesamtheit der Wahlberechtigten der Bundesrepublik (zumindest annähernd) deren Zusammensetzung nach Alter und Geschlecht bekannt. Man versucht nun, eine Stichprobe zu produzieren, die dieser bekannten Zusammensetzung der Grundgesamtheit möglichst exakt entspricht. Bei mündlichen Umfragen etwa erhalten die Interviewer entsprechende „Auswahlpläne". Der Interviewer „Müller" muss beispielsweise (bei einem sehr einfachen Auswahlplan, der nur das Alter und das Geschlecht berücksichtigt) eine männliche Person im Alter zwischen dreißig und vierzig Jahren interviewen, eine weibliche Person im Alter zwischen zwanzig und dreißig Jahren usw.. Die Auswahlpläne werden so gestaltet, dass, vorausgesetzt alle Interviewer „erfüllen" ihren Plan, die Gesamtstichprobe *in den zur Quotierung verwendeten* Merkmalen (oder Merkmalskombinationen) mit der Grundgesamtheit (zumindest annähernd) übereinstimmt. Man hofft, dass damit die Stichprobe auch in *allen anderen* – insbesondere den zu untersuchenden – Merkmalen mit der Grundgesamtheit übereinstimmt, was aber nicht notwendigerweise so sein muss[40]. Befürworter der Quotenstichprobe argumentieren in der Regel mit dem *Erfahrungswert*, dass solche Stichproben annähernd die Qualität von Zufallsstichproben aufweisen[41]. Trotzdem bleibt festzuhalten: Beim Quotenverfahren sind die theoretischen Voraussetzungen für die Anwendung inferenzstatistischer Verfahren nicht gegeben. Damit ist ein Schluss von einer Quotenstichprobe auf die entsprechende Grundgesamtheit streng genommen nicht möglich. Er wird erst unter der (normalerweise ungeprüften) *Annahme*, die Quotenstichprobe entspräche angenähert einer Zufallsstichprobe, möglich[42].

---

[39] Das „Verfahren" kann natürlich über mehrere Stufen weitergeführt werden.

[40] Noelle-Neumann u.a. (1996: 258) vertreten eine andere Position: „Die wirkliche Funktion der Quoten ist: sie sollen den Interviewer zu einer Zufallsauswahl veranlassen, bei der jedes Mitglied der Grundgesamtheit praktisch die gleiche Chance hat, in die Stichprobe zu gelangen ...". Diese Argumentation erscheint mir allerdings kaum haltbar.

[41] Vgl. Noelle-Neumann u.a. (1996: 264).

[42] Genaueres zur Quotenstichprobe findet sich z.B. in Diekmann [20](2009: 390–398), in Schnell u.a. [9](2011: 294–298) oder in Noelle-Neumann u.a. (1996: 255–281).

3.5 Spezielle Auswahltechniken

> *Vor diesem Kapitel sollten Sie gelesen haben:*
> - *Kap. 3.1 (Einfache Zufallsstichproben)*
> - *Kap. 3.2 (Mehrstufige Zufallsstichproben)*

In diesem Kapitel werden einige spezielle, oft eingesetzte Auswahltechniken besprochen. Die Darstellung beginnt mit drei eigentlich voneinander unabhängigen Auswahltechniken, nämlich dem Einsatz eines oder mehrerer Netze des ADM-Mastersamples, der Random-Walk-Technik und der Auswahl mittels eines Schwedenschlüssels. Bei mündlichen Interviews, bei denen Interviewer ausgewählte Haushalte aufsuchen und dann innerhalb des Haushalts eine Person befragen, werden oft diese drei Auswahltechniken hintereinander eingesetzt und führen so zu einer dreistufigen Wahrscheinlichkeitsauswahl. Es folgt eine Besprechung der Geburtstags-Auswahltechnik, die alternativ zur Auswahl mittels eines Schwedenschlüssels eingesetzt werden kann und eine Vorstellung der Random-Digit-Dialing-Technik, die oft als erster Schritt zur Auswahl der Interviewpartner bei Telefonumfragen eingesetzt wird.

Das ADM-Mastersample und seine Netze

Das ADM-Mastersample wurde ursprünglich in den 70er Jahren vom Arbeitskreis Deutscher Marktforschungsinstitute, kurz **ADM**, als eine Art „Konservenstichprobe" für die alten Bundesländer erstellt. Es handelt sich dabei um eine Flächenstichprobe. Zum Vorgehen: Zunächst wurde eine Datei der Stimmbezirke[43] (Primäreinheiten) der damaligen Bundesrepublik (einschließlich West-Berlin) erstellt. Mit einem PPS-Design (siehe Kapitel 3.2) wurde dann durch eine systematische Auswahl eine Stichprobe von 25 200 Stimmbezirken (Primäreinheiten) gezogen. Diese Hauptstichprobe heißt **ADM-Mastersample**. Die 25 200 Primäreinheiten wurden in 120 Unterstichproben, **Netze** genannt, mit je 210 Primäreinheiten aufgeteilt, und zwar so, dass jedes Netz als Stichprobe[44] aus den 25 200 Primäreinheiten aufgefasst werden kann. Die jeweils 210 Primäreinheiten eines Netzes nennt man **sample points** (oder sampling points). Das ursprüngliche ADM-Mastersample wurde inzwischen aktualisiert und auf die Neuen Bundesländer ausgedehnt[45].

Unter dem „**Einsatz des ADM-Mastersamples**" versteht man die Tatsache, dass, als erster Schritt eines mehrstufigen Auswahlverfahrens, eine Flächenstichprobe „gezogen" oder besser gesagt „benutzt" wird, indem man ein Netz (oder auch mehrere Netze) des ADM-Master-

---

[43] Stimmbezirke mit unter 400 Personen wurden zu neuen, „synthetischen Stimmbezirken" zusammengefasst. Im folgenden werden diese *nicht* von „Orginal-Stimmbezirken" unterschieden und auch „Stimmbezirke" genannt.

[44] Die Stichproben überlappen sich nicht.

[45] Eine ausführliche Darstellung des ADM-Stichproben-Systems (Stand: 1993) findet man in: Arbeitsgemeinschaft ADM-Stichproben und Bureau Wendt (1994: 188–202). Eine zusammenfassende Darstellung der ursprünglichen Stichprobenziehung und ihrer Weiterentwicklung ist bei Schnell u.a. [9](2011: 279–280) nachzulesen.

samples einsetzt. Innerhalb dieses Netzes (bzw. der Netze) finden dann die weiteren Stufen der Stichprobenziehung statt. Meist wird hierzu die Random-Walk-Technik zur Ermittlung des Zielhaushalts und (bei Mehr-Personen-Haushalten) der Schwedenschlüssel oder die Geburtstags-Auswahltechnik zur Ermittlung der *innerhalb* des Haushalts zu befragenden Person eingesetzt. Diese Auswahltechniken sind nachfolgend genauer beschrieben. Auf die übliche Verwendung des ADM-Mastersamples zur Stichprobenziehung und die dabei auftretenden Fehlerquellen geht Diekmann [20](2009: 410–418) ausführlich ein.

Random-Walk-Technik

Ziel der **Random-Walk-Technik** (Zufallsweg-Technik) ist es, innerhalb einer bestimmten Gebietseinheit, meist innerhalb eines sample points des ADM-Mastersamples, zufallsgesteuert weitere Einheiten, in der Regel Haushalte, auszuwählen. Hierzu wird per Zufall ein Startpunkt – oder genauer gesagt ein „Starthaushalt" – in der Gebietseinheit festgelegt und dann eine Person beauftragt, anhand einer vorher festgelegten Begehungsanweisung[46] durch die Gebietseinheit zu gehen und hierbei Haushalte auszuwählen[47]. Oft wird dabei jeder n-te Haushalt ausgewählt, prinzipiell sind jedoch auch andere Auswahlvorschriften vorstellbar, zum Beispiel der nachfolgend besprochene Schwedenschlüssel.

Man unterscheidet zwischen Adress-Random und Standard-Random. Beim **Adress-Random** ermittelt eine erste Person zunächst die Haushalte, innerhalb derer eine Befragung durchgeführt werden soll, und eine *andere* Person besucht später diesen Haushalt, um die Befragung (das Interview) tatsächlich durchzuführen. Beim **Standard-Random** werden beide Aufgaben, also die Auswahl des Haushalts und die Befragung, gleichzeitig von einer *einzigen* Person erledigt. In dem für die Befragung ausgewählten Haushalt wird also sofort, falls die zu befragende Person anwesend ist, mit ihr ein Interview durchgeführt. Beim Standard-Random ist es für unzuverlässige Interviewer einfacher, die Auswahlregeln zu verletzen[48] als beim Adress-Random. Deshalb sollte, wenn möglich, der erhöhte Aufwand in Kauf genommen und ein Adress-Random durchgeführt werden.

---

[46] Zur Illustration der Beginn der Begehungsanweisung aus dem Emnid-Interviewerhandbuch: „In welche Richtung geht man weiter, wenn man vor dem Gebäude mit der Startadresse steht? ... Sie stehen vor dem Haus mit dem Gesicht zum Haus und dem Rücken zur Straße. Nun drehen Sie sich um 90° nach *rechts* herum, so dass jetzt die Straße rechts von Ihnen und das Haus links von ihnen liegt. In diese Richtung müssen Sie losgehen, und zwar so lange weiter auf der gleichen Straßenseite, bis Sie die Möglichkeit haben, nach rechts in eine andere Straße abzubiegen. Bisher gingen Sie ja auf der linken Seite der Straße. Wenn Sie nun nach rechts abbiegen, wechseln Sie gleichzeitig auf die rechte Straßenseite. Dort gehen Sie so lange weiter, bis Sie wieder links abbiegen können. ...".

[47] Dabei ist vorab festgelegt, in welcher *Reihenfolge* die Haushalte zu zählen sind, falls in einem Haus mehrere Haushalte existieren.

[48] Beispielsweise ist beim Standard-Random dann, wenn im ausgewählten Haushalt niemand anzutreffen ist, die Versuchung für den Interviewer groß – zumal, wenn er pro Interview bezahlt wird – ein Interview einfach (unter Verletzung der Regeln) in einem Nachbarhaushalt zu führen, anstatt unter Zeit- und Kostenaufwand später erneut anzureisen und eine Kontaktaufnahme zu versuchen. Solche Regelverletzungen können beim Standard-Random nur über (sehr aufwendige) „Nachbegehungen" erkannt werden. Beim Adress-Random ist dies relativ leicht, zum Beispiel über eine schriftliche oder telefonische Nachbefragung, möglich – vorausgesetzt, die Adressauswahl durch die erste Person wurde korrekt durchgeführt.

Der Schwedenschlüssel

Der **Schwedenschlüssel** (kish-selection-grid)[49] dient in der Regel dazu, innerhalb eines ausgewählten Haushalts per Zufall diejenige Person auszuwählen, mit der ein Interview geführt werden soll. Tafel 3.5-1 zeigt ein Beispiel für einen Schwedenschlüssel.

Tafel 3.5-1:   Beispiel für einen Schwedenschlüssel

Anzahl der wählbaren Personen	1	2	3	4	5	6	7	8	9	10
Nummer der auszuwählenden Person	1	2	1	3	5	4	2	8	6	1

Beim Einsatz des Schwedenschlüssels zur Auswahl einer Person innerhalb eines Haushalts hat der Interviewer zunächst festzustellen, wieviele Personen in dem Haushalt überhaupt zur angestrebten Grundgesamtheit (zum Beispiel zu den Wahlberechtigten) gehören, also prinzipiell „wählbar" sind. Die möglichen Anzahlen dieser „wählbaren Personen" sind in der ersten Zeile von Tafel 3.5-1 aufgeführt. Nehmen wir an, er ermittelt dabei eine Anzahl von vier wählbaren Personen im Haushalt (in Tafel 3.5-1 dunkel hinterlegt). Falls die wählbaren Personen im Haushalt ungleich alt sind[50], können sie hinsichtlich ihres Alters eindeutig in eine Rangreihe gebracht werden. Üblicherweise gilt die jüngste der wählbaren Personen als „Nummer 1", die zweitjüngste als „Nummer 2" usw.. Der Schwedenschlüssel in Tafel 3.5-1 sagt dem Interviewer nun, dass Person Nummer 3 in der „Altersreihe", auszuwählen ist. Die erste Zeile des Schwedenschlüssels sieht für alle Fragebögen gleich aus. In der zweiten Zeile stehen Zahlen, die zufällig aus den jeweils möglichen[51] Zahlen ausgewählt wurden. Die Zahlen der zweiten Zeile werden für jeden Fragebogen (jedes Interview) *neu* per Zufall erstellt.

Anmerkung: Nehmen wir an, als Ergebnis des vorletzten Schritts einer mehrstufigen Wahrscheinlichkeitsauswahl läge eine Stichprobe von Haushalten vor, wobei jeder *Haushalt* der Grundgesamtheit dieselbe Wahrscheinlichkeit hatte, in die Stichprobe aufgenommen zu werden. Wird dann im letzten Schritt in jedem der Haushalte der Stichprobe eine Person per Zufall – etwa nach dem Schwedenschlüssel – ausgewählt und befragt, so hat in der daraus resultierenden Personenstichprobe nicht jede *Person* der Grundgesamtheit dieselbe Wahrscheinlichkeit, in die Stichprobe aufgenommen zu werden. Das liegt daran, dass die Auswahlwahrscheinlichkeit für Personen, falls ihr Haushalt Teil der Stichprobe ist, in Einpersonenhaushalten 1 beträgt, in Zweipersonenhaushalten 1/2, in Dreipersonenhaushalten 1/3 usw.. Ist die Haushaltsstichprobe nur „Mittel zum Zweck" und strebt man „eigentlich" eine Personenstichprobe mit gleicher Auswahlwahrscheinlichkeit für alle *Personen* in der Grundgesamtheit an, dann versucht man das mit Hilfe einer Design-Gewichtung (vgl. Kapitel 3.3) zu

---

[49] Der Begriff „Schwedenschlüssel" ist darauf zurückzuführen, dass das Verfahren erstmals anhand von schwedischen Beispielen vorgestellt wurde (nach: Noelle-Neumann u.a., 1996: 243).

[50] Davon wird der Einfachheit halber ausgegangen. Trifft dies für die üblichen Altersangaben (meist „in Jahren") nicht zu, muss das Alter genauer bestimmt werden.

[51] Bei vier wählbaren Personen, könnte Person Nummer 1, 2, 3 oder 4 ausgewählt werden.
Welche der Zahlen zwischen 1 und 4 unter der „4" in Zeile zwei aufgeführt ist, entscheidet der Zufall.

erreichen. Beispielsweise erhalten die Personen in der Stichprobe, die aus einem Einpersonenhaushalt stammen, das Gewicht „1", Personen, die aus einem Zweipersonenhaushalt stammen, das Gewicht „2", Personen, die aus einem Dreipersonenhaushalt stammen, das Gewicht „3" usw. Allgemein ist das Design-Gewicht wieder (vgl. Kap. 3.3) proportional zur inversen Auswahlwahrscheinlichkeit zu wählen. Führt man eine solche Gewichtung durch, so nennt man dies die **Transformation einer Haushaltsstichprobe in eine Personenstichprobe**.

Die Geburtstags-Auswahltechnik

Alternativ zum Einsatz des Schwedenschlüssels wird auch die **Geburtstags-Auswahltechnik** zur Auswahl der zu befragenden Person innerhalb eines Haushalts benutzt. Dabei handelt es sich – im Gegensatz zum Schwedenschlüssel – nicht um ein „echtes" Zufallsverfahren, sondern um ein *systematisches* Auswahlverfahren. Es wird diejenige Person ausgewählt, die als nächstes Geburtstag hat, wobei man hofft, damit eine angenäherte Zufallsauswahl unter den Haushaltsmitgliedern durchzuführen[52].

Die Random-Digit-Dialing-Technik

Abschließend ein Wort zur **Random-Digit-Dialing-Technik** (RDD-Technik), die – in verschiedenen Abwandlungen – als Technik zur Gewinnung von Stichproben für Telefonumfragen verwendet werden kann. Soll eine Zufallsstichprobe aus allen Privathaushalten mit Telefonanschluss einer bestimmten Gebietseinheit (zum Beispiel der Bundesrepublik) gezogen werden, dann kann man natürlich eine Zufallsstichprobe aus den betreffenden Telefonbüchern (oder entsprechenden Datenträgern) ziehen. Allerdings ist dies mit einigen Nachteilen verbunden. Insbesondere sind erstens die Angaben nie ganz aktuell und zweitens gibt es Haushalte mit Geheimnummern, die nicht aufgeführt sind. Diese beiden Probleme löst die Random-Digit-Dialing-Technik. Die Grundidee: Eine Telefonnummer setzt sich normalerweise aus zwei Teilen zusammen, einem „Regionalkode" und der eigentlichen „Teilnehmernummer". Man kann nun in einem zweistufigen Auswahlverfahren auf der ersten Stufe durch ein Zufallsverfahren Regionalkodes auswählen. Die zugehörigen Teilnehmernummern werden dann auf der zweiten Stufe aber nicht aus einer Liste ausgewählt, sondern ganz oder teilweise frei erfunden. Damit werden die beiden genannten Probleme gegenstandslos. Es können nur tatsächlich existierende Privathaushalte mit Telefonanschluss in die Stichprobe gelangen und Haushalte mit Geheimnummern haben dieselbe Wahrscheinlichkeit, ausgewählt zu werden,

---

[52] Nehmen wir an, eine Untersuchung wird Anfang März durchgeführt. Damit besteht für Personen mit dem Sternzeichen „Fische" eine erhöhte Wahrscheinlichkeit, in die Stichprobe aufgenommen zu werden. Steht dieses Merkmal (Fische) in einem direkten (oder indirekten!) Zusammenhang mit den zu untersuchenden Merkmalen oder Zusammenhängen, können hieraus Verzerrungen entstehen. Personen mit dem Sternzeichen Wassermann kommen jedenfalls mit wesentlich geringerer Wahrscheinlichkeit in die Stichprobe. Noelle u.a. (1996: 240) lösen dieses Problem, indem sie nur den *Tag*, nicht aber den *Monat* für die Auswahl verwenden.

wie alle anderen auch. Ausführlich beschrieben ist das Verfahren in mehreren Varianten in Frey u.a. (1990: 93–108). Gegen das Verfahren bestehen allerdings (obwohl es derzeit nicht gerichtlich verboten ist) insofern Bedenken, als Geheimnummern in den meisten Fällen beantragt werden, um ungebetene Anrufe zu verhindern. Daher hat der Arbeitskreis Deutscher Marktforschungsinstitute im Jahre 1991 seinen Mitgliedern untersagt, das RDD-Verfahren anzuwenden. Der Beschluss wurde allerdings 1996 wieder aufgehoben. Näheres hierzu findet sich in Wiegand (1998: 23–24).

3.6 Non-Response

> *Vor diesem Kapitel sollten Sie gelesen haben:*
> - *Kap. 3.1 (Einfache Zufallsstichproben)*
> - *Kap. 3.2 (Mehrstufige Zufallsstichproben)*
> - *Kap. 3.3 (Klumpenstichproben und geschichtete Stichproben)*
> - *Kap. 3.4 (Willkürliche und bewusste (nicht zufallsgesteuerte) Auswahlen)*
> - *Kap. 3.5 (Spezielle Auswahltechniken)*

Ausschöpfungsquote

Die Argumentation der Inferenzstatistik, die sich mit dem Schluss von der Stichprobe auf die Grundgesamtheit befasst, baut auf dem Vorliegen einer Zufallsstichprobe aus der Grundgesamtheit auf. Bisher wurde in Kapitel 3 besprochen, wie solche Zufallsstichproben (zumindest angenähert) zu erstellen sind. Als „Element einer Stichprobe" wurden Personen betrachtet, die mit den entsprechenden Verfahren ausgewählt wurden und zur Befragung vorgesehen sind. Sie bilden nach dem üblichen Sprachgebrauch die **Brutto-Ausgangsstichprobe**. Ausgeblendet wurde dabei die Frage, ob die ausgewählten Personen auch *tatsächlich* an der Untersuchung teilnehmen oder nicht. Betrachten wir nun dieses Problem genauer[53].

Einige Personen der Brutto-Ausgangsstichprobe werden aufgrund von „*technischen Fehlern*" prinzipiell nicht befragbar sein. Ein Grund hierfür kann „overcoverage" in der Auswahlgesamtheit (siehe Einleitung zu Kapitel 3) sein. Bei einer Listenauswahl ist es beispielsweise möglich, dass Personen ausgewählt werden, die nicht zur Grundgesamtheit gehören – etwa inzwischen verstorbene oder ausgewanderte Personen. Ein häufiger Fall bei *schriftlichen* Umfragen ist, dass die Zielperson als „unbekannt verzogen" gilt. Es können aber auch einfach

---

[53] Kapitel 3.6 beschäftigt sich nur mit dem Phänomen des sogenannten **Unit-Nonresponse**, das heißt einer totalen Weigerung des Befragten, sich interviewen zu lassen. Hiervon zu unterscheiden ist das Phänomen des **Item-Nonresponse**, das heißt die Verweigerung der Beantwortung *einzelner* Fragen, obwohl das Interview ansonsten stattfindet. Fragen bezüglich des Item-Nonresponse werden in Kapitel 2.3 bei der Itemformulierung erörtert sowie in Kapitel 2.2 bei der Besprechung von (Likert-) Testwerten.

technische Fehler sein, etwa eine vom „Adressermittler" beim Adress-Random (siehe Kapitel 3.5) falsch aufgeschriebene Adresse, die der eigentliche Interviewer verzweifelt sucht und nicht findet. Ausfälle, die auf solche „technischen Fehler" zurückzuführen sind, bezeichnet man als **„stichprobenneutrale Ausfälle"**. Die entsprechenden Elemente werden aus der Brutto-Ausgangsstichprobe entfernt, womit die **bereinigte Ausgangsstichprobe** (oder: Netto-Ausgangsstichprobe) entsteht.

Aber auch nicht alle Elemente (Personen) der bereinigten Ausgangsstichprobe werden an der Untersuchung teilnehmen. Eine gängige Maßzahl für den Prozentanteil derer, die sich an einer Untersuchung beteiligen, ist folgende **Ausschöpfungsquote**:

$$\text{Ausschöpfungsquote} = \frac{\text{Anzahl der Teilnehmer an der Untersuchung}}{\text{Umfang der bereinigten Ausgangsstichprobe}} \cdot 100$$

Der Prozentanteil derer, die sich *nicht* an der Untersuchung beteiligen, die **Non-Response-Quote**, errechnet sich dementsprechend als „100-Ausschöpfungsquote".

Nimmt man die Anzahl der Teilnehmer an der Untersuchung und den Umfang der Brutto-Ausgangsstichprobe als gegeben an, dann führt eine hohe Anzahl von stichprobenneutralen Ausfällen zu einem geringen Umfang der bereinigten Ausgangsstichprobe und damit zu einer *hohen Ausschöpfungsquote*. Oft ist es in der Praxis schwierig zu entscheiden, ob ein Ausfall als „stichprobenneutral" zu werten ist oder nicht, womit ein nicht unerheblicher Spielraum entstehen kann, die Ausschöpfungsquote zu erhöhen oder zu verringern. Diekmann [20] (2009: 418–421) nennt hierfür Beispiele.

Die Personen der bereinigten Ausgangsstichprobe, die sich nicht an der Untersuchung beteiligen, werden oft in drei Gruppen eingeteilt: Personen, die körperlich oder geistig nicht in der Lage sind teilzunehmen, bezeichnet man als **„unable to answers"**. Solche Personen stellen meist nur einen sehr geringen Anteil der Ausfälle. Größer ist dagegen normalerweise der Anteil der **„not-at-homes"**, also von Personen, mit denen kein Kontakt aufgenommen werden konnte und von **„refusals"**, also von Personen, die zwar kontaktiert werden konnten, aber eine Teilnahme an der Befragung explizit ablehnten.

Systematische und unsystematische Ausfälle

Für die Beurteilung der „Qualität" einer Stichprobe wesentlich wichtiger als die genannte Einteilung ist jedoch eine andere Unterscheidung, nämlich die in systematische und unsystematische Ausfälle. Unproblematisch sind (in bezug auf den Untersuchungsgegenstand) **unsystematische Ausfälle**. Fallen zum Beispiel alle Personen aus, die im Krankenhaus liegen, dann ist dieser Ausfall bei einer politischen Umfrage (bezogen auf den Untersuchungsgegenstand!) vermutlich kaum systematischer Natur – außer man nimmt an, dass Personen mit bestimmten Merkmalen im politischen Bereich besonders häufig krank werden. Möchte man beispielsweise in einer Umfrage den Anteil der SPD-Sympathisanten bestimmen, können die Ausfälle *in bezug auf diese Fragestellung* als angenähert zufällig angesehen werden. Treten solche Aus-

fälle beispielsweise bei einer Brutto-Ausgangsstichprobe auf, die eine einfache Zufallsstichprobe ist, dann können die *verbleibenden* Personen als eine angenäherte Zufallsstichprobe aus
der Brutto-Ausgangsstichprobe betrachtet werden (vgl. Kapitel 3.1). Damit können sie wieder
(bis auf die stichprobenneutralen Ausfälle) als eine angenäherte Zufallsstichprobe *aus der
angestrebten Grundgesamtheit* aufgefasst werden. Dieser Fall wird in der Praxis allerdings
kaum jemals in seiner „reinen" Form auftreten.

Die andere Art von Ausfällen sind (in bezug auf den Untersuchungsgegenstand) **systematische Ausfälle**[54]. Als „systematisch" bezeichne ich solche Ausfälle, deren Ursachen mit den
untersuchten Merkmalen und ihren Ausprägungen zusammenhängen. Würde sich die genannte Untersuchung nicht mit Merkmalen aus dem politischen Bereich beschäftigen, sondern mit
dem Gesundheitszustand der Bundesbürger, dann würde der Ausfall der in Krankenhäusern
befindlichen Bundesbürger in bezug auf das Untersuchungsthema eine Verzerrung darstellen
und wäre damit systematischer Natur!

Ob und in welchem Maße die Ausfälle bei einer Stichprobe systematischer oder unsystemati-
scher Natur sind, lässt sich leider in den seltensten Fällen *empirisch* prüfen, da hierzu in aller
Regel gerade die nicht vorhandenen Daten der ausgefallenen Elemente (Personen) nötig wären. Man wird sein Urteil daher in der Regel auf begründete Vermutungen stützen müssen.

Erhöhung der Ausschöpfungsquote

Um die Ausschöpfungsquote unter den „**not-at-homes**" zu erhöhen, kann prinzipiell die
Anzahl der Kontaktversuche erhöht werden – im Extremfall so lange, bis ein Kontakt herge-
stellt ist. Allerdings kann dieses Verfahren schnell recht kostspielig werden, etwa bei der
Random-Walk-Technik, bei der normalerweise nicht unerhebliche Reisekosten anfallen.
Ferner ist die Frage, wie weit die „Feldzeit", also die Laufzeit der Datenerhebung, ausgedehnt
werden kann. Aus diesen Gründen bleibt in der Praxis die Anzahl der Kontaktversuche in der
Regel begrenzt (Ausnahme: Telefoninterviews). Eine eher „passive" Art der Kontaktaufnahme besteht darin, der Zielperson in irgend einer Form eine Nachricht zu hinterlassen, falls sie
nicht angetroffen wird. Dies hat allerdings zwei Nachteile: Erstens gibt man damit das „Gesetz des Handelns" aus der Hand. Der Zielperson steht es völlig frei, auf die Nachricht zu
reagieren oder nicht. Ist die Zielperson unentschlossen, ob sie teilnehmen soll oder nicht, kann
sie nicht zusätzlich durch den Interviewer zur Teilnahme motiviert werden. Zweitens muss
sich die Zielperson durch ihre „Meldung" sogar *aktiv* um eine Teilnahme an der Untersuchung bemühen, was erfahrungsgemäß die Teilnahmewahrscheinlichkeit nochmals senkt.

Um den Anteil der expliziten Antwortverweigerer[55] (**refusals**) zu senken, kann erstens versucht werden, die Zielperson besonders zu motivieren, etwa indem der Interviewer die Wichtigkeit der Untersuchung, die Integrität der ausführenden Institution usw. darlegt oder indem
Entsprechendes bei einer schriftlichen Untersuchung mit einem beigefügten Anschreiben zur

---

[54] ACHTUNG: Als „systematische Ausfälle" werden oft auch *alle* Fälle bezeichnet, in denen ein Interview
explizit verweigert wird – ohne Berücksichtigung des Untersuchungsgegenstands (vgl. zum Beispiel die Darstellung bei Diekmann, [20]2009: 421).

[55] Auch die „not-at-homes" können sich natürlich *nach* der Kontaktaufnahme noch als solche herausstellen!

Motivation geschieht. Auch können kleine Geschenke (incentives) – bis hin zur regelrechten Bezahlung der Zielperson für die Teilnahme an der Untersuchung – die Antwortbereitschaft erhöhen. Allerdings erweist sich bei allgemeinen Bevölkerungsumfragen in aller Regel ein „harter Kern" von mindestens zwanzig Prozent der bereinigten Ausgangsstichprobe als auch bei „bestem Zureden" oder sonstigen Motivierungsversuchen als nicht teilnahmewillig.

Diese Ausfälle stellen eines der gravierendsten Probleme der Umfrageforschung dar. Inferenzstatistische Betrachtungen gehen von einer Ausschöpfungsquote von 100 Prozent aus. Niedrigere Ausschöpfungsquoten stellen zunächst einmal eine Verletzung des zugrundeliegenden theoretischen Modells dar. Die Frage ist, wie gravierend die Verletzung im Einzelfall ist und damit, ob sie als tolerierbar anzusehen ist oder nicht[56]. Den Befürwortern des Quotenverfahrens dient die genannte Modellverletzung oft als Argument gegen die Ziehung von Zufallsstichproben. Dem ist allerdings entgegenzuhalten, dass auch Quotenstichproben das Problem nicht lösen, sondern allenfalls verschleiern. Auch bei Quotenstichproben werden Personen, die ein Interview ablehnen, nicht interviewt!

Redressment

Manchmal wird versucht, durch Ausfälle verursachte Verzerrungen mit Hilfe einer nachträglichen Gewichtung, **Redressment** genannt, zu beheben. Sind bestimmte Merkmalsverteilungen oder Verteilungen von Merkmalskombinationen für die Grundgesamtheit bekannt und stimmen diese *nicht* mit den in der Stichprobe ermittelten Verteilungen überein, so kann man versuchen, durch eine nachträgliche Gewichtung die Verteilung in der Stichprobe der in der Grundgesamtheit anzupassen. Ist zum Beispiel bekannt, dass der Anteil der Wahlberechtigten in der Bundesrepublik, die 50–60 Jahre alt und weiblich sind, bei 8.3 Prozent (Soll-Wert) liegt und ergibt sich aus der Stichprobe nur ein Anteil von 7.1 Prozent (Ist-Wert) für diese Personengruppe, so kann man versuchen, diese Verzerrung auszugleichen, indem man jedes Mitglied der Personengruppe mit dem Gewicht „Soll-Wert / Ist-Wert" – im vorliegenden Fall also 8.3 / 7.1 = 1.17 – gewichtet. Analog kann man in dem Beispiel mit den übrigen Kombinationen der Merkmale „Altersgruppe" und „Geschlecht" verfahren. Dieses Vorgehen ist allerdings sehr umstritten und soll hier nicht näher erörtert werden. Eine genauere Beschreibung und Kritik findet der Leser in Diekmann [20](2009: 427–430)[57] oder in Rösch (1994)[58].

---

[56] Die Schätzung von *Mittelwerten und Prozentanteilen* wird in der Regel von solchen Verletzungen stärker beeinflusst als die Schätzung von *Zusammenhängen* – zum Beispiel durch die in Kapitel 8.2 besprochenen Korrelationskoeffizienten (vgl. hierzu auch Diekmann, [20]2009: 425–426). Auch insofern ist die Frage, inwieweit Modellverletzungen tolerierbar sind, vom Untersuchungsziel abhängig!

[57] Dort ist auch die nicht weniger umstrittene **Gewichtung aufgrund einer empirischen Hypothese** beschrieben, wie sie zum Beispiel in der (kommerziellen) Wahlforschung oft eingesetzt wird.

[58] Dieser Text ist allerdings nicht ganz einfach zu lesen!

Weiterführende Literatur zu Kapitel 3:

Auswahlverfahren

Böltken (1976)

Gabler u.a. (1997)

Kalton (1983)   ← *(gut lesbar, allerdings englisch)*

Gewichtung

Gabler u.a. (1994)

Bewusste Auswahlverfahren

Schnell u.a. [9](2011: 292–294)

Kromrey [12](2009: 265–269)

Quotenverfahren

Diekmann [20](2009: 390–398)   ← *(eher ablehnende Darstellung)*

Noelle-Neumann u.a. (1996: 255–281)   ← *(eher befürwortende Darstellung)*

ADM-Mastersample

Arbeitsgemeinschaft ADM-Stichproben und Bureau Wendt (1994: 188–202)

Diekmann [20](2009: 410–418)

Telefonumfragen

Frey u.a. (1990: 93–108)

Gabler u.a. (1998)

Gabler u.a. (2007)

Häder u.a. (2006)

Non-Response

Schnell u.a. [9](2011: 300–307)

Diekmann [20](2009: 418–426)

4 Weitere Anmerkungen zur Anlage der Untersuchung

Einige Punkte, die sich auf die Anlage von Untersuchungen, die mit Umfragen arbeiten, beziehen, wurden in den vorhergehenden Kapiteln bereits besprochen. Kapitel 1 zeigte in diesem Zusammenhang einen wichtigen Punkt: Die Fragestellungen bei repräsentativen Umfragen sollten, wann immer dies möglich ist, explizit inhaltlich *theoriegeleitet* angelegt sein. In Kapitel 2.3 war davon die Rede, dass die *Formulierung von Fragen* und die *Fragebogenkonstruktion* unter anderem davon abhängig ist, ob eine Umfrage in mündlicher (face-to-face), schriftlicher oder telefonischer Form durchgeführt wird. In Kapitel 3 wurden verschiedene *Stichprobentechniken* besprochen, deren Einsatz ebenfalls eng mit der Entscheidung verbunden ist, ob eine Befragung in mündlicher, schriftlicher oder telefonischer Form durchgeführt wird.

In Kapitel 4.4 werden noch weitere Konsequenzen besprochen, die sich daraus ergeben, ob eine Umfrage in mündlicher, schriftlicher oder telefonischer Form durchgeführt wird. Vorher jedoch noch einige andere Anmerkungen zur Anlage der Untersuchung. Wer eine repräsentative Umfrage durchführt, der entscheidet sich dafür, *Individualdaten* zur Grundlage seiner Untersuchung zu machen. Manchmal wird kritisiert, dieses Vorgehen liefere „ungenaue" Ergebnisse; man solle besser mit den (Aggregat-)Daten aus amtlichen Statistiken arbeiten. In Kapitel 4.1 wird diese Frage diskutiert. Kapitel 4.2 befasst sich mit der Frage, wie mit Hilfe von Umfragen *zeitliche Veränderungen* erfasst werden können. In Kapitel 4.3 werden einige Konsequenzen diskutiert, die sich aus dem *„Ex-Post-Facto-Design"* bei Umfragen ergeben. Kapitel 4.4 schließlich befasst sich, wie gesagt, mit bisher noch nicht angesprochenen Unterschieden zwischen *mündlichen, schriftlichen und telefonischen Umfragen.*

4.1 Amtliche Statistiken als „bessere Alternative" zu Umfragedaten?

Gelegentlich wird gegen repräsentative Umfragen eingewandt, die Erhebung und Analyse von relativ wenigen **Individualdaten** einer Stichprobe liefere zu „ungenaue" Ergebnisse. „Genauere" Ergebnisse erziele man mit der Analyse von **Aggregatdaten** aus amtlichen Statistiken, die auf Kreis- oder Gemeindeebene „exakte" Daten, etwa den Anteil der Wähler der verschiedenen Parteien bei einer bestimmten Wahl oder den Katholikenanteil, ausweisen[1].

---

[1] So argumentieren zum Beispiel Ritter u.a. (1991: 14–17 und 211).

Dieses Argument ist meines Erachtens zu pauschal. Beide Vorgehensweisen haben spezifische Vor- und Nachteile, wie der nachfolgende Vergleich an einigen Beispielen aus der Wahlforschung belegt. Es hängt von der *Fragestellung* ab, ob das eine oder das andere Vorgehen sinnvoller einsetzbar ist!

Zunächst zur „Exaktheit" der Daten: Selbstverständlich liefern amtliche Statistiken in manchen Fällen, etwa wenn es um die Ermittlung der Stimmenverteilung als Ergebnis einer Bundestagswahl geht, exaktere Daten als Umfragen. Möchte man den Anteil der Wähler einer bestimmten Partei bei einer bestimmten Wahl ermitteln, dann sollte man unbedingt auf amtliche Statistiken zurückgreifen. Man arbeitet dann quasi mit einer „Vollerhebung" aller Wähler, womit Stichprobenfehler und damit das Berücksichtigen von Konfidenzintervallen (vgl. Kap. 6.3) entfallen. Auch Zusammenhänge können sehr exakt[2] festgestellt werden – allerdings mit einer erheblichen Einschränkung: Auf *Gemeindeebene*. So kann zum Beispiel festgestellt werden, dass in den Gemeinden der alten Bundesländer tendenziell der Anteil der CDU/CSU-Wähler um so höher liegt, je höher der Katholikenanteil in der betreffenden Gemeinde ist. Daraus kann allerdings *nicht* zwingend geschlossen werden, dass ein entsprechender Zusammenhang auch auf *Individualebene* auftritt, dass also Katholiken besonders häufig CDU/CSU wählen!

Es können sogenannte **ökologische Fehlschlüsse** auftreten. Tafel 4.1-1 demonstriert den ökologischen Fehlschluss an einem (konstruierten) Beispiel mit zwei Gemeinden aus Bayern, die jeweils 1000 Einwohner haben. Nehmen wir an, bei den bayerischen Gemeinden besteht ein (positiver) Zusammenhang zwischen dem Anteil der Protestanten (ev.) und dem Anteil der SPD-Wähler. Je höher der Anteil der Protestanten, desto höher ist der Anteil der SPD-Wähler. Die beiden Gemeinden A und B bestätigen diesen Trend *auf Gemeindeebene*. Sie haben beide mit 40 Prozent der Einwohner einen überdurchschnittlich hohen Protestantenanteil und mit 50 Prozent der Einwohner einen überdurchschnittlich hohen Anteil an SPD-Wählern[3]. Daraus kann jedoch *nicht* zwingend der Schluss gezogen werden, dass in diesen Gemeinden Protestanten besonders häufig die SPD wählen. Für Gemeinde A trifft dies zwar zu, keineswegs jedoch für Gemeinde B. In ihr wählt *kein einziger* Protestant die SPD. Daten aus amtlichen Statistiken beinhalten in dem Beispiel für jede Gemeinde nur die (fett gedruckten) *Randsummen* aus Tafel 4.1-1. Die Werte in den einzelnen Zellen, die die *individuelle* Verteilung zeigen, sind dagegen dort nicht erfasst. Rein theoretisch ließe sich ein Bundesland konstruieren, in dem auf Gemeindeebene ein positiver Zusammenhang zwischen dem Anteil der Protestanten und dem Anteil der SPD-Wähler besteht, während individuell ein negativer Zusammenhang besteht[4]. Bei Individualdaten aus Umfragen können solche Fehlschlüsse natürlich *nicht* auftreten. Bei ihnen ist für jeden einzelnen Protestanten bekannt, ob er die SPD wählt oder nicht.

---

[2] Für die gefundenen Zusammenhänge sind beispielsweise Signifikanztests (vgl. Kapitel 7) unnötig!

[3] In Bayern liegt der Anteil der Protestanten bei etwa 22 Prozent der Bevölkerung und der Anteil der SPD-Wähler bei etwa 20 Prozent der gültigen Stimmen (Stand: zur Bundestagswahl 2002).

[4] Diekmann [20](2009: 136) demonstriert diesen Sachverhalt ausführlich anhand eines Beispiels.

Tafel 4.1-1   Demonstrationsbeispiel zum ökologischen Fehlschluss

Einwohner von Gemeinde A					Einwohner von Gemeinde B			
	ev.	nicht ev.	Summe			ev.	nicht ev.	Summe
SPD-Wähler	400	100	500		SPD-Wähler	0	500	500
keine SPD-Wähler	0	500	500		keine SPD-Wähler	400	100	500
Summe	400	600	1000		Summe	400	600	1000

Weitere Probleme bei der Arbeit mit amtlichen Statistiken: Oft stehen diejenigen Variablen, die aus *theoretischen* Gründen zur Analyse benötigt werden, nicht zur Verfügung. Einstellungsfragen sind beispielsweise in amtlichen Statistiken nicht verfügbar. Damit sind sehr viele Fragestellungen mit den Daten amtlicher Statistiken prinzipiell nicht zu bearbeiten. Ferner können anhand von amtlichen Statistiken nur bereits *vergangene* Wahlen analysiert werden. Aktuelle Analysen sind mit ihrer Hilfe nicht durchführbar. Das Für und Wider könnte noch weiter diskutiert werden[5]. Die angesprochenen Punkte mögen jedoch genügen um zu zeigen, dass für viele Fragestellungen Individualdaten aus Umfragen eine unverzichtbare Analysegrundlage darstellen.

4.2 Untersuchung zeitlicher Entwicklungen[6]

Um zeitliche Entwicklungen, etwa die Zu- oder Abnahme des Anteils der Nichtwähler im Elektorat, mit Hilfe von repräsentativen Umfragen zu untersuchen, bieten sich grundsätzlich zwei Möglichkeiten an: Entweder man führt zu *einem einzigen Zeitpunkt* eine Befragung durch und stellt dort *zeitbezogene Fragen*, zum Beispiel Recallfragen (vgl. Kapitel 2.3), oder man führt Umfragen zu *mehreren Zeitpunkten* durch und stellt dort *Fragen, die sich auf den jeweiligen Untersuchungszeitpunkt beziehen*. Natürlich sind die Vorgehensweisen auch kombinierbar. Die beiden grundsätzlichen Möglichkeiten zeigen jedoch, dass bei der Anlage einer Untersuchung zwei Dinge zu unterscheiden sind: Die zeitliche Dimension bei der Datenerhebung und die Art der Daten, was ihren Zeitbezug betrifft.

---

[5] Vgl. zum Beispiel Schumann [2](1994: 706–707).

[6] Dieses Kapitel orientiert sich in Teilen inhaltlich an Diekmann [20](2009: 303–328), der, was in der Literatur gelegentlich vernachlässigt wird, sehr klar zwischen Erhebungsdesigns und dem zeitlichen Bezug der erhobenen Daten unterscheidet. Die Ausführungen des vorliegenden, sehr knapp gehaltenen Kapitels können dort im Detail nachgelesen werden.

Erhebungsdesigns

Zunächst zur *zeitlichen Dimension bei der Datenerhebung*, nach der verschiedene Erhebungs-designs, nämlich einerseits das Querschnittdesign und andererseits das Trenddesign sowie das Paneldesign, unterschieden werden. Beim **Querschnittdesign** wird, im Gegensatz zu den anderen beiden Designs, nur eine einzige Untersuchung zu einem ganz bestimmten Zeitpunkt[7] durchgeführt. Beim **Trenddesign** werden Untersuchungen zu mehreren Zeitpunkten durchge-führt. Dabei wird für jeden Zeitpunkt eine neue Stichprobe gezogen. So gesehen kann das Trenddesign als eine Aneinanderreihung mehrerer Querschnittdesigns in einem gewissen zeitlichen Abstand aufgefasst werden. In den aufeinanderfolgenden Umfragen werden dabei (ausschließlich oder teilweise) dieselben Fragen gestellt[8]. Beim **Paneldesign** werden ebenfalls Untersuchungen zu mehreren Zeitpunkten durchgeführt. Es wird jedoch *nicht* für jeden Zeit-punkt eine neue Stichprobe gezogen, sondern es werden die Personen aus der Stichprobe der ersten Umfrage (man sagt: der ersten **Panelwelle**) bei den darauffolgenden Umfragen (Panel-wellen) erneut befragt. In den aufeinanderfolgenden Panelwellen werden, wie beim Trend-design, (ausschließlich oder teilweise) dieselben Fragen gestellt[9].

Analysemöglichkeiten, die sich aus den Erhebungsdesigns ergeben

Welche Analysemöglichkeiten eröffnen die drei Erhebungsdesigns, wenn es um zeitliche Ent-wicklungen geht? Um die Möglichkeiten, die die einzelnen *Designs* eröffnen, darzulegen, sei im folgenden angenommen, dass die gestellten Fragen sich jeweils auf den Zeitpunkt, zu dem sie erhoben werden, beziehen[10]. In diesem Fall ist die Antwort für das **Querschnittdesign** einfach: Es bietet vom Design her keine Möglichkeit zur Analyse zeitlicher Entwicklungen, da es sich nur auf einen einzigen Zeitpunkt bezieht. Bei Verwendung eines **Trenddesigns** können, sofern Zufallsstichproben vorliegen, Entwicklungen für (aufaggregierte) Stichpro-benkennwerte, etwa Mittelwerte oder Anteilswerte, analysiert werden. Beispielsweise kann für mehrere Stichproben im Abstand von einem Jahr der Anteil der Protestwähler ermittelt und untersucht werden, inwieweit sich dieser Anteil über die Zeit verändert[11]. *Individuelle*

---

[7] Mit dem „Zeitpunkt" ist die Feldzeit, also der Zeitraum von einigen Tagen oder auch Wochen gemeint, in dem die Daten erhoben werden (das heißt, in dem die Umfrage durchgeführt wird).

[8] Ein bekanntes Beispiel für den Einsatz eines Trenddesigns ist der sogenannte **ALLBUS**, eine in zweijährigem Rhythmus durchgeführte Umfrage, die jeweils auf einer Stichprobe von etwa 3000 Personen beruht. Ein Teil der Fragen bleibt dabei jeweils unverändert, womit ein Trenddesign vorliegt. Die ALLBUS-Daten sind über das Zentralarchiv für empirische Sozialforschung (ZA) in Köln zu beziehen.

[9] Ein bekanntes Beispiel für die Anwendung eines Paneldesigns ist das sogenannte **Sozioökonomische Panel** (SOEP), das 1984 mit einer Stichprobe von ca. 12000 Personen gestartet und seither mit jährlich einer erneu-ten Panelwelle fortgesetzt wird. Die SOEP-Daten sind über das Zentralarchiv für empirische Sozialforschung (ZA) in Köln zu beziehen. Näheres zum SOEP findet sich in Diekmann [20](2009: 311–312).

[10] Damit wird die Möglichkeit, zeitliche Entwicklungen über den *zeitlichen Bezug der Fragen* zu erfassen (siehe nächster Punkt), „ausgeblendet".

[11] Dabei ist bei der Interpretation der Ergebnisse allerdings zu beachten, dass sich in den meisten Fällen die Zusammensetzung der Grundgesamtheit im Laufe der Zeit ebenfalls, wenn auch oft nur „unwesentlich", ver-ändert. Ferner besteht ein Problem darin, „echte" Veränderungen in der *Grundgesamtheit* von solchen Verän-derungen in den *Stichprobendaten* zu unterscheiden, die sich lediglich aufgrund des Stichprobenfehlers (vgl.

Veränderungen sind dagegen mit einem Trenddesign nicht festzustellen, da zu den verschiedenen Zeitpunkten *unterschiedliche* Personen befragt werden[12]. Erst bei Verwendung eines **Paneldesigns** können auch individuelle Veränderungen festgestellt und analysiert werden[13]. Beim Paneldesign wird zu einem bestimmten Zeitpunkt eine Stichprobe gezogen und die Personen in dieser Stichprobe mehrmals, zum Beispiel im Abstand von zwei Jahren, befragt[14]. Das zentrale Problem beim praktischen Einsatz eines Paneldesigns besteht darin, die **Panelmortalität** (oder: Panelsterblichkeit) möglichst gering zu halten. Mit „Panelmortalität" ist gemeint, dass ein mehr oder weniger großer Teil der Befragten der ersten Panelwelle bei der zweiten Welle nicht mehr für eine Befragung zur Verfügung steht und dass dieser „Schwund" sich in der Regel von Welle zu Welle fortsetzt. Die Gründe hierfür sind mannigfaltig. Die zu befragenden Personen können ihren Wohnort wechseln, ohne dass ihr neuer Wohnort ausfindig zu machen ist[15], sie können längere Zeit verreist oder erkrankt sein, eine erneute Befragung ablehnen oder auch tatsächlich verstorben sein[16]. Weitere mögliche Probleme des Paneldesigns bestehen darin, dass sich auch bei identischen Fragen über einen längeren Zeitraum hinweg ihr Sinngehalt verändern kann und in der Möglichkeit, dass allein die Messung zum jeweils vorhergehenden Zeitpunkt eine Merkmalsveränderung (beispielsweise eine Einstellungsänderung) bewirken kann.

Einteilung von Daten nach ihrem Zeitbezug

Bisher gingen wir von der Annahme aus, die mit einem bestimmten Design erhobenen Daten bezögen sich jeweils auf den Zeitpunkt der Datenerhebung. Dies kann, *muss* aber keinesfalls so sein. Nach ihrem zeitlichen Bezug lassen sich Querschnittdaten von Zeitreihendaten, Paneldaten und Ereignisdaten unterscheiden. Als **Querschnittdaten** werden solche Daten bezeichnet, die sich auf *einen* (gemeinsamen) Zeitpunkt beziehen. Ein Beispiel wären bei einer

---

Kapitel 6.1) ergeben – und auch von solchen Veränderungen, die auf mangelnde Reliabilität der Umfrageinstrumente (vgl. Kapitel 2.2) zurückzuführen sind.

[12] Nehmen wir an, dass eine politische Partei bei der Wahlsonntagsfrage (*Welche Partei würden Sie wählen, wenn nächsten Sonntag Wahlsonntag wäre?*) in zwei Stichproben, die zu verschiedenen Zeitpunkten aus den Wahlberechtigten der Bundesrepublik gezogen wurden, jeweils 40 Prozent der Stimmen erhielt. Ihr Ergebnis blieb damit auf der Aggregatebene „konstant". Dann sind – zumindest theoretisch – folgende zwei Extremfälle möglich: In der Grundgesamtheit würden *alle* Individuen, welche die Partei zum Zeitpunkt 1 gewählt hätten, sie auch zum Zeitpunkt zwei wieder wählen, oder: Zum Zeitpunkt zwei würde die Partei von *völlig anderen* Personen gewählt als zum Zeitpunkt 1. *Keine* Person, die zum Zeitpunkt 1 die betreffende Partei gewählt hätte, würde dies zum Zeitpunkt zwei wieder tun. (Von der zeitlichen Veränderung des Elektorats sei in diesem Beispiel einmal abgesehen.)

[13] Dabei besteht ein Problem darin, „echte" Veränderungen bei den befragten Personen von solchen Veränderungen zu unterscheiden, die auf mangelnde Reliabilität der Umfrageinstrumente (vgl. Kapitel 2.2) zurückzuführen sind. Ferner ist zu beachten, dass sich normalerweise zwischen den einzelnen Panelwellen die Grundgesamtheit, aus der die Stichprobe für die erste Panelwelle gezogen wurde, verändert, während im Rahmen des Paneldesigns jedoch *keine* erneute Stichprobenziehung für die späteren Panelwellen erfolgt.

[14] Neben dieser „Reinform" besteht noch die Variante, dass durch die Panelmortalität (welche nachfolgend besprochen ist) ausgedünnte Stichproben in den späteren Panelwellen durch „Ersatzpersonen" aufgefüllt werden (vgl. hierzu Diekmann, [20]2009: 309).

[15] Solche Ausfälle versucht man durch eine gute **Adressenpflege** zu verhindern, das heißt, man kontaktiert die zu befragenden Personen zwischen den einzelnen Panelwellen, um etwaige Adressenänderungen zu erfragen. Dies wird um so wichtiger, je größere zeitliche Abstände zwischen den einzelnen Kontakten liegen.

[16] Unglücklicherweise erfolgen solche Ausfälle in der Regel nicht zufällig, sondern systematisch. Näheres hierzu findet sich in Diekmann [20](2009: 309).

Umfrage die Antworten[17] auf Fragen, die sich mit der „momentanen" politischen Zufriedenheit der Befragten beschäftigen oder damit, wie man das letzte Weihnachtsfest gestaltet und verbracht hat.

Zeitreihendaten nennt man Daten für *eine einzige* Untersuchungseinheit, die mit demselben Instrument erhoben werden und die sich auf verschiedene Zeitpunkte beziehen. Ein Beispiel hierfür ist die jährlich festgestellte Arbeitslosenquote der Bundesrepublik[18], ein anderes Beispiel die Blutdruckwerte eines bestimmten Patienten im Verlauf seiner Krankengeschichte. Zeitreihendaten können auch retrospektiv erhoben werden. Man könnte zum Beispiel zu einem (einzigen) Zeitpunkt eine bestimmte Person fragen, wie oft sie in jedem der zurückliegenden zehn Jahre umgezogen ist.

Von **Paneldaten** spricht man, wenn Zeitreihendaten nicht nur für eine einzige Untersuchungseinheit (Person) vorliegen, sondern für *mehrere*. Dabei sind normalerweise für alle Untersuchungseinheiten sowohl die erhobenen Variablen als auch die Messzeitpunkte (mindestens zwei!) identisch. Paneldaten für das genannte Umzugs-Beispiel könnte man erhalten, indem man die Frage, wie oft man in jedem der zurückliegenden zehn Jahre umgezogen ist, im Rahmen einer repräsentativen Umfrage (zu einem Zeitpunkt) tausend Befragten stellt, *oder aber*, indem man ein Paneldesign verwendet und die Personen im Panel zehn Jahre lang einmal jährlich danach fragt, ob – und wenn ja wie oft – sie in den letzten zwölf Monaten umgezogen sind[19].

Ereignisdaten (oder: Verlaufsdaten) geben Auskunft über die *Dauer* (vom Anfangszeitpunkt bis zum Endzeitpunkt) bestimmter Zustände, zum Beispiel über die Dauer der Arbeitslosigkeit eines Befragten, von deren Beginn bis zu deren Ende. Der Informationsgehalt von Ereignisdaten ist höher als der von Paneldaten. Nehmen wir an, eine Person war von Mai 2005 bis zum November 2005 arbeitslos. Erheben wir für diese Person nur, ob sie im Januar 2005 und ob sie im Januar 2006 arbeitslos war, so verraten uns diese *Paneldaten* nichts darüber, dass die Person in dem genannten Zeitraum arbeitslos war. Diese Information liefern erst *Ereignisdaten*, die allerdings nicht ganz einfach zu analysieren sind[20].

Kohortenanalyse

Abschließend sei noch ein wichtiger Analyseansatz für zeitbezogene Daten in seinen Grundzügen dargestellt: Die **Kohortenanalyse**. Unter einer **Kohorte** versteht man in den Sozialwissenschaften „... eine Bevölkerungsgruppe, die durch ein zeitlich gemeinsames, längerfristig prägendes Startereignis definiert wird" (Diekmann, [20]2009: 318). Meist handelt es sich dabei um Alterskohorten (genauer gesagt: Geburtskohorten). Das Startereignis ist in diesem Fall die Geburt[21]. Zum Beispiel können alle im Jahre 1920 geborenen Personen als eine Geburtskohorte definiert

---

[17] Genauer gesagt: die entsprechenden Zahlenwerte.

[18] Die Untersuchungseinheit ist in diesem Fall die Bundesrepublik.

[19] Zur Analyse von Paneldaten vgl. Faulbaum (1988), Arminger u.a. (1990), Engel u.a. (1994).

[20] Zur Analyse von Ereignisdaten (**Survivalanalyse**) vgl. Diekmann (1988), Blossfeld u.a. (1986), Diekmann u.a. (1984), Diekmann u.a. (1993).

[21] Man kann jedoch Kohorten auch über andere Startereignisse definieren, etwa den Zeitpunkt des Eintritts in das Berufsleben oder den Zeitpunkt der Eheschließung.

werden oder alle zwischen 1920 und 1930 geborenen Personen. Längerfristig prägend ist das Startereignis „Geburt" insofern, als alle Mitglieder einer Geburtskohorte in ihren „prägenden Jahren" ganz bestimmten „äußeren Einflüssen" gemeinsam ausgesetzt sind. Ein Mitglied der Kohrte der im Jahre 1925 Geborenen stand beispielsweise einen Großteil dieser „prägenden Jahre" unter dem Einfluss des Nationalsozialismus, während die Mitglieder der Kohrte der im Jahre 1960 Geborenen ihre Jugend in der Zeit des Wirtschaftswunders und des Überflusses, aber auch in einer Zeit sich abzeichnender ökologischer Probleme verlebten. Man geht davon aus, dass diese Rahmenbedingungen die jeweiligen Kohortenmitglieder in vielerlei Hinsicht dauerhaft „prägen" – etwa deren Einstellungen und Werthaltungen. Veränderungen in einer Population, die darauf zurückzuführen sind, dass derart geprägte Kohorten (über die Zeit) in die Population „hineinwachsen" bzw. aus ihr „ausscheiden", sind gemeint, wenn von **Kohorteneffekten** die Rede ist. Hiervon unterscheidet man Lebenszyklus- und Periodeneffekte. Unter **Lebenszykluseffekten** versteht man „ ... systematische Zusammenhänge zwischen den interessierenden Merkmalen ... und der seit dem Startereignis verstrichenen Zeit" (Diekmann, [20]2009: 320). Hierunter fallen zum Beispiel mehr oder weniger „automatisch" ablaufende „Reifungsprozesse"[22]. Unter einem **Periodeneffekt** versteht man den Einfluss eines zu einem ganz bestimmten Zeitpunkt stattfindenden, mehr oder weniger „einmaligen" Ereignisses, das alle Merkmalsträger (Personen) beeinflusst – unabhängig von ihrer Kohortenzugehörigkeit und von der Zeit, die seit dem Startereignis verstrichen ist.

Ein (frei erfundenes und idealisiertes) Beispiel möge die drei genannte Effekte verdeutlichen: Nehmen wir an, wir befragen im Rahmen eines *Trenddesigns* in den Jahren 1970, 1980 und 1990 jeweils eine einfache Zufallsstichprobe von Personen (aus einer beliebigen Grundgesamtheit) im Alter über 10 Jahren. In Tafel 4.2-1 ist dies dargestellt[23]. Bei jeder der drei Umfragen ermitteln wir den Grad der Befürwortung der Todesstrafe (zum Zeitpunkt der jeweiligen Befragung). Die Befragten sollen sich hierzu jeweils mit Zahlen zwischen „0" und „100" selbst einstufen. Die „0" bedeutet, dass man die Todesstrafe überhaupt nicht befürwortet, die „100" bedeutet, dass man sie voll und ganz befürwortet und die Zahlenwerte dazwischen dienen zur „feineren" Einordnung zwischen diesen beiden Extremen. Ein sehr einfacher *Kohorteneffekt* könnte nun darauf beruhen, dass in der Geburtskohorte „1950–1959" aufgrund der für sie „prägenden" Ereignisse das „Niveau" der Befürwortung generell niedriger liegt als in der Geburtskohorte „1920–1929". Beispielsweise könnte in der Geburtskohorte „1950–1959" das arithmetische Mittel für die Befürwortung generell um 7 Punkte niedriger liegen – unabhängig von anderen Einflüssen (Effekten). Ein sehr einfacher *Lebenszykluseffekt* könnte darauf beruhen, dass alle Personen von Jahrzehnt zu Jahrzehnt jeweils um 3 Punkte „zulegen". Ihre Werte für die Befürwortung der Todesstrafe steigen also – unabhängig von anderen Einflüssen – von Jahr zu Jahr um 0.3 Punkte an. Ein sehr einfacher *Periodeneffekt* könnte

---

[22] Sehr anschaulich beschreibt Diekmann [20](2009: 320) den Unterschied zwischen Kohorten- und Lebenszykluseffekten: Es „... werden quasi zwei Uhren verwendet, eine für die Kalenderzeit und eine für die Prozeßzeit". Kohorteneffekte beziehen sich dabei auf die Kalenderzeit und Lebenszykluseffekte auf die Prozeßzeit.

[23] Zu Tafel 4.2-1: Greifen wir für die erste Umfrage im Jahre 1970 die Gruppe der 11–20-Jährigen heraus. Die betreffenden Personen waren zehn Jahre früher, also 1960, zwischen 1 und 10 Jahren alt und gehören folglich zur Geburtskohorte „1950–1959". Im Jahre 1980 waren die Personen 21–30 Jahre alt und im Jahre 1990 waren sie 31–40 Jahre alt. Dies zeigt die obere der hell hinterlegten „Treppen" in Tafel 4.2-1. Die untere „Treppe" enthält die entsprechenden Informationen für die Geburtskohorte „1920–1929".

darauf beruhen, dass zu einem bestimmten Zeitpunkt – sagen wir kurz vor der Umfrage im Jahre 1980 – ein abscheulicher Mord bekannt wird und deshalb bei allen Personen, unabhängig von anderen Einflüssen, die Befürwortung der Todesstrafe zunimmt – zum Beispiel um 5 Punkte.

Tafel 4.2-1:   Demonstrationsbeispiel zur Kohortenanalyse (siehe Text)

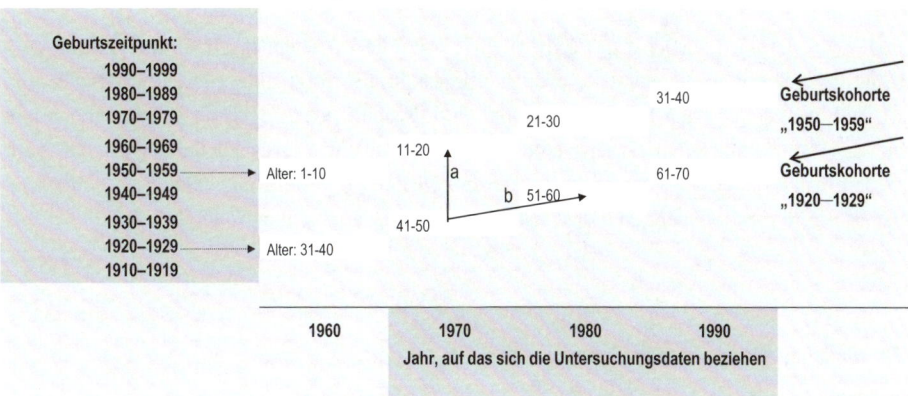

Leider sind die Effekte in der Regel – wie im vorgestellten Beispiel – nicht unabhängig voneinander messbar. Stellt man zum Beispiel fest, dass bei der Befragung von 1970 die zu diesem Zeitpunkt 41–50-Jährigen im Schnitt die Todesstrafe stärker befürworten als die 11–20-Jährigen (Pfeil „a" in Tafel 4.2-1), so kann dies entweder auf einen Kohorteneffekt oder auf einen Lebenszykluseffekt zurückzuführen sein. Und stellt man fest, dass die Geburtskohorte „1920–1929" bei der Befragung von 1980 im Schnitt die Todesstrafe stärker befürwortet als 1970 (Pfeil „b" in Tafel 4.2-1), dann kann dies entweder auf einen Lebenszyklus- oder auf einen Periodeneffekt zurückzuführen sein. Auch die Verwendung eines Paneldesigns würde nichts an dieser Problematik ändern, wie man sich leicht anhand von Tafel 4.2-1 klarmachen kann. Lediglich die durch eine zweite Stichprobenziehung bedingten Stichprobenfehler wären in diesem Fall durch die Befragung ein und derselben Personen ausgeschaltet. Einen Überblick über die genannten Probleme geben Bortz u.a. [3](2003: 563–568), wobei allerdings andere Begriffe als im vorliegenden Text verwendet werden[24].
Einen Überblick über die Methoden der explorativen Kohortenanalyse gibt Huinik (1988). Die rechnerische Durchführung einer Kohortenanalyse, bei der versucht wird, die drei Effekte zu separieren, ist in der Regel sehr kompliziert und wird hier nicht näher beschrieben. Eine gut verständliche Einführung – allerdings in englischer Sprache – stellt Glenn [3](1977) dar. Diekmann [20](2009: 318–326) liefert einige zusätzliche, über diesen Text hinausgehende Informationen zur Kohortenanalyse.

---

[24] Kohorteneffekt = Generationseffekt; Lebenszykluseffekt = Alterseffekt; Periodeneffekt = Epochaler Effekt.

4.3 Konsequenzen des Ex-Post-Facto-Designs

> *Vor diesem Kapitel sollten Sie gelesen haben:*
> - *Kap. 7 (Zusammenhang zwischen zwei diskreten Variablen)*
> - *Kap. 8 (Zusammenhang zwischen zwei metrisch skalierten Variablen)*

In Kapitel 4.3 wird zunächst das Experiment als ein hervorragendes Mittel zur Prüfung von Kausalhypothesen in seinen Grundzügen vorgestellt. Es folgt eine Erörterung der Frage, weshalb trotzdem in den Sozialwissenschaften, die sich in der Regel mit Kausalhypothesen befassen, nur sehr selten Experimente durchgeführt werden. Anschließend wird das statt dessen in Umfragen verwendete Ex-Post-Facto-Design vorgestellt und seine Konsequenzen, insbesondere die Notwendigkeit der (statistischen) Drittvariablenkontrolle, diskutiert.

Ein einfaches experimentelles Design

Tafel 4.3-1 zeigt ein einfaches experimentelles Design[25]. Dabei werden die Versuchspersonen nach einem *Zufallsverfahren* in zwei Gruppen, eine **Experimentalgruppe** und eine **Kontrollgruppe**, aufgeteilt. Man nennt dies „**Randomisierung**". Ist die Aufteilung erfolgt, wird zu einem ersten Zeitpunkt in beiden Gruppen die Ausprägung eines bestimmten Merkmals beobachtet (O_1)[26]. Anschließend wird die Experimentalgruppe einer bestimmten **experimentellen Maßnahme** (X) ausgesetzt, die Kontrollgruppe dagegen nicht. Das setzt voraus, dass der *Stimulus*[27] vom Forscher *frei manipulierbar* ist, was heißt, dass *er* bestimmen kann, wer der experimentellen Maßnahme ausgesetzt wird und wer nicht. Schließlich wird die Beobachtung der Ausprägung des Merkmals in beiden Gruppen wiederholt (O_2). Treten in der *Experimentalgruppe* Veränderungen der Merkmalsausprägung auf, in der *Kontrollgruppe* jedoch nicht, so werden die Veränderungen als eine Auswirkung der Tatsache betrachtet, dass die betreffende Gruppe dem Stimulus (als Ursache der Veränderung) ausgesetzt war[28]. Derartige experimentelle Designs eignen sich für die Prüfung von Kausalhypothesen, das heißt von Hypothesen, die von einem Ursache-Wirkungs-Verhältnis ausgehen[29].

---

[25] Auf dieses Design beziehe ich mich, wenn im folgenden von einem „**experimentellen Design**" die Rede ist. (Anmerkung: Die erste Beobachtung – O_1 – ist allerdings nicht *unbedingt* notwendig, um ein Experiment durchzuführen, und wird daher oft weggelassen).

[26] Das „O" steht für „observation" (Beobachtung).

[27] Die Begriffe „**Stimulus**" und „**experimentelle Maßnahme**" werden in diesem Zusammenhang synonym verwendet!

[28] Dieser Schluss ist allerdings nicht *unbedingt* zwingend (vgl. hierzu z.B. Diekmann, [20]2009: 340–342)!

[29] Der Kausalitätsbegriff ist sehr umstritten. Einige Anmerkungen hierzu und weitere Literaturverweise finden sich bei Bortz u.a. [7](2010: 159–160).

Tafel 4.3-1:   Ein einfaches experimentelles Design

Experimentalgruppe:	$O_{1\text{-Exper.}}$ ⟶ X ⟶ $O_{2\text{-Exper.}}$	
Kontrollgruppe:	$O_{1\text{-Kontr.}}$ ⟶ $O_{2\text{-Kontr.}}$	O = observation X = experimentelle Maßnahme

Beispiel 1 für ein Experiment:

Ein Beispiel: Die Kausalhypothese laute: „Das Medikament COOLDOWN senkt den Blutdruck". Ein Experiment zur Prüfung dieser Hypothese könnte wie folgt angelegt werden[30]: Eine möglichst große Anzahl von Versuchspersonen wird per Zufall in eine Experimental- und eine Kontrollgruppe eingeteilt. Bei allen Versuchspersonen wird der Blutdruck gemessen. Die Mitglieder der Experimentalgruppe bekommen „COOLDOWN" verabreicht, die Mitglieder der Kontrollgruppe dagegen nur ein Placebo. Schließlich wird in beiden Gruppen erneut der Blutdruck gemessen. Ist bei der zweiten Messung der Blutdruck in der Experimentalgruppe gesunken, während er in der Kontrollgruppe konstant geblieben ist, so kann dies als ein starkes Argument *für* die Kausalhypothese: „Das Medikament COOLDOWN senkt den Blutdruck" betrachtet werden.

Warum wird eine Kontrollgruppe benötigt?

Die Kontrollgruppe wird im experimentellen Design benötigt, um zu zeigen, dass eine Veränderung des untersuchten Merkmals zwischen der ersten und der zweiten Beobachtung gegebenenfalls *wirklich* auf den Einfluss der experimentellen Maßnahme zurückzuführen ist. Ansonsten könnte es beispielsweise vorkommen, dass COOLDOWN wirkungslos ist, dass aber *trotzdem* der Blutdruck der mit COOLDOWN behandelten Personen sinkt, da sie in der langen Wartephase zwischen den beiden Beobachtungszeitpunkten schläfrig werden. Ohne eine Vergleichsgruppe wäre in diesem Fall die Wirkungslosigkeit von COOLDOWN kaum feststellbar – im Gegenteil: Es entstünde der Eindruck, COOLDOWN wäre ein wirkungsvolles Präparat. Erst der Einsatz einer Kontrollgruppe ermöglicht die Feststellung der Wirkungslosigkeit des Präparats.

In dem anderen Fall, dass COOLDOWN tatsächlich blutdrucksenkend wirkt, liegen die Dinge ähnlich: Erst die Tatsache, dass bei den mit dem Präparat behandelten Personen der Blutdruck sinkt *und* dass dieser Effekt bei Verabreichung eines Placebos nicht auftritt, ist ein starkes Indiz für die Wirkung von COOLDOWN.

---

[30] Bei der *tatsächlichen* Durchführung des Experiments wären auch noch andere, eher „technische" Punkte zu beachten, als das hier beschriebene grundsätzliche experimentelle Design einzuhalten. Für die *Argumentation im vorliegenden Kapitel* sind diese Punkte allerdings unwichtig und werden daher nicht erwähnt. Interessierte Leser finden eine gut verständliche Einführung zum experimentellen Design in Diekmann [20](2009: 337–350).

Warum wird oft ein Pretest (zwei Beobachtungszeitpunkte!) durchgeführt?

Der Pretest dient dazu, festzustellen, ob sich das untersuchte Merkmal bei den einzelnen Versuchspersonen *individuell* verändert hat oder ob seine Ausprägung zwischen den zwei Beobachtungszeitpunkten jeweils unverändert geblieben ist. Würde man beispielsweise auf die *erste* Beobachtung verzichten und bei der *zweiten* Beobachtung keinen Unterschied zwischen den mit COOLDOWN und den mit einem Placebo „behandelten" Personen feststellen, so ließe dies nicht *ohne weiteres* auf die Wirkungslosigkeit des Präparats schließen. Es könnte ja sein, dass *vor* dem „treatment" die Personen in der Experimentalgruppe deutlich höhere Blutdruckwerte hatten als die Personen in der Kontrollgruppe und dass durch die Wirkung von COOLDOWN eine Angleichung der Blutdruckwerte erfolgt ist. Dieser Fall ist bei der Verwendung randomisierter Gruppen (siehe oben) zwar unwahrscheinlich, jedoch keineswegs völlig auszuschließen.

Anders ausgedrückt: Es besteht auch bei randomisierten Ausgangsgruppen eine gewisse Wahrscheinlichkeit dafür, dass, obwohl beide Werteverteilungen aus ein und derselben Population stammen, eine (bereits *vor* der experimentellen Maßnahme existierende!) Mittelwertedifferenz zwischen der Experimental- und der Kontrollgruppe bei der zweiten Beobachtung einen Effekt (oder die Wirkungslosigkeit) der experimentellen Maßnahme *vortäuscht*. Der zusätzliche Pretest im (hier besprochenen) klassischen experimentellen Design hat zwar keine *grundsätzliche* Bedeutung für die Stringenz der „Beweisführung"[31], jedoch eine *praktische*: Die intraindividuelle Kontrolle der Posttest- durch die Pretestwerte ist eine Maßnahme der Präzisionskontrolle und verbessert damit die statistische Teststärke (Power)[32].

Beispiel 2 für ein Experiment:

Ein experimentelles Design ist prinzipiell auch in den sozialwissenschaftlichen Bereich übertragbar, wobei die „Beobachtung" in Form einer Befragung stattfinden kann. Man könnte beispielsweise mit einem Experiment feststellen, ob das Lesen einer Broschüre, in der eine bestimmte Partei sich selbst und ihre Arbeit (positiv) darstellt, die Sympathie für eben diese Partei beim Leser steigert oder nicht. Hierzu könnte man eine Reihe von Versuchspersonen[33] nach dem Zufallsprinzip auf eine Experimental- und eine Kontrollgruppe aufteilen (Randomisierung). Zuerst werden die Versuchspersonen beider Gruppen mit Hilfe eines schriftlichen Fragebogens nach der Sympathie, die sie der betreffenden Partei entgegenbringen, befragt. Die Experimentalgruppe bekommt anschließend die Werbebroschüre für die Partei zu lesen, die Kontrollgruppe dagegen (als eine Art „Placebo") eine andere Broschüre, die nicht mit der Partei in Zusammenhang gebracht werden kann. Zum Abschluss werden die Versuchspersonen beider Gruppen erneut mit einem schriftlichen Fragebogen nach der Sympathie, die sie der betreffenden Partei entgegenbringen, befragt. Verändern sich die Sympathiewerte in der

---

[31] Eine entsprechende Irrtumswahrscheinlichkeit kann bei der „Beweisführung" einkalkuliert werden.
[32] Diesen Hinweis verdanke ich Herrn Schmolck (München).
[33] Idealerweise würden die Versuchspersonen mit einem zufallsgesteuerten Verfahren (vgl. Kapitel 3) aus der Grundgesamtheit der Wahlberechtigten der Bundesrepublik ausgewählt.

Experimentalgruppe, nicht jedoch in der Kontrollgruppe, so ist dies ein starkes Indiz dafür, dass die Veränderung in der Experimentalgruppe auf die Wirkung der Werbebroschüre zurückzuführen ist.

Warum werden sehr oft Umfragen anstatt Experimente durchgeführt?

Bis hierher haben wir das experimentelle Design als ein zur Prüfung von Kausalhypothesen hervorragend geeignetes Design kennengelernt. Mit Kausalhypothesen befasst sich auch die empirische sozialwissenschaftliche Forschung in aller Regel. Warum also wird dort sehr häufig mit Umfragen anstelle von Experimenten gearbeitet? Es gibt hierfür zwei inhaltliche Hauptgründe: Erstens ist es bei sozialwissenschaftlichen Fragestellungen in sehr vielen Fällen nicht möglich bzw. nicht vertretbar, eine Randomisierung vorzunehmen und damit die Versuchspersonen *per Zufall* in eine Experimental- und eine Kontrollgruppe einzuteilen. Will man den Einfluss einer guten schulischen Ausbildung (wie auch immer definiert) auf das spätere Einkommen untersuchen, so ist es nicht vertretbar, aus diesem Grund im Rahmen eines Experiments per Zufall zu entscheiden, welchen Kindern eine entsprechende Ausbildung zuteil werden soll und welchen nicht. Zweitens ist es in sehr vielen Fällen nicht möglich bzw. nicht vertretbar, den Stimulus frei zu variieren. Möchte man den Einfluss der Intelligenz (wie auch immer definiert) auf die Neigung, eine extreme politische Partei zu wählen, untersuchen, so kann man zwar die Versuchspersonen noch per Zufall in eine „Experimental-" und in eine „Kontrollgruppe" unterteilen, man kann aber dann den Mitgliedern der randomisierten Gruppen nicht unterschiedlich hohe (oder auch gar keine) Intelligenz „zuweisen". Mit anderen Worten: Es ist bei sehr vielen Fragestellungen einfach nicht möglich, Experimente durchzuführen, selbst wenn man dies wollte.

Das Ex-Post-Facto-Design beim Einsatz von repräsentativen Umfragen

Repräsentative Umfragen sind dagegen – die Antwortwilligkeit der zu befragenden Personen einmal vorausgesetzt – in den meisten Fällen relativ leicht durchführbar. Man verwendet bei ihnen allerdings ein völlig anderes Untersuchungsdesign als bei einem Experiment, was gravierende Konsequenzen für die Interpretation der Ergebnisse hat. Dies sei anhand von „Beispiel 2 für ein Experiment" (siehe oben) demonstriert. Bei einer *Umfrage* (anstelle eines Experiments) würde man die Teilnehmer erstens fragen, ob sie die Werbebroschüre gelesen haben oder nicht und zweitens, wie sympathisch ihnen die betreffende Partei ist. Stellt sich dabei heraus, dass diejenigen Befragten, welche die Broschüre gelesen haben, die betreffende Partei sympathischer einstufen als die „Nicht-Leser", dann liegt auf den ersten Blick die Annahme nahe, dass die Werbebroschüre sympathiesteigernd für die Partei gewirkt hat. Auf den zweiten Blick allerdings muss diese Annahme keineswegs zutreffen! Der erste Grund hierfür: Selbst wenn ein entsprechender Zusammenhang besteht, ist die Kausalrichtung ggf. *aus den Umfragedaten*

nicht bestimmbar[34]. Im genannten Beispiel könnte auch die Sympathie für die Partei die Ursache für das Lesen der Werbebroschüre sein und nicht umgekehrt! Der zweite Grund: Bei
Umfragen arbeitet man mit einem sogenannten **Ex-Post-Facto-Design**, das heißt, man ermittelt Zusammenhänge *nachdem* sich in der Regel eine ganze Reihe von Einflüssen (Einflussvariablen) ausgewirkt haben. Dabei besteht – im Gegensatz zu dem oben beschriebenen Experiment – kaum die Möglichkeit, die Wirkung einer *einzelnen* Einflussvariablen (im Beispiel:
des Lesens der Broschüre) auf eine beeinflusste Variable (im Beispiel: die Parteisympathie)
isoliert zu betrachten[35]. Es können neben den beiden Variablen, deren Zusammenhang untersucht wird, noch andere sogenannte **Drittvariablen** im Spiel sein, wie nachfolgend demons-
riert wird[36]. Werden bei der Analyse bivariater Zusammenhänge zusätzlich solche Drittvariablen mitberücksichtigt (so dass nun die Zusammenhänge zwischen *drei* anstatt der ursprünglichen zwei Variablen betrachtet werden), so können – was die auftretenden Korrelationen und
die ihnen zugrunde liegenden Kausalstrukturen betrifft – fünf wichtige Variablenkonstellationen unterschieden werden, nämlich Scheinkorrelation, Intervention, Multikausalität, Bestätigung und scheinbare Nonkorrelation[37].

Variablenkonstellationen: Scheinkorrelation

Tafel 4.3-2 zeigt ein (frei erfundenes) Beispiel zur Demonstration der Wirkung einer Drittvariablen in Form einer Scheinkorrelation. Eine **Scheinkorrelation** liegt dann vor, wenn zwischen zwei Variablen X und Y zwar ein Zusammenhang besteht, dieser Zusammenhang jedoch nicht durch eine kausale Abhängigkeit einer der beiden Variablen von der anderen zustande kommt, sondern durch die Abhängigkeit *beider* Variablen von einer Drittvariablen.
Betrachten wir hierzu zunächst die linke äußere Teiltabelle von Tafel 4.3-2: Hier zeigt sich in
einer „Gesamtgruppe" – beispielsweise bei einer Umfrage mit tausend Befragten – ein klarer
Zusammenhang zwischen dem Lesen einer Werbebroschüre für eine bestimmte Partei und der
Sympathie für diese Partei. Von den *Lesern* der Broschüre stufen die Partei 56 Prozent als
„sympathisch" ein, von den Befragten, die die Broschüre *nicht gelesen* haben, nur 37 Prozent.
Der Phi-Koeffizient (ein in Kapitel 7.4 beschriebenes Zusammenhangsmaß) beträgt für die
Gesamtgruppe 0.18.

---

[34] Sie kann natürlich dennoch aufgrund *anderer* Informationen (etwa aus einem früheren Experiment) oder aus
theoretischen Gründen bekannt sein!

[35] Beim Experiment versucht man, durch die Randomisierung den Einfluss von Drittvariablen zu kontrollieren!

[36] Der Einfachheit halber wird im folgenden der Zusammenhang zwischen zwei *dichotomen* Variablen betrachtet, die Argumentation ist jedoch auch auf Zusammenhänge zwischen Variablen anderen Typs übertragbar.
Von einem „**Zusammenhang**" zwischen zwei Variablen X und Y spricht man ganz allgemein dann, wenn
sich (in der Grundgesamtheit) Untergruppen, die nach dem X-Wert ihrer Mitglieder zusammengestellt wurden, auch in der Verteilung ihrer Y-Werte unterscheiden und umgekehrt. Ebenfalls der Einfachheit halber gehen wir davon aus, dass nur *eine* Drittvariable im Spiel ist und nicht mehrere. Schließlich wird, wieder um das
Beispiel einfach zu gestalten, die einfachste Art der Drittvariablenkontrolle in Form der Bildung von *Teilgruppen* (je nach den Werten der Drittvariablen) verwendet. Die statistische Drittvariablenkontrolle kann
beim Einsatz multivariater Analyseverfahren (wie beispielsweise der multiplen Regression oder der Partialkorrelation; vgl. Kapitel 8.3) auch auf andere Art und Weise durchgeführt werden.

[37] Vgl. hierzu ausführlich Mayntz u.a. [5](1978: 199–209). An diese Darstellung lehne ich mich im folgenden
teilweise an.

Tafel 4.3-2:   Demonstrationsbeispiel für eine Scheinkorrelation

Gesamtgruppe (Broschüre gelesen: 37%) (Parteisympathie: 44%)			
	Broschüre gelesen		
	ja	nein	Σ
Parteisympathie: ja	206	234	**440**
Parteisympathie: nein	164	396	**560**
Σ	**370**	**630**	**1000**
Parteisympathie in %:	*56%*	*37%*	

politisch Interessierte (Broschüre gelesen: 85%) (Parteisympathie: 80%)			
	Broschüre gelesen		
	ja	nein	Σ
Parteisympathie: ja	136	24	**160**
Parteisympathie: nein	34	6	**40**
Σ	**170**	**30**	**200**
Parteisympathie in %:	*80%*	*80%*	

politisch Desinteressierte (Broschüre gelesen: 25%) (Parteisympathie: 35%)			
	Broschüre gelesen		
	ja	nein	Σ
Parteisympathie: ja	70	210	**280**
Parteisympathie: nein	130	390	**520**
Σ	**200**	**600**	**800**
Parteisympathie in %:	*35%*	*35%*	

Ein Forscher kann allerdings aus diesem Ergebnis *nicht* zwingend auf einen entsprechenden „eigenständigen" Zusammenhang zwischen den beiden Variablen oder gar auf einen kausalen Zusammenhang schließen. Es ist möglich, dass der Zusammenhang – im Extremfall vollständig – durch den Einfluss einer Drittvariablen verursacht wird. Tafel 4.3-2 zeigt einen solchen Fall. Die Drittvariable ist in diesem Fall „politisches Interesse". **Nehmen wir an, wir kennen die Verhältnisse im empirischen Relativ** und wissen: Politisch Interessierte lesen die Broschüre eher als Desinteressierte (Anteil der „Leser" 85% vs. 25%) und politisch Interessierte finden die Partei eher sympathisch als Uninteressierte (80% vs. 35%). Ein „eigenständiger" Zusammenhang besteht dagegen nicht, das heißt, *weder* führt das Lesen der Broschüre zur Parteisympathie, *noch* führt Parteisympathie zum Lesen der Broschüre, *noch* besteht irgend ein anders gearteter (rückgekoppelter) eigenständiger Zusammenhang. Die mittlere und die rechte Teiltabelle zeigen diesen Nicht-Zusammenhang.

Zurück zum Forscher, der die Verhältnisse im empirischen Relativ natürlich nicht kennt. Teilt er die Gesamtgruppe von tausend Befragten in politisch Interessierte (n = 200; mittlere Teiltabelle) und in politisch Desinteressierte (n = 800; rechte Teiltabelle) auf, dann zeigt sich *innerhalb* dieser beiden Gruppen jeweils kein Zusammenhang mehr. Der Anteil der Befragten, die Sympathie für die Partei äußern, ist jeweils (mit 80% bzw. 35%) unter den Lesern und unter den Nicht-Lesern der Broschüre gleich groß. Für den Phi-Koeffizienten errechnet sich in beiden Gruppen ein Wert von null. Der Forscher erhält damit einen Hinweis darauf, dass eine Scheinkorrelation vorliegen könnte.

Hierzu sind allerdings *zwei Voraussetzungen* notwendig: Erstens muss er die betreffende Drittvariable kennen oder zumindest eine entsprechende Vermutung haben[38] und zweitens müssen im Datensatz auch entsprechende Messungen vorliegen. Zieht der Forscher nicht in Betracht, dass „politisches Interesse" eine Drittvariable sein könnte, die einen Scheinzusam-

---

[38] In der Regel werden solche Drittvariablen aufgrund von theoretisch begründeten Vermutungen und anschließendem „Ausprobieren" identifiziert. Ein *reines* „Ausprobieren", ob unter Kontrolle der einen oder anderen Drittvariablen ein Zusammenhang zwischen zwei Variablen verschwindet, wäre erstens sehr aufwendig und zweitens, zumindest falls aus den Stichprobenergebnissen auf die Grundgesamtheit geschlossen werden soll, insofern problematisch, als sich bei Zufallsstichproben auch *zufällig* Zusammenhänge ergeben können, die *keinen* entsprechenden Zusammenhang in der Grundgesamtheit abbilden und dementsprechend zu Fehlschlüssen führen könnten.

menhang verursacht, dann wird er den Scheinzusammenhang auch kaum als solchen erkennen. Und *falls* er die Variable in Betracht zieht, dann braucht er entsprechende Daten in seiner Untersuchung, um eine Gruppeneinteilung in politisch Interessierte und politisch Desinteressierte vornehmen zu können.

Übung 4.3-1

[Zur Lösung der Übungsaufgaben benötigen Sie die Kenntnisse aus Kapitel 7!]

Beantworten Sie für das Demonstrationsbeispiel aus Tafel 4.3-2 folgende Fragen:

  a. **Besteht in der Gesamtgruppe ein *signifikanter* Zusammenhang (für $\alpha = 0.01$) zwischen dem Lesen der Broschüre und der Parteisympathie?**
  Berechnen Sie auch den Phi-Koeffizienten (Rechenweg!).

  b. **Besteht in der Gesamtgruppe ein *signifikanter* Zusammenhang (für $\alpha = 0.01$) zwischen dem politischen Interesse und dem Lesen der Broschüre?**
  Wie hoch ist der Phi-Koeffizient?
  Erstellen Sie als erstes aus den Angaben in Tafel 4.3-2 die benötigte Ausgangstabelle!

  c. **Besteht in der Gesamtgruppe ein *signifikanter* Zusammenhang (für $\alpha = 0.01$) zwischen dem politischen Interesse und der Parteisympathie?**
  Wie hoch ist der Phi-Koeffizient?
  Erstellen Sie als erstes aus den Angaben in Tafel 4.3-2 die benötigte Ausgangstabelle!

(Rechnen Sie jeweils mit zwei Nachkommastellen)

Übung 4.3-1 verdeutlicht noch einmal anhand unseres Beispiels die Kausalstruktur bei einer Scheinkorrelation: Die Drittvariable „politisches Interesse" beeinflusst sowohl das Lesen der Werbebroschüre als auch die Parteisympathie.
In Tafel 4.3-3 (links) ist die Variablenkonstellation der Scheinkorrelation graphisch dargestellt. Alle drei Variablen sind miteinander korreliert. Ein *kausaler* Einfluss geht jedoch nur von der Drittvariablen auf die beiden Variablen X und Y aus.

Tafel 4.3-3:   Graphische Darstellung zu den Variablenkonstellationen

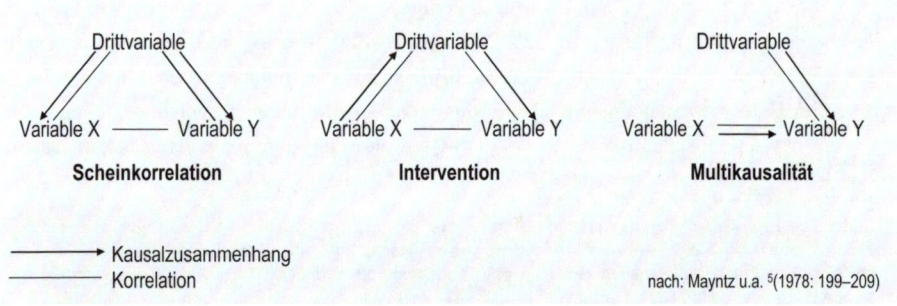

nach: Mayntz u.a. [5](1978: 199–209)

Variablenkonstellationen: Intervention

Eine weitere wichtige Variablenkonstellation wird **Intervention** genannt. Sie ist ebenfalls in Tafel 4.3-3 (Mitte) graphisch dargestellt. Von der *Kausalstruktur* her gesehen liegt hier ein völlig anderer Fall als bei der Scheinkorrelation vor. Die Variable X beeinflusst eine Drittvariable und diese wiederum beeinflusst die Variable Y. Zwischen den Variablen X und Y besteht *kein* kausaler Zusammenhang.

Dennoch sind – wie bei der Scheinkorrelation – alle drei Variablen miteinander korreliert. Nachdem, wie bereits gesagt, anhand von Umfragedaten nur Zusammenhänge (Korrelationen), nicht jedoch ggf. deren Kausalrichtung festgestellt werden können, kann – ohne Zusatzinformationen – anhand von Umfragedaten auch nicht entschieden werden, ob eine Scheinkorrelation oder eine Intervention vorliegt, wenn sich bei der Einführung einer Drittvariablen zeigt, dass diese mit den beiden Ausgangsvariablen korreliert und dass die Korrelation zwischen den beiden Ausgangsvariablen verschwindet, wenn die Drittvariable (zum Beispiel durch Gruppenbildung nach den Ausprägungen der Drittvariablen wie in Tafel 4.3-2) kontrolliert wird. In unserem Beispiel könnte also auch eine Intervention vorliegen! In diesem Fall würde das Lesen der Werbebroschüre das politische Interesse steigern und das gesteigerte politische Interesse würde dazu führen, dass der Partei Sympathie entgegengebracht wird.

Aufdeckung von Intervention und Scheinkorrelation

Die Technik, mit der man versucht, bei Umfragedaten Interventionen bzw. Scheinkorrelationen aufzudecken, sieht zusammenfassend (im einfachsten Fall) folgendermaßen aus:

1. Den Ausgangspunkt bildet die Feststellung, dass zwei Variablen X und Y in einer Stichprobe signifikant miteinander korrelieren.

2. Zusätzlich besteht der Verdacht, dass die Korrelation zwischen X und Y kausal durch den Einfluss einer dritten Variablen vermittelt ist. Die Variable wird daher als Drittvariable eingeführt.

3. Die Drittvariable wird kontrolliert. Im einfachsten Fall werden die Befragten je nach der Ausprägung der Drittvariablen in Gruppen aufgeteilt[39]. *Innerhalb* dieser Gruppen ist die Ausprägung der Drittvariablen damit konstant gehalten.

4. Die (in bezug auf die Ausprägung der Drittvariablen) bedingten Korrelationen, das heißt in diesem Fall, die Korrelationen zwischen den beiden Variablen X und Y *innerhalb* der Teilgruppen, müssen gleich null oder nahe null sein.

5. Tritt dieser Fall ein, dann liegt ein starkes Indiz für das Vorliegen einer Scheinkorrelation *oder* einer Intervention vor. Um welche der beiden Variablenkonstellationen es sich handelt, kann aus den Umfragedaten allein nicht abgelesen werden. Hierfür sind zusätzliche Informationen nötig.

---

[39] Es können auch *mehr* als zwei Gruppen sein! Neben der Aufteilung in Teilgruppen bieten sich ferner, wie bereits gesagt, auch multivariate Analyseverfahren für die Kontrolle von Drittvariablen an.

Variablenkonstellationen: Multikausalität

Eine weitere wichtige Variablenkonstellation wird „**Multikausalität**" genannt. Das Prinzip: Die Variable Y wird kausal von der Variablen X beeinflusst – aber nicht nur von ihr. Eine dritte Variable beeinflusst Y ebenfalls, wobei die Drittvariable nicht mit der Variablen X korreliert. Aufgrund des jeweils kausalen Zusammenhangs korrelieren jedoch sowohl die Drittvariable als auch X mit der Variablen Y. Wir betrachten im folgenden den (einfachsten) Fall, in dem die Variable X und die Drittvariable additiv auf Y einwirken[40]. Dies ist graphisch im rechten Teil von Tafel 4.3-3 dargestellt. Die beiden nachfolgenden Tafeln 4.3-4a und 4.3-4b geben ein Zahlenbeispiel. Als Drittvariable wird dabei die Beurteilung des Spitzenkandidaten (positiv: Kandidat +; negativ: Kandidat -) eingeführt und in Tabelle 4.3-4b kontrolliert.

Tafel 4.3-4a: Demonstrationsbeispiel für Multikausalität – Teil 1: Die Konstellation

Lesen → Sympathie	Broschüre gelesen				Kandidat → Sympathie	Kandidat				Lesen und Kandidat sind unkorreliert!	Kandidat		
	ja	nein	Σ			+	-	Σ			+	-	Σ
Parteisympathie: ja	206	234	**440**		Parteisympathie: ja	140	300	**440**		Brosch. gelesen: ja	74	296	**370**
Parteisympathie: nein	164	396	**560**		Parteisympathie: nein	60	500	**560**		Brosch. gelesen: nein	126	504	**630**
Σ	370	630	1000		Σ	200	800	1000		Σ	200	800	1000
Parteisympathie in %:	*56%*	*37%*			*Parteisympathie in %:*	*70%*	*38%*			*Brosch. gelesen in %:*	*37%*	*37%*	
Phi = 0.18					Phi = 0.26					Phi = 0.00			

Tafel 4.3-4b: Demonstrationsbeispiel für Multikausalität – Teil 2: Kontrolle von „Kandidat"

Gesamtgruppe	Broschüre gelesen				**Befragte, die den Kandidaten positiv einschätzen (Kandidat +)**	Broschüre gelesen				**Befragte, die den Kandidaten negativ einschätzen (Kandidat -)**	Broschüre gelesen		
	ja	nein	Σ			ja	nein	Σ			ja	nein	Σ
Parteisympathie: ja	206	234	**440**		Parteisympathie: ja	65	75	**140**		Parteisympathie: ja	141	159	**300**
Parteisympathie: nein	164	396	**560**		Parteisympathie: nein	9	51	**60**		Parteisympathie: nein	155	345	**500**
Σ	370	630	1000		Σ	74	126	200		Σ	296	504	800
Parteisympathie in %:	*56%*	*37%*			*Parteisympathie in %:*	*88%*	*60%*			*Parteisympathie in %:*	*48%*	*32%*	
Phi = 0.18					Phi = 0.30					Phi = 0.16			

---

[40] Zu nicht-additiven Wirkungskombinationen siehe Mayntz u.a. [5](1978: 206–208).

Analysiert man Umfragedaten, dann stellt folgende Konstellation ein starkes Indiz für einen multikausalen Zusammenhang dar:

1. Die Drittvariable und die Variable X (Tafel 4.3-3) sind unkorreliert. Im Beispiel sind dies die Variablen „Kandidat" (Beurteilung des Spitzenkandidaten) und „Lesen" (Broschüre gelesen), für die sich in Tafel 4.3-4a (rechter Teil) ein Phi-Koeffizient von „0.00" errechnet.

2. Zumindest eine der bedingten Korrelationen ist signifikant größer als die ursprüngliche Korrelation zwischen den Variablen X und Y. Im Beispiel ist dies die Korrelation zwischen den Variablen „Lesen" (Broschüre gelesen) und „Parteisympathie" in der Gruppe derer, die den Spitzenkandidaten positiv einschätzen (Kandidat +). In Tafel 4.3-4b ergibt sich für diese Gruppe ein Wert von Phi = 0.30 im Gegensatz zu Phi = 0.18 in der Gesamtgruppe.

Die Vergrößerung der Korrelation resultiert daraus, dass der „verzerrende" *zusätzliche* Einfluss der Drittvariablen „Kandidat" durch die Konstanthaltung dieser Variablen weggefallen ist.

Variablenkonstellationen: Bestätigung

Die Variablenkonstellation der **Bestätigung** liegt vor, wenn sich durch die Einführung einer Drittvariablen weder die Anzeichen für eine Scheinkorrelation (oder Intervention) noch für Multikausalität ergeben. In Idealfall sind die *bedingten* Korrelationen gleich der Korrelation in der Gesamtgruppe. Tafel 4.3-5 zeigt einen derartigen Fall. Als Drittvariable ist dort die Erwerbstätigkeit der befragten Personen eingeführt und kontrolliert.

Das Beispiel zeigt auch, dass eine „Bestätigung" gegebenenfalls nur in bezug auf die eingeführte Drittvariable gilt. Wird eine *andere* Drittvariable – zum Beispiel das politische Interesse, wie in Tafel 4.3-2 – eingeführt, dann muss sich in bezug auf *diese* Drittvariable keinesfalls erneut eine Bestätigung ergeben!

Tafel 4.3-5:   Demonstrationsbeispiel für eine Bestätigung

Gesamtgruppe	Broschüre gelesen			erwerbstätige Personen	Broschüre gelesen			nicht erwerbstätige Personen	Broschüre gelesen		
	ja	nein	Σ		ja	nein	Σ		ja	nein	Σ
Parteisympathie: ja	206	234	**440**	Parteisympathie: ja	93	105	**198**	Parteisympathie: ja	113	129	**242**
Parteisympathie: nein	164	396	**560**	Parteisympathie: nein	74	178	**252**	Parteisympathie: nein	90	218	**308**
Σ	370	630	1000	Σ	167	283	450	Σ	203	347	550
Parteisympathie in %:	56%	37%		*Parteisympathie in %:*	56%	37%		*Parteisympathie in %:*	56%	37%	
	Phi = 0.18				Phi = 0.18				Phi = 0.18		

Variablenkonstellationen: scheinbare Nonkorrelation

Die letzte der hier besprochenen Variablenkonstellationen ist die **scheinbare Nonkorrelation**. Sie liegt vor, wenn ein Zusammenhang zwischen zwei Variablen durch das Einwirken einer dritten Variablen derart „gestört" wird, dass er bivariat nicht mehr feststellbar ist. Tafel 4.3-6 zeigt einen derartigen Fall für unser Beispiel, wobei allerdings die Ausgangsdaten in der Gesamtgruppe verändert werden mussten, da bivariat ja *kein* Zusammenhang auftreten darf. Bereits an den Prozentwerten (unterste Zeile) ist zu erkennen, dass in der Gesamtgruppe nun *kein* Zusammenhang zwischen dem Lesen der Broschüre und der Parteisympathie besteht, wohl aber in den beiden Teilgruppen der „jüngeren" und der „älteren" Personen, wenn man diese (wie auch immer genau definierte) Variable als Drittvariable einführt und durch Gruppenbildung kontrolliert. In Übung 4.3-2 sind die entsprechenden Phi-Koeffizienten zu berechnen.

Tafel 4.3-6:   Demonstrationsbeispiel für eine scheinbare Nonkorrelation

Gesamtgruppe (verändertes Beispiel)	Broschüre gelesen ja	nein	Σ
Parteisympathie: ja	187	279	466
Parteisympathie: nein	215	319	534
Σ	402	598	1000
Parteisympathie in %:	47%	47%	

jüngere Personen	Broschüre gelesen ja	nein	Σ
Parteisympathie: ja	93	259	352
Parteisympathie: nein	8	140	148
Σ	101	399	500
Parteisympathie in %:	92%	65%	

ältere Personen	Broschüre gelesen ja	nein	Σ
Parteisympathie: ja	94	20	114
Parteisympathie: nein	207	179	386
Σ	301	199	500
Parteisympathie in %:	31%	10%	

Übung 4.3-2

[Zur Lösung der Übungsaufgaben benötigen Sie die Kenntnisse aus Kapitel 7!]

Beantworten Sie für das Demonstrationsbeispiel aus Tafel 4.3-6 folgende Fragen:

a. **Welchen Wert hat der Phi-Koeffizient in der Gruppe der jüngeren Personen, in der Gruppe der älteren Personen sowie in der Gesamtgruppe aller Befragten?**

b. **Besteht in der Gesamtgruppe ein *signifikanter* Zusammenhang (für α = 0.01) zwischen dem Lesen der Broschüre und der Sympathie für die Partei?**

c. **Prüfen Sie, ob in der Gruppe der jüngeren Personen und ob in der Gruppe der älteren Personen ein *signifikanter* Zusammenhang (für α = 0.01) zwischen dem Lesen der Broschüre und der Sympathie für die Partei besteht.**

(Rechnen Sie jeweils mit zwei Nachkommastellen)

Variablenkonstellationen werden in der Regel anhand empirischer Daten nicht derart klar erkennbar sein, wie in den hier konstruierten Beispielen. Auch besteht zumindest theoretisch die Möglichkeit, dass „Mischformen" auftreten. Schließlich wurden nur einfachste Formen von Variablenkonstellationen betrachtet.

Die Beispiele sollten jedoch einen sehr wichtigen Merksatz für dem Umgang mit Umfragedaten verdeutlichen, den man vielleicht überspitzt folgendermaßen formulieren könnte: *„Traue keiner bivariaten Korrelation!"*. Es empfiehlt sich mit anderen Worten in aller Regel, solche Drittvariablen statistisch zu kontrollieren, welche die ermittelten bivariaten Zusammenhänge beeinflussen bzw. in sie involviert sein könnten!

Dies gilt insbesondere dann, wenn versucht wird, bestimmte Zusammenhangshypothesen zu falsifizieren (siehe Kapitel 1). Tritt ein theoretisch erwarteter Zusammenhang empirisch nicht auf, so ist die entsprechende Hypothese damit schon deshalb noch nicht unbedingt falsifiziert, weil eine scheinbare Nonkorrelation vorliegen könnte. Entsprechendes gilt für theoretisch erwartete Nicht-Zusammenhänge und Scheinkorrelationen.

Prüfung von Kausalhypothesen mit Hilfe von repräsentativen Umfragen

Bis hierher wurde demonstriert, dass mit Hilfe von repräsentativen Umfragen (eigenständige) Zusammenhänge nur unter der (strenggenommen nicht verifizierbaren) Zusatzannahme ihrer Unabhängigkeit von Drittvariablen festgestellt werden können. *Falls* Zusammenhänge (unter dem genannten Vorbehalt) festgestellt werden, ist es ferner in der Regel unmöglich, zusätzlich deren *Kausalrichtung* mit einer repräsentativen Umfrage festzustellen.

Nach einem oft verwendeten Konzept von Herbert H. Hyman[41] müssen drei Bedingungen erfüllt sein, damit von einer **Kausalbeziehung** mit X als Ursache und Y als Wirkung gesprochen werden kann:

1. Zwischen den beiden Variablen X und Y besteht ein statistischer Zusammenhang[42].
2. Der Zusammenhang verschwindet unter Kontrolle von Drittvariablen (Z), die X und Y zeitlich vorausgehen, *nicht* (Ausschluss von Scheinkorrelationen!).
3. X geht Y zeitlich voraus.

Mit Hilfe einer repräsentativen Umfrage ist nur prüfbar, ob die erste Bedingung (statistischer Zusammenhang) erfüllt ist. Die Schwierigkeiten bei der Prüfung der zweiten Bedingung (Kontrolle von Drittvariablen) wurden oben bereits besprochen. Auch die dritte Bedingung (zeitliche Reihenfolge) ist in aller Regel mit Hilfe einer einzigen Umfrage nicht prüfbar, es sei denn, es gelingt, mit dieser Umfrage valide Paneldaten (vgl. Kapitel 4.2) zu erheben oder die zeitliche Reihenfolge ist aus anderen Gründen „klar"[43].

Damit wird deutlich: In aller Regel ist es nicht möglich, mit Hilfe einer einzigen repräsentativen Umfrage Kausalhypothesen zu prüfen. Wird in einer Umfrage ein empirisch festgestellter Zusammenhang kausal interpretiert, so wird dabei die Kausalrichtung in der Regel als bekannt *vorausgesetzt*.

---

41 Zit. nach Diekmann [20](2009: 728).

42 Diese Forderung ist angesichts der Möglichkeit, dass scheinbare Nonkorrelationen (s.o.) auftreten können, problematisch. Wir wollen von diesem Problem für die weitere Argumentation einmal absehen.

43 Manchmal wird versucht, kausale Beziehungen mit sogenannten **„crossed-lagged Korrelationen"** nachzuweisen. Dieser Ansatz wurde von Rogosa (1980) vernichtend kritisiert und ist daher hier nicht dargestellt.

4.4 Mündliche, schriftliche oder telefonische Befragung?

Wer eine repräsentative Umfrage plant, steht grundsätzlich vor der Frage, ob er sie in mündlicher Form durchführen wird[44], in schriftlicher Form oder – als dritte Alternative – unter Einsatz von Telefoninterviews[45]. Gleich vorweg: Keine der drei Alternativen kann *per se* als „besser" oder „schlechter" bezeichnet werden. Jede der Alternativen hat ganz bestimmte Vor- und Nachteile. Diese werden nachfolgend anhand einiger wichtiger Aspekte und ausgewählter Beispiele aufgezeigt. Je nach Fragestellung ist *von Fall zu Fall* zu entscheiden, welche Vorteile besonders erwünscht und welche Nachteile am ehesten in Kauf genommen werden können. Erst dann kann eine Bewertung, welche Form der Befragung für die geplante Umfrage am angemessensten ist, abgeleitet werden.

Zum Abschluss von Kapitel 4.4 werden noch wichtige Besonderheiten der drei Befragungsformen genannt und auf weiterführende Literatur hierzu verwiesen. Doch zunächst einige Aspekte, unter denen sich die drei Befragungsformen unterscheiden:

Aspekt 1: Verwendbare Fragen

Je nachdem, ob eine Umfrage in mündlicher, schriftlicher oder telefonischer Form durchgeführt wird, können bzw. müssen die Fragen in vielen Fällen unterschiedlich gestaltet sein (vgl. zur Fragengestaltung auch Kapitel 2.3). Beispielsweise können bei mündlichen und schriftlichen Befragungen der interviewten Person längere Antwortlisten vorgelegt werden, bei Telefoninterviews dagegen nicht[46]. Oder es können bei einer mündlichen Befragung (vom Interviewer gemischte) Antwortkarten zur Auswahl vorgegeben werden, was bei den anderen beiden Befragungsformen nicht möglich ist. Oder ein Beispiel zur „inhaltlichen" Verwendbarkeit von Fragen: Der Einsatz von Wissensfragen bringt bei schriftlichen Umfragen insofern Probleme mit sich, als man damit rechnen muss, dass zumindest einige der befragten

---

[44] Also unter Einsatz von Interviewern, welche die Untersuchungsteilnehmer aufsuchen und befragen.

[45] Ich beziehe mich im folgenden auf die drei „gängigsten" Formen, repräsentative Umfragen durchzuführen. Als „**mündliche Befragung**" bezeichne ich bei den nachfolgenden Vergleichen Umfragen, bei denen ein Interviewer die zu befragende Person über das ADM-Mastersample, die Random-Walk-Technik und, innerhalb des Zielhaushalts, über eine echte oder angenäherte Zufallsauswahl auswählt (vgl. Kapitel 3.5), um ein Interview bittet und sie dann persönlich (face-to-face) mit Hilfe eines Fragebogens, der vom Interviewer (entsprechend der Antworten der Befragten) auszufüllen ist, befragt. Als „**schriftliche Befragung**" bezeichne ich bei den nachfolgenden Vergleichen Umfragen, bei denen die zu befragenden Personen per Post einen Fragebogen mit der Bitte um Beantwortung und Rücksendung zugesandt bekommen. Als „**telefonische Befragung**" bezeichne ich bei den nachfolgenden Vergleichen Umfragen, bei denen die zu befragenden Personen per Telefon interviewt werden. Die Begriffe „Umfrage" und „Befragung" verwende ich synonym.

[46] Die Forschungsgruppe Wahlen (Mannheim) führte beispielsweise ihre monatlichen Politbarometer-Umfragen bis August 1988 als mündliche Interviews durch. Hierbei war regelmäßig folgende Frage enthalten: „Wenn von Politik die Rede ist, hört man immer wieder die Begriffe ‚links' und ‚rechts'. Wir hätten gerne von Ihnen gewusst, wo Sie sich selbst auf dieser Skala einstufen ...". Anschließend wurde dem Befragten eine Skala von „1" (= links) bis „11" (= rechts) vorgelegt.
Danach wurde auf telefonische Befragungen umgestellt und dabei sinnvollerweise die Frage *geteilt* in: „... Wir hätte gerne von Ihnen gewusst, ob Sie sich eher links oder eher rechts einstufen" und gegebenenfalls (falls nicht mit „Mitte" oder „weder/noch" geantwortet wurde) die Zusatzfrage: „Würden Sie sich sehr links [bzw. rechts] oder etwas links [bzw. rechts] einstufen?". Die Einstufung anhand einer 11-stufigen Antwortskala *in einem Schritt* wie im mündlichen Interview erschien offenbar telefonisch kaum machbar.

Personen zu ihrer Lösung Lexika oder andere Informationsquellen heranziehen. Bei mündlichen und telefonischen Befragungen stellt sich dieses Problem nicht.

Aspekt 2: Filterführung

Auch hinsichtlich der Möglichkeiten bei der Filterführung (vgl. Kapitel 2.3) unterscheiden sich die drei Befragungsformen beträchtlich. Bei einer schriftlichen Umfrage muss die befragte Person selbst der Filterführung folgen. Dementsprechend sollten, um Filterfehler zu vermeiden, nur sehr einfache Filterungen vorgenommen werden. Anders verhält es sich, wenn ein *Interviewer* die Filterführung übernimmt. Ihm können (in Maßen) komplexere Filterführungen zugemutet werden. Wird eine Befragung computerunterstützt (wie dies bei Telefoninterviews oft der Fall ist, aber auch beim computerunterstützten mündlichen Interview – CAPI) durchgeführt[47], dann übernimmt ein Computer die Filterführung und (unbeabsichtigte) Filterfehler sind damit praktisch ausgeschlossen.

Werden die zur Filterung benötigten Daten von einem Interviewer face-to-face erhoben (und nicht als CAPI), dann können sie (zumindest potentiell) von ihm manipuliert werden – etwa, um das Interview durch eine „günstige" Filterung abzukürzen. Diese Gefahr besteht bei schriftlichen Umfragen nicht.

Aspekt 3: Das Layout des Fragebogens

Bei schriftlichen Umfragen ist ein gutes Layout des Fragebogens außerordentlich wichtig. Schließlich muss der Befragte ohne zusätzliche Hilfen sowohl die Fragen als auch die Antworten und ggf. die Filterführung verstehen. Eine schlechte „optische Aufmachung" senkt erfahrungsgemäß die Ausschöpfungsquote bei schriftlichen Umfragen. Bei den anderen beiden Befragungsformen ist natürlich ein gutes Layout ebenfalls von Vorteil, jedoch spielt es keine so zentrale Rolle wie bei schriftlichen Umfragen.

Aspekt 4: Anonymitätszusicherung

Bei manchen Fragestellungen ist eine Anonymitätszusicherung besonders wichtig. *Zusichern* kann man der befragten Person natürlich bei jeder Befragungsform, dass ihre Angaben anonym ausgewertet werden, mit einiger Sicherheit *nachvollziehbar* ist die Anonymitätszusicherung jedoch aus Befragtensicht nur bei schriftlichen Umfragen, bei denen der Fragebogen ohne Angabe des Absenders an den Forscher zurückgesandt wird[48].

---

[47] Hierzu weiter unten bei den Besonderheiten von Telefoninterviews mehr!

[48] In diesem Fall kann allerdings – nach einer Vorankündigung und dem Versand der Fragebögen – in der Regel nur *einmal* „nachgefasst" werden, um die Ausschöpfungsquote zu erhöhen. Dabei bedankt man sich vorab für die Teilnahme und bittet die befragte Person, falls sie den Fragebogen noch nicht beantwortet zurückgesandt hat (was aufgrund der Anonymität der Befragung nicht feststellbar ist), dies zu tun. Ein *nochmaliges* Nachfassen in dieser Form würde zumindest bei denjenigen Personen, die den Fragebogen sofort beantwortet haben, einige Verwunderung oder auch Verärgerung auslösen.

Aspekt 5: Stichprobenziehung

Legt man besonderen Wert auf eine „flächendeckende" Stichprobe, dann wird man sich – zumindest bei bundesweiten Untersuchungen – meist für eine telefonische oder schriftliche Umfrage entscheiden. Mündliche Interviews werden dagegen (aus Kostengründen) meist innerhalb von Samplepoints des ADM-Mastersamples durchgeführt (vgl. hierzu Kapitel 3.5) und sind damit entsprechend weniger flächendeckend.

Ein anderer Punkt zur Stichprobenziehung: Bei schriftlichen Umfragen ist nicht direkt kontrollierbar, ob innerhalb von Mehrpersonenhaushalten tatsächlich die (zum Beispiel durch die Geburtstags-Auswahltechnik; vgl. Kapitel 3.5) dafür vorgesehenen Personen den Fragebogen beantworten oder andere Personen. Bei mündlichen und – wenn auch in eingeschränkter Form – bei telefonischen Befragungen können die Interviewer diese Aufgabe übernehmen.

Aspekt 6: Vorankündigung der Befragung

In vielen Fällen wird ein Interview den Befragten einige Tage vorher schriftlich angekündigt, um damit die Teilnahmebereitschaft zu erhöhen. Dies ist bei telefonischen Interviews und bei mündlichen Interviews nur dann möglich, wenn die Adressen – wie beim Adress-Random (vgl. Kapitel 3.5) – bekannt sind. Bei schriftlichen Befragungen bestehen dagegen gute Möglichkeiten hierzu.

Aspekt 7: Zusätzliche Motivation zur Teilnahme an der Befragung

Bei mündlichen Interviews werden manchmal kleine Geschenke (**Incentives**) überreicht, um den zu befragenden Personen eine Teilnahme an der Umfrage „schmackhaft zu machen". Ferner kann der Interviewer natürlich bei teilnahmeunwilligen Personen seine Überredungskünste einsetzen, um sie doch noch zum „Mitmachen" zu bewegen. Bei Telefoninterviews können meist keine Incentives eingesetzt werden[49], sondern nur die Überredungskünste des Interviewers. Bei schriftlichen Umfragen können normalerweise keine „Überredungskünste" von Person zu Person eingesetzt werden. Auch das Verteilen von Incentives kann bei schriftlichen Umfragen nur in eingeschränkter Form (z.B. mit einer beigelegten Telefonkarte) vorgenommen werden, da die Incentives einem Schreiben an den Befragten beigelegt werden müssen und daher weder zu groß noch zu schwer sein dürfen. Andererseits dürfte bei schriftlichen Umfragen in vielen Fällen motivierend wirken, dass der Befragte sich den Zeitpunkt der Beantwortung *selbst* aussuchen und damit auf eine „stille Stunde" legen kann.

Aspekt 8: Interviewereffekte

Allein die Anwesenheit eines Interviewers oder einer Interviewerin (oder genauer gesagt deren Aussehen, Kleidung, Alter, Geschlecht, Stimme, „Ausstrahlung" und vieles mehr) kann das Antwortverhalten einer befragten Person beeinflussen. Mit solchen Effekten ist in erster

---

[49] Es sei denn, man kennt die Adresse der befragten Person vorab und sendet ihr etwas zu.

Linie bei mündlichen Umfragen zu rechnen. Bei telefonischen Umfragen kann noch die Interviewerstimme derartige Effekte verursachen und bei schriftlichen Umfragen können solche Effekte überhaupt nicht auftreten, da kein Interviewer zugegen ist.

Aspekt 9: „Schummeleien" der Interviewer

Ähnlich verhält es sich mit möglichen „Schummeleien" der Interviewer – sowohl was die *Auswahl* der Befragten als auch, was die *Durchführung* der eigentlichen Befragung, also das Ausfüllen des Fragebogens, betrifft. Bei schriftlichen Umfragen können solche „Fehler" nicht auftreten, da keine Interviewer eingesetzt werden. Am ehesten werden derartige Fehler bei mündlichen Umfragen auftreten – insbesondere dann, wenn ein Standard-Random (vgl. Kapitel 3.5) durchgeführt wird. Bei Telefonumfragen werden solche Fehler relativ selten auftreten – zumindest, wenn die Auswahl der Telefonnummern nicht durch die Interviewer erfolgt und wenn die Interviewer im Telefonstudio durch einen Supervisor überwacht werden.

Aspekt 10: Informationen über die Erhebungssituation

Oft ist man daran interessiert, zusätzlich zur Datenerhebung Informationen über die Erhebungssituation zu erhalten. Typische Fragen sind beispielsweise: „Hatte die befragte Person sprachliche Verständnisschwierigkeiten?", „Konnte sie den Fragen geistig folgen?", „Wurden ihre Antworten durch anwesende Dritte beeinflusst?", „Hat sie die Fragen ‚ernsthaft' beantwortet?" usw.. Bei mündlichen Umfragen können solche Informationen vom Interviewer relativ leicht und umfassend geliefert werden. Bei schriftlichen Umfragen besteht kaum eine Möglichkeit, solche Informationen zu bekommen, es sei denn über Konsistenzprüfungen bei den Antworten (vgl. hierzu Kapitel 2.3). Bei Telefoninterviews besteht diese Möglichkeit in eingeschränkter Form – soweit ein Interviewer am Telefon Merkmale der Erhebungssituation feststellen kann. Allerdings ist hervorzuheben, dass beim Telefoninterview der Einfluss Dritter auf die Antworten im Regelfall vergleichsweise gering ist, da Dritte normalerweise (im Gegensatz zum mündlichen Interview) die Fragen des Interviewers nicht mithören bzw. (im Gegensatz zum schriftlichen Interview) die Fragen im Fragebogen nicht mitlesen können.
Generell ist ferner festzuhalten, dass „unerwünschte" Erhebungssituationen (wie die Anwesenheit Dritter) auch dann, wenn sie festgestellt werden, in der Regel kaum veränderbar sind!

Aspekt 11: Blättern im Fragebogen

Ein auf den ersten Blick wenig wichtig erscheinender Punkt, der jedoch starke Einflüsse auf die Beantwortung der Fragen bewirken kann, ist das Blättern im Fragebogen: Besteht hierzu die Möglichkeit (wie normalerweise bei schriftlichen Umfragen), dann können die Antworten ggf. durch eine Neigung des Befragten, möglichst konsistente Antworten zu geben, beeinflusst werden. Der Befragte kann im Fragebogen zurückblättern und die Konsistenz seiner Antworten im Vergleich zu ähnlichen oder verwandten Fragen prüfen. Bei mündlichen und telefonischen Umfragen ist mit derartigen Verzerrungen weniger zu rechnen.

Aspekt 12: Erreichung schwer erreichbarer Personen

Verschiedene Personengruppen, wie Schichtarbeiter, Vertreter, Pflegepersonal, Fernfahrer oder Montagearbeiter, sind nur selten oder zu ungewöhnlichen Zeiten zuhause anzutreffen. Für schriftliche Befragungen ist dies in der Regel kein Problem: Der Fragebogen „wartet" sozusagen im Briefkasten auf die Person, die ihn beantworten soll. Auch bei Telefonumfragen ist dies kaum ein Problem, da eine kostengünstige Möglichkeit zu wiederholten Kontaktversuchen besteht[50]. Ein ernstes Problem stellt es allerdings bei mündlichen Interviews dar. Es ist aus Kostengründen kaum möglich, einen Interviewer sehr oft (vergeblich) anreisen zu lassen. Eine Möglichkeit zur Lösung des Problems besteht darin, dass der Interviewer beim ersten vergeblichen Kontaktversuch eine Nachricht hinterlässt mit der Bitte, mit ihm einen Termin zu vereinbaren. Allerdings gibt er damit das „Gesetz des Handelns" aus der Hand. Die zu befragende Person muss sich jetzt sogar *aktiv* um einen Interviewtermin „bemühen".

Aspekt 13: Länge der Feldzeit

Manchmal legt man Wert darauf, Umfragen innerhalb einer sehr kurzen Zeitspanne durchzuführen. Für diesen Zweck eignen sich am besten Telefonumfragen, die mit entsprechender Infrastruktur innerhalb von Tagen durchführbar sind. Die Feldzeit bei mündlichen Umfragen beträgt normalerweise Wochen. Bei schriftlichen Umfragen ist die Feldzeit prinzipiell unbegrenzt, obwohl erfahrungsgemäß die meisten der beantworteten Fragebogen innerhalb von etwa drei bis vier Wochen nach dem Versand an die Befragten eintreffen.

Zwischenbilanz:

Die oben behandelten Aspekte, die Unterschiede zwischen mündlichen, schriftlichen und telefonischen Umfragen betreffen, wurden weder mit dem Anspruch auf Vollständigkeit zusammengestellt, noch werden sie jeder möglichen Art und Weise, eine Umfrage durchzuführen, gerecht[51]. Dennoch dürften sie demonstriert haben, dass von Fall zu Fall *je nach der Zielsetzung* der Umfrage entschieden werden muss, welches Vorgehen am geeignetsten ist. Eine generell „beste" Vorgehensweise gibt es nicht!

---

[50] Die Anrufe können beliebig oft und (prinzipiell) zu beliebigen Tageszeiten wiederholt werden. „Fehlversuche" sind gebührenfrei. Allerdings entstehen Personalkosten sowie Verwaltungskosten für die „Buchführung", wer wann erfolglos angerufen wurde und wann diese Person erneut angerufen werden soll.

[51] Zahlreiche „Mischformen" sind denkbar. Beispielsweise können Telefoninterviews mit schriftlicher Vorankündigung durchgeführt werden oder Interviewer können im Rahmen eines Adress-Randoms Fragebogen zur späteren schriftlichen Bearbeitung übergeben. Auch *innerhalb* der drei betrachteten Befragungsformen sind erhebliche Variationen möglich. Zum Beispiel können Telefoninterviews computerunterstützt durchgeführt werden oder durch Interviewer, die mit einem Fragebogen vor dem Telefon sitzen.

Eine Besonderheit bei mündlichen Befragungen: Interviewerkontrolle

Die wichtigste Schwachstelle bei mündlichen Befragungen stellt die Tatsache dar, dass bei ihr *Interviewer* weitgehend „unbeaufsichtigt" im Feld arbeiten und die Daten erheben. In vielen Fällen besteht für Interviewer ein großer Anreiz, sowohl bei der Auswahl der zu befragenden Personen als auch beim Ausfüllen der Fragebögen zu „schummeln". Eine intensive Kontrolle der Datenerhebung ist daher in diesem Fall besonders wichtig. In Schumann [2](1996) ist dargelegt, welche „Fehlerquellen" bei mündlichen Befragungen im Detail auftreten können und wie sie (mit relativ geringem Aufwand, dafür aber mit umfassendem „know how") weitgehend ausgeschaltet werden können. Einige Kontrollen (z.B. auf Widersprüche) können beim **„computerassistierten persönlichen Interview"** (CAPI), bei dem die Daten vor Ort unter Verwendung eines transportablen Computers aufgenommen werden, automatisch erledigt werden.

Eine Besonderheit bei schriftlichen Befragungen: Total-Design-Methode

Ein besonderes Problem bei schriftlichen Befragungen ist die geringe Ausschöpfungsquote für den Fall, dass einfach nur ein Fragebogen versandt und um dessen Beantwortung gebeten wird. Erfahrungsgemäß lässt sich hierbei nur eine Ausschöpfungsquote (vgl. Kapitel 3.6) von maximal 20–25 Prozent erzielen. Dillman (1978, 1983) hat sich Gedanken darüber gemacht, durch welche Maßnahmen bei schriftlichen Umfragen die Ausschöpfungsquote gesteigert und zugleich (quasi als „Nebenprodukt") die Datenqualität verbessert werden kann. Die (möglichst) konsequente Anwendung dieser Maßnahmen bezeichnet man als **Total-Design-Methode** (TDM). Eine Zusammenstellung der einzelnen Punkte ist zum Beispiel in Hippler (1985) nachzulesen.

Eine Besonderheit bei telefonischen Befragungen: Computerunterstützte Telefoninterviews

Eine Besonderheit bei telefonischen Umfragen besteht in der Möglichkeit, die Umfragen – von der Stichprobenziehung bis hin zur Durchführung der Interviews – computerunterstützt durchzuführen. Man spricht dann vom **„computerassistierten Telefoninterview"** (CATI). In diesem Fall übernimmt ein Rechner die Stichprobenziehung, die Verwaltung der Kontaktversuche und die Weiterleitung des Gesprächs an einen Interviewer, falls ein Kontakt zustande kommt. Der Interviewer bekommt die Fragen, die er zu stellen hat, auf einem Bildschirm vorgelegt und gibt die Antwort des Befragten gleich am Rechner ein. Der Rechner übernimmt (anhand der eingegebenen Antworten) die Filterführung und legt dem Interviewer jeweils die nächste Frage vor. Außerdem können während des Interviews „im Hintergrund" Konsistenzprüfungen vorgenommen werden. Gibt etwa ein Befragter sein Alter mit „22 Jahren" an und gibt er später an, er habe eine 15-jährige Tochter, so kann diese Inkonsistenz *während* der Befragung erkannt und durch eine entsprechende Nachfrage bereinigt werden. Nachdem zusätzlich die Interviewer in Telefonstudios normalerweise von einem Supervisor überwacht werden, können mit dieser Technik sehr viele Fehler vermieden werden. Näheres zu Telefoninterviews findet sich in Frey u.a. (1990) oder – im Überblick – in Diekmann [20](2009: 501–514).

Weiterführende Literatur zu Kapitel 4:

Ökologischer Fehlschluss

Diekmann [20](2009: 134–140)

Untersuchung zeitlicher Entwicklungen

Diekmann [20](2009: 303–328) → *ausführlicher als Kapitel 4.2*

Analyse von Paneldaten

Arminger u.a. (1990)
Engel u.a. (1994)
Faulbaum (1988) → *Überblick*

Analyse von Ereignisdaten

Blossfeld u.a. (1986)
Diekmann (1988) → *Überblick*
Diekmann u.a. (1984)
Diekmann u.a. (1993)

Kohortenanalyse

Bortz u.a. [3](2003: 563–568)
Diekmann [20](2009: 318–326)
Glenn [3](1977)
Huinik (1988)

Experimentelle Designs

Diekmann [20](2009: 337–350)

Mehr zu Kausalstrukturen und zur Drittvariablenkontrolle

Bortz u.a. [3](2003: 518–521)
Diekmann [20](2009: 723–741)
Mayntz u.a. [5](1978: 199–211)
Schnell u.a. [9](2011: 226–230)
Zeisel (1970: 113–142) → *viele Beispiele*

Kontrollmöglichkeiten bei mündlichen Umfragen

Schumann [2](1996)

Weitere Formen der schriftlichen Befragung

Diekmann [20](2009: 514–520)

Total-Design-Methode

Dillman (1978)
Dillman (1983)
Hippler (1985: 39–56)

Telefoninterviews

Diekmann [20](2009: 501–514) → *Überblick*
Frey u.a. (1990)
Gabler u.a. (1998)

5 Beschreibung von univariaten empirischen Verteilungen

In vielen Fällen ist es für den Forscher, der mit einem Datensatz arbeitet, wichtig, die Häufigkeitsverteilungen der Werte einzelner Variablen dieses Datensatzes zu kennen. Zwei typische Beispiele mögen das illustrieren: Ihn könnte der Anteil von Männern und von Frauen interessieren, um die Repräsentativität seines Samples – sagen wir einer einfachen Zufallsstichprobe – bezüglich der Verteilung der Geschlechter zu beurteilen. Oder er könnte feststellen wollen, wie hoch der Anteil der CDU-Wähler in seiner Stichprobe ist, denn diesen Anteil kann er als grobe Schätzung[1] für den Anteil der CDU-Wähler in der untersuchten *Grundgesamtheit* – sagen wir z.B. unter den wahlberechtigten Einwohnern der Stadt Mainz – verwenden.

Hierzu gleich eine wichtige Anmerkung: Kapitel 5 beschäftigt sich in erster Linie mit deskriptiver (d.h. beschreibender) Statistik[2]. Es geht darum, die Verteilung empirisch erhobener Daten in einem *Datensatz* zu beschreiben. Normalerweise möchte ein Forscher jedoch in erster Linie Aussagen über die von ihm untersuchte *Grundgesamtheit* machen, wobei ihn sein Datensatz nicht an sich, sondern lediglich als „Mittel zum Zweck" interessiert. Mit solchen Fragen des Schlusses von der Verteilung empirisch erhobener Daten auf die entsprechende Verteilung in der Grundgesamtheit beschäftigt sich ausführlich Kapitel 6.

Zurück zur Beschreibung von Verteilungen im *Datensatz*: Repräsentative Umfragen haben in der Regel einen Umfang von etwa tausend Befragten oder mehr. Ein Forscher, der sich beispielsweise einen Eindruck von der Altersstruktur unter seinen Befragten machen möchte, kann dies kaum durch die Inspektion seiner Fragebogen oder der entsprechenden Datenmatrix tun. Allein die schiere Masse der Daten dürfte ihn überfordern. Es müssen also übersichtlichere Darstellungsformen zum Einsatz kommen – und hiermit beschäftigt sich schwerpunktmäßig Kapitel 5. Dabei werden nur eindimensionale (univariate) Häufigkeitsverteilungen, also die Verteilung der Werte jeweils einer einzigen Variablen, besprochen.

Die gebräuchlichste und sparsamste Darstellungsform ist das Berichten geeigneter Maßzahlen, die etwas über die Lage der Variablenwerte und über deren Dispersion (Streuung) aussagen. Bei metrischen Daten wird hierzu in der Regel das arithmetische Mittel und die Standardabweichung der Werte verwendet. Die Kapitel 5.1 und 5.2 beschäftigen sich mit solchen Maßzahlen. In vielen Fällen wird die Verteilung von Variablenwerten auch durch graphische Darstellungen beschrieben, was zwar weniger kompakt und platzsparend, dafür aber anschaulicher ist. Einige häufig gebrauchte graphische Darstellungsformen sind in Kapitel 5.3 behandelt. Kapitel 5.4 schließlich informiert über eine wichtige Anwendung des arithmetischen Mittels und der Standardabweichung, nämlich die z-Standardisierung von Daten.

---

[1] Punktschätzung (vgl. Kap. 6 – Einleitung).

[2] Von der deskriptiven Statistik unterscheidet man die schließende Statistik (Inferenzstatistik), auf die in den Kapiteln 6, 7.2 und 7.3 besonders eingegangen wird.

5.1 Maßzahlen der zentralen Tendenz[3]

Vor diesem Kapitel sollten Sie gelesen haben:
• *Kap. 2.1 (Messung und Skalenniveaus)*

Betrachten wir zunächst eine „Mini-Umfrage" mit einer Stichprobengröße von 17 Befragten[4]. Nehmen wir ferner an, es wurden Studenten aus einem Statistik-Kurs befragt. Tafel 5.1-1 zeigt für jeden der 17 Studenten, in welchem Semester er sich befindet.

Tafel 5.1-1:   Die Namen (n_i) von 17 Studenten und das Semester (x_i), in dem sie jeweils studieren (Urliste)

n_i	Karl	Fred	Max	Kai	Sigi	Mark	Georg	Klaus	Heinz	Mike	Horst	Berti	Tom	Eddi	Kurt	Uwe	Tomas
x_i	7	6	1	3	3	5	4	4	4	7	3	3	4	1	4	3	4
i	1	2	3	4	5	6	7	8	9	10	11	12	13	14	15	16	17

Indizes

In Tafel 5.1-1 ist der **Index** „i" verwendet. Da im folgenden häufiger Indizes verwendet werden, soll diese Schreibweise hier kurz am Beispiel erläutert werden. Zunächst wird der Student bzw. sein Name stellvertretend mit dem Buchstaben „n" bezeichnet und das Semester, in dem er sich befindet, mit „x". Damit können diese beiden Größen in eine Formel aufgenommen werden, ohne dass sie allein wegen der ausführlichen Schreibweise unübersichtlich und schwer lesbar wird. Allerdings ist beispielsweise mit der Verwendung des Buchstabens „x" in einer Formel noch nicht bestimmt, *welcher* der 17 vorhandenen x-Werte gemeint ist. Aus diesem Grund wird dem Buchstaben „x" der Index „i" beigefügt. Die Werte für „i" laufen von „1" bis „17". Jeder Student bekommt einen bestimmten Wert für „i" zugeordnet. Dieser Wert für „i" wird auch „seiner" Semesterzahl zugeordnet. *Welchem* Studenten dabei welche der Zahlen „1" bis „17" zugeordnet wird, ist unerheblich. Wichtig ist nur, dass jede der Zahlen *eindeutig*[5] für einen der Studenten steht. Ein Beispiel aus Tafel 5.1-1: „$x_9 = 4$" bedeutet, dass sich der Student mit der Nummer i = 9, also Heinz, im vierten Semester befindet. Indizes können generell dazu ver-

---

[3] Manchmal wird in der Literatur zwischen „Maßzahlen der zentralen Tendenz" und **„Durchschnittswerten"** unterschieden, je nachdem, ob *alle* Werte einer Verteilung in die Berechnung der betreffenden Maßzahl eingehen (Durchschnittswerte) oder nicht (Maßzahlen der zentralen Tendenz; vgl. z.B. Hippmann, [3]2003: 85). Im vorliegenden Buch wird eine derartige Unterscheidung *nicht* vorgenommen, da sie für die hier behandelten Themen einerseits von geringer Relevanz wäre und andererseits die Darstellung komplizieren würde.

[4] Stichproben mit einem derart geringen Umfang treten bei repräsentativen Umfragen in der Praxis nicht auf. Das Beispiel ist frei erfunden und so konstruiert, dass die Maßzahlen der zentralen Tendenz leicht per Hand zu errechnen sind.

[5] Aus der Zahlenangabe muss eindeutig rekonstruierbar sein, welcher Student gemeint ist. Es dürfen also nicht zwei oder mehrere Studenten ein und dieselbe Indexzahl zugeordnet bekommen.

wendet werden, Angaben, wie hier, von welchem Studenten die Rede ist und in welchem Semester der betreffende Student sich befindet, einander zuzuordnen. Sie können ferner dazu dienen, *einzelne* Werte anzusprechen. Nach Tafel 5.1-1 steht z.B. n_3 stellvertretend für das Individuum „Max" und x_{14} stellvertretend für die Semesterzahl von Eddi, nämlich „1".

Man beachte, dass die Angabe, wessen Werte gemeint sind – sagen wir die von Karl – und die Indexzahl zu unterscheiden sind. Der erste Student, dessen Fragebogen in den Datensatz aufgenommen wird – im Beispiel Karl – erhält die Indexzahl „1", ebenso wie „sein" Semester-Wert. Wäre Karls Fragebogen später bei der Datenaufnahme eingetroffen, hätte er vielleicht die Indexnummer „11" bekommen, ebenso wie sein Semester-Wert.

Übung 5.1-1

Was bedeuten in Ihren eigenen Worten die Angaben „$x_2 = 6$", „x_{17}" und „n_{13}" aus Tafel 5.1-1?

Urliste und primäre Tafel

In Tafel 5.1-1 sind die Semesterzahlen für die Studenten einfach in der Reihenfolge, wie sie aus den Fragebogen heraus in den Datensatz aufgenommen wurden, aufgeführt. Eine solche Aufstellung nennt man **Urliste**. Bei den in repräsentativen Umfragen üblichen hohen Zahlen von tausend und mehr Befragten kann man mit einer solchen Urliste wenig anfangen. Aufschlussreicher ist eine **primäre Tafel**. Man erhält sie aus der Urliste, indem man deren Werte der Größe nach sortiert – üblicherweise in aufsteigender Reihenfolge. Tafel 5.1-2 zeigt dies für unser Beispiel.

Tafel 5.1-2:   Primäre Tafel für die Semesterzahlen

1	1	3	3	3	3	3	4	4	4	4	4	4	5	6	7	7

Häufigkeitsauszählung

Die Informationen aus einer primären Tafel lassen sich übersichtlich in einer **Häufigkeitsauszählung** darstellen. Tafel 5.1-3 zeigt die Häufigkeitsauszählung für unser Beispiel. In der Spalte c_j stehen die möglichen Werte für die Variable „Semesterzahl", in der Spalte f_j daneben die Häufigkeit, mit der das betreffende Semester angegeben wird (s. primäre Tafel!). Der Index „j" verbindet wieder beide Angaben. Er steht jetzt nicht mehr, wie oben, für die Befragtennummer, sondern dient zur Durchnummerierung der Werte (Semesterzahlen) und dazu, jeder Semesterzahl die Häufigkeit, mit der sie in der Umfrage vorkommt, zuzuordnen. Der Ausdruck c_3, in einer

Formel verwendet, stünde also beispielsweise für die Semesterzahl „3" und der Ausdruck f_7 für die Häufigkeit „2", mit der Studenten im siebten Semester auftreten. Die Werte für „j" und „c_j" müssen übrigens nicht notwendigerweise identisch sein, wie die nachfolgende Übung 5.1-2 zeigt.

Tafel 5.1-3:   Häufigkeitsauszählung für die Semesterzahlen

j (Index)	c_j (Semesterzahl)	f_j (Häufigkeit)
1	1	2
2	2	0
3	3	5
4	4	6
5	5	1
6	6	1
7	7	2

Übung 5.1-2

Wie würde eine Häufigkeitsauszählung für zehn Studenten aussehen, die in einer Statistik-Arbeit, bei der zwischen null und sechs Fehler gemacht werden können, folgende Fehlerzahlen haben (Urliste):

0	6	1	2	5	1	2	1	1	6

Erstellen Sie als Zwischenschritt auch die primäre Tafel!

Beschreibung von Häufigkeitsverteilungen

Um Häufigkeitsverteilungen zu beschreiben, benutzt man sehr oft Maßzahlen. Man unterscheidet dabei zum einen **Maßzahlen der zentralen Tendenz**. Drei wichtige Maßzahlen der zentralen Tendenz, der *Modalwert*, der *Median* und das *arithmetische Mittel*, werden im folgenden dargestellt. Zum anderen dienen ergänzend dazu **Maßzahlen der Dispersion** der Beschreibung der Streuung von Häufigkeitsverteilungen. Die wichtigsten davon, insbesondere *Varianz* und *Standardabweichung*, werden in Kapitel 5.2 besprochen. Zur Beschreibung können ferner **graphische Darstellungen** herangezogen werden (vgl. Kapitel 5.3).

Nicht besprochen werden in Kapitel 5 die Beschreibung der Konzentration einer Verteilung durch die **Lorenzkurve** oder den **Gini-Index** (vgl. hierzu Hochstädter, [8]1996: 87–90 oder Diekmann, [20]2009: 678–684) sowie Maßzahlen der **Schiefe** und der **Wölbung** einer Verteilung (vgl. hierzu Bortz, [6]2005: 38 und 45–46 [Vorgänger-Auflage zu Bortz u.a. [7]2010] oder Sachs, [7]1992: 167–173).

Zentrale Tendenz: „Modalwert"

Der **Modalwert** (Mo) oder **Modus** ist die einfachste unter den Maßzahlen der zentralen Tendenz. Er bezeichnet den am häufigsten vorkommenden Wert. In unserem Beispiel (Tafel 5.1-3) ist der Modalwert „4", d.h. die meisten Studenten der Stichprobe befinden sich im vierten Semester.

Übung 5.1-3
Bestimmen Sie den Modalwert für das Beispiel aus Übung 5.1-2 (Fehlerzahlen von zehn Studenten in einer Statistik-Klausur).

Gibt es – bei mindestens intervallskalierten Daten – nicht nur *einen* häufigsten Wert, sondern treten zwei benachbarte Werte, wie z.B. „4" und „5" in Tafel 5.1-4, gleich häufig *und* häufiger als alle übrigen Werte (abgesehen von ihrem „Nachbarn") auf, dann wird als Modus das arithmetische Mittel (s.u.) aus den zwei betreffenden Werten angegeben. Für Tafel 5.1-4 beträgt der Modus damit 4.5. Für nominal- oder ordinalskalierte Daten ist eine derartige Mittelwertberechnung nicht sinnvoll, da Differenzen von Messwerten nicht interpretierbar sind.

Tafel 5.1-4:   Zwei benachbarte „häufigste Werte" (Primäre Tafel)

1	2	3	4	4	4	4	5	5	5	5	6	6	7	9	10	12

Uneinigkeit herrscht in der Literatur für den Fall, dass zwei oder mehr *nicht nebeneinander liegende* Werte existieren, die jeweils häufiger vorkommen als die ihnen benachbarten Werte. Meist spricht man dann von **bimodalen** bzw. **multimodalen Verteilungen** und gibt entsprechend viele Modi an. Das Beispiel aus Tafel 5.1-5 zeigt nach dieser Sichtweise eine bimodale Verteilung mit den beiden (lokalen) Modalwerten „3" und „8". Man kann sich aber andererseits auch auf den Standpunkt stellen, dass schon aus sprachlogischen Gründen zwei oder mehr „häufigste" Werte nicht auftreten können. In diesem Fall würde man „8" als Modalwert für die Verteilung aus Tafel 5.1-5 angeben, da dies der am häufigsten vorkommende Wert ist. Ist eine solche Entscheidung nicht möglich, weil die (lokalen) Spitzenwerte gleich häufig vorkommen[6], dann kann nach dieser Sichtweise *kein* Modalwert berichtet werden.

---

[6] In unserem Beispiel aus Tafel 5.1-5 wäre das etwa dann der Fall, wenn sowohl der Wert „3" als auch der Wert „8" fünfmal vorkommen würden.

Tafel 5.1-5:   Bimodal verteilte Werte (Primäre Tafel)

1	2	3	3	3	3	4	5	6	7	8	8	8	8	8	9	10

Zur Form von Verteilungen

Hinsichtlich der (lokal oder absolut) am häufigsten vorkommenden Werte unterscheidet man **unimodale**, **bimodale** und **multimodale Verteilungen** (s.o.) – oder anders ausgedrückt: **ein-, zwei-** und **mehrgipflige Verteilungen**.

Eingipflige Verteilungen werden üblicherweise weiter entweder als **symmetrisch** beschrieben, oder als **rechts-** bzw. **linksgipflig**[7], falls der häufigste Wert nach rechts oder links in der Wertereihe verschoben ist[8]. Sie werden ferner als **schmal-** oder **breitgipflig** bezeichnet, je nachdem, ob sich die Werte in einem engen Bereich um den häufigsten Wert herum konzentrieren (schmalgipflig), oder ob sie dort stärker streuen (breitgipflig). Darstellungen zu den Verteilungsformen finden sich z.B. bei Bortz u.a. [7](2010: 42) oder Diekmann [20](2009: 674).

Zentrale Tendenz: „Median"

Ein ebenfalls sehr einfaches Maß der zentralen Tendenz ist der **Median** (Md oder $\tilde{x}$)[9]. Falls eine *ungerade* Anzahl von Fällen vorliegt, bezeichnet er den mittleren Wert der primären Tafel. Oder anders ausgedrückt: Er bezeichnet den Wert, der die nach der Größe sortierte Wertereihe in zwei gleich große Hälften teilt. Im Beispiel aus Tafel 5.1-2 beträgt der Median „4". In Tafel 5.1-6 ist dieser Median gekennzeichnet.

Tafel 5.1-6:   Median bei ungerader Fallzahl

1	1	3	3	3	3	3	4	4	4	4	4	5	6	7	7

Falls eine *gerade* Fallzahl vorliegt, gibt es keinen einzelnen Wert, der die primäre Tafel teilt. In der Mitte einer solchen Wertereihe stehen dann zwei Zahlen. Der Median berechnet sich in diesem Fall – bei mindestens intervallskalierten Daten – als das arithmetische Mittel (s.u.) aus diesen beiden Zahlen. Tafel 5.1-7 zeigt ein Beispiel für 14 Fälle. Der Median beträgt dort

---

[7] Alternativ werden auch für „rechtsgipflig" die Begriffe **rechtssteil** oder **linksschief** verwendet und für „linksgipflig" die Begriffe **linkssteil** oder **rechtsschief** (vgl. Benninghaus, [7](2005: 142).

[8] Streng genommen muss natürlich auch eine eingipflige Verteilung, deren häufigster Wert in der Mitte der Wertereihe liegt, nicht unbedingt symmetrisch sein.

[9] Manchmal wird der Median auch „**Zentralwert**" (Z) genannt.

„3.5". Für nominal- oder ordinal skalierte Daten ist eine derartige Mittelwertberechnung aus den gleichen Gründen wie schon beim Modalwert nicht sinnvoll.

In der Literatur werden oft kompliziert aussehende Formeln zur Berechnung des Medians berichtet (vgl. z.B. Kromrey, [12]2009: 415), die jedoch nichts anderes ausdrücken, als den eben besprochenen, einfachen Sachverhalt. Auf diese Formeln wird hier verzichtet.

Tafel 5.1-7:   Median bei gerader Fallzahl

1	1	2	2	3	3	3	4	4	5	5	6	7	9

Übung 5.1-4

Bestimmen Sie den Median für das Beispiel aus Übung 5.1-2 (Fehlerzahlen von zehn Studenten in einer Statistik-Klausur).

Exkurs: Quantile

Teilt man die Werte einer primären Tafel in *zwei Hälften*, so ist der Median derjenige Punkt, der die untere Hälfte der Wertereihe von der oberen Hälfte trennt. Teilt man die Werterreihe nicht in zwei Hälften, sondern in *vier Viertel* auf, so ist der Median der Punkt, der das zweite Viertel der Verteilung vom dritten Viertel trennt. Bei der Aufteilung in „Viertel" existieren drei solcher Trennpunkte, **Quartile** genannt, wobei der Median den zweiten (mittleren) Trennpunkt darstellt. Er wird daher aus dieser Sichtweise auch synonym als „zweites Quartil" bezeichnet. Die Berechnung des ersten und des dritten Quartils erfolgt analog zur Berechnung des Medians. Teilt man die Werterreihe in *Zehn-Prozent-Abschnitte*, so lassen sich 9 Trennpunkte (**Dezile**) ermitteln, wobei der Median das fünfte Dezil darstellt. Üblich ist auch die Aufteilung der Werterreihe in *drei Drittel*, wobei zwei **Terzile** errechenbar werden oder in *fünf gleich große Teile*, wobei vier **Quintile** anzugeben sind. Oft wird auch mit **Perzentilen** gearbeitet, wobei die Verteilung in *hundert* gleich große Teile zerlegt wird. Prinzipiell ist jede beliebige Aufteilung der Werterreihe möglich. Die entsprechenden Trennpunkte (**Quantile**) werden analog zum Median errechnet.

Es ist auch möglich, die Werterreihe in *unterschiedlich große* Abschnitte aufzuteilen und entsprechende Trennpunkte zu berechnen. Vom **80%-Quantil** einer Verteilung spricht man etwa, wenn höchstens 80 Prozent der Werte der Verteilung kleiner und höchstens 20 Prozent der Werte größer sind als dieser Trennpunkt. Der Punkt trennt die „unteren" achtzig Prozent einer Verteilung von den „oberen" zwanzig Prozent. Die Werte müssen dabei natürlich immer in Form einer primären Tafel, also der Größe nach geordnet, vorliegen.

Zentrale Tendenz: „arithmetisches Mittel"

Die wohl wichtigste Maßzahl der zentralen Tendenz stellt das **arithmetische Mittel** (AM oder $\bar{x}$) dar. Das arithmetische Mittel errechnet sich nach der Formel:

$$\bar{x} = \frac{\sum_{i=1}^{n} x_i}{n}$$

Die Formel besagt: Summiere alle Werte der Variablen, für die das arithmetische Mittel er-rechnet werden soll, auf und teile die so errechnete Summe durch die Anzahl der Werte. Für unser anfängliches Beispiel (Tafeln 5.1-1 bis 5.1-3) würde dies bedeuten: Um das arithmeti-sche Mittel für die Variable „Semester, in dem der Student sich befindet" zu errechnen, sind alle Werte x_i aufzusummieren (das ergibt „66") und durch die Anzahl der Werte, die mit „17" natürlich identisch ist mit der Anzahl der Studenten, zu teilen. Für unser Beispiel errechnet sich damit $\bar{x} = 3.88$.

Berechnung des arithmetischen Mittels aus Häufigkeitsauszählungen

Die Berechnung des arithmetischen Mittels kann anhand der Urliste (Tafel 5.1-1) oder anhand der primären Tafel (Tafel 5.1-2) erfolgen. Falls man „per Hand" rechnet, ist es jedoch – insbe-sondere bei großen Fallzahlen – einfacher, die Häufigkeitsauszählung (falls vorhanden) zu verwenden. Man würde dann in unserem Beispiel nach Tafel 5.1-3 rechnen:

$$\bar{x} = \frac{(2 \cdot 1) + (0 \cdot 2) + (5 \cdot 3) + (6 \cdot 4) + (1 \cdot 5) + (1 \cdot 6) + (2 \cdot 7)}{17}$$

$$= \frac{2 + 0 + 15 + 24 + 5 + 6 + 14}{17} = \frac{66}{17} = 3.88$$

Dieses Vorgehen entspricht der Idee nach dem Aufsummieren der Werte aus der primären Tafel (Tafel 5.1-2), nur dass die Werte nicht einzeln nacheinander addiert werden, sondern in Gruppen. Statt „1+1" rechnet man „2·1", statt „3+3+3+3+3" rechnet man „5·3", usw., wobei nicht existierende Werte wie die „2" mit „0" in die Rechnung eingehen, also nichts zur Ge-samtsumme im Zähler (66) beitragen.

Übung 5.1-5

Bestimmen Sie das arithmetische Mittel für das Beispiel aus Übung 5.1-2 (Fehlerzahlen von zehn Studenten in einer Statistik-Klausur).

Das Summenzeichen

In der Formel für das arithmetische Mittel wird das **Summenzeichen** „Σ„ verwendet. Da dieses Zeichen noch häufiger gebraucht wird, sei seine Bedeutung hier am Beispiel erklärt. Das Summenzeichen besagt generell, dass die dahinter aufgeführten Werte aufsummiert werden sollen. Der Ausdruck:

$$\sum_{i=1}^{n} x_i$$

bedeutet, alle Werte für x_i, beginnend mit dem Wert für i=1 (ergänzende Angabe *unter* dem Summenzeichen!) bis hin zum Wert i=n (ergänzende Angabe *über* dem Summenzeichen!) sind aufzusummieren. Mit „n" ist dabei der höchste Wert für „i" gemeint, der beim arithmetischen Mittel der Fallzahl entspricht. Wenn auch ohne die beiden ergänzenden Angaben klar ist, welche Werte aufzusummieren sind, werden sie oft weggelassen. Die Formel für das arithmetische Mittel sieht in diesem Fall folgendermaßen aus:

$$\overline{x} = \frac{\sum x_i}{n}$$

mathematische Eigenschaften des arithmetischen Mittels

Zwei Eigenschaften des arithmetischen Mittels sind, besonders für die Berechnung von Streuungsmaßen wie der Varianz (vgl. Kap. 5.2), von Bedeutung und seien daher an dieser Stelle erwähnt.

Erstens: Berechnet man für jeden einzelnen gemessenen Wert x_i einer Variablen, etwa in unserem Beispiel der Semesterzahl, dessen *Abweichung vom arithmetischen Mittel* ($x_i - \overline{x}$) und summiert diese Abweichungen unter Beachtung ihrer Vorzeichen auf, dann ergibt sich als Summenwert „0" (vgl. auch Tafel 5.2-1). In Formelschreibweise:

$$\sum (x_i - \overline{x}) = 0$$

Zweitens: Summiert man nicht – wie oben – die Abweichungen vom arithmetischen Mittel „$(x_i - \overline{x})$„ auf, sondern deren *Quadrate* „$(x_i - \overline{x})^2$„, dann ist diese Summe minimal, d.h. für jeden anderen Zahlenwert als $\overline{x}$ ergibt sich ein höherer Summenwert. Als Formel:

$$\sum (x_i - \overline{x})^2 = \min$$

Wir werden auf diese Eigenschaften in Kapitel 5.2 noch zu sprechen kommen.

Problem der „Ausreißer" beim arithmetischen Mittel

Als **Ausreißer** bezeichnet man vereinzelte, im Vergleich zu den übrigen *extrem* hohe oder niedrige Werte einer primären Tafel. Das arithmetische Mittel wird von solchen Ausreißern stark beeinflusst, der Median und der Modalwert dagegen nicht[10]. Dessen sollte man sich bewusst sein, wenn man für eine Verteilung das arithmetische Mittel als Maßzahl der zentralen Tendenz verwendet. Die folgende Übung zeigt anhand eines extremen Beispiels die Wirkung von Ausreißen auf das arithmetische Mittel.

Übung 5.1-6

Berechnen Sie für die beiden Einkommensverteilungen, die sich nur in einem einzigen (hell hinterlegten!) Wert unterscheiden, den Modalwert, den Median und das arithmetische Mittel.

							Mo	Md	$\overline{x}$
Verteilung 1 (in €):	1800	1900	1900	1900	2100	2100	2200			
Verteilung 2 (in €):	1800	1900	1900	1900	2100	2100	17000			

Skalenniveau und Maßzahlen der zentralen Tendenz

Welche Maßzahlen der zentralen Tendenz für eine Verteilung sinnvollerweise berechnet werden können, hängt vom Skalenniveau der betreffenden Variablen ab[11]. Betrachten wir beispielsweise die drei Variablen „Wahlentscheidung bei der sog. Sonntagsfrage", die „individuelle wirtschaftliche Zufriedenheit" und das „Alter" der Befragten aus einer Wahlumfrage. Die zugehörigen Fragen sind in Tafel 5.1-8 aufgeführt. Die erste Variable (Wahlsonntagsfrage) hat Nominalskalenniveau, die zweite (wirtschaftliche Zufriedenheit) Ordinalskalenniveau und die dritte, das Alter, metrisches Skalenniveau. *Errechenbar* sind die bisher besprochenen Maßzahlen der zentralen Tendenz (Modalwert, Median und arithmetisches Mittel) natürlich für alle drei Variablen, *sinnvoll interpretierbar* dagegen nicht. Nehmen wir an, in einer „Miniumfrage" von drei Befragten[12] hätte sich einer für die CDU, einer für die SPD und einer für die Grünen entschieden. Ordnet man, wie in Tafel 5.1-8 geschehen, der CDU den Wert „1" zu, der SPD den Wert „2" und den Grünen den Wert „4", so lässt sich zwar rechnerisch das arithmetische Mittel mit „$\overline{x} = 2.33$" bestimmen, sinnvoll interpretierbar ist es jedoch nicht. Würden wir beispielsweise der CDU den Wert „7", der SPD den Wert „10" und den Grünen den Wert „1" zuweisen, was auf Nominalskalenniveau eine erlaubte Transformation ist (vgl.

---

[10] Der Grund: Beim arithmetischen Mittel gehen *alle* Zahlenwerte, also auch die Ausreißer, mit jeweils gleichem Gewicht in die Berechnung der Maßzahl ein. Beim Modalwert und beim Median ist das nicht so!

[11] Wir haben dieses Problem bisher umgangen, indem wir die Maßzahlen der zentralen Tendenz für *metrisch* skalierte Variablen – wie die Semesterzahl – berechnet haben. Bei metrischen Variablen sind alle bisher besprochenen Maßzahlen der zentralen Tendenz sinnvoll interpretierbar.

[12] In der Praxis wird eine solche Umfrage wegen der extrem geringen Fallzahl sicherlich nicht auftreten!

Kap. 2.1), dann erhielten wir einen Wert von „6" für das arithmetische Mittel. Unendlich viele
weitere solcher Beispiele könnten konstruiert werden.

Tafel 5.1-8:   Beispiele von Fragen für Merkmale auf unterschiedlichen Skalenniveaus

Welche Partei würden Sie wählen, wenn nächsten Sonntag Bundestagswahl wäre?	*1 CDU / CSU* *2 SPD* *3 FDP* *4 Grüne* *5 andere Partei* *6 ich würde nicht wählen*	**NOMINALSKALENNIVEAU**

Wie beurteilen Sie zur Zeit Ihre eigene wirtschaftliche Lage?	*1 sehr gut* *2 gut* *3 teils gut / teils schlecht* *4 schlecht* *5 sehr schlecht*	**ORDINALSKALENNIVEAU**

Sagen Sie mir bitte, wie alt Sie sind.	_____ *Jahre*	**METRISCHES SKALENNIVEAU**

Generell ist bei *nominal* skalierten Daten der Modalwert eine geeignete Maßzahl der zentralen
Tendenz[13]. Schon der Median wäre ungeeignet, da er auf der Reihenfolge der Variablenwerte
aufbaut, die bei Nominaldaten nicht interpretierbar ist. Auch das arithmetische Mittel ist
ungeeignet, da es metrisch skalierte Daten voraussetzt. Das Beispiel anhand der Entscheidung
bei der Wahlsonntagsfrage hat dies demonstriert. Für *ordinal* skalierte Daten, wie die wirtschaftliche Zufriedenheit, kann der Median interpretiert werden, da die Reihenfolge der Werte
interpretierbar ist, und natürlich auch wieder der Modalwert – jedoch immer noch nicht das
arithmetische Mittel, da noch keine metrisch skalierten Daten vorliegen. Bei *metrischen*, also
intervall- oder ratioskalierten Daten, ist dann das Skalenniveau erreicht, auf dem das arithmetische Mittel als Maßzahl der zentralen Tendenz verwendbar ist. Selbstverständlich können
auf diesem Skalenniveau auch der Modalwert und der Median sinnvoll interpretiert werden.

Eine Zusammenstellung geeigneter Maßzahlen der zentralen Tendenz für die verschiedenen
Skalenniveaus findet sich am Ende von Kapitel 5.2, zusammen mit den entsprechenden Maßzahlen der Dispersion.

---

[13] Eine gewisse Sonderstellung nehmen allerdings dichotome Variablen ein. Sie werden oft als die einfachste
Form von intervallskalierten Variablen (vgl. Kap. 2.1) betrachtet und entsprechend behandelt.

Harmonisches und geometrisches Mittel

In manchen Sonderfällen ist es auch bei Ratioskalenniveau nicht sinnvoll, das arithmetische Mittel zu berechnen. Das harmonische oder das geometrische Mittel können dann angemessene Durchschnittswerte sein. Allerdings werden, schon aufgrund der Voraussetzung von *ratioskalierten Daten*, sowohl das harmonische als auch das geometrische Mittel in der Umfrageforschung nur selten verwendet. Sie sind deshalb hier auch nur sehr knapp besprochen. Ausführliche Darstellungen finden sich z.B. in Hippmann [3](2003: 85–89) oder in Bosch [6](2012: 100–103), eine besonders anschauliche in Krämer [4](2004: 39–44). Der Zusammenhang des harmonischen und des geometrischen Mittels mit dem arithmetischen Mittel ist in Clauß u.a. (1994: 69) erläutert.

Das **harmonische Mittel** wird verwendet, wenn ein Durchschnittswert für eine Reihe von **Verhältniszahlen mit vorgegebener, konstanter Zählergröße** zu berechnen ist. Bosch [6](2012: 100–102) demonstriert dies anhand von n = 4 Geschwindigkeiten, gemessen in „Stundenkilometern"[14]. Ein Sportflugzeug fliegt viermal hintereinander jeweils 300 Kilometer weit (damit ist die Zählergröße mit jeweils „300 km" vorgegeben), und zwar viermal in einer anderen Zeit, d.h. mit einer anderen Geschwindigkeit[15]. Die vier Geschwindigkeiten betragen: 300 km/h, 400 km/h, 500 km/h und 600 km/h. Demnach werden für die 300 km im ersten Fall 1 Stunde benötigt, dann 0.75 Stunden, 0.6 Stunden und schließlich, bei 600 km/h, 0.5 Stunden. Gesucht ist die Durchschnittsgeschwindigkeit, also eine Durchschnittsangabe für die Verhältniszahl „Weg / Zeit", mit der das Flugzeug die Gesamtstrecke von 1200 Kilometern zurückgelegt hat. Die vier Verhältniszahlen lauten in diesem Fall: x_1 = 300km / 1h (=300 km/h), x_2 = 300km / 0.75h (=400km/h), x_3 = 300km / 0.6h (=500km/h) und x_4 = 300km / 0.5h (=600 km/h). Die Durchschnittsgeschwindigkeit kann nun *nicht* als arithmetisches Mittel aus den vier Einzelgeschwindigkeiten berechnet werden, wie bei Bosch (s.o.) gezeigt wird. Die Formel für das statt dessen zu verwendende harmonische Mittel lautet:

$$\bar{x}_h = \frac{n}{\sum \dfrac{1}{x_i}}$$

Im vorliegenden Beispiel wäre also zu rechnen:

$$\bar{x}_h = \frac{4}{\dfrac{1}{300} + \dfrac{0.75}{300} + \dfrac{0.6}{300} + \dfrac{0.5}{300}} = \frac{4}{\dfrac{2.85}{300}} = \frac{4 \cdot 300}{2.85} \approx 421.05 \,[\text{km} / \text{h}]$$

Das harmonische Mittel kann nur berechnet werden, wenn alle n Einzelwerte positiv sind.

---

[14] Das ist die Verhältniszahl. Bei Stundenkilometern (km/h) stehen im Zähler „Kilometer" und im Nenner „Stunden".

[15] *Innerhalb* jeder 300-Kilometer-Tour wird die Geschwindigkeit als konstant angenommen.

Auch das **geometrische Mittel** kann nur berechnet werden, wenn alle zu „mittelnden" Einzelwerte positiv sind. Die Formel zur Errechnung des geometrischen Mittels lautet:

$$\bar{x}_g = \sqrt[n]{\prod x_i} \qquad \text{mit: } \prod x_i = x_1 \cdot x_2 \cdot x_3 \ldots \cdot x_n$$

In der Regel wird das geometrische Mittel für **Wachstumsfaktoren**[16] (wie z.B. Preissteigerungsfaktoren) errechnet. Tafel 5.1-9 zeigt dies an einem hypothetischen Beispiel. Ein bestimmtes Produkt koste 2003 1000 € und in den darauf folgenden Jahren 1050.00 €, 1081.50 €, 1103.13 € und schließlich im Jahre 2007 1147.26 €[17]. Der Preissteigerungsfaktor beträgt zwischen 2003 und 2004 „1.05", d.h. der Preis von 2003 muss mit 1.05 multipliziert werden, um den Preis für 2004 zu errechnen. Analoges gilt für die übrigen Preissteigerungsfaktoren aus Tafel 5.1-9. Insgesamt sind dort n = 4 „tatsächliche" – also beobachtete – Preissteigerungsfaktoren berichtet. Sie lauten $x_1 = 1.05$, $x_2 = 1.03$, $x_3 = 1.02$ und $x_4 = 1.04$. Für diese Preissteigerungsfaktoren ist als Mittelwert das geometrische Mittel zu berechnen. Es beträgt 1.03494[18]. Wird, ausgehend vom Startwert 1000.00 € im Jahre 2003, dieser Preissteigerungsfaktor bis 2007 zugrunde gelegt, dann ergibt sich für das Jahr 2007 wieder der (auch tatsächlich beobachtete) Preis von 1147.26 €. Dies demonstriert der untere Teil von Tafel 5.1-9.

Da z.B. ein Preissteigerungs*faktor* von 1.05 einer Preissteigerungs*rate* von 0.05 (= 1.05–1) oder von 5 Prozent entspricht, sind auch durchschnittliche Preissteigerungsraten (allgemein: **durchschnittliche Wachstumsraten**) über die entsprechenden Preissteigerungsfaktoren (bzw. Wachstumsfaktoren) durch Subtraktion von „1" zu berechnen. Die durchschnittliche Preissteigerungsrate beträgt im Beispiel: 1.03494–1 = 0.03494 oder 3.494 Prozent.

Tafel 5.1-9:   Preisentwicklung – Demonstrationsbeispiel zum geometrischen Mittel

	Erhebungsjahr:				
	2003	2004	2005	2006	2007
		tatsächliche Preisentwicklung			
Preis	**1000.00**	**1050.00**	**1081.50**	**1103.13**	**1147.26**
Preissteigerungsfaktor (beobachtet)		x 1.05	x 1.03	x 1.02	x 1.04
		durchschnittliche Preisentwicklung			
Preis	**1000.00**	**1034.94**	**1071.10**	**1108.52**	**1147.26**
Preissteigerungsfaktor (geometrisches Mittel)		x 1.03494	x 1.03494	x 1.03494	x 1.03494

---

[16] Wachstumsfaktoren zwischen zwei Zeitpunkten sind definiert als: $\frac{\text{neuer Wert}}{\text{alter Wert}}$ (vgl. z.B. Tafel 5.1-9).

[17] Die technischen Details der Ermittlung der Preise für die einzelnen Jahre seien dabei außer Acht gelassen, da sie für den hier zu demonstrierenden Sachverhalt unwichtig sind.

[18] $\bar{x}_g = \sqrt[4]{1.05 \cdot 1.03 \cdot 1.02 \cdot 1.04} = 1.03494$

Berechnung der Maßzahlen der zentralen Tendenz aus gruppierten Daten

Liegen die Messwerte nicht in **singulärer** Form[19], sondern **gruppiert**[20], also in Form von Messwertklassen, vor, dann erschwert sich die Berechnung von Maßzahlen der zentralen Tendenz. In Benninghaus [7](2005: 124–139) ist ihre Berechnung auch für diesen Fall beschrieben. Hier soll auf die Berechnung nicht näher eingegangen werden, da bei der Auswertung repräsentativer Umfragen, bei denen der entsprechende Datensatz und damit die Rohdaten (wie in diesem Buch angenommen) für die Analyse zur Verfügung stehen, solche Probleme nur sehr selten auftauchen[21].

5.2 Maßzahlen der Dispersion (Streuung)

> *Vor diesem Kapitel sollten Sie gelesen haben:*
> - *Kap. 2.1 (Messung und Skalenniveaus)*
> - *Kap. 5.1 (Maßzahlen der zentralen Tendenz)*

Möchte ein Forscher die Verteilung der Werte einer Variablen durch Maßzahlen beschreiben, dann wird er in der Regel nicht nur eine geeignete Maßzahl der zentralen Tendenz, sondern zusätzlich auch eine Maßzahl für die **Dispersion** (Streuung) der Werte angeben. Neben dem arithmetischen Mittel wird dann beispielsweise in aller Regel auch die „Standardabweichung" (s.u.) berichtet. Ein oft verwendetes Beispiel illustriert den Grund hierfür. Nehmen wir zwei Staaten mit exakt dem gleichen monatlichen Durchschnittseinkommen (pro Kopf) ihrer Einwohner, sagen wir 1000 €, an. Dann könnten beispielsweise alle Einwohner der beiden Staaten einen monatlichen „Einheitslohn" von 1000 € erhalten. Wir würden dann sagen, die Einkommensverteilung in beiden Ländern ist sehr ähnlich oder gar identisch. Es könnte aber auch sein, dass eine derartige Einkommensverteilung nur in einem der beiden Staaten vorliegt. Im anderen verdient die Hälfte der Einwohner 2000 €, während die andere Hälfte überhaupt nichts verdient. Auch dies ergibt ein arithmetisches Mittel von 1000 €, in diesem Fall würden

---

[19] Besonders bei metrischen Daten (wie etwa Altersangaben), die beliebig genau gemessen werden können, tritt das Problem auf, dass allein durch die verwendete Maßeinheit – in diesem Fall z.B. „Jahre" – eine Gruppierung vorgenommen wird. Man könnte das Alter auch in Monaten, Wochen, Tagen, Stunden, Minuten, Sekunden usw. erfassen. Aus dieser Sicht stellt z.B. die Altersangabe „zwei Jahre alt" bereits eine Gruppierung von Altersangaben (z.B. in „Monaten" oder „Wochen") dar. Dieses Problem wird hier nicht berücksichtigt. Im Folgenden würden also Altersangaben, die in „Jahren" erhoben sind, auch als „singuläre Daten" bezeichnet.

[20] Man sagt auch „klassiert".

[21] Ein solcher Sonderfall wäre etwa gegeben, wenn die „heikle" Frage nach dem Einkommen, einer Variablen mit metrischem Skalenniveau, bewusst nur in den Kategorien „bis 1000 €", „1000–2000 €", „2000–3000 €", „3000–4000 €" usw. erfasst wird, um dem Befragten zu signalisieren, dass man sich „nur ganz grob" für sein Einkommen interessiert und wenn man zweitens trotzdem eine Schätzung für das Durchschnittseinkommen in „€" errechnen möchte.

wir die Einkommensverteilung in beiden Ländern jedoch vermutlich als durchaus unterschiedlich bezeichnen. In Staat Nummer zwei könnte es auch eine kleine Gruppe von Spitzenverdienern geben, während die große Masse der Bevölkerung nur wenig verdient. Solche Beispiele lassen sich leicht konstruieren[22].

Generell kann man sagen, dass zur Beschreibung einer Verteilung von Werten die Maßzahlen der zentralen Tendenz (bzw. die Lageparameter) in aller Regel zwar notwendig, jedoch nicht hinreichend sind. Clauß u.a. (1994: 70) zitieren in diesem Zusammenhang das russische Sprichwort: „Der Teich war im Durchschnitt nur einen Meter tief und trotzdem ist die Kuh darin ertrunken". Man benötigt mit anderen Worten zusätzliche Maßzahlen, die etwas über die Streuung der Werte aussagen, und mit derartigen Maßzahlen der Dispersion (Streuung) beschäftigt sich das vorliegende Kapitel 5.2.

Dispersion: „Varianz" und „Standardabweichung"

Die Varianz einer Variablen ist eine sehr wichtige Größe, die für verschiedene Zusammenhangsmaße, z.B. die Korrelation (vgl. Kap. 8.2), zentrale Bedeutung besitzt. Aus ihr errechnet sich die Standardabweichung (s.u.). Diese wird üblicherweise zur Ergänzung des arithmetischen Mittels als zusätzliche Maßzahl zur Beschreibung der Streuung von Variablenwerten verwendet. Varianz und Standardabweichung sind Maßzahlen, deren Interpretation Ausgangsdaten auf *Intervallskalenniveau* voraussetzen.

Tafel 5.2-1:   Beispiel einer Häufigkeitsverteilung von 5 Messwerten

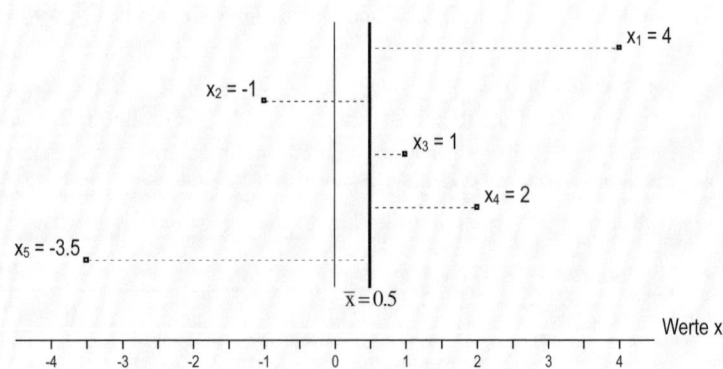

---

22 Nehmen wir beispielsweise, um leichter rechnen zu können, einen Zwergstaat mit zehntausend Einwohnern an. Dort könnten 9990 Einwohner, das sind 99,9 Prozent aller Einwohner, hundert Euro verdienen, während die übrigen zehn Einwohner über ein stattliches Einkommen von 900100.- € pro Kopf verfügen. Auch dies ergäbe ein Durchschnittseinkommen von tausend Euro.

Im folgenden wird Schritt für Schritt überlegt, wie für eine mindestens intervallskalierte Variable eine Maßzahl zur Erfassung der Streuung ihrer Werte konstruiert werden könnte. Tafel 5.2-1 zeigt zur Illustration eine Verteilung von fünf Werten x_1 bis x_5, wobei die gestrichelte Linie jeweils die Abweichung des betreffenden Wertes vom arithmetischen Mittel $\bar{x} = 0.5$ symbolisiert. Die gestrichelten Linien geben einen Eindruck der Streuung der Werte um ihr arithmetisches Mittel herum. Zusätzlich ist zur Orientierung der Wert „0" eingezeichnet.

Eine erste Überlegung könnte lauten: Man errechne für jeden einzelnen Messwert „x_i" (in unserem Beispiel für die Messwerte „x_1" bis „x_5") dessen Abweichung vom Mittelwert $(x_i - \bar{x})$. Dem entspricht die betreffende gestrichelte Linie in Tafel 5.2-1. Danach errechne man das arithmetische Mittel für diese Abweichungen. Die Formel sähe dann folgendermaßen aus:

$$\text{"Streuungsmaß 1"} = \frac{\Sigma(x_i - \bar{x})}{n}$$

Dieses „Streuungsmaß" hat allerdings einen ganz erheblichen Nachteil, der sich unmittelbar aus den mathematischen Eigenschaften des arithmetischen Mittels (vgl. Kap. 5.1) ablesen lässt: Der Zähler des Bruchs – und damit auch das „Streuungsmaß 1" – hat immer den Wert „0"[23]. Der Grund hierfür lässt sich anhand von Tafel 5.2-1 demonstrieren. Die Abweichungen vom Mittelwert sind *vorzeichenbehaftet*. Es gibt nicht nur „große" und „kleine" Abweichungen vom Mittelwert, sondern auch solche nach oben (positive) und solche nach unten (negative), und diese heben sich in der Summe gegenseitig auf. Der Absolutbetrag[24] der Summe aller Abweichungen nach oben ist genauso groß wie der Absolutbetrag der Summe aller Abweichungen nach unten[25]. Visuell veranschaulicht: Setzt man in Tafel 5.2-1 die gestrichelten Linien rechts und links der dick eingezeichneten Senkrechten, die das arithmetische Mittel markiert, jeweils aneinander, so ergeben sich rechts und links zwei gleich lange Linien.

Nach diesen Überlegungen liegt es nahe, das arithmetische Mittel nicht für die Abweichungen „$(x_i - \bar{x})$", an sich, sondern für die entsprechenden *Absolutbeträge* „$|x_i - \bar{x}|$", zu errechnen. Damit erhält man ein zweites Streuungsmaß:

$$\text{Streuungsmaß 2} = \frac{\Sigma|x_i - \bar{x}|}{n} = \text{durchschnittliche absolute Abweichung}$$

---

[23] Der Zähler von Streuungsmaß 1 würde sich im Beispiel berechnen nach: 3.5 + (-1.5) + 0.5 + 1.5 + (-4) = 0.

[24] Unter dem „**Absolutbetrag**" oder kurz „Betrag" eines Zahlenwertes versteht man diesen Zahlenwert **ohne** Berücksichtigung des Vorzeichens. Die Zahlen „3" und „-3" haben beispielsweise beide den Betrag „$|3|$".

[25] In unserem Beispiel ist dieser Absolutbetrag „$|5.5|$".

Dieses Streuungsmaß wird unter dem Namen „**durchschnittliche absolute Abweichung**" oder auch „durchschnittliche Abweichung" tatsächlich verwendet, allerdings selten[26]. Weitaus häufiger wird ein drittes Streuungsmaß, die **empirische Varianz**, zur Beschreibung von Verteilungen herangezogen. Die empirische Varianz lässt sich nach folgender Formel berechnen:

$$s_x^{\,2} = \frac{\Sigma(x_i - \overline{x})^2}{n} = \text{empirische Varianz}^{27}$$

Durch das *Quadrieren* der Abweichungen vom Mittelwert „$(x_i - \overline{x})$",, wird erstens, wie beim Absolutbetrag, erreicht, dass keine negativen Vorzeichen für die betreffenden Differenzen auftreten. Zusätzlich jedoch werden große Abweichungen vom Mittelwert überproportional stärker berücksichtigt als kleinere Abweichungen[28]. Auch unser Beispiel zeigt dies. Die empirische Varianz beträgt dort: $((3.5)^2 + (-1.5)^2 + 0.5^2 + 1.5^2 + (-4)^2) / 5 = 33 / 5 = 6.6$. Zur Höhe des Wertes „33" im Zähler tragen sehr stark die beiden großen Abweichungen „3.5" und „-4" bei[29], die drei kleineren Abweichungen dagegen sehr wenig[30].

Die empirische Varianz hat den Nachteil, dass ihre Maßeinheit das Quadrat der Maßeinheit der Ausgangswerte ist, was die Maßzahl für die Beschreibung der Streuung von Variablenwerten schwer interpretierbar macht. Betrachtet man z.B. die Verteilung einer Variablen „monatliches Nettoeinkommen", gemessen in „€", dann ist die Maßeinheit für die empirische Varianz dieser Verteilung „Quadrat-€". Eine Maßzahl für die Streuung in der vertrauten Einheit „€" ist die **empirische Standardabweichung**. Man erhält sie, indem man aus der empirischen Varianz die positive Quadratwurzel zieht.

$$s_x = \sqrt{\frac{\Sigma(x_i - \overline{x})^2}{n}} = \sqrt{\text{empirische Varianz}} = \text{empirische Standardabweichung}$$

---

[26] Für unser Beispiel ergäbe sich ein Wert von $(3.5 + 1.5 + 0.5 + 1.5 + 4) / 5 = 2.2$.

[27] Es gibt eine ganze Reihe auf den ersten Blick sehr unterschiedlich aussehender Formeln zur Berechnung der empirischen Varianz (vgl. z.B. Bortz, [6]2005: 43) [Vorgänger-Auflage zu Bortz u.a. [7]2010!]. Diese Formeln werden hier nicht behandelt, da der Leser kaum jemals in die Verlegenheit kommen wird, eine Varianz „per Hand" ausrechnen zu müssen. Dies erledigt normalerweise ein Rechner. Für das *Verständnis* wichtig ist nur die im Text besprochene „Definitionsformel".

[28] Ein Beispiel zur Illustration: Betrachten wir in einer Umfrage mit 1000 Befragten die Verteilung der Werte für ihr monatliches Nettoeinkommen. Nehmen wir ferner an, das arithmetische Mittel der Verteilung sei 2000 €. Wir greifen nun zwei Befragte heraus und stellen ihr Nettoeinkommen fest. Es betrage in einem Fall 2100 € und im anderen 2200 €. Die Abweichung vom Mittelwert beträgt im ersten Fall 100 € und im zweiten Fall 200 €. In zweiten Fall ist die Abweichung also *doppelt* so groß wie im ersten. Aufsummiert werden jedoch nicht die Abweichungen, sondern deren Quadrate, also „10000" und „40000". Das Abweichungsquadrat ist im zweiten Fall *viermal* so groß wie im ersten. Je weiter allgemein gesprochen ein Messwert vom arithmetischen Mittel der Verteilung abweicht, desto „stärker" beeinflusst er die Höhe der Maßzahl, wobei der Einfluss im Vergleich zur Entfernung vom arithmetischen Mittel überproportional zunimmt.

[29] $3.5^2 + (-4)^2 = 12.25 + 16 = \mathbf{28.25}$.

[30] $(-1.5)^2 + 0.5^2 + 1.5^2 = 2.25 + 0.25 + 2.25 = \mathbf{4.75}$.

Wenn wir nur an der Beschreibung der Verteilung von Werten (für eine metrisch skalierte Variable), so wie sie *im Datensatz* vorkommen, interessiert sind, dann haben wir mit der empirischen Standardabweichung bereits eine geeignete Maßzahl für die Streuung der Werte. Bei repräsentativen Umfragen interessiert man sich allerdings im Normalfall nicht für die Verteilung der Werte im Datensatz, sondern für die Verteilung der Werte *in der Grundgesamtheit*. Es lässt sich zeigen[31], dass man durch eine leichte Abwandlung der Formel für die „empirische Varianz" einen erwartungstreuen Schätzer[32] für die entsprechende **Varianz in der Grundgesamtheit** (kurz: „**Varianz**") bekommt[33]. Durch Ziehen der positiven Quadratwurzel lässt sich daraus ein erwartungstreuer Schätzer für die **Standardabweichung in der Grundgesamtheit** (kurz: „**Standardabweichung**") errechnen. Die neuen Formeln lauten:

$$\hat{\sigma}_x^2 = \frac{\Sigma(x_i - \bar{x})^2}{n-1} = \text{Varianz}$$

und:

$$\hat{\sigma}_x = \sqrt{\hat{\sigma}_x^2} = \text{Standardabweichung}$$

Die einzige Änderung ist also, dass bei der Errechnung der Varianz die **S**umme der **A**bweichungs**q**uadrate $\Sigma(x_i - \bar{x})^2$, oft auch „**SAQ**" abgekürzt, nicht durch „n", sondern durch „n-1" geteilt wird. Bei den in repräsentativen Stichproben üblichen Befragtenzahlen von n = 1000 oder mehr ist dieser Unterschied unerheblich[34].

Übung 5.2-1

Berechnen Sie für die folgende Altersverteilung die Varianz und die Standardabweichung als Schätzer für die Grundgesamtheit.

(Dieses Beispiel ist wegen der geringen Fallzahl unrealistisch. Es dient nur zu Übungszwecken!)

i	Alter x_i
1	50
2	30
3	60
4	70
5	90
6	60

---

[31] Vgl. z.B. Bortz [6](2005: 708–710) [Vorgänger-Auflage zu Bortz u.a. [7]2010].

[32] Zu „erwartungstreuen Schätzwerten" vgl. z.B. Bortz [7](2010: 89).

[33] Mit σ_x^2 wird üblicherweise die Varianz *in der Grundgesamtheit* (mit „n" im Nenner!) bezeichnet. Das „**Dach**" über σ_x^2 besagt, dass ein *Schätzwert* für diese Varianz in der Grundgesamtheit vorliegt.

[34] Ob man z.B. zur Errechnung der Varianz bei 1000 Befragten eine gegebene „Summe der Abweichungsquadrate" von „1800" durch „1000" oder durch „999" teilt, verändert den resultierenden Zahlenwert erst ab der dritten Nachkommastelle von „1.8000" auf „1.8018".

Mit der Betrachtung der Varianz und der Standardabweichung als *Schätzer* für die Verteilung der Werte einer Variablen in der Grundgesamtheit haben wir die **beschreibende Statistik**, die an sich Gegenstand des Kapitels 5 ist, verlassen und befinden uns im Bereich der **schließenden Statistik** (vgl. Einleitung zu Kapitel 5). Der Grund hierfür: Üblicherweise werden bei repräsentativen Umfragen die Varianz und die Standardabweichung in dieser Form berichtet, da die Forschung wie gesagt meist an der Grundgesamtheit und weniger an den Daten im Datensatz interessiert ist. Die *empirische* Varianz und die *empirische* Standardabweichung werden kaum verwendet. Doch damit zurück zur beschreibenden Statistik.

Dispersion: „Variationskoeffizient"

Manchmal möchte man die Standardabweichungen von zwei (oder mehreren) Verteilungen vergleichen, denen unterschiedliche Maßeinheiten zugrunde liegen oder deren Mittelwerte sich deutlich voneinander unterscheiden. Nehmen wir als Beispiel das monatliche Nettoeinkommen von Männern und Frauen. In diesem Fall ist auch intuitiv klar, dass die Streuung der Werte in beiden Gruppen von der Höhe des jeweiligen Gruppenmittelwertes abhängig ist. Unter den Spitzenverdienern (unter denen überproportional viele Männer zu finden sind) werden die Werte stärker streuen als unter den Durchschnitts- und Geringverdienern (mit überproportional hohem Frauenanteil), d.h. bei den Männern wird schon aufgrund der Mittelwertsunterschiede die empirische Standardabweichung größer sein als bei den Frauen. Um in einem derartigen Fall ein Maß für die Dispersion der Werte in den einzelnen Verteilungen (z.B. bei den Frauen) herzustellen, das *unabhängig* vom arithmetischen Mittel der betreffenden Gruppe ist, bezieht man die (empirische) Standardabweichung auf den Gruppenmittelwert, d.h. man dividiert sie durch ihn und erhält damit ein *relatives* Streuungsmaß, den **Variationskoeffizienten**. Der Variationskoeffizient drückt die empirische Standardabweichung in „Mittelwertseinheiten" aus. Wichtig ist, dass zur Berechnung des Variationskoeffizienten *Ratioskalenniveau* erforderlich ist. Dies ist bei den Items repräsentativer Umfragen selten der Fall, und entsprechend selten wird dieser Koeffizient verwendet. Die Formel zur Berechnung des Variationskoeffizienten lautet:

$$V = \frac{s_x}{\overline{x}}$$

Übung 5.2-2

Berechnen Sie für die Altersverteilung aus Übung 5.2-1 den Variationskoeffizienten.
(Rechnen Sie mit 2 Nachkommastellen)

Dispersion: „Spannweite" und „Quartilabstand"

Zwei weitere Maßzahlen zur Erfassung der Streuung einer Verteilung sind die Spannweite und der Quartilabstand.

Die einfachere der beiden Maßzahlen ist die **Spannweite**, auch Variationsbreite genannt. Sie berechnet sich als Differenz „$x_{max}-x_{min}$" zwischen dem höchsten und dem niedrigsten der auftretenden Werte. Diese Maßzahl kann allerdings dann einen falschen Eindruck von der Streuung der Werte vermitteln, wenn der höchste oder der niedrigste Wert ein „Ausreißer" ist, also weit entfernt von der Verteilung der übrigen Werte liegt. Wenn bei tausend Werten beispielsweise 999 Werte zwischen „1" und „15" liegen und ein einziger extremer Wert „35" beträgt, dann errechnet sich eine Spannweite von „34". Wäre dieser „einsame" Ausreißer nicht in der Verteilung, dann betrüge die Spannweite „14".

In der hier beschriebenen Form ist für die Errechnung der Spannweite mindestens Intervallskalenniveau notwendig, sie kann jedoch *verbal* auch für ordinal skalierte Daten angegeben werden[35].

Die starke Abhängigkeit von den beiden Extremwerten der Verteilung vermeidet eine zweite Maßzahl, der **Quartilabstand**. Er ist definiert als Differenz „Q_3-Q_1" zwischen dem dritten (oberen) und dem ersten (unteren) Quartil[36]. Grundidee bei diesem Maß ist, zu zeigen, wie groß der Bereich ist, in dem die „mittleren" fünfzig Prozent der nach ihrer Höhe geordneten Werte einer Verteilung liegen. Einzelne Ausreißer unter den Werten nach oben oder nach unten hin können diese Maßzahl nicht beeinflussen, da sie im obersten bzw. untersten Bereich der Verteilung liegen und somit nicht berücksichtigt werden. Oft wird auch der **halbe Quartilabstand** als Maßzahl verwendet.

Die numerische Berechnung des Quartilabstands und des halben Quartilabstands setzt ebenfalls mindestens intervallskalierte Daten voraus, jedoch können auch hier bei nur ordinal skalierten Daten – zumindest für den Quartilabstand – verbale Angaben gemacht werden.

Übung 5.2-3

Bestimmen Sie für die folgende Verteilung von Punkten aus einer Statistik-Klausur die Spannweite, den Quartilabstand und den halben Quartilabstand.

primäre Tafel:

0	2	4	5	9	10	10	11	12	12	13	15

---

[35] Wird z.B. in einer Umfrage Arbeitslosen die Frage nach der Beurteilung der eigenen wirtschaftlichen Lage aus Tafel 5.1-8 vorgelegt, so könnte die Spannweite der Antworten zwischen „gut" und „sehr schlecht" liegen. Die Angabe eines numerischen Wertes für diese Spannweite wäre allerdings nicht sinnvoll.

[36] „Quartile" sind in Kap. 5.1 besprochen.

Box Plots

In Anlehnung an die Maßzahlen „Spannweite" und „Quartilabstand" wird – bei mindestens *intervallskalierten* Daten – die Verteilung von Werten manchmal durch sog. „**Box Plots**" oder „Box-and-Whisker Plots"[37] dargestellt. Tafel 5.2-2 zeigt ein (frei erfundenes) Beispiel hierfür. Die Breite der dunkel hinterlegten „Schachtel" (Box) entspricht dem Quartilabstand, die Breite der gesamten Abbildung, vom rechten bis zum linken Rand, der Spannweite.

Tafel 5.2-2:   Beispiel für ein Box-Plot: Einkommensverteilung in einer Befragtengruppe

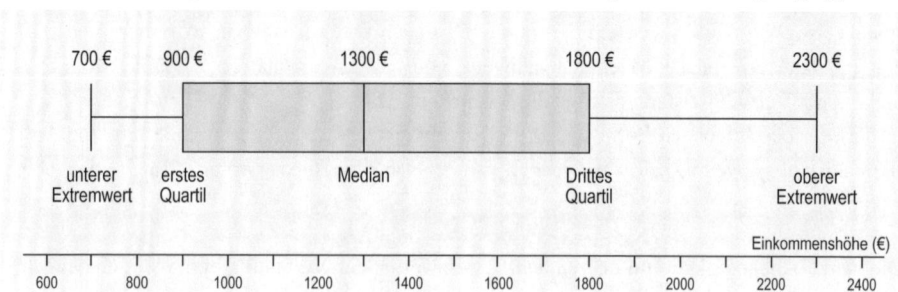

Maßzahlen der Dispersion für nominal skalierte Werte

Prinzipiell ist es möglich, auch für die Verteilung nominal skalierter Daten Maßzahlen der Dispersion zu konstruieren. Ist nur eine einzige der möglichen Kategorien, sagen wir zum Beispiel der möglichen Antworten auf die „Wahlsonntagsfrage" (vgl. Tafel 5.1-8), mit Werten besetzt und alle anderen „leer", dann spricht man von einer minimalen (oder besser: nicht vorhandenen) Streuung. Verteilen sich die Werte gleichmäßig auf alle möglichen Kategorien, entscheiden sich also im Beispiel für jede der möglichen Antworten auf die Wahlsonntagsfrage gleich viele Befragte, dann spricht man von maximaler Streuung. In der Praxis werden solche Streuungsmaße jedoch kaum verwendet. Aus diesem Grund werden sie an dieser Stelle auch nicht im Detail besprochen. Nähere Informationen hierzu findet man z.B. in Clauß u.a. (1994: 71–72) und in Diekmann [20](2009: 684–687).

Berechnung von Maßzahlen der Dispersion aus gruppierten Daten

Ebenso wie für die zentrale Tendenz (vgl. Kap. 5.1) ist es auch für die Streuung von Variablenwerten möglich, Maßzahlen für den Fall zu berechnen, dass nur gruppierte Messwerte vorliegen. Ebenso wie bei der zentralen Tendenz stellt sich dieses Problem dann kaum, wenn die Daten einer Umfrage, wie in diesem Buch angenommen, maschinenlesbar für die Analyse zur Verfügung stehen. Aus diesem Grund werden die entsprechenden Berechnungsmodifikationen hier nicht dargestellt. Sie sind nachzulesen bei Benninghaus [7](2005: 144–149).

---

[37] Whisker = Schnurrhaar (einer Katze).

Maßzahlen der zentralen Tendenz und der Dispersion für unterschiedliche Skalenniveaus

Nicht jede Maßzahl der zentralen Tendenz bzw. der Dispersion ist für jedes Skalenniveau sinnvoll interpretierbar. Tafel 5.2-3 gibt einen Überblick über die in den Kapiteln 5.1 und 5.2 bereits an verschiedenen Stellen angesprochene Frage, welche Maßzahlen für welches Skalenniveau der zu beschreibenden Daten sinnvoll zu interpretieren sind.

Tafel 5.2-3:   Maßzahlen für unterschiedliche Skalenniveaus

	Skalenniveau			
			metrisch	
	nominal*	ordinal*	intervall	ratio
Maßzahlen der zentralen Tendenz:				
Modalwert	*sinnvoll*	*sinnvoll*	*sinnvoll*	*sinnvoll*
Median		*sinnvoll*	*sinnvoll*	*sinnvoll*
arithmetisches Mittel			*sinnvoll*	*sinnvoll*
harmonisches Mittel (in besonderen Fällen)				*sinnvoll*
geometrisches Mittel (in besonderen Fällen)				*sinnvoll*
Maßzahlen der Dispersion:				
Spannweite		*sinnvoll*	*sinnvoll*	*sinnvoll*
Quartilabstand		*sinnvoll*	*sinnvoll*	*sinnvoll*
durchschnittliche absolute Abweichung			*sinnvoll*	*sinnvoll*
Varianz und Standardabweichung			*sinnvoll*	*sinnvoll*
Variationskoeffizient				*sinnvoll*

*   Bei diesem Skalenniveau kann die Maßzahl der zentralen Tendenz bzw. der Dispersion nicht numerisch, sondern nur verbal interpretiert werden.

5.3 Graphische Darstellungen

Vor diesem Kapitel sollten Sie gelesen haben:
*   • Kap. 2.1 (Messung und Skalenniveaus)*

Eine andere Möglichkeit zur Beschreibung von Häufigkeitsverteilungen, als das Berechnen von Maßzahlen der zentralen Tendenz und der Dispersion, ist das Anfertigen geeigneter graphischer Darstellungen. In Tafel 5.3-1 sind die wichtigsten Diagrammtypen, das Rechteckdiagramm und das Histogramm, anhand von fiktiven Antwortverteilungen für die in Tafel 5.1-8 vorgestellten Fragen demonstriert. Es geht dabei immer darum, prozentuale Häufigkeiten für Merkmalsausprägungen oder Gruppen von Merkmalsausprägungen darzustellen.

Tafel 5.3-1:   Darstellung von Prozentanteilen für unterschiedliche Skalenniveaus

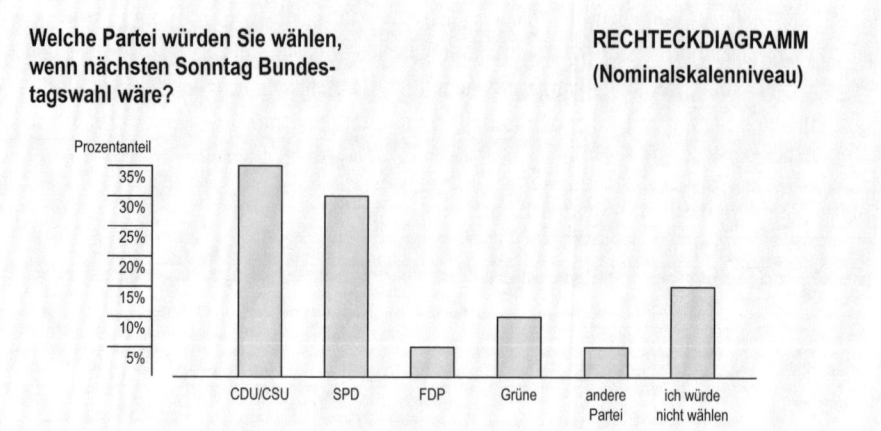

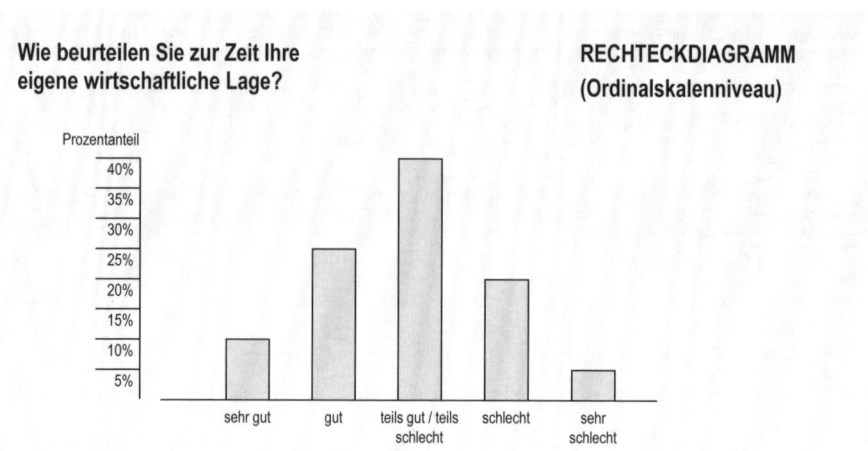

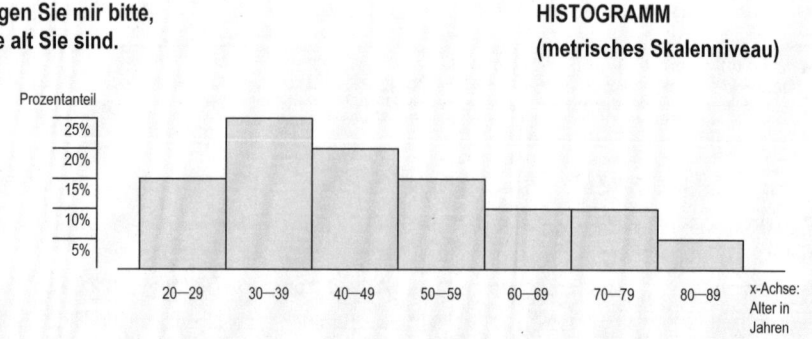

Diagrammtyp und Skalenniveau

Für *metrische* – also mindestens intervallskalierte – Daten bieten sich **Histogramme** zur Darstellung ihrer Verteilung an. Für *nominal oder ordinal* skalierte Daten können dagegen sinnvollerweise nur **Rechteckdiagramme** angefertigt werden, wobei je nach Skalenniveau unterschiedliche Dinge zu beachten sind, wie dem nächsten Absatz zu entnehmen ist. Rechteckdiagramme können für *metrische* Daten ebenfalls verwendet werden, obgleich dies aufgrund des damit verbundenen Informationsverlustes unüblich ist.

Vergleich der Diagrammtypen unter Berücksichtigung des Skalenniveaus

Die **Reihenfolge der „Säulen"** im Rechteckdiagramm ist bei nominal skalierten Daten beliebig. Ob im Beispiel zuerst die FDP und dann die Grünen aufgeführt werden, oder umgekehrt, spielt keine Rolle, da aufgrund des Skalenniveaus die Reihenfolge der Merkmalsausprägungen (CDU/CSU, SPD, … Nichtwähler) für die Frage nach der Wahlentscheidung nicht interpretierbar ist. Anders bei der Frage nach der eigenen wirtschaftlichen Lage: hier liegt Ordinalskalenniveau vor, und damit ist die Reihenfolge der Merkmalsausprägungen interpretierbar und sollte sinnvollerweise auch bei der graphischen Darstellung nicht verändert werden. Auch intuitiv würde es kaum jemandem einfallen, für sein Rechteckdiagramm etwa die Reihenfolge: „sehr gut – teils gut / teils schlecht – schlecht – gut – sehr schlecht" zu wählen. Beim Histogramm, dem geeigneten Diagrammtyp für metrische Daten, ist die Reihenfolge ebenfalls nicht beliebig. Der Grund: Beim Histogramm sind, im Gegensatz zum Rechteckdiagramm, die **Abstände auf der „Bodenlinie"** interpretierbar. Die „Bodenlinie" ist beim Histogramm eine „echte" x-Achse, auf der die Werte für die Merkmalsausprägungen – im Beispiel für das Alter – ablesbar sind. Beim Rechteckdiagramm ist sie dagegen nur aus Darstellungsgründen eingezeichnet um zu verhindern, dass die Rechtecke optisch „in der Luft hängen". Abstände können dort *nicht* interpretiert werden. Daraus ergibt sich auch, dass die **Abstände zwischen den Säulen** beim Rechteckdiagramm beliebig wählbar sind. Die Interpretation der beiden Rechteckdiagramme aus Tafel 5.3-1 verändert sich nicht, wenn die Abstände zwischen den Säulen halbiert werden. Beim Histogramm dagegen müssen, falls es keine unbesetzten Kategorien gibt, die Säulen unmittelbar aneinander anschließen. Für die **Säulenbreite** gilt entsprechendes: Wenn im Beispiel aus Tafel 5.3-1 bei den beiden Rechteckdiagrammen die Breite der Säulen halbiert wird, ändert sich dadurch nichts an der dargestellten Information. Wenn dagegen im Histogramm die Breite einer Säule halbiert wird, dann wird aus einer 10-Jahres-Kategorie eine 5-Jahres-Kategorie, es sei denn, man ändert zusätzlich den Maßstab auf der x-Achse. Gemeinsam ist dem Rechteckdiagramm und dem Histogramm in der hier dargestellten Form ihre **Flächenproportionalität**. Die von den Säulen bedeckte Fläche ist – vorausgesetzt, die Säulen sind gleich breit – proportional zur Anzahl der Merkmalsausprägungen, die in die betreffende Kategorie fallen. Damit ist die Fläche auch proportional zu dem entsprechenden Prozentanteil. Je größer die Fläche, desto höher ist bei einer Umfrage die Anzahl bzw. der Anteil der Befragten, welche die betreffende Merkmalsausprägung (wie z.B. „SPD-Wähler" oder „40–49 Jahre alt") aufweisen.

Warum bei Histogrammen gleich breite Kategorien verwendet werden sollten:

Beim Histogramm (mit *Anteilswerten* auf der y-Achse) ist die Fläche der Säulen nur dann proportional zum Anteil der entsprechenden Fälle in der Verteilung, wenn die Kategorien (und damit auch die Säulen) *gleich breit* sind. Sind sie ungleich breit, wird die bisher besprochene Darstellungsweise insofern fehlerhaft, als die Eigenschaft der Flächenproportionalität verloren geht. Tafel 5.3-2 demonstriert dies. Dort ist das Histogramm aus Tafel 5.3-1 abgewandelt. Die Kategorien „60–69" und „70–79" wurden zu einer Kategorie vereinigt, die nun doppelt so breit ist wie die übrigen. In diese neu konstruierte Kategorie fallen zwanzig Prozent der Fälle, wie sich aus Tafel 5.3-1 leicht ablesen lässt. Tragen wir diesen Wert wie gewohnt ein, so entsteht in dem nun nicht mehr flächenproportionalen Histogramm der völlig falsche Eindruck, die 60- bis 79-Jährigen würden etwa ein Drittel der Verteilung ausmachen. Dieser Effekt kann verhindert werden, indem man für die y-Achse einen auf die Klassenbreite bezogenen Maßstab wählt. Wie dies genau zu geschehen hat, ist z.B. bei Bosch [6](2012: 93–95) oder Hippmann [3](2003: 105–107) nachzulesen. Wichtig ist an dieser Stelle festzuhalten, dass zur Vermeidung des aufgezeigten Problems für Histogramme **gleich breite Kategorien** gewählt werden sollten – was bei repräsentativen Umfragen in aller Regel ohne Schwierigkeiten möglich ist.

Tafel 5.3-2:   Demonstrationsbeispiel zu: Histogramm mit unterschiedlich breiten Kategorien

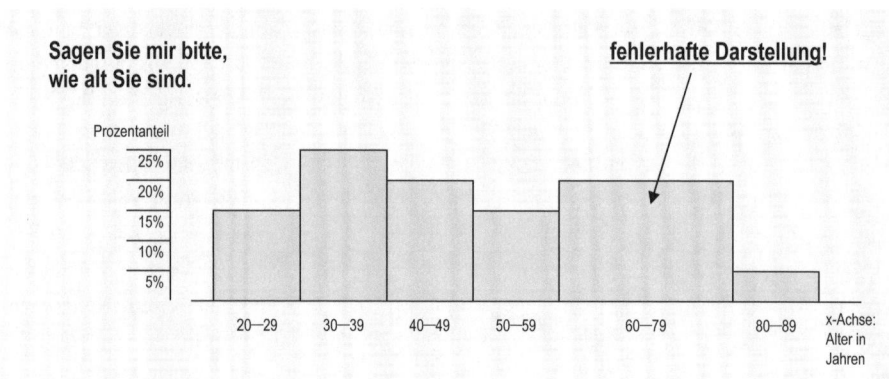

Warum beim Histogramm keine offenen Klassen verwendet werden sollten:

Weitere Probleme entstehen dann, wenn „offene Klassen", wie etwa „über 10000 € monatlich" als Antwortkategorie auf die Frage nach dem Nettoeinkommen, in einem Histogramm verwendet werden. Erstens widerspricht dies der oben hergeleiteten Forderung nach (falls möglich) gleichen Klassenbreiten, zweitens ist in diesem Fall auch durch eine Veränderung des Maßstabes der y-Achse Flächenproportionalität nicht ohne weiteres herzustellen, da die

„offene Grenze" der offenen Klasse (im Beispiel die Obergrenze) nicht bestimmbar ist[38], und drittens kann damit die entsprechende Säule in der Regel nicht, ohne Zusatzannahmen zu verwenden, eingezeichnet werden. Man sollte aus diesen Gründen im Histogramm **keine offenen Klassen** verwenden und bereits bei der Konstruktion des Fragebogens für eine Umfrage darauf achten, dass entsprechend formulierte Antwortvorgaben nach Möglichkeit (und in aller Regel ist dies möglich!) nicht vorkommen.

Klassenbildung

Bei stetigen Merkmalen und bei diskreten Merkmalen mit sehr vielen Ausprägungen müssen, möchte man die entsprechenden Verteilungen mittels eines Histogramms darstellen, Klassen gebildet werden. Bisher wurden diese Klassen als gegeben vorausgesetzt. Die Klassen sind jedoch meist nicht „gegeben", sondern müssen erst durch den Forscher gebildet werden. Dabei ist darauf zu achten, dass durch die Klassenbildung **keine Veränderung der Charakteristika** der Form der betreffenden Verteilung verursacht wird.

Tafel 5.3-3: Demonstration: Effekte durch unterschiedliche Kategorisierungen

Kategorisierung 1		Kategorisierung 2		Kategorisierung 3	
Einkommen in € von ... bis unter ...	Anzahl	Einkommen in € von ... bis unter ...	Anzahl	Einkommen in € von ... bis unter ...	Anzahl
0–100	50				
100–200	250	0–200	300		
200–300	400				
300–400	300	200–400	700	0–400	1000
400–500	150				
500–600	50	400–600	200		
600–700	200				
700–800	600	600–800	800	400–800	1000
800–900	450				
900–1000	400	800–1000	850		
1000–1100	100				
1100–1200	50	1000–1200	150	800–1200	1000

---

[38] Man könnte natürlich einen Punkt, den das monatliche Nettoeinkommen nach Plausibilitätsgesichtspunkten sicher nicht übersteigt, etwa eine Milliarde, als obere Grenze wählen. Die Frage ist jedoch, wie informativ und sinnvoll eine derart gebildete Kategorie ist. Man stelle sich nur für dieses (zugegebenermaßen extreme) Beispiel das zugehörige Histogramm vor, das nach dem Maßstab auf der x-Achse in erster Linie aus einer von der Breite her riesigen, aber kaum besetzten oberen (= rechten) Randkategorie besteht. Dies ist prinzipiell durch Verschieben des rechten Randes nach links (zu den geringeren Einkommenswerten hin) zu vermeiden. Aber: Je weiter der rechte Rand des Histogramms nach links verschoben wird, desto größer wird die Gefahr, eine Obergrenze für das Einkommen zu wählen, die insofern falsch ist, als über ihr noch Einkommenswerte vorkommen. Wann dieser Punkt erreicht ist, ist ohne Zusatzinformation nicht bestimmbar.

Tafel 5.3-3 demonstriert die Notwendigkeit einer derartigen Forderung an einem fiktiven Beispiel. In einem bestimmten Land (der Name ist unwichtig) werde mittels einer Zufalls-stichprobe bei 3000 Einwohnern ihr Einkommen pro Monat[39], umgerechnet in €, erfasst. Die erste Kategorisierung der Einkommenswerte zeigt eine zweigipflige Verteilung, d.h. es gibt nur wenige „mittlere" Einkommen (um die 500–600 €), dafür aber viele höhere und viele niedrigere Einkommen. Mit anderen Worten: Es ist eine Polarisierung der Einkommensvertei-lung zu erkennen. Auch die zweite Kategorisierung lässt dies noch erkennen: Relativ wenige Befragte fallen in die Einkommensgruppe „400–600 €". Die dritte Kategorisierung jedoch könnte zu dem Schluss verleiten, dass auf jede Einkommensgruppe ein **gleich** großer Anteil der Befragten entfällt. In jeder Einkommenskategorie liegen schließlich 1000 Befragte! Dies ist ein reiner Effekt der gewählten Kategorisierung. Derart irreführende Kategorisierungen sollten nicht verwendet werden. Der gezeigte Kategorisierungseffekt kann natürlich bei unse-riöser Arbeitsweise auch bewusst zur Manipulation verwendet werden, um „Einschnitte" und „Spitzen" in Verteilungen bei Bedarf „wegzuglätten".

Polygonzug

Eine dem Histogramm äquivalente Darstellungsform ist der **Polygonzug**. Er kann (bei glei-cher Kategorienbreite) aus dem Histogramm entwickelt werden, indem man die Mitten der oberen Begrenzungen der einzelnen Kategorien miteinander verbindet. Rechts und links außen trifft der Polygonzug eine halbe Klassenbreite neben der rechten bzw. linken Begren-zung des Histogramms auf die x-Achse. Die vom Polygonzug mit der x-Achse eingeschlosse-ne Fläche ist genauso groß wie die Fläche des Histogramms. Der Vorteil des Polygonzugs ist, dass er von der Form her normalerweise eher der Verteilung der Einzelwerte entspricht, als dies bei der „eckigen" Form des Histogramms der Fall ist. Der Nachteil ist allerdings, dass am rechten und am linken Rand x-Werte in die Graphik einbezogen werden, die empirisch über-haupt nicht auftreten.

Tafel 5.3-4:   Entwicklung des Polygonzugs aus dem Histogramm

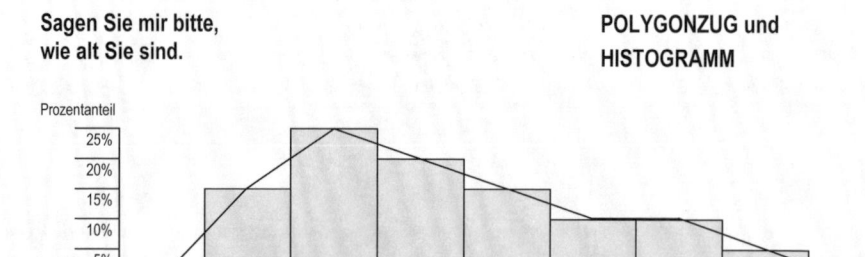

---

[39] Eine genauere Definition des „Einkommens" ist für das Demonstrationsbeispiel unwichtig.

Maßeinheiten für die y-Achse: Prozentanteile, absolute und relative Häufigkeiten

Als Maßeinheit für die y-Achse wurden bisher, sowohl beim Rechteckdiagramm als auch beim Histogramm, „Prozentanteile", bezogen auf die Gesamtverteilung, verwendet. Anstelle dieser Prozentanteile können auch absolute oder relative Häufigkeiten verwendet werden. Wenn in einer Stichprobe von 1000 Befragten 375 Befragte unter eine bestimmte Kategorie (oder Merkmalsausprägung) fallen, dann kann man die Besetzung dieser Kategorie (oder Merkmalsausprägung) entweder als **Prozentanteil** mit „37.5 Prozent" ausdrücken, oder als **absolute Häufigkeit** mit „n = 375 Befragte" (von insgesamt 1000), oder als **relative Häufigkeit** mit „0.375"[40].

Übung 5.3-1

Berichten Sie die Häufigkeit, mit der nach dem Beispiel in Tafel 5.3-1 oben die FDP gewählt wird, in Form von Prozentanteilen (bezogen auf die Anzahl aller Befragten), von absoluten und von relativen Häufigkeiten. Gehen sie dabei von einer Stichprobe mit 1500 Befragten aus.

Interpretation von relativen Häufigkeiten als beobachtete Wahrscheinlichkeiten

Eine wichtige Interpretation von relativen Häufigkeiten besteht darin, sie nicht nur wie bisher als ein Maß für den *Anteil* von Merkmalsträgern (Personen) mit einer bestimmten Merkmalsausprägung *in der Stichprobe* aufzufassen, sondern als beobachtete Wahrscheinlichkeiten[41]. Es lässt sich zeigen, dass die relative Häufigkeit in der Stichprobe, sofern es sich um eine einfache Zufallsstichprobe handelt, als **Schätzwert (Punktschätzer) für die entsprechende Auftretenswahrscheinlichkeit in der Grundgesamtheit**, an der man in der Regel mehr interessiert ist als an dem „Werkzeug Stichprobe", verwendet werden kann. Die mit einer einfachen Zufallsstichprobe empirisch ermittelte relative Häufigkeit wird normalerweise nah an der Auftretenswahrscheinlichkeit in der Grundgesamtheit liegen. Näheres hierzu wird in Kapitel 6 besprochen.

---

[40] Diese berechnet sich folgendermaßen: $\dfrac{\text{Anzahl der Befragten in der betreffenden Kategorie}}{\text{Anzahl der Befragten insgesamt}} = \dfrac{375}{1000} = 0.375$

[41] Wahrscheinlichkeiten werden mit Zahlen zwischen „0" (unmögliches Ereignis) und „1" (sicheres, d.h. mit Sicherheit auftretendes Ereignis) erfasst. In einer Grundgesamtheit, z.B. unter den wahlberechtigten Bundesbürgern, hat jede Merkmalsausprägung, z.B. die Entscheidung zugunsten der SPD als Antwort auf die Wahlsonntagsfrage, eine bestimmte Auftretenswahrscheinlichkeit, d.h. eine bestimmte Wahrscheinlichkeit, „gezogen" zu werden, wenn aus dieser Grundgesamtheit zufällig ein Element (hier: eine Person) ausgewählt wird. Diese Wahrscheinlichkeit entspricht der relativen Häufigkeit von Entscheidungen zugunsten der SPD, die wir erhalten würden, wenn wir von sämtlichen Wahlberechtigten der Bundesrepublik (also von unserer gesamten Grundgesamtheit) eine Antwort auf die Wahlsonntagsfrage bekommen würden.

Balkendiagramm

Eine weitere gebräuchliche graphische Darstellungsform für Verteilungen ist das **Balkendiagramm**. Tafel 5.3-5 zeigt ein solches für das erste Beispiel aus Tafel 5.3-1. Die Gesamtfläche des Balkens, der übrigens auch senkrecht dargestellt werden kann, entspricht 100 Prozent der Verteilung. Die Flächenanteile der einzelnen Abschnitte auf dem Balken sind proportional zum Anteil der Befragten mit der jeweiligen Merkmalsausprägung – z.B. zum Anteil von 30 Prozent für die „Wahl der SPD". Würde der Balken senkrecht stehen, dann könnte man ihn durch Aufeinanderstellen aller in Tafel 5.3-1 abgebildeten Rechtecke des entsprechenden (oberen) Rechteckdiagramms konstruieren. Für die *hier* verwendete Darstellungsweise müsste er anschließend noch um 90 Grad gekippt werden.

Tafel 5.3-5:   Balkendiagramm

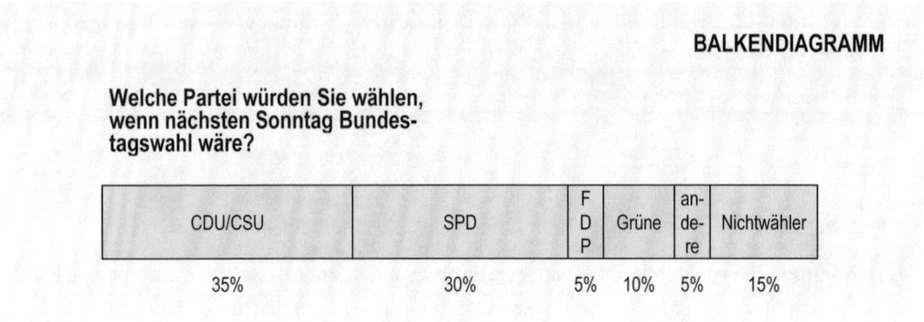

Kreisdiagramm

Genau die gleiche Konstruktionslogik liegt dem **Kreisdiagramm** zugrunde, nur dass dort nicht die Fläche eines *rechteckigen Balkenabschnitts* proportional zum Anteil der Befragten mit der betreffenden Merkmalsausprägung ist, sondern die Fläche eines *Kreissegments*, wobei die Gesamtfläche des Kreises hundert Prozent der Verteilung entspricht. Tafel 5.3-6 zeigt ein Kreisdiagramm für das bisher verwendete Beispiel.

Tafel 5.3-6:   Kreisdiagramm

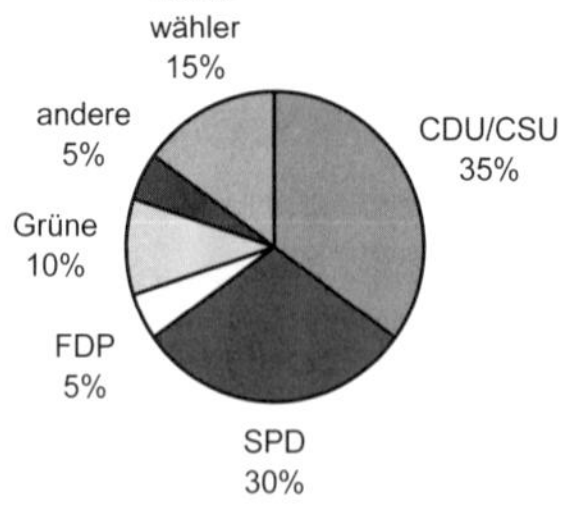

5.4 z-Standardisierung

> *Vor diesem Kapitel sollten Sie gelesen haben:*
> - *Kap. 5.1 (Maßzahlen der zentralen Tendenz)*
> - *Kap. 5.2 (Maßzahlen der Dispersion (Streuung))*

Manchmal möchte man Werte, die aus unterschiedlichen Verteilungen stammen, miteinander vergleichen. Als Beispiel mögen drei Studierende dienen, deren Verständnis für statistische Fragen getestet werden soll. Nehmen wir an, sie nehmen an einer bundesweiten, einheitlichen Statistik-Klausur[42] mit 100 zu vergebenden Punkten teil und erreichen jeweils 60 Punkte. Allerdings besuchen die Studierenden drei unterschiedliche Universitäten mit einer unterschiedlich intensiven Statistik-Ausbildung. Sind nun alle drei Studierenden „gleich gut"? Die Frage ist nicht eindeutig zu beantworten. Geht man von der „reinen" Klausurleistung aus, dann können die drei Studierenden aufgrund ihrer identischen Punktezahl als „gleich gut" bezeichnet werden. Oft aber möchte man, wenn die zu vergleichenden Werte, hier die Klausurpunkte, aus unterschiedlichen Gruppen stammen, diese an den Werten der Herkunftsgruppe „relativieren". Tafel 5.4-1 demonstriert die dabei auftretenden Probleme anhand unseres Beispiels.

Tafel 5.4-1:   Demonstrationsbeispiel zur z-Standardisierung

	Punktezahl x_i des Studierenden	$\overline{x}$	$x_i - \overline{x}$	s_x	Punktezahl als z-Wert: $z_i = \dfrac{x_i - \overline{x}}{s_x}$
Universität A	60	70	-10	16	-0.625
Universität B	60	50	10	16	0.625
Universität C	60	50	10	2	5.000

Vergleichen wir zunächst die beiden Studierenden aus den Universitäten A und B. Im ersten Fall liegt der Studierende mit 60 Punkten *unter* dem arithmetischen Mittel „seiner" Universität von 70 Punkten, im zweiten bei einem Punktedurchschnitt von 50 Punkten *darüber*. Gemessen an der durchschnittlich an seiner Universität erreichten Punktezahl ist der Studierende aus der Universität B also „besser" als der aus Universität A. Dies zeigt die Differenz „$x_i - \overline{x}$".

Die gleiche Differenz wie der Studierende aus Universität B weist auch der Studierende aus der Universität C auf. Ist er somit „genauso gut" wie der aus Universität B? Obwohl beide gleich weit über dem Durchschnittswert (Differenz: 10 Punkte) ihrer Universität liegen, ist es zur Klärung dieser Frage sinnvoll, zusätzlich noch die (empirische) Standardabweichung[43] s_x der Werte an der betreffenden Universität einzubeziehen. Der Grund hierfür: Ist die (empirische) Standardabweichung sehr gering, d.h. liegen fast alle Werte sehr nah am arithmetischen Mittel von 50 Punkten, so dass beispielsweise 95 Prozent der Studierenden zwischen 48 und 52 Punkten erzielen, dann ist es relativ gesehen eine größere Leistung, 60 Punkte zu erzielen, als wenn die Punktwerte weiter streuen und beispielsweise 95 Prozent der Studierenden Punktezahlen zwischen 35 und 65 erreichen. Den Einfluss der betreffenden (empirischen) Standardabweichungen in den „Herkunftsgruppen" kann man berücksichtigen, indem man die Abweichung des Wertes vom Gruppenmittelwert ($x_i - \bar{x}$) zusätzlich durch die betreffende (empirische) Standardabweichung dividiert. Mit anderen Worten: Man drückt diese Abweichung in „(empirischen) Standardabweichungen" aus. Nach dieser Betrachtungsweise ist, wie die Spalte rechts außen von Tafel 5.4-1 zeigt, die Leistung des an der Universität C Studierenden relativ gesehen „besser" als die seines Kommilitonen aus Universität B.

Mit den obigen Überlegungen haben wir die Formel für die **z-Standardisierung** hergeleitet:

$$z_i = \frac{x_i - \bar{x}}{s_x}$$

Die z-Standardisierung hat nicht nur – wie im obigen Beispiel – beim Vergleich von *Werten* aus unterschiedlichen[44] Gruppen eine wichtige Funktion. Man verwendet sie auch dann, wenn *Verteilungen* aus Gründen, wie sie etwa in Kapitel 6.2 besprochen sind, „standardisiert" werden sollen[45]. Der Grund: Wenn man alle Werte x_i einer beliebigen Verteilung nach der obigen Formel z-standardisiert, dann weist die Verteilung der neu gebildeten z-Werte immer den Mittelwert „0" und die Standardabweichung „1" auf[46]. Probieren Sie das gleich einmal anhand einer „Mini-Verteilung" in Übung 5.4-1 aus.

Wenn wir uns die Eigenschaft der z-Standardisierung, jede beliebige Verteilung von Werten in eine neue Verteilung – diesmal von z-Werten – mit einem arithmetischen Mittel von „0" und einer Standardabweichung von „1" zu transformieren, vor Augen halten, dann können wir aus dieser Sicht den Vergleich der z-standardisierten Punktwerte für die Studenten aus obigem Beispiel neu interpretieren. Stellen wir uns vor, wir würden für alle Studenten der drei Universitäten jeweils ihre Punktwerte – und damit die Verteilung der Punktwerte an jeder der drei Universitäten – kennen. Wir könnten dann *innerhalb* jeder Universität das arithmetische

---

[42] Eine bundesweite, einheitliche Statistik-Klausur gibt es natürlich nicht. Das Beispiel kann auch auf „Noten" von Studenten übertragen werden (in dieser Form stellt sich das dargelegte Problem auch in der Praxis oft), jedoch treten dabei zusätzliche Probleme auf, die in dem konstruierten Beispiel vermieden werden.

[43] Die Unterscheidung zwischen der empirischen Standardabweichung und der Standardabweichung als Schätzer für die Grundgesamtheit ist für die nachfolgenden Überlegungen unerheblich, da sie mit *beiden* Größen durchgeführt werden können. Übung 5.4-1 demonstriert dies.

[44] „Unterschiedlich" bezüglich des arithmetischen Mittels und der Standardabweichung der betrachteten Variablen.

[45] „Standardisiert" heißt in diesem Fall, dass die Werte einer Verteilung so transformiert werden, dass die Verteilung der *transformierten* Werte ein arithmetisches Mittel von „0" und eine Standardabweichung von „1" aufweisen.

[46] Dies gilt unabhängig davon, ob man die empirische Standardabweichung oder die Standardabweichung als Schätzer für die Grundgesamtheit verwendet. Übung 5.4-1 demonstriert dies.

Mittel und die Standardabweichung der Punktwerte errechnen, alle Werte z-standardisieren, und dann bei jeder Universität nachsehen, wo die z-standardisierte Punktezahl des uns interessierenden Studenten liegt. Wir würden dann mit anderen Worten feststellen, wo seine Punktezahl liegen würde, wenn die Verteilungen an allen drei Universitäten einheitlich ein arithmetisches Mittel von „0" und eine Standardabweichung von „1" hätten.

Zu diesem Zweck ist es allerdings, falls für jede Ausgangsverteilung (also für jede Universität) das arithmetische Mittel und die Standardabweichung bekannt sind, nicht nötig, *alle* Einzelwerte der Verteilungen zu kennen und einer z-Transformation zu unterziehen. Am genannten Beispiel kann man sich leicht vor Augen führen, dass dieser erste Schritt ersatzlos gestrichen werden kann. Es reicht – falls das arithmetische Mittel und die Standardabweichung für jede Verteilung bekannt ist – *nur die drei uns interessierenden* Punktzahlen der betreffenden Studenten einer z-Transformation zu unterziehen, um den Vergleich durchführen zu können!

Übung 5.4-1

Führen Sie für die unten dargestellte Verteilung von drei „x-Werten" eine z-Standardisierung durch, errechnen Sie also die z-standardisierten Werte (oder kurz: z-Werte).

Berechnen Sie weiter das arithmetische Mittel und die empirische Standardabweichung der z-Werte.

(Rechnen Sie mit 2 Nachkommastellen)

x_i	$(x_i - \overline{x})$	$(x_i - \overline{x})^2$	$z_i = \dfrac{x_i - \overline{x}}{s_x}$	$(z_i - \overline{z})$	$(z_i - \overline{z})^2$
1					
2					
6					

Nehmen Sie als nächstes übungshalber an, Ihnen lägen Stichprobenwerte vor. Führen Sie nun die gleichen Berechnungen mit der Standardabweichung als Schätzer für die Grundgesamtheit (anstelle der empirischen Standardabweichung) durch.

(Rechnen Sie mit 3 Nachkommastellen)

x_i	$(x_i - \overline{x})$	$(x_i - \overline{x})^2$	$z_i = \dfrac{x_i - \overline{x}}{\hat{\sigma}_x}$	$(z_i - \overline{z})$	$(z_i - \overline{z})^2$
1					
2					
6					

Weiterführende Literatur zu Kapitel 5:

Beschreibung der Konzentration einer Verteilung durch die Lorenzkurve oder den Gini-Index

Hochstädter [8](1996: 87–90)
Diekmann [20](2009: 678–684)

Maße der Schiefe (skewness) und der Wölbung (kurtosis) einer Verteilung

Bortz [6](2005: 38 und 45–46) [Vorgänger-Auflage zu Bortz u.a. [7]2010]
Sachs [7](1992: 167–173)

Harmonisches und geometrisches Mittel

Hippmann [3](2003: 85–89)
Bosch [6](2012: 100–103)
Krämer [4](2004: 39–44)

Maßzahlen der zentralen Tendenz für gruppierte Daten:

Benninghaus [7](2005: 124–139)

Maßzahlen der Dispersion für die Verteilung nominal skalierter Werte

Clauß u.a. (1994: 71–72) (relativer Informationsgehalt)
Diekmann [20](2009: 684–687) (normierter Simpson-Index)

Maßzahlen der Dispersion für gruppierte Daten:

Benninghaus [7](2005: 144–149)

Histogramme mit unterschiedlich breiten Klassen auf der x-Achse

Bosch [6](2012: 93–95)
Hippmann [3](2003: 105–107)

6 Konfidenzintervalle

Wie bereits mehrfach angesprochen, dienen in der Forschung Stichproben in aller Regel lediglich als Mittel zu dem Zweck, Informationen über die Grundgesamtheit, aus der sie gezogen wurden, zu liefern. Die Stichproben *selbst* und ihre Kennwerte sind dagegen kaum von Bedeutung. Die **Inferenzstatistik**[1] oder „schließende Statistik" beschäftigt sich generell mit der Frage, welche Aussagen aufgrund der Stichproben-Informationen über die Grundgesamtheit gemacht werden können. Die einfachste Fragestellung in diesem Zusammenhang ist, wie aus den Kennwerten einer Stichprobe, beispielsweise dem Anteil der Raucher in der Stichprobe, auf die entsprechenden Parameter der Grundgesamtheit[2] geschlossen werden kann. Kapitel 6 demonstriert dies am Beispiel des *arithmetischen Mittels*. Am Ende der Erläuterungen von Kapitel 6 stehen Aussagen wie beispielsweise: „Das Intervall 3.1–3.9 liegt so, dass es mit einer Wahrscheinlichkeit von 99 Prozent den Mittelwert μ in der *Grundgesamtheit* für die Links-Rechts-Selbsteinschätzung[3] beinhaltet". Solche Aussagen können gemacht werden, wenn für die *Stichprobe* das arithmetische Mittel der Links-Rechts-Selbsteinschätzung sowie die zugehörige Standardabweichung bekannt sind. Im genannten Beispiel würde man das Intervall zwischen 3.1 und 3.9 als (99 Prozent-) **Konfidenzintervall** bezeichnen.

Wir nehmen damit eine **Intervallschätzung** vor – im Gegensatz zu einer **Punktschätzung**, die wir erhalten, wenn wir nur den Stichprobenkennwert, in diesem Fall das arithmetische Mittel der Links-Rechts-Selbsteinschätzung, als Schätzwert für den entsprechenden Parameter der Grundgesamtheit betrachten[4].

Grundlage für die in Kapitel 6 vorgestellten Überlegungen ist das Vorhandensein einer **einfachen Zufallsstichprobe** (vgl. Kapitel 3.1)[5]. Bei bekannten Grundgesamtheiten entspricht dies dem „Urnenmodell"[6], bei dem für jedes Element der Grundgesamtheit ein Repräsentant (ein Zettel, eine Kugel oder ähnliches) in einer Urne liegt und aus dieser Urne die Elemente, die in die Stichprobe gelangen, zufällig gezogen werden.

Angemerkt sei an dieser Stelle noch, dass die Argumentation in Kapitel 6 für Stichproben großen Umfangs (n = 100 oder mehr) aus sehr großen Grundgesamtheiten gilt. Nach Bortz u.a. [7](2010: 80) sollte die Grundgesamtheit mindestens 100mal größer sein als der Stichprobenumfang n, was bei repräsentativen Umfragen praktisch immer der Fall ist.

---

[1] Im Gegensatz zur **deskriptiven Statistik** (oder beschreibenden Statistik), die sich mit der Stichprobe und ihren Kennwerten beschäftigt.

[2] Das wäre im vorliegenden Beispiel der Anteil der Raucher in der *Grundgesamtheit*.

[3] Die Links-Rechts-Selbsteinschätzung wird hier als (annähernd) intervallskaliertes Merkmal betrachtet.

[4] Zum Unterschied zwischen **Punkt-** und **Intervallschätzung** vgl. auch Bortz u.a. [7](2010: 92–93).

[5] Zu **Schätzformeln für andere Arten der Wahrscheinlichkeitsauswahl** vgl. Bortz u.a. [3](2003: 428–450) oder die Literaturverweise in Diekmann [20](2009: 410). Allerdings werden solche Schätzformeln in der Praxis kaum verwendet. Als grobe Annäherung an die „korrekt" errechneten Werte wird manchmal (vgl. Scheuch, 1974: 39) vorgeschlagen, Konfidenzintervalle für *einfache* Zufallsstichproben zu errechnen und die Werte anschließend mit dem Faktor $\sqrt{2}$ zu multiplizieren.

[6] Ohne Zurücklegen! Näheres hierzu in Bortz u.a. [3](2003: 403).

6.1 Der zentrale Grenzwertsatz

Vor diesem Kapitel sollten Sie gelesen haben:
- *Kap. 5.1 (Maßzahlen der zentralen Tendenz)*
- *Kap. 5.2 (Maßzahlen der Dispersion (Streuung))*

Definitionen

Der **zentrale Grenzwertsatz** lautet in einer „vereinfachten Fassung": Wenn ein Merkmal (a) sich aus der Überlagerung vieler Einzeleinflüsse additiv zusammensetzt und (b) keiner der Einzeleinflüsse dominiert, dann sind die Werte der entsprechenden Zufallsvariablen annähernd normalverteilt (nach Bosch, [6]2012: 137). Diese Fassung mag uns vorerst genügen.

Die „Normalverteilung" wird in Kapitel 6.2 besprochen. Damit bleibt – bevor Schritt für Schritt die einzelnen Gedankengänge, die schließlich zur Berechnung von Konfidenzintervallen führen, geschildert werden – noch zu klären, was unter einer *Zufallsvariablen* zu verstehen ist (vgl. dazu auch Bortz u.a., [3]2003: 406–411). Hierzu einige Definitionen, die in Tafel 6.1-1 zusammengefasst sind. Ein **Zufallsexperiment** ist definiert als „... beliebig oft wiederholbarer Vorgang, der nach einer ganz bestimmten Vorschrift ausgeführt wird und dessen Ergebnis ‚vom Zufall abhängt', das soll heißen, nicht im voraus eindeutig bestimmt werden kann ..." (Kreyszig, 1973: 50, zit. nach Bortz u.a., [7]2010: 49). Dass das Ergebnis im voraus nicht *eindeutig* bestimmt werden kann, heißt jedoch nicht, dass völlig willkürlich „irgendwelche" Ergebnisse auftreten. Jedes Zufallsexperiment hat einen charakteristischen **Ereignisraum**, das heißt eine Menge von möglichen **Elementarereignissen**. Teilmengen bzw. Klassen von Elementarereignissen werden **Ereignisse** genannt. Als **Zufallsvariable** bezeichnet man „... eine Funktion, die den Ergebnissen eines Zufallsexperimentes (d.h. den Elementarereignissen oder Ereignissen) reelle Zahlen zuordnet" (Bortz u.a., [7]2010: 61). Man unterscheidet **diskrete Zufallsvariablen** (falls die Ergebnisse kategorisiert oder gezählt werden) von **stetigen Zufallsvariablen** (falls die Ergebniswerte in einem gegebenen Intervall beliebig genau sein können).

Ein anschauliches Beispiel zur Verdeutlichung dieser Definitionen ist das Zufallsexperiment: „Einmaliges Werfen eines Würfels". Ein mögliches Elementarereignis wäre beispielsweise das Ergebnis „Augenzahl fünf". Ein mögliches Ereignis wäre das Ergebnis „ungerade Augenzahl". Den Ereignisraum bildet in diesem Fall die Menge der Elementarereignisse „ein Auge", „zwei Augen" .... bis zu „sechs Augen". Die zugehörige diskrete Zufallsvariable ist die Funktion, die den Ergebnissen des Würfelns (ein Auge, zwei Augen usw.) die Zahlen „1" bis „6" zuordnet. Zufallsvariablen werden üblicherweise mit Großbuchstaben (X, Y ...) bezeichnet und die Werte, die sie annehmen können, mit Kleinbuchstaben (x, y ...).

Tafel 6.1-1:   Einige Definitionen nach Bortz u.a. [7](2010: 49–50 bzw. 61)

Zufallsexperiment:

  - beliebig oft wiederholbarer Vorgang,
  - der nach einer ganz bestimmten Vorschrift ausgeführt wird
  - und dessen Ergebnis „vom Zufall abhängt"
    (d.h. nicht im voraus eindeutig bestimmt werden kann)

  Beispiel: Einmaliges Werfen eines Würfels

Elementarereignis:

  - Ergebnis eines Zufallsexperiments

  Beispiel: Augenzahl „5"

Ereignis:

  - Teilmenge bzw. Klasse zusammengefasster Elementarereignisse

  Beispiel: ungerade Augenzahl

Ereignisraum:

  - Menge aller mit einem Zufallsexperiment verbundenen Elementarereignisse

  Beispiel: Augenzahlen „1", „2", „3", „4", „5" oder „6"

Zufallsvariable:

  - Funktion, die den Ergebnissen eines Zufallsexperiments reelle Zahlen zuordnet

    stetige Zufallsvariable:
    falls die Ergebniswerte in einem gegebenen Intervall beliebig genau sein können

    diskrete Zufallsvariable:
    falls die Ergebnisse kategorisiert oder gezählt werden

Ziehung einer Zufallsstichprobe des Umfangs n = 1 als Zufallsexperiment

Das Zufallsexperiment „Einmaliges Werfen eines Würfels" ist für die empirische Forschung natürlich nicht sehr interessant. Die obigen Ausführungen können jedoch auch auf Zufallsstichproben des Umfangs n = 1 übertragen werden. Anders ausgedrückt: Die Ziehung einer Zufallsstichprobe des Umfangs n = 1 und die anschließende Messung eines bestimmten

Merkmals, zum Beispiel die Anzahl der Kinder der gezogenen Person, kann als Zufallsexperiment aufgefasst werden. Der Ereignisraum wäre dann die mögliche Anzahl der Kinder, von „keinem Kind", „einem Kind", „zwei Kindern" usw. bis hin zur maximal in der Grundgesamtheit vorkommenden Anzahl der Kinder. Als Ergebnis des Zufallsexperiments würde ein Elementarereignis aus dem Ereignisraum eintreten, zum Beispiel, dass die gezogene Person zwei Kinder hat. *Welches* der Elementarereignisse jedoch eintritt, hängt vom Zufall ab. Die entsprechende Zufallsvariable wäre diskret, denn das Ergebnis würde „gezählt".

Ein anderes derartiges Zufallsexperiment könnte beispielsweise lauten: „Man ziehe aus der Grundgesamtheit aller wahlberechtigten Männer der Bundesrepublik eine Zufallsstichprobe des Umfangs n = 1 und erhebe die Körpergröße des gezogenen Mannes". Der Ereignisraum bestünde dann aus allen bei den wahlberechtigten Männern der Bundesrepublik auftretenden Körpergrößen. Als Ergebnis des Zufallsexperiments würde ein Elementarereignis aus dem Ereignisraum eintreten, zum Beispiel, dass der gezogene Mann eine Körpergröße von x = 181 cm aufweist. *Welches* der Elementarereignisse jedoch eintritt, hängt vom Zufall ab. Die entsprechende Zufallsvariable wäre in diesem Beispiel stetig, denn die Ergebniswerte können beliebig genau angegeben werden. Bei genauerer Messung könnte die Körpergröße beispielsweise x = 181.2 cm betragen. Auch noch genauere Messungen wären möglich.

Mehrstufige Zufallsexperimente und die Verteilung der Ergebniswerte

Kehren wir zurück zum Würfelexperiment. Bisher betrachteten wir das Werfen *eines* Würfels, zum Beispiel in einem Würfelbecher. Als Ergebniswerte für die zugehörige Zufallsvariable können dabei die Werte „1" bis „6" auftreten. Die Auftretenswahrscheinlichkeit für jeden einzelnen der sechs Werte beträgt 1/6. Das heißt, jede Augenzahl hat die gleiche Wahrscheinlichkeit, aufzutreten. Die Auftretenswahrscheinlichkeiten sind *gleichverteilt*.

Führen wir das Würfelexperiment n mal durch, dann erwarten wir für jede einzelne der sechs Augenzahlen, dass sie mit einer absoluten Häufigkeit von 1/6 · n auftritt[7]. Bei 21600-maliger Wiederholung des Würfelexperiments erwarten wir beispielsweise, dass jede Augenzahl 3600 Mal auftritt. Führen wir das Würfelexperiment sehr oft durch, dann werden wir nach dem **Gesetz der großen Zahlen**[8] in etwa einem Sechstel der Fälle als Ergebnis die Augenzahl „1" erhalten, in etwa einen Sechstel der Fälle die Augenzahl „2" usw. und schließlich in etwa einem Sechstel der Fälle die Augenzahl „6". Tafel 6.1-2 demonstriert dies im oberen Teil. Die Ergebniswerte werden dann ebenfalls (annähernd) gleichverteilt sein.

---

[7] Diese Angabe ist nicht zu verwechseln mit dem *Erwartungswert* der entsprechenden Zufallsvariablen. Der Erwartungswert beträgt im vorliegenden Beispiel „3.5". Näheres hierzu in Bortz u.a. [7](2010: 527).

[8] Zum Gesetz der großen Zahlen: Führen wir das Experiment *nicht* sehr häufig durch, sondern zum Beispiel nur sechs Mal, dann kann es gleichwohl vorkommen, dass als Ergebnis dreimal die Augenzahl „2" vorkommt, zweimal die Augenzahl „4", einmal die Augenzahl „5" und die Augenzahlen „1", „3" und „6" überhaupt nicht. Von Gleichverteilung der Ergebniswerte also keine Spur. Eine (annähernde) Gleichverteilung stellt sich erst bei *sehr vielen* Wiederholungen ein (vgl. Bosch, [4]2003: 11–12 und 167–168).

Zur Demonstration dieses Sachverhalts wurde auf einem PC mit Hilfe von Zufallszahlen die 21600-malige Wiederholung des Würfelexperiments simuliert und die Ergebnisse eingetragen. Man sieht, dass die absoluten Häufigkeiten aus dem „**Experiment 21600**" schon recht gut mit den erwarteten absoluten Häufigkeiten übereinstimmen. Würde man das Würfelexperiment noch häufiger wiederholen, wäre die Übereinstimmung noch besser.

Als nächsten Schritt machen wir ein neues Zufallsexperiment. Die Ausführungsvorschrift lautet nun: „Werfe den Becher mit dem Würfel *zweimal* und zähle (als Ergebnis) die beiden geworfenen Augenzahlen zusammen". Damit erhalten wir eine neue Zufallsvariable, die sich additiv aus den Ergebnissen *zweier* Zufallsvariablen (jeweils einmaliges Werfen) zusammensetzt. Die neue Zufallsvariable kann die Werte zwischen „2" (zweimal Augenzahl 1) und „12" (zweimal Augenzahl 6) annehmen. Tafel 6.1-2 zeigt auch für diese neue Zufallsvariable die Auftretenswahrscheinlichkeiten für die einzelnen Augenzahl-Summen[9], deren Verteilung sowie die erwarteten und die „tatsächlichen" absoluten Häufigkeiten im Experiment 21600. Der interessante Punkt: Die Wahrscheinlichkeiten für das Auftreten der einzelnen Augenzahl-Summen von „2" bis „12" (und damit für die erwarteten Häufigkeiten) sind nicht mehr gleichverteilt (wie die der einzelnen Augenzahlen beim Werfen *eines* Würfels), sondern „dachförmig".

Würfeln wir nun *dreimal* und ermitteln wir wieder die Summe der Augenzahlen aus den drei Würfen. Die so gebildete Zufallsvariable kann die Werte zwischen „3" (dreimal Augenzahl 1) und „18" (dreimal Augenzahl 6) annehmen. Wie Tafel 6.1-2 zeigt, ändert sich für diese Zufallsvariable erneut die Form der Verteilung der Wahrscheinlichkeiten für das Auftreten der einzelnen Augenzahl-Summen (und damit für die erwarteten Häufigkeiten). Die Verteilung ist nun annähernd „glockenförmig".
Würden in entsprechenden Zufallsexperimenten noch *mehr* Würfel eingesetzt und jeweils die Augenzahl-Summen berechnet, dann würde sich die Verteilung noch besser der Glockenform anpassen. Statt „Glockenform" könnte man auch „Form der Normalverteilung" sagen. Wir werden auf die Normalverteilung weiter unten noch ausführlich zu sprechen kommen.

---

[9] Näheres zu deren Berechnung in Bortz u.a. [7](2010: 61–62). Man kann sich die Auftretenswahrscheinlichkeiten auch leicht herleiten, indem man eine 6 x 6 Felder-Tafel zeichnet und sowohl die Zeilen als auch die Spalten mit den Zahlen 1 bis 6 versieht. Die Zeilen-Angaben stehen für die Augenzahl des ersten Würfels, die Spalten-Angaben für die Augenzahl des zweiten Würfels. Die Tafel hat 36 Felder, also sind 36 verschiedene Wertekombinationen möglich. Eine davon muss im Würfelexperiment mit zwei Würfeln auftreten und jede davon hat dieselbe Auftretenswahrscheinlichkeit, womit jede Kombination eine Auftretenswahrscheinlichkeit von 1 / 36 hat (daher die „36" im Nenner bei den Auftretenswahrscheinlichkeiten in Tafel 6.1-2). Addiert man für jedes der 36 Felder die beiden zugehörigen Augenzahlen und trägt das Ergebnis in das entsprechende Feld ein, stellt man fest, dass die meisten Summenwerte mehrmals auftreten. Beispielsweise tritt der Summenwert „4" auf, wenn beide Würfel die Augenzahl 2 aufweisen, wenn der erste Würfel ein Auge und der zweite Würfel drei Augen zeigt oder umgekehrt, wenn der erste Würfel drei Augen und der zweite Würfel ein Auge zeigt. Damit hat die Augensumme „4" eine Auftretenswahrscheinlichkeit von 3 / 36 (daher in Tafel 6.1-2 die „3" im Zähler bei der Auftretenswahrscheinlichkeit für die Augenzahl-Summe „4").
Für das nachfolgend besprochene Zufallsexperiment mit *drei* Würfeln können diese Überlegungen analog an einem 6 x 6 x 6 Zellen-Würfel anstelle der 6 x 6 Felder-Tafel durchgeführt werden.

Tafel 6.1-2:   Übersicht zu den „Würfelexperimenten" (siehe Text)

	Augenzahl bzw. Summe der Augenzahlen:																	
	1	2	3	4	5	6	7	8	9	10	11	12	13	14	15	16	17	18

Augenzahl bei einmaligem Würfeln

Wahrscheinlichkeit	$\frac{1}{6}$	$\frac{1}{6}$	$\frac{1}{6}$	$\frac{1}{6}$	$\frac{1}{6}$	$\frac{1}{6}$

Verteilung der Wahrscheinlichkeiten

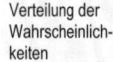

erwartete absolute Häufigkeit im „Experiment 21600"	3600	3600	3600	3600	3600	3600

absolute Häufigkeit im „Experiment 21600"	3611	3622	3570	3541	3564	3692

Summe der Augenzahlen bei zweimaligem Würfeln

Wahrscheinlichkeit	$\frac{1}{36}$	$\frac{2}{36}$	$\frac{3}{36}$	$\frac{4}{36}$	$\frac{5}{36}$	$\frac{6}{36}$	$\frac{5}{36}$	$\frac{4}{36}$	$\frac{3}{36}$	$\frac{2}{36}$	$\frac{1}{36}$

Verteilung der Wahrscheinlichkeiten

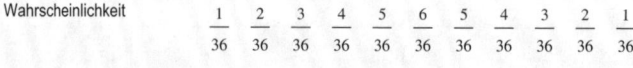

erwartete absolute Häufigkeit im „Experiment 21600"	600	1200	1800	2400	3000	3600	3000	2400	1800	1200	600

absolute Häufigkeit im „Experiment 21600"	646	1211	1783	2434	2931	3522	2988	2429	1856	1188	612

Summe der Augenzahlen bei dreimaligem Würfeln

Wahrscheinlichkeit	$\frac{1}{216}$	$\frac{3}{216}$	$\frac{6}{216}$	$\frac{10}{216}$	$\frac{15}{216}$	$\frac{21}{216}$	$\frac{25}{216}$	$\frac{27}{216}$	$\frac{27}{216}$	$\frac{25}{216}$	$\frac{21}{216}$	$\frac{15}{216}$	$\frac{10}{216}$	$\frac{6}{216}$	$\frac{3}{216}$	$\frac{1}{216}$

Verteilung der Wahrscheinlichkeiten

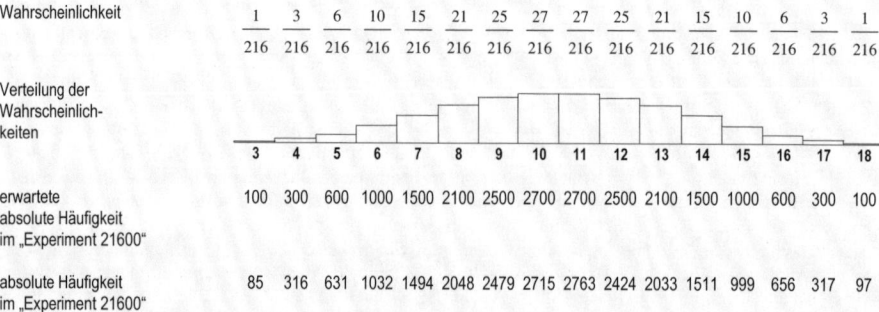

erwartete absolute Häufigkeit im „Experiment 21600"	100	300	600	1000	1500	2100	2500	2700	2700	2500	2100	1500	1000	600	300	100

absolute Häufigkeit im „Experiment 21600"	85	316	631	1032	1494	2048	2479	2715	2763	2424	2033	1511	999	656	317	97

Was haben wir im dritten Würfelexperiment eigentlich getan? Wir haben ein Merkmal[10] (Summe der Augenzahlen) gemessen, das sich aus der Überlagerung „vieler" (vorerst der Einfachheit halber nur dreier) Einzeleinflüsse additiv zusammensetzt, wobei keiner der Einzeleinflüsse dominiert (jede Augenzahl wird nur *einmal* gezählt) und haben gesehen, dass die Werte der entsprechenden Zufallsvariablen annähernd normalverteilt sind. Soviel zur „vereinfachten Fassung" des zentralen Grenzwertsatzes.

Die Überlegungen zur Verteilung der Ergebniswerte (Augenzahl-Summen) der neuen Zufallsvariablen, die durch die *Addition* der Werte einzelner Zufallsvariablen (einfache Augenzahlen) entstanden, können analog auch für das *arithmetische Mittel* (anstelle der *Summe* aus den einzelnen Augenzahlen) durchgeführt werden. Das jeweilige Zufallsexperiment ändert sich dadurch vom Würfeln her gesehen nicht und damit auch nicht die Auftretenswahrscheinlichkeiten für die einzelnen Augenzahl-Summen. Die Augenzahl-Summen werden lediglich noch durch die Anzahl der Würfe (eine konstante Zahl!) geteilt, womit neue numerische Werte entstehen, deren Auftretenswahrscheinlichkeiten jedoch wie gesagt identisch mit denen der entsprechenden Augenzahl-Summen sind[11].

Ziehung einer Zufallsstichprobe des Umfangs n > 1 als mehrstufiges Zufallsexperiment

Ein letzter Gedankengang zum zentralen Grenzwertsatz: Weiter oben wurde gesagt, dass die Ziehung einer Zufallsstichprobe des Umfangs n = 1 und die anschließende Messung eines bestimmten Merkmals bei der gezogenen Person, beispielsweise die Anzahl von deren Kindern, als Zufallsexperiment (wie das Werfen eines Würfels) aufgefasst werden kann. Dementsprechend kann die Ziehung einer Zufallsstichprobe des Umfangs n = 3, die anschließende Messung eines bestimmten Merkmals (Kinderzahl) bei den gezogenen Person und schließlich die Bildung eines entsprechenden Summenwertes (Summe der drei Kinderzahlen) als mehrstufiges Zufallsexperiment (wie das dreimalige Würfeln und die Berechnung der Augenzahl-Summe) aufgefasst werden. Zieht man sehr oft eine Zufallsstichprobe vom Umfang n = 3 (Wiederholung des mehrstufigen Zufallsexperiments) und errechnet jedesmal die Summe der Kinderzahlen, dann gleicht die Verteilung der Summenwerte[12] aus den vielen Stichproben einer Glockenkurve. Gleiches gilt für das aus den „Mini-Stichproben" jeweils errechenbare *arithmetische Mittel*[13]. Zieht man beispielsweise 10 000 „Mini-Stichproben" des Umfangs n = 3 und errechnet in jeder „Mini-Stichprobe" das arithmetische Mittel der Kinderzahl, dann erhält man 10 000 solcher Mittelwerte. Erhöht man den Stichprobenumfang, sagen wir auf n = 1000 (anstatt n = 3), dann *geht die Verteilung der Mittelwerte[14] in eine Normalverteilung über.*

---

[10] Genauer gesagt: Ausprägungen einer Zufallsvariablen.

[11] Vgl. auch Bortz u.a. [7](2010: 85–86).

[12] Jeder Summenwert setzt sich aus drei Einzelwerten, nämlich die Kinderzahlen für die drei gezogenen Personen, zusammen.

[13] Das arithmetische Mittel ist die Gesamtzahl (Summe) der Kinder der drei Befragten geteilt durch 3 (Anzahl der Befragten).

[14] Nicht die Verteilung der Werte für die Kinderzahl!

Der zentrale Grenzwertsatz

Der **zentrale Grenzwertsatz**, auch „zentrales Grenzwerttheorem" genannt, lautet in einer exakteren (und etwas engeren) als der oben berichteten „vereinfachten" Form: „**Die Verteilung von Mittelwerten aus Stichproben des Umfangs n, die sämtlich derselben Grundgesamtheit entnommen wurden, geht mit wachsendem Stichprobenumfang in die Normalverteilung über**" (Bortz u.a., [7]2010: 86)[15]. Mit „Mittelwerten" sind dabei arithmetische Mittel gemeint[16]. Der zentrale Grenzwertsatz gilt nach einer Faustregel bereits bei Stichprobenumfängen von n > 30[17] und damit auf jeden Fall für die bei repräsentativen Umfragen üblichen Stichprobenumfänge von n = 1000 und mehr. Man beachte, dass bei dieser Formulierung die Annahme von gleichen Auftretenswahrscheinlichkeiten für die einzelnen Ausprägungen des *Merkmals*, deren Mittelwerte (in verschiedenen Stichproben gleichen Umfangs) betrachtet werden, entfällt. Die Anzahlen der Kinder, von „0", „1", „2" usw. bis hin zur Maximalzahl an Kindern, haben nicht gleiche Auftretenswahrscheinlichkeiten (wie die Augenzahlen von „1" bis „6" beim Würfeln). Die Annahme gleicher Auftretenswahrscheinlichkeiten diente oben nur zur Vereinfachung des Demonstrationsbeispieles.

Mehr zur Verteilung von Mittelwerten

Rekapitulieren wir noch einmal: Wir haben „ursprünglich" eine **Zufallsvariable X** – wie beispielsweise die Anzahl der Kinder bei einer zufällig aus einer Grundgesamtheit gezogenen Person. Für die Werte dieser „ursprünglichen" Zufallsvariablen lassen sich (wie in Kapitel 5.1 und 5.2 dargestellt) in einer *Stichprobe* das arithmetische Mittel $\bar{x}$ und die Standardabweichung (als Schätzung für die Standardabweichung in der Grundgesamtheit) $\hat{\sigma}_x$ berechnen. Die entsprechenden Parameter der *Grundgesamtheit* werden mit μ_x und σ_x bezeichnet.

Der zentrale Grenzwertsatz bezieht sich *nicht* auf diese „ursprüngliche" Zufallsvariable, sondern auf eine *neue* **Zufallsvariable $\overline{X}$** – das *arithmetische Mittel* der Werte der „ursprünglichen" Zufallsvariablen in einer Stichprobe. Hat man (wie üblich) nur eine einzige Zufallsstichprobe zur Verfügung, kann man dies als *ein* Zufallsexperiment interpretieren und hieraus genau *einen* Wert für die neue Zufallsvariable $\overline{X}$ berechnen, nämlich das arithmetische Mittel $\bar{x}$ in der Stichprobe. Der zentrale Grenzwertsatz sagt etwas über die *Verteilung der Werte der neuen Zufallsvariablen $\overline{X}$* (also der Mittelwerte) aus, falls man nicht (wie üblich) nur *eine* Stichprobe des Umfangs n ziehen würde, sondern sehr viele solcher Stichproben. Dieser Fall wird schon aus Kostengründen *in der Praxis* kaum jemals auftreten. Dennoch kann für diesen

---

[15] Dies gilt nach Bortz [6](2005: 94) [Vorgänger-Auflage zu Bortz u.a. [7]2010] „... unter der Voraussetzung, dass die Varianz in der Grundgesamtheit endlich ist (was bei sozialwissenschaftlichen Daten praktisch immer der Fall ist)". An der genannten Stelle finden sich für den interessierten Leser auch Literaturverweise zum Beweis des zentralen Grenzwerttheorems. Eine weitere Forderung – nach endlichen Mittelwerten in der Grundgesamtheit (vgl. Bortz u.a., [3]2003: 414–415) – ist ebenfalls bei sozialwissenschaftlichen Daten praktisch immer erfüllt.

[16] Im folgenden wird der Begriff „Mittelwert" synonym für „arithmetisches Mittel" gebraucht!

[17] Vgl. Bortz [7](2010: 87).

Fall sowohl der „Mittelwert" der **Zufallsvariablen** $\overline{X}$, **Erwartungswert**[18] $E(\overline{X})$ genannt, als auch deren Standardabweichung $\sigma_{\overline{x}}$, **Standardfehler**[19] genannt, bestimmt werden. Die Formeln:

Erwartungswert für $\overline{X}$: $E(\overline{X}) = \mu_x$ Schätzung: $\overline{x}$

Standardfehler für $\overline{X}$: $\sigma_{\overline{x}} = \dfrac{\sigma_x}{\sqrt{n}}$ Schätzung: $\dfrac{\hat{\sigma}_x}{\sqrt{n}}$

Das Entscheidende an diesen beiden Formeln: Sowohl der Erwartungswert der Zufallsvariablen $\overline{X}$ als auch ihre „Standardabweichung", der Standardfehler, können aus den Werten von nur *einer einzigen Stichprobe* geschätzt werden! Als Schätzung für den Erwartungswert kann das arithmetische Mittel $\overline{x}$ der „ursprünglichen" Zufallsvariablen X aus einer Stichprobe verwendet werden. Zur Schätzung für den Standardfehler benötigt man die Standardabweichung $\hat{\sigma}_x$ der „ursprünglichen" Zufallsvariablen X, wie sie in Kapitel 5.2 besprochen ist. Mit „n" wird wie üblich der Stichprobenumfang bezeichnet, und zwar der Stichprobe, anhand derer $\overline{x}$ und $\hat{\sigma}_x$ ermittelt wurden.

Über die Verteilung der Mittelwerte aus sehr vielen Stichproben des Umfangs n, die sämtlich derselben Grundgesamtheit entnommen wurden, kann also nicht nur ausgesagt werden, dass sie mit wachsendem Stichprobenumfang in eine Normalverteilung übergeht (zentraler Grenzwertsatz). Man kann zusätzlich aus *einer einzigen Stichprobe* des Umfangs n auch den „Mittelwert" (Erwartungswert) und die Standardabweichung (Standardfehler) der Zufallsvariablen $\overline{X}$, also der Mittelwerte aus den sehr vielen Stichproben, schätzen. Wir werden auf diesen Sachverhalt später zurückkommen.

---

[18] Genaueres zu Erwartungswerten in: Bortz u.a. [7](2010: 527–530).

[19] Die Standardfehler weiterer statistischer Kennwerte, insbesondere von Anteilswerten (Prozentwerten), sind in Bortz [6](2005: 92–93) [Vorgänger-Auflage zu Bortz u.a. [7]2010] beschrieben.

6.2 Normalverteilung und Standardnormalverteilung

Vor diesem Kapitel sollten Sie gelesen haben:
- *Kap. 5.1 (Maßzahlen der zentralen Tendenz)*
- *Kap. 5.2 (Maßzahlen der Dispersion (Streuung))*
- *Kap. 5.3 (Graphische Darstellungen)*
- *Kap. 5.4 (z-Standardisierung)*
- *Kap. 6.1 (Der zentrale Grenzwertsatz)*

Die bereits mehrfach angesprochene Normalverteilung stellt die mit Abstand wichtigste Verteilung für die empirische Forschung dar. Zunächst ist sie eine *rein theoretische Verteilung* mit bestimmten mathematischen Eigenschaften. Als solche werden wir die Normalverteilung zuerst kennenlernen. Darüber hinaus haben wir gesehen, dass sie als *Verteilungsmodell für statistische Kennwerte* (wie den Mittelwert – beim zentralen Grenzwertsatz) dienen kann. Ferner nähert sich die Verteilung der Werte vieler Merkmale selbst der Normalverteilung an. So gesehen kann sie auch als *empirische Verteilung* betrachtet werden. Zwei weitere Aspekte seien hier lediglich erwähnt: Die Normalverteilung stellt eine *mathematische Basisverteilung* dar. Aus ihr lassen sich weitere wichtige Verteilungen wie die χ^2-Verteilung[20], die F-Verteilung oder die t-Verteilung ableiten. Schließlich spielt die Normalverteilung in der *statistischen Fehlertheorie* eine bedeutende Rolle. Zum Beispiel werden die Fehlerwerte in der klassischen Testtheorie (vgl. Kapitel 2.2) als normalverteilt angenommen[21]. Ausführlicher besprochen sind die genannten Aspekte in Bortz u.a. [7](2010: 70–77).

Die Normalverteilung als theoretische Verteilung

Betrachten wir zunächst die Normalverteilung als eine rein theoretische Verteilung. Ihre Form wird bestimmt durch folgende **Wahrscheinlichkeitsdichtefunktion**[22]:

$$y = f(x) = \frac{1}{\sigma \cdot \sqrt{2\pi}} \cdot e^{-\frac{(x-\mu)^2}{2\sigma^2}}$$

Wie der Name schon sagt, handelt es sich bei der Wahrscheinlichkeitsdichtefunktion trotz ihres komplizierten Aussehens zunächst einmal um eine „ganz normale Funktion", das heißt, jedem für „x" eingesetzten Wert wird ein Wert für „y" zugewiesen. Die Eulersche Zahl e

---

[20] Sprich: Chi-Quadrat-Verteilung.
[21] Zumindest dann, wenn der Fehler (wie normalerweise anzunehmen) auf sehr viele zufällig wirkende Einflüsse zurückzuführen ist.
[22] Der Begriff „Wahrscheinlichkeitsdichte" wird weiter unten erläutert.

(ungefähr 2.72) und π (ungefähr 3.14) sind die aus der Mathematik bekannten Konstanten. Sie sind auf beliebig viele Stellen genau errechenbar und könnten für unsere Zwecke in der Formel durch „2.72" und „3.14" (oder genauere Werte) ersetzt werden. *Keine* Konstanten, sondern *Variablen* bezeichnen μ und σ. Da diese beiden Variablen unterschiedliche Werte annehmen können, ist unmittelbar einsichtig, dass die obige Gleichung nicht *eine* Kurve beschreibt, sondern – je nach den Werten für μ und σ – eine ganze Kurvenschar. In Abbildung 6.2-1 sind einige Normalverteilungen dargestellt. Die y-Werte sind dort als „f(x)" bezeichnet.

Tafel 6.2-1:   Einige Normalverteilungen: Wahrscheinlichkeitsdichtefunktionen

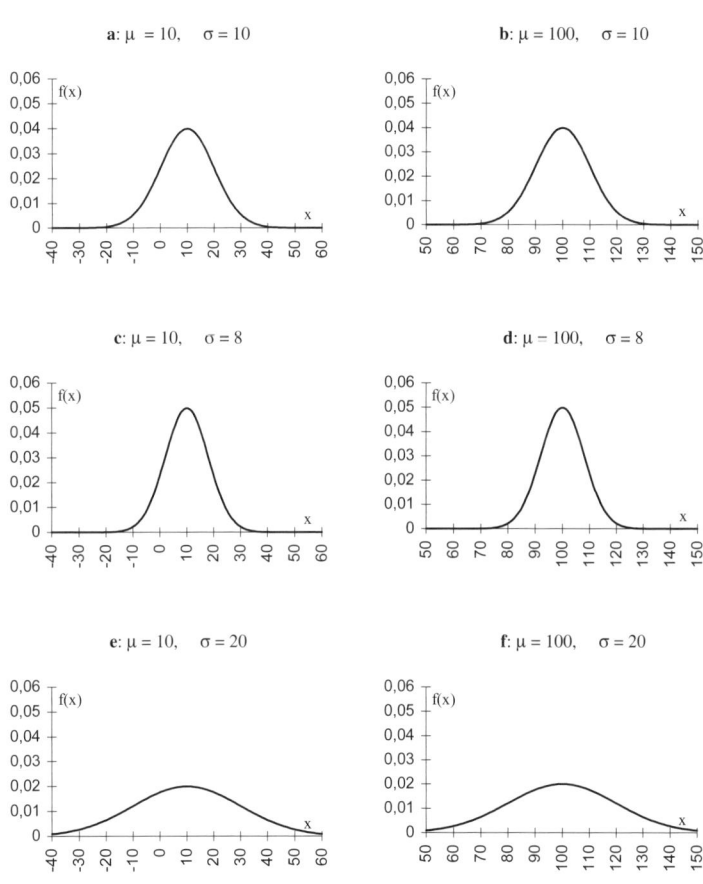

Tafel 6.2-1 zeigt zunächst, dass von µ die *Lage* der Normalverteilung (bezogen auf die x-Achse) abhängt und von σ deren *Form*. Je größer σ, desto flacher wird die Form (man erkennt dies entweder an den Teilabbildungen a, c und e oder an den Teilabbildungen b, d und f, die jeweils gleiche Werte für µ aufweisen). Anhand von Tafel 6.2-1 lassen sich weiter einige Gemeinsamkeiten von Normalverteilungen zeigen. Die Verteilung ist *symmetrisch* und *glockenförmig*, wobei sie sich für sehr hohe und für sehr niedrige x-Werte der *x-Achse asymptotisch annähert*. Die Fläche, welche die jeweilige Kurve mit der x-Achse einschließt, beträgt immer „1"[23]. Die beiden Wendepunkte liegen bei µ ± σ. Über dem Achsenabschnitt zwischen den beiden Wendepunkten liegt immer eine Fläche von etwa 0.6826 oder von 68.26 Prozent. Über dem Achsenabschnitt zwischen den beiden Punkten µ - 2σ und µ + 2σ liegt immer eine Fläche von etwa 0.9550 oder von 95.50 Prozent und über dem Achsenabschnitt zwischen den beiden Punkten µ - 3σ und µ + 3σ liegt immer eine Fläche von etwa 0.9970 oder von 99.70 Prozent – also fast die gesamte Fläche. Generell lässt sich der Anteil von Flächen (bezogen auf die Gesamtfläche), die *seitlich* von beliebigen Punkten der x-Achse, *nach unten* durch die x-Achse und *nach oben* hin durch die Kurve der Wahrscheinlichkeitsdichtefunktion begrenzt wird, ermitteln. Dies ist ein sehr wichtiger Punkt, der später wieder aufgegriffen wird!

Die Normalverteilung als empirische Verteilung

Die Ausprägungen vieler empirischer Merkmale sind normalverteilt. Betrachten wir als einfaches Beispiel für ein annähernd normalverteiltes empirisches Merkmal die Körpergröße aller Männer der Bundesrepublik. Gesetzt den Fall, die Körpergröße für alle Männer der Bundesrepublik wäre bekannt[24], dann könnten wir für diese (fiktiven) Daten ein Histogramm wie in Tafel 6.2-2 zeichnen. Auf der x-Achse sind die Werte für die Körpergröße (in cm) abgetragen und auf der y-Achse die relativen Häufigkeiten, mit denen sie vorkommen[25]. Über das Histogramm ist eine Normalverteilung eingezeichnet (genauer gesagt: der Graph der Wahrscheinlichkeitsdichtefunktion), wobei für µ das arithmetische Mittel und für σ die Standardabweichung der Werte der Körpergrößen aller Männer der Bundesrepublik eingesetzt wurden. Wie man sieht, deckt sich die Kurve recht gut mit der oberen Begrenzung des Histogramms.

Warum also heißt die zugehörige Funktion nicht einfach „Wahrscheinlichkeitsfunktion" für das Auftreten der x-Werte, sondern Wahrscheinlichkeits<u>dichte</u>funktion? Die auf den ersten Blick erstaunliche Antwort: *Jeder Punkt auf der x-Achse hat die Auftretenswahrscheinlichkeit (und damit im Beispiel die relative wie auch die prozentuale Häufigkeit) „0"*. Mithin kann der

---

[23] Man kann dies grob nachprüfen, indem man vom Gipfelpunkt der betreffenden Verteilung das Lot auf die x-Achse fällt und damit die Fläche in zwei (symmetrische) Hälften teilt. Als nächstes zeichnet man „per Augenmaß" für eine Hälfte ein Dreieck, das sich ungefähr mit der Fläche der Verteilungshälfte deckt, ein. Da die Verteilung symmetrisch ist, entspricht ihre *Gesamt*fläche etwa der doppelten Dreiecksfläche. Diese erhält man, indem man die Längen der beiden senkrecht zueinander stehenden Dreiecksseiten multipliziert. Für Teilabbildung b errechnet sich auf diese Weise zum Beispiel ungefähr $0.04 \cdot 25 = 1$.

[24] Wir tun in dem Beispiel also so, als wären die Werte der *Grundgesamtheit* bekannt!

[25] Die relativen Häufigkeiten können durch Multiplikation mit hundert in Prozentwerte umgerechnet werden!

y-Wert, der ihm durch die Wahrscheinlichkeitsdichtefunktion zugewiesen wird (und größer als „0" ist), nicht die relative Häufigkeit seines Auftretens bedeuten!

Tafel 6.2-2   Histogramm für die Körpergröße der Männer der Bundesrepublik
                (fiktive Daten)

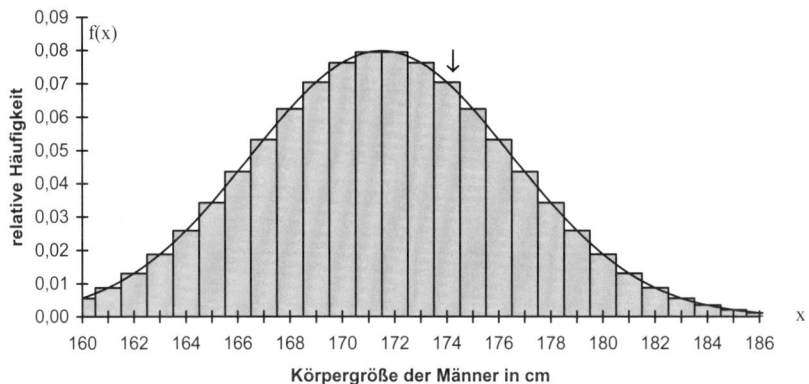

Das Argument im einzelnen: Was das Histogramm abbildet, sind die relativen Häufigkeiten von Werte*kategorien* einer *stetigen* Variablen, nämlich der „Körpergröße bei Männern". Stellt man alle Säulen des Histogramms aufeinander (wie beim Balkendiagramm; vgl. Kapitel 5.3), so addieren sich die Werte zur relativen Häufigkeit „1" bzw. zu „100 Prozent". Nehmen wir nun eine beliebige Säule heraus, zum Beispiel die mit den Grenzen 173.5 cm und 174.5 cm (in Tafel 6.2-2 durch einen Pfeil markiert). In dieses Intervall fällt im Beispiel die Körpergrö-ße von ca. 7 Prozent der Männer. Die Festlegung der Intervallbreite „1 cm" geschah dabei weitgehend willkürlich. Hätte man die Intervallbreite „1 mm" gewählt, müsste das eben be-trachtete Intervall in zehn neue (dafür zehnmal so schmale) Intervalle aufgeteilt werden. Der Anteil der Männer in dem betrachteten Bereich ändert sich jedoch nicht. Folglich wird der Anteil der Männer, der auf jedes einzelne der neuen, kleineren Intervalle entfällt, erheblich[26] kleiner sein als der Anteil der Männer, der auf das „Gesamtintervall" von 173.5 cm bis 174.5 cm entfällt. Da es sich bei der Körpergröße um eine beliebig genau messbare *stetige* Variable handelt, bei der zwischen zwei beliebig eng beieinander liegenden Werten immer noch ein neuer Wert liegt, können auch die Intervalle beliebig klein gewählt werden. Dabei geht der Anteil an Männern, deren Werte in den beliebig kleiner werdenden Intervallen liegen, gegen „0". Ein einzelner *Punkt* auf der x-Achse in Tafel 6.2-2 hat schließlich die Auftretenswahr-scheinlichkeit (oder relative bzw. prozentuale Häufigkeit) „0".

---

[26] Größenordnungsmäßig etwa zehnmal.

Was nützt uns dann die Kurve der Wahrscheinlichkeitsdichte? Sehr viel. Wir können nämlich zwei beliebige Punkte auf der x-Achse wählen und damit ein beliebiges Intervall bilden. Die **Fläche**, die zwischen diesen beiden Punkten über der x-Achse liegt und nach oben hin durch die Kurve der Wahrscheinlichkeitsdichte begrenzt wird, **entspricht der Wahrscheinlichkeit, dass ein Wert der Verteilung in das betreffende Intervall fällt**. Erinnern wir uns: Relative Häufigkeiten können als beobachtete Wahrscheinlichkeiten interpretiert werden (vgl. Kapitel 5.3).

In dem Beispiel, in dem (unrealistischerweise) angenommen wird, alle Werte der Grundgesamtheit wären bekannt, könnte man auch sagen, die Fläche entspricht (je nach Benennung der y-Achse) der prozentualen bzw. relativen Häufigkeit, mit der bei den Männern der Bundesrepublik Körpergrößen im betreffenden Intervall der x-Achse auftreten. Mit dieser Wahrscheinlichkeit zieht man bei zufälligem Auswählen einen Mann entsprechender Größe!

Die Standardnormalverteilung

Als **Standardnormalverteilung** bezeichnet man eine ganz bestimmte Normalverteilung, nämlich die mit dem Erwartungswert $\mu = 0$ und der Streuung $\sigma = 1$[27]. **Ihre Wahrscheinlichkeitsdichtefunktion** lautet entsprechend[28]:

$$y = \varphi(z) = \frac{1}{\sqrt{2\pi}} \cdot e^{-\frac{z^2}{2}}$$

Auch diese Funktion weist jedem Ausgangswert einen y-Wert zu. Allerdings hat es sich eingebürgert, die Ausgangswerte nicht – wie bei Funktionen normalerweise üblich – mit „x", sondern mit „z" zu bezeichnen[29]. Der Grund: Die Ausgangswerte können als z-standardisierte Werte betrachtet werden. In Kapitel 5.4 wurde gezeigt, dass jede beliebige Werteverteilung durch z-Standardisierung der Einzelwerte in eine Verteilung mit dem Mittelwert „0" und der Standardabweichung „1" transformiert werden kann. Genau einer solchen Verteilung entspricht die Standardnormalverteilung, wenn man sie als empirische Verteilung interpretiert. Würden wir im vorangegangenen Beispiel die Körpergrößen aller Männer in der Bundesrepublik vorab z-standardisieren und dann erst die Verteilung der Werte betrachten, würde sich die Form der Verteilung einer *Standard*normalverteilung annähern. Aus einer (angenäherten) Normalverteilung wird also eine (angenäherte) Standardnormalverteilung.

---

[27] Falls es sich um eine *empirische* Verteilung handelt: mit dem Mittelwert „0" und der Standardabweichung „1".

[28] Der Ausdruck rechts vom Gleichheitszeichen ergibt sich, wenn man in die Formel für die Wahrscheinlichkeitsdichtefunktion der Normalverteilung die Werte $\mu = 0$ und $\sigma = 1$ einsetzt! Ferner wurde nach einer gängigen Konvention die Bezeichnung „x" durch „z" ersetzt (Näheres siehe Text).

[29] Die Bezeichnung $\varphi(z)$ [sprich: „Phi von z"; griechischer Kleinbuchstabe] hat sich ebenfalls eingebürgert, man könnte jedoch auch f(z) schreiben.

Wichtiger als die Wahrscheinlichkeitsdichtefunktion ist in der Forschungspraxis allerdings die sogenannte **Verteilungsfunktion** $\Phi(z)$ der Standardnormalverteilung[30]. Sie weist jedem z-Wert der Standardnormalverteilung einen Wert $\Phi(z)$ zu, der dem Flächenanteil entspricht, der „links" von ihm liegt. Als Beispiel ist das entsprechende Flächenstück für den z-Wert 0.5 in der obersten Abbildung von Tafel 6.2-3 eingezeichnet. „Links" von dem Punkt 0.5 liegt ein (relativer) Flächenanteil von 0.6915, was einem Prozentanteil von 69.15% entspricht.

Tafel 6.2-3:   Flächenberechnungen bei der Standardnormalverteilung

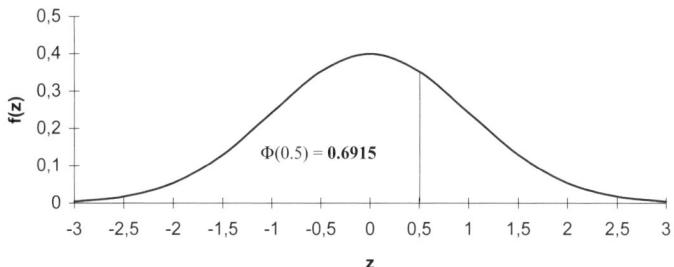

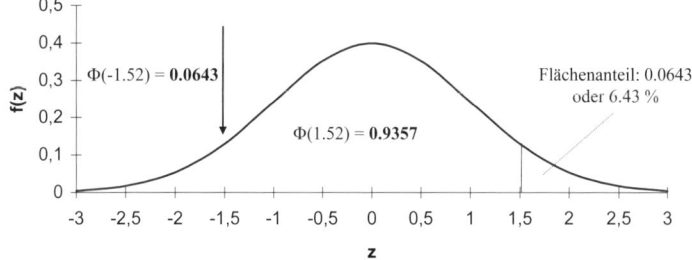

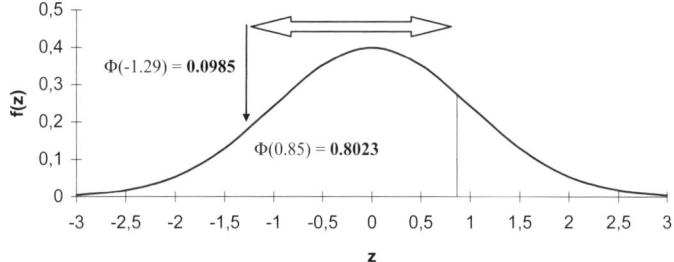

---

[30] Sprich: „Phi von z" (griechischer Großbuchstabe). Näheres zu Verteilungsfunktionen in Bortz u.a. [7](2010: 62).

Die Tabelle für die Verteilungsfunktion Φ(z)

Die Werte, die die Verteilungsfunktion $\Phi(z)$[31] den eingesetzten z-Werten zuweist, liegen in tabellierter Form vor, so dass sie nicht jedesmal neu errechnet werden müssen. Anlage 4 enthält eine solche Tabelle. In der Spalte ganz links steht der Ausgangswert „z" mit *einer* Nachkommastelle. Die *zweite* Nachkommastelle steht in der Kopfzeile der Tabelle. Dort, wo sich die Zeile, in der der z-Wert mit einer Nachkommastelle steht, und die Spalte mit der zweiten Nachkommastelle kreuzen, ist der gesuchte Flächenanteil („links" von dem gewählten z-Wert) abzulesen. Für einen z-Wert von 0.32 ergibt sich beispielsweise ein Flächenanteil von 0.6255 oder 62.55 Prozent und für einen z-Wert von -0.85 ein Flächenanteil von 0.1977 oder 19.77 Prozent. Für den z-Wert von 0.5 in der obersten Abbildung von Tafel 6.2-3 ist der Flächenanteil von 0.6915 oder 69.15 Prozent[32] abzulesen. Einen Sonderfall stellen z-Werte von -3.0 und kleiner bzw. +3.0 und größer dar. Für diese z-Werte nähern sich die zugehörigen Flächenanteile bereits sehr stark den Werten „0" bzw. „1" an, so dass es genügt, die z-Werte auf *eine* Nachkommastelle genau auszuweisen. In diesen Fällen (und nur in diesen!) steht in der Kopfzeile die *erste* Nachkommastelle des z-Wertes. Für einen z-Wert von 3.2 ist also beispielsweise ein Flächenanteil von 0.9993 oder 99.93 Prozent abzulesen, der „links" von ihm liegt.

Flächenberechnungen für die Standardnormalverteilung

Mit Hilfe der Tabelle für die Verteilungsfunktion $\Phi(z)$ ist es für die *Standardnormalverteilung* möglich, den Anteil von Flächen (bezogen auf die Gesamtfläche), die seitlich von beliebigen z-Werten begrenzt werden, zu berechnen. Der Flächenanteil, der *links* von einem bestimmten z-Wert liegt, kann wie gesagt direkt aus der Tabelle für die Verteilungsfunktion $\Phi(z)$ abgelesen werden. Nachdem die Gesamtfläche unter der Kurve „1" beträgt, kann der Flächenanteil, der *rechts* von einem bestimmten z-Wert liegt, durch Subtraktion des Flächenanteils, der links von dem z-Wert liegt, von 1 ermittelt werden. Rechts von dem z-Wert 1.52 liegt also beispielsweise ein Flächenanteil von (1 - 0.9357), also 0.0643 oder 6.43 Prozent. Nachdem die Verteilung symmetrisch ist, bietet sich alternativ noch eine zweite Berechnungsart an: Man liest direkt aus der Tabelle den Flächenanteil ab, der *links* von dem z-Wert -1.52 liegt. Dieser Flächenteil entspricht aufgrund der Symmetrie dem gesuchten Flächenanteil. Aus der Tabelle ergibt sich so für den z-Wert -1.52 ebenfalls der Wert 0.0643. Beide Berechnungsarten sind in der mittleren Abbildung von Tafel 6.2-3 demonstriert. Schließlich können auch Flächenanteile berechnet werden, die *zwischen* zwei z-Werten liegen. Hierzu liest man aus der Tabelle für beide z-Werte die Flächenanteile ab, die links von ihnen liegen, und subtrahiert den kleineren Anteilswert vom größeren. Zwischen den z-Werten -1.29 und 0.85 liegt beispielsweise ein Flächenanteil von (0.8023 - 0.0985), also 0.7038 oder 70.38 Prozent. Die unterste Abbildung von Tafel 6.2-3 demonstriert auch diesen Fall.

---

[31] Die Bezeichnung $\Phi(z)$ hat sich zwar eingebürgert, man könnte jedoch genauso gut – wie sonst bei Funktionen üblich – f(z) schreiben. Allerdings sollte die Funktion anders als die der Wahrscheinlichkeitsdichte bezeichnet werden.

[32] Die fehlende zweite Nachkommastelle bei der Angabe 0.5 ist zu 0.50 zu ergänzen.

Auftretenswahrscheinlichkeiten standardnormalverteilter Merkmalswerte bei einfachen Zufalls-stichproben (n = 1).

Welchen Sinn macht es für die empirische Sozialforschung, Flächenanteile der Standardnor-malverteilung zu berechnen? Eine erste Antwort: Die Flächenanteile können, wie bereits angesprochen, bei empirischen Verteilungen als „Auftretenswahrscheinlichkeiten" gedeutet werden. Nehmen wir an, wir hätten ein empirisches Merkmal, dessen Werte in der Grundge-samtheit standardnormalverteilt sind. Greifen wir nun zum Beispiel zwei z-Werte heraus und berechnen den Flächenanteil, der zwischen diesen beiden Werten liegt. Nehmen wir an, wir erhalten dabei einen Flächenanteil von 0.35 oder 35 Prozent. Dann können wir sagen, dass etwa 35 Prozent der Merkmalsträger Werte aufweisen, die zwischen diesen beiden z-Werten liegen. Dies ist unmittelbar einsichtig, wenn man sich die Übereinstimmung der Kurve der Wahrscheinlichkeitsdichte mit der oberen Begrenzung eines entsprechenden Histogramms (vgl. Tafel 6.2-2) vor Augen hält.

Zieht man eine einfache Zufallsstichprobe des Umfangs n = 1 aus der Grundgesamtheit, das heißt, wählt man zufällig einen Merkmalsträger aus, dann kann man sagen, dass *mit einer Wahrscheinlichkeit von 35 Prozent ein Merkmalsträger gezogen wird, dessen Wert zwischen den beiden z-Werten liegt.* Zwischen den beiden z-Werten liegen schließlich 35 Prozent der Verteilung, also 35 Prozent aller Werte.

Diese Interpretation hat allerdings für die praktische Arbeit noch einen Haken: Sie gilt nur, wenn das Merkmal, dessen Verteilung betrachtet wird, nicht nur normalverteilt ist (dies trifft auf viele Merkmale zu), sondern sogar standardnormalverteilt. Standardnormalverteilt sind allerdings, wie man sich denken kann, so gut wie keine empirischen Merkmale.

Flächenberechnungen für Merkmale, die nicht standardnormalverteilt sind

Im Beispiel mit der Körpergröße der Männer der Bundesrepublik kann das Problem (zumin-dest theoretisch) gelöst werden, indem wir zunächst das arithmetische Mittel und die Stan-dardabweichung für die Verteilung der Werte aller Männer der Bundesrepublik berechnen. Anschließend können wir die Körpergröße jedes einzelnen Mannes z-standardisieren. Da die z-Standardisierung die ursprüngliche Verteilung in eine neue Verteilung mit dem Mittelwert „0" und der Standardabweichung „1" transformiert, wird in diesem Fall die gegebene Nor-malverteilung in eine *Standard*normalverteilung transformiert. *Der Flächenanteil, der zwi-schen zwei gegebenen Punkten (x-Werten) in der Normalverteilung liegt, entspricht dann dem Flächenanteil, der zwischen den beiden zugehörigen z-Werten in der Standardnormalvertei-lung liegt,* denn weder die Reihenfolge der Werte noch die Häufigkeit ihres Auftretens ändern sich durch die z-Standardisierung[33]. Wir können also mit der Tabelle der Verteilungsfunktion $\Phi(z)$ den gesuchten Flächenanteil und damit die gesuchte Wahrscheinlichkeit berechnen.

---

[33] Dies ist kein mathematischer Beweis! Die Bemerkung dient eher zur Veranschaulichung.

In der Praxis werden allerdings so gut wie nie alle Werte der Grundgesamtheit bekannt sein. Damit können auch nicht alle Werte der Grundgesamtheit z-standardisiert werden. Wenn man sich das oben genannte Vorgehen noch einmal vor Augen führt, wird jedoch klar, dass dies auch gar nicht nötig ist. Es genügt, den *Mittelwert* und die *Standardabweichung* für die Werte der Grundgesamtheit *zu kennen* (bzw. über entsprechende Sätzungen zu verfügen). Damit können die beiden „Grenzpunkte" z-standardisiert werden, womit eine Flächenberechnung mit der Tabelle für die Verteilungsfunktion $\Phi(z)$ möglich wird.

Ein Beispiel: Nehmen wir an, in einer Grundgesamtheit sei der Intelligenzquotient (IQ) annähernd normalverteilt mit $\mu = 100$ und $\sigma = 15$. Aus dieser Grundgesamtheit wird zufällig eine Person gezogen und ihr IQ festgestellt. Mit welcher Wahrscheinlichkeit liegt der IQ der gezogenen Person im „mittleren Bereich" zwischen 95 und 105? Diese Wahrscheinlichkeit entspricht dem Flächenanteil, der in der gegebenen Normalverteilung zwischen den x-Werten 95 und 105 liegt. Die Werte für μ und σ in der Grundgesamtheit sind in der Aufgabe als bekannt vorausgesetzt. Damit können die beiden x-Werte 95 und 105 z-standardisiert werden. Die Formel:

$$z = \frac{x - \mu}{\sigma}$$

Dem Wert x = 95 wird der Wert z = -0.33 zugewiesen und dem Wert x = 105 der Wert z = 0.33. Mit Hilfe der Tabelle für die Verteilungsfunktion $\Phi(z)$ berechnet sich eine Fläche von (0.6293 - 0.3707), also 0.2586 oder 25.86 Prozent, die im Intervall zwischen den beiden Grenzpunkten -0.33 und +0.33 über der z-Achse liegt. 25.86 Prozent aller Personen in der Grundgesamtheit weisen also einen IQ zwischen 95 und 105 auf. Damit beträgt die Wahrscheinlichkeit, bei zufälliger Auswahl eine Person zu ziehen, deren IQ in diesem Bereich liegt, ebenfalls 0.2586 oder 25.86 Prozent. Die folgende Übung führt das Beispiel für weitere Werteintervalle fort.

Übung 6.2-1
In einer Grundgesamtheit sei der Intelligenzquotient (IQ) annähernd normalverteilt mit: $\mu = 100$ und $\sigma = 15$.

Aus dieser Grundgesamtheit wird zufällig eine Person gezogen und ihr IQ festgestellt. Mit welcher Wahrscheinlichkeit liegt der IQ der gezogenen Person:

    a. zwischen 90 und 115?

    b. zwischen 110 und 115?

    c. über 105?

    d. unter 95?

6.3 Die Berechnung von Konfidenzintervallen

Vor diesem Kapitel sollten Sie gelesen haben:
- *Kap. 5.1 (Maßzahlen der zentralen Tendenz)*
- *Kap. 5.2 (Maßzahlen der Dispersion (Streuung))*
- *Kap. 5.4 (z-Standardisierung)*
- *Kap. 6.1 (Der zentrale Grenzwertsatz)*
- *Kap. 6.2 (Normalverteilung und Standardnormalverteilung)*

In Kapitel 6.3 werden **anhand eines Beispiels**, nämlich des 95%-Konfidenzintervalls für Mittelwerte (arithmetische Mittel!), die Überlegungen geschildert, die Schritt für Schritt zur Berechnung von Konfidenzintervallen führen. Zuerst überlegen wir, zwischen welchen beiden (symmetrisch zum Mittelwert „0" liegenden) z-Werten der Standardnormalverteilung 95 Prozent der Fläche (unter der Kurve der Wahrscheinlichkeitsdichtefunktion) liegen. Der Punkt z = 1.96 wird dabei eine wichtige Rolle spielen. Dann überlegen wir, wo der ihm entsprechende Punkt in einer *beliebigen* Normalverteilung liegt. Mit der Kenntnis dieses Punktes können wir bestimmen, in welchem Bereich *in der Grundgesamtheit* – symmetrisch um den Mittelwert μ_x herum – bei einem annähernd normalverteilten Merkmal 95 Prozent der Werte liegen. Im nächsten Schritt wenden wir das bisher Gesagte auf ein ganz spezielles „Merkmal" an, nämlich auf das arithmetische Mittel für Merkmalswerte aus einer einfachen Zufallsstichprobe. Ziehen wir *sehr viele* Stichproben (gleichen Umfangs) und berechnen jedesmal den Mittelwert $\bar{x}$, dann sind diese Mittelwerte normalverteilt (vgl. Kap. 6.1). Nachdem der Mittelwert $\mu_{\bar{x}}$ (= μ_x) dieser Mittelwerte-Verteilung in aller Regel unbekannt ist, konstruieren wir im letzten Überlegungsschritt ein Intervall um den (bekannten) Mittelwert $\bar{x}$ herum, das mit einer Wahrscheinlichkeit von 95 Prozent so liegt, dass es den Parameter μ_x enthält, und nennen es **95%-Konfidenzintervall**. Zum Abschluss *verallgemeinern* wir die Überlegungen, die an dem speziellen Beispiel des 95%-Konfidenzintervalls für Mittelwerte demonstriert wurden.

Der Punkt z = 1.96 in der Standardnormalverteilung

Überlegen wir zuerst, wo, symmetrisch um den Mittelwert „0" herum, bei einem annähernd standardnormalverteilten Merkmal 95 Prozent aller Werte liegen. Tafel 6.3-1 demonstriert das Vorgehen. Wir suchen hierzu den Punkt c, wobei „c" für „$c_{Grenze\ rechts}$" steht[34]. Haben wir diesen Punkt gefunden, dann können wir sagen: „Im Intervall 0 ± c liegen 95 Prozent aller Werte". Da die Verteilung symmetrisch ist, liegen 2.5 Prozent der Werte „links" von dem Bereich, in dem 95 Prozent aller Werte liegen, und 2.5 Prozent „rechts" davon. Tafel 6.3-1 zeigt, dass der Punkt c derjenige z-Wert ist, von dem aus gesehen „links" 97.5[35] Prozent aller

---

[34] Nach unserer bisherigen Benennungspraxis müsste der Punkt eigentlich „$z_{Grenze\ rechts}$" heißen, da es sich (bei empirischen Verteilungen) um einen z-Wert handelt. Die Bezeichnung mit „c" hat sich jedoch eingebürgert und wird auch hier verwendet.

[35] ACHTUNG: Nicht 95%! Der „linke Rand" (2.5%) muss mit berücksichtigt werden!

Werte liegen. Diesen Punkt können wir in Anlage 4 aus der Tabelle für die Verteilungsfunkti-on $\Phi(z)$ ablesen, indem wir die Tabelle einfach (im Vergleich zur bisherigen Lesart) „rück-wärts" lesen. Wir suchen mit anderen Worten den Flächenanteil 0.9750 und lesen den zugehö-rigen z-Wert ab. Dieser lautet z = 1.96. Damit ist die Eingangsfrage gelöst. **Bei einem stan-dardnormal verteilten Merkmal liegen 95 Prozent aller z-Werte im Bereich „0 ± 1.96".** Oder anders ausgedrückt: zwischen -1.96 und +1.96.

Tafel 6.3-1   Demonstrationsbeispiel zur Bedeutung des Punktes z (bzw. c) = 1.96

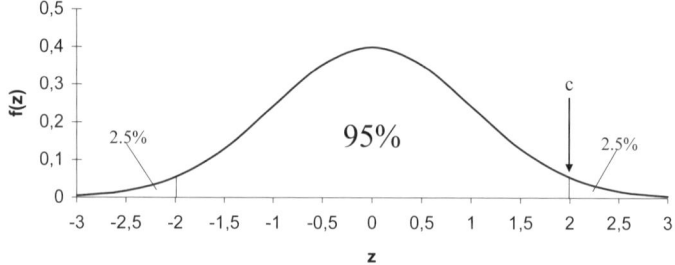

Der Punkt c in einer beliebigen Normalverteilung

Als nächstes versuchen wir, diese (nur für *Standard*normalverteilungen geltende) Aussage auf beliebige Normalverteilungen zu übertragen. Wir wollen also zu der Aussage gelangen: „Bei einem normalverteilten Merkmal mit dem Mittelwert μ_x und der Standardabweichung σ_x liegen 95 Prozent aller Werte im Bereich „$\mu_x \pm$ a „, wobei die Strecke a zu bestimmen ist[36]. Zur Lösung dieses Problems rufen wir uns die Formel für die z-Standardisierung in Erinne-rung. Sie lautet (unter Vernachlässigung des Indexes „i"):

$$z = \frac{x - \bar{x}}{s_x}$$

Bezieht man die z-Standardisierung nicht auf eine Stichprobe, sondern auf alle Werte der Grundgesamtheit, kann man analog schreiben:

$$z = \frac{x - \mu_x}{\sigma_x}$$

Diese Gleichung weist jedem x-Wert einen z-Wert zu. Wir können sie jedoch auch nach x hin auflösen, so dass umgekehrt jedem z-Wert der x-Wert zugewiesen wird, der ihm (bei gegebe-nem μ_x und σ_x) entspricht. Dies geschieht im folgenden:

---

[36] Wir haben vorher bei der Standardnormalverteilung auch eine Strecke bestimmt, nämlich die Strecke zwi-schen dem Punkt „0" und dem Punkt „c". Sie hat die Länge „c-0". Dieser Wert ist identisch mit dem Wert des Punktes c.

$$z = \frac{x - \mu_x}{\sigma_x} \qquad\qquad | \cdot \sigma_x$$

$$z \cdot \sigma_x = x - \mu_x \qquad\qquad | + \mu_x$$

$$x = \mu_x + z \cdot \sigma_x$$

Kennen wir für die Werte eines normalverteilten Merkmals die Parameter μ_x und σ_x in der Grundgesamtheit, dann können wir mit Hilfe der Gleichung $x = \mu_x + z \cdot \sigma_x$ berechnen, wo der x-Wert der Grundgesamtheit liegt, dem der Wert $z = 1.96$ in der Standardnormalverteilung entspricht. Sind die Merkmalswerte z.B. normalverteilt mit den Parametern $\mu_x = 3$ und $\sigma_x = 5$, dann entspricht dem z-Wert 1.96 der x-Wert $(3 + 1.96 \cdot 5)$, also 12.80. Interessanter als der ausgerechnete Wert „x = 12.80" ist für unsere Überlegungen allerdings die unausgerechnete Form „$3 + 1.96 \cdot 5$". Die „3" bezeichnet nämlich den Parameter μ_x (analog zum Wert 0 in der Standardnormalverteilung), 1.96 ist der Wert für den Punkt c in der Standardnormalverteilung und der Wert 5 bezeichnet den Parameter σ_x. Nachdem auch die Normalverteilung mit den Parametern $\mu_x = 3$ und $\sigma_x = 5$ symmetrisch (zu μ_x) ist, können wir nun analog zur Standardnormalverteilung formulieren: „Bei dieser Verteilung liegen 95 Prozent aller Werte im Bereich $3 \pm (1.96 \cdot 5)$, also im Bereich 3 ± 9.8, oder allgemein: **„Bei einer Normalverteilung mit den Parametern μ_x und σ_x liegen 95 Prozent aller Werte im Bereich $\mu_x \pm 1.96 \cdot \sigma_x$".**

Übertragung des Beispiels auf das arithmetische Mittel als „Merkmal"

Als Ergebnis von Kapitel 6.1 (S. 177) haben wir gesehen, dass sich, wenn man aus einer Grundgesamtheit *sehr viele* Stichproben (mit jeweils gleichem Umfang n) zieht und in jeder Stichprobe für ein bestimmtes Merkmal das arithmetische Mittel errechnet, die Verteilung der Mittelwerte – zumindest für große Stichprobenumfänge n – einer Normalverteilung annähert, und zwar einer Normalverteilung mit ...

dem „Mittelwert" (Erwartungswert): $E(\overline{X}) = \mu_{\overline{x}} = \mu_x$

und der Standardabweichung: $\sigma_{\overline{x}} = \dfrac{\sigma_x}{\sqrt{n}}$

Auch für die Verteilung der *Stichproben-Mittelwerte* gilt analog: **„Bei der Verteilung der Stichproben-Mittelwerte** (einer Normalverteilung mit den Parametern μ_x [Erwartungswert] und $\sigma_{\overline{x}}$ [Standardfehler]!) **liegen 95 Prozent aller Mittelwerte im Bereich $\mu_x \pm 1.96 \cdot \sigma_{\overline{x}}$".**

Tafel 6.3-2:   Zehn Stichproben-Mittelwerte und die zugehörigen Konfidenzintervalle
                (nach: Bleymüller u.a., [16]2012: 86)

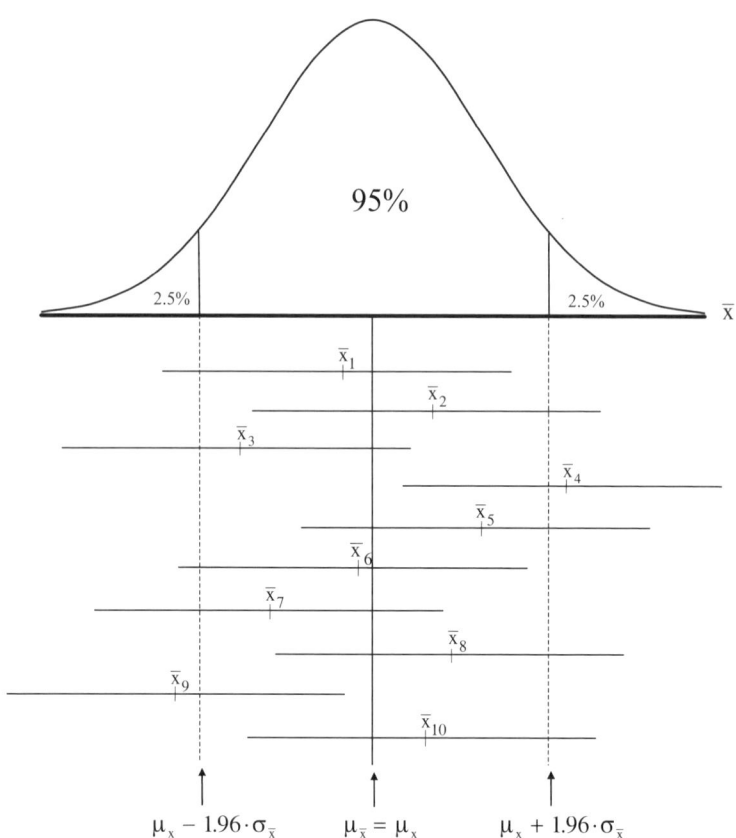

Die Parameter μ_x und $\sigma_{\bar{x}}$ sind natürlich normalerweise nicht bekannt. Nehmen wir jedoch als Gedankenexperiment einmal an, sie *seien* bekannt. In Tafel 6.3-2 (oben) ist die entsprechende Verteilung sowie der Bereich (symmetrisch zum Mittelwert), in den 95 Prozent der Verteilung fallen, dargestellt. Ferner sind eine Reihe von Mittelwerten $\bar{x}_1$ bis $\bar{x}_{10}$ dargestellt, die man erhalten könnte, wenn man mehrmals eine Stichprobe desselben Umfangs aus der Grundgesamtheit zieht und jeweils den Mittelwert für ein bestimmtes Merkmal errechnet. Wenn man diesen Vorgang sehr oft wiederholt, wird man aufgrund der *Verteilung der Mittelwerte* in 95 Prozent der Fälle einen Mittelwert $\bar{x}$ erhalten, der im Bereich $\mu_x \pm 1.96 \cdot \sigma_{\bar{x}}$ und damit unterhalb der „95%-Fläche" (bzw. zwischen den beiden senkrechten gestrichelten Linien) liegt und nur in 5 Prozent der Fälle einen Wert (wie $\bar{x}_4$ oder $\bar{x}_9$), der außerhalb dieses Bereichs liegt.

Um die zehn empirisch ermittelten *Stichproben-Mittelwerte* ist jeweils ein Intervall eingezeichnet, dessen Grenzen man erhält, indem man den Betrag $1.96 \cdot \sigma_{\bar{x}}$ einmal von dem Mittelwert subtrahiert und einmal zu ihm addiert. Wenn man so verfährt, wird in 95 Prozent der
Fälle der Parameter μ_x in dem um $\bar{x}$ herum gebildeten Intervall liegen und nur in 5 Prozent
der Fälle nicht. Das genannte Intervall bezeichnet man daher als das 95%-**Konfidenzintervall**
(oder Vertrauensintervall) für das arithmetische Mittel. Mit einer Wahrscheinlichkeit von 95
Prozent liegt das Intervall so, dass es den Parameter μ_x enthält[37]. Diese Wahrscheinlichkeit
wird als **Vertrauenswahrscheinlichkeit** γ [38] bezeichnet.

Das Konfidenzintervall $\bar{x} \pm 1.96 \cdot \sigma_{\bar{x}}$ kann aus den Angaben nur *einer einzigen Stichprobe*
des Umfangs n errechnet werden! $\bar{x}$ ist das arithmetische Mittel aus der Stichprobe und $\sigma_{\bar{x}}$
kann nach Kapitel 6.1 ebenfalls aus einer Stichprobe geschätzt werden, nämlich durch Einsetzen der Standardabweichung (als Schätzung für die Grundgesamtheit) und des Stichprobenumfangs in die Formel:

$$\frac{\hat{\sigma}_x}{\sqrt{n}}$$

Konfidenzintervalle für Mittelwerte

Die bisherigen Überlegungen können auch für beliebige andere Vertrauenswahrscheinlichkeiten verallgemeinert werden. Hat man eine einfache Zufallsstichprobe des Umfangs n gezogen
und für ein bestimmtes Merkmal, zum Beispiel das Lebensalter, das arithmetische Mittel $\bar{x}$
und die Standardabweichung $\hat{\sigma}_x$ errechnet, dann liegt mit einer (Vertrauens-) Wahrscheinlichkeit von γ das **Konfidenzintervall:**

$$\bar{x} \pm c_{\frac{1+\gamma}{2}} \cdot \frac{\hat{\sigma}_x}{\sqrt{n}}$$

so, dass es den Parameter μ_x beinhaltet. Hat man also beispielsweise eine einfache Zufallsstichprobe des Umfangs n = 1600 aus der Grundgesamtheit: „Wahlberechtigte der Bundesrepublik"
gezogen und für ein beliebig verteiltes Merkmal – wie etwa die „Entfernung zur nächsten
Polizeidienststelle" – das arithmetische Mittel $\bar{x}$ = 3.6 km und die Standardabweichung $\hat{\sigma}_x$ =
1.1 km, ermittelt[39], dann kann man ein Konfidenzintervall berechnen. Hierzu muss man vorab
eine Vertrauenswahrscheinlichkeit γ wählen. Wählt man zum Beispiel γ = 0.99, also 99 Prozent,

---

[37] Die auf den ersten Blick naheliegende Aussage, der Parameter μ_x liege mit einer Wahrscheinlichkeit von 95
  Prozent in dem errechneten Konfidenzintervall, ist allerdings *nicht* korrekt! Der Parameter liegt entweder in
  dem Intervall oder er tut es nicht. Damit ist die entsprechende Wahrscheinlichkeit entweder „0" oder „1" (vgl.
  hierzu Bortz u.a., [7]2010: 93).
[38] Sprich: Gamma.
[39] Das Beispiel ist frei erfunden!

dann ist der Wert desjenigen Punktes

$$c_{\frac{1+\gamma}{2}}$$

in der Standardnormalverteilung[40], links von dem ein Flächenanteil von

$$\frac{1+0.99}{2} = 0.995 \ (\text{oder } 99.5 \text{ Prozent})^{41}$$

liegt, zu bestimmen. Dieser Punkt hat nach unserer Tabelle (Anlage 4) den Wert 2.575[42].

Jetzt kann man sagen: „Mit einer Wahrscheinlichkeit von 99 Prozent liegt das (Konfidenz-) Intervall

$$3.6 \pm 2.575 \cdot \frac{1.1}{\sqrt{1600}} \ \text{km}$$

so, dass es den Mittelwert μ_x für die ‚Entfernung zur nächsten Polizeidienststelle' in der Grundgesamtheit enthält. Statt dem Intervall 3.6 ± 0.07 km kann man natürlich auch den Bereich „zwischen 3.53 km und 3.67 km" als Konfidenzintervall angeben.

Die Angabe eines Konfidenzintervalls bezieht sich, wie gesagt, immer auf eine bestimmte Vertrauenswahrscheinlichkeit. Aus der Berechnungsformel ist unmittelbar ersichtlich, dass Konfidenzintervalle bei gegebener Vertrauenswahrscheinlichkeit um so *enger* werden, je größer der Stichprobenumfang ist und um so *breiter*, je größer die Standardabweichung in der Stichprobe ist[43]. Da man normalerweise an möglichst engen Konfidenzintervallen interessiert ist, wird man im ersten Fall „belohnt" und im zweiten „bestraft".
Die Konfidenzintervalle sind ferner um so enger, je geringer die Vertrauenswahrscheinlichkeit gewählt wird. Diese „Belohnung" wird allerdings mit einer erhöhten Restwahrscheinlichkeit „bestraft". Eine Vertrauenswahrscheinlichkeit von γ = 99 Prozent heißt ja gleichzeitig, dass mit einer (Rest-) Wahrscheinlichkeit von einem Prozent das Konfidenzintervall den gesuchten Parameter *nicht* umschließt (vgl. auch Tafel 6.3-2). Für γ = 70 Prozent beträge die Restwahrscheinlichkeit bereits unakzeptable 30 Prozent! Als Vertrauenswahrscheinlichkeiten werden üblicherweise – je nach Fragestellung – die Werte 95%, 99% oder 99.9% gewählt, prinzipiell sind jedoch auch beliebige andere Werte wählbar.

---

[40] Genau genommen müsste man eigentlich mit einer anderen Verteilung, der t-Verteilung, arbeiten. Diese geht allerdings für große Stichprobenumfänge in die Standardnormalverteilung über. Ab n = 100 unterscheiden sich die Werte nur noch ab der zweiten Nachkommastelle.

[41] Für γ = 0.95 ergäbe sich ein Flächenanteil von:

$$\frac{1+0.95}{2} = 0.975$$

Die Formel führt also zur Berücksichtigung des „linken Randstücks" der Verteilung (vgl. Tafel 6.3-1) bei gegebenem γ.

[42] Er liegt nach unserer Tabelle „in der Mitte" zwischen den Werten 2.57 und 2.58 und ist somit durch Interpolation bestimmbar. Genauere Tabellen würden einen Wert von 2.576 ausweisen.

[43] Diese Vergrößerung/Verkleinerung erfolgt allerdings nicht linear. Um eine Halbierung des Konfidenzintervalls zu erreichen, ist beispielsweise eine Vervierfachung des Stichprobenumfangs nötig (Näheres in Bortz, [6]2005: 104–106). [Vorgänger-Auflage zu Bortz u.a. [7]2010]

Übung 6.3-1

Aus der Grundgesamtheit aller 10-jährigen Schüler Bayerns wird eine einfache Zufallsstichprobe des Umfangs n = 1225 gezogen. Die gezogenen Schüler werden einem Intelligenztest (dessen Werte als intervallskaliert angenommen werden) unterzogen. Bei den 1225 Schülern ergibt sich dabei ein arithmetisches Mittel von $\bar{x}$ = 103.08 und eine Standardabweichung von $\hat{\sigma}_x$ = 11.20 für die Werte des Intelligenztests. Berechnen Sie für $\bar{x}$:

    a. das 95%-Konfidenzintervall

    b. und das 99%-Konfidenzintervall.

    c. Wie groß wäre das 99%-Konfidenzintervall, wenn (bei ansonsten gleichen Ergebnissen) nur eine Zufallsstichprobe von n = 625 Schülern gezogen worden wäre?

(Rechnen Sie mit zwei Nachkommastellen)

Konfidenzintervalle für Anteilswerte

Konfidenzintervalle können auch für andere Parameter der Grundgesamtheit berechnet werden, beispielsweise für *Anteilswerte*. Die Formel für das *Konfidenzintervall* lautet dann:

$$p \pm c_{\frac{1+\gamma}{2}} \cdot \sqrt{\frac{p \cdot q}{n}},$$

wobei mit „p" der Anteilswert in der Stichprobe und mit „q" der Betrag (1-p) bezeichnet wird. Wäre das Konfidenzintervall für den Anteil (das heißt die relative Häufigkeit) der SPD-freundlich gesinnten Befragten zu bestimmen und hätte sich in der Stichprobe ein Anteilswert von 0.40 (oder 40 Prozent) ergeben, dann wäre in die Formel für p der Wert 0.40 und für q der Wert 0.60 einzusetzen. Mit „n" ist wieder der Stichprobenumfang bezeichnet und mit „c" der Wert der Verteilungsfunktion der Standardnormalverteilung, der der gewählten Vertrauenswahrscheinlichkeit entspricht. Ausführlich beschrieben ist die Berechnung von Konfidenzintervallen für Anteilswerte in Diekmann [20](2009: 401–410). Bosch [6](2012: 178) gibt als Faustregel dafür, dass Konfidenzintervalle für Anteilswerte berechnet werden dürfen, den Ausdruck „p · q · n > 9" an. Ergibt sich bei gegebenem Anteilswert und Stichprobenumfang ein Wert kleiner als „9", so ist der Stichprobenumfang n zu erhöhen.

Übung 6.3-2

Aus einer Grundgesamtheit wird eine einfache Zufallsstichprobe des Umfangs n = 1444 gezogen und der Anteil der Raucher in der Stichprobe festgestellt. 18 Prozent der Stichprobenmitglieder sind Raucher. Wählen Sie eine Vertrauenswahrscheinlichkeit von γ = 0.95 und berechnen Sie das Konfidenzintervall für den Anteilswert.

(Rechnen Sie mit zwei Nachkommastellen)

Weiterführende Literatur zu Kapitel 6:

Bortz u.a. [7](2010: 82–95)
Bortz u.a. [3](2003: 397–489)
Bosch [6](2012: 137–149 und 160–191)
Diekmann [20](2009: 401–410)   → *leicht lesbare Darstellung für Anteilswerte*
                                    (Allerdings wird hier die in Fußnote 37 angesprochene
                                    weit verbreitete, aber nicht ganz korrekte Interpretation
                                    von Konfidenzintervallen verwendet)

7 Zusammenhang zwischen zwei diskreten Variablen

Zunächst einige Vorbemerkungen: Als Variablen bezeichnet man in der empirischen For-schung oft verallgemeinernd Merkmale mit unterschiedlichen Ausprägungsmöglichkeiten (wie z.B. Geschlecht, Alter, Anzahl der Kinder, Sympathie für die SPD usw.) von Merkmals-trägern (Personen)[1]. In diesem Fall wird der Unterschied zwischen empirischem und numeri-schem Relativ nicht mehr thematisiert![2] Werden den Ausprägungen Zahlen zugeordnet (zum Beispiel weiblich = 1; männlich = 2), dann nennt man diese Zahlen **Variablenwerte**. Die Variable nimmt dann für jeden Merkmalsträger einen bestimmten Wert an. Man unterscheidet **stetige** (oder kontinuierliche) Variablen, falls ihre Werte in einem gegebenen Intervall – zumindest theoretisch – beliebig genau gemessen werden können, und **diskrete** Variablen[3], falls ihre Werte kategorisiert oder gezählt werden (vgl. auch Tafel 6.1-1). Diskrete Variablen mit nur *zwei* möglichen Ausprägungen – wie das Geschlecht (männlich/weiblich) – werden **dichotom** genannt und diskrete Variablen mit *mehreren* möglichen Ausprägungen – wie zum Beispiel das Bundesland, in dem man seinen Hauptwohnsitz hat (Baden-Württemberg, Bay-ern, ... Schleswig-Holstein, Thüringen) – **polytom**. Variablen existieren nicht „an sich", son-dern werden definiert. Man kann zum Beispiel für das Lebensalter eine Variable „Lebensalter in Tagen"[4] definieren oder eine Variable „Altersklasse" mit 10-Jahres-Kategorien als mögli-chen Merkmalsausprägungen.

Kapitel 7 beschäftigt sich, wie gesagt, mit dem Zusammenhang zwischen zwei diskreten (dichotomen oder polytomen) Variablen. Als erster Schritt hierzu ist in Kapitel 7.1 der (rein deskriptive) Vergleich von Prozentwerten kurz dargestellt. Wird in diesem ersten Schritt ein Zusammenhang zwischen den beiden Variablen „per Augenschein" ermittelt, stellt sich – salopp formuliert – die Frage, ob es sich bei diesem Zusammenhang um ein „Zufallsprodukt" der Stichprobenziehung handelt oder nicht. Mit dieser Frage befasst sich Kapitel 7.3, in dem der Chi-Quadrat-Test als Beispiel für einen statistischen Signifikanztest vorgestellt wird[5] und als Vorbereitung hierzu Kapitel 7.2, das sich mit der Chi-Quadrat-Verteilung beschäftigt. Der Chi-Quadrat-Test sagt nichts über die *Stärke* eines Zusammenhangs aus. Mit dieser Frage beschäftigen sich zum Abschluss die Kapitel 7.4 und 7.5.

---

[1] Vgl. zum Beispiel Bortz u.a. [7](2010: 7).

[2] Der Begriff „Variable" tauchte bereits in Kapitel 6 bei der Besprechung von „Zufallsvariablen" auf. *Im engeren Sinne* meint man mit dem Begriff „Variable" eine Funktion, die den „Ergebnissen" einer Messung reelle Zahlen zuordnet (vgl. auch Kapitel 6.1).

[3] „Diskrete Variablen" sind nicht an ein bestimmtes Skalenniveau (etwa Nominalskalenniveau; vgl. Kapitel 2.1) im empirischen Relativ gebunden, wie das später folgende Beispiel (Alterskategorien) zeigt!

[4] Zur praktischen *Erhebung* dieser Variablenwerte würde man in einer Umfrage nach dem genauen Geburtsda-tum fragen und vom Tag der Befragung her zurückrechnen.

[5] Grundlage für die in Kapitel 7.3 vorgestellten Überlegungen ist, streng genommen, wieder (wie schon in Ka-pitel 6) das Vorhandensein einer einfachen Zufallsstichprobe. Allerdings wird das Verfahren in der Praxis auch dann angewandt, wenn diese restriktive Forderung nicht erfüllt ist.

7.1 Vergleich von Prozentwerten

> *Vor diesem Kapitel sollten Sie gelesen haben:*
> * *Kap. 5.1 (Maßzahlen der zentralen Tendenz)*

Vorab eine grundsätzliche Bemerkung: Die Rechenbeispiele der Kapitel 7.1–7.4 werden durchgehend mit der in Tafel 7.1-1 vorgestellten Datengrundlage durchgeführt.

In Tafel 7.1-1 sind die Ausprägungen der beiden Variablen „Konfession" und „Wahlabsicht" gegeneinander kreuztabelliert[6]. In den *Zellen* der Kontingenztabelle (Kreuztabelle) stehen die absoluten Häufigkeiten, mit der die betreffenden Kombinationen von Merkmalsausprägungen auftreten. Die Zellen zeigen also die bivariate Verteilung der Merkmalsausprägungen. An den *Rändern* der Tabelle sind (fett) die Zeilen- bzw. Spaltensummen eingetragen.

Tafel 7.1-1:   Beobachtete absolute Häufigkeiten für das Demonstrationsbeispiel

	Konfession			
	katholisch	evangelisch	übrige Befragte	**SUMME**
Wahlsonntagsfrage				
CDU/CSU	1616	1157	244	**3017**
SPD	1255	1778	500	**3533**
FDP	184	275	86	**545**
Grüne	296	372	184	**852**
Republikaner	186	194	83	**463**
andere Partei	81	82	50	**213**
Nichtwähler	523	576	249	**1348**
SUMME	**4141**	**4434**	**1396**	**9971**

Spalten- und Zeilenprozente

Aus der bivariaten Häufigkeitsverteilung lässt sich mit bloßem Auge kaum ein Zusammenhang zwischen den Variablen „Wahlabsicht" und „Konfession" erkennen. Das liegt daran, dass die drei Konfessionsgruppen bzw. die sieben Wahlabsichtsgruppen unterschiedlich große Fallzahlen aufweisen. Wären beispielsweise die drei Konfessionsgruppen (= Spalten) *gleich stark* besetzt, dann könnte man Unterschiede in den Zeilen interpretieren. Genau dies leistet die Prozentuierung in **Spaltenprozenten**, indem die Spaltensummen (als Prozentuierungsbasis) mit

---

[6] Die Daten stammen aus den kumulierten Politbarometer-Umfragen der Forschungsgruppe Wahlen (Mannheim) des Jahres 1992 für die Alten Bundesländer (ungewichtete Daten). Zur Erfassung der „Wahlabsicht" wurde die „Wahlsonntagsfrage" verwendet.

„100 Prozent" gleichgesetzt und die übrigen Werte entsprechend in (Spalten-) Prozentwerte umgerechnet werden[7]. Jetzt können – in Tafel 7.1-2 – Unterschiede in den *Zeilen* interpretiert werden (da die Werte in den Zeilen voneinander unabhängig sind!). Beispielsweise lässt sich erkennen, dass unter den „übrigen Befragten" in der Stichprobe der Anteil der „Wähler" der Grünen höher liegt als bei den katholischen und den evangelischen Befragten. Aus den absoluten Häufigkeiten ist dies nicht ohne weiteres erkennbar, wie man in Tafel 7.1-1 sehen kann.

Tafel 7.1-2:   Spaltenprozente

| Wahlsonntagsfrage | Konfession | | |
	katholisch	evangelisch	übrige Befragte
CDU/CSU	39.0	26.1	17.5
SPD	30.3	40.1	35.8
FDP	4.4	6.2	6.2
Grüne	7.1	8.4	13.2
Republikaner	4.5	4.4	5.9
andere Partei	2.0	1.8	3.6
Nichtwähler	12.6	13.0	17.8
SUMME	**100**	**100**	**100**
Basis	*4141*	*4434*	*1396*

Man kann aber auch die umgekehrte Frage stellen: Unterscheiden sich die sieben „Wahlabsichtsgruppen" hinsichtlich ihrer konfessionellen Zusammensetzung? Hierzu müssen die **Zeilenprozente** (Tafel 7.1-3) betrachtet werden. Als Prozentuierungsbasis dienen nun die Zeilensummen. Damit können Unterschiede zwischen den (voneinander unabhängigen) Werten in den *Spalten* interpretiert werden. Man sieht jetzt beispielsweise, dass in der Gruppe der Befragten, die eine Wahlabsicht zugunsten der Republikaner äußern, der Katholikenanteil mit 40.2 Prozent relativ hoch liegt – nur noch übertroffen von dem Katholikenanteil von 53.6 Prozent in der Gruppe der Befragten mit CDU/CSU-Wahlabsicht. Auch dieser Sachverhalt ist nicht ohne weiteres aus den absoluten Häufigkeiten in Tafel 7.1-1 erkennbar.

Beide Prozentuierungsrichtungen haben ihre Berechtigung. *Welche* von beiden zu wählen ist, hängt von der Fragestellung ab, an der man interessiert ist. Ein Ursachenforscher, der den Einfluss der Konfession auf die Wahlabsicht untersuchen möchte, wird in erster Linie an den Spaltenprozenten interessiert sein, ein Wahlkampfstratege, der sich über die Zusammensetzung der potentiellen Wähler „seiner" Partei (im Vergleich zu den übrigen Wählergruppen)

---

[7] Die (Spalten-) Prozentwerte errechnen sich als „absolute Häufigkeit in der Zelle / Spaltensumme". Für die Zelle „CDU/CSU x katholisch" errechnet sich damit beispielsweise 1616 / 4141 = 39.0.

informieren möchte, um den Wahlkampf auf diese Zielgruppe hin ausrichten zu können, wird eher an den Zeilenprozenten interessiert sein.

Tafel 7.1-3:   Zeilenprozente

	Konfession				
	katholisch	evangelisch	übrige Befragte	**SUMME**	*Basis*
Wahlsonntagsfrage					
CDU/CSU	53.6	38.3	8.1	100	*3017*
SPD	35.5	50.3	14.2	100	*3533*
FDP	33.8	50.5	15.8	100	*545*
Grüne	34.7	43.7	21.6	100	*852*
Republikaner	40.2	41.9	17.9	100	*463*
andere Partei	38.0	38.5	23.5	100	*213*
Nichtwähler	38.8	42.7	18.5	100	*1348*

Unabhängig davon, welche Prozentuierungsrichtung man verwendet: Es zeigt sich offenbar ein Zusammenhang zwischen den Variablen „Konfession" und „Wahlabsicht". Die Konfessionsgruppen unterscheiden sich hinsichtlich der Anteilswerte für die Wahlabsicht und die Wahlabsichtsgruppen umgekehrt hinsichtlich der Anteilswerte für die Konfessionsgruppen. Bestünde *kein* Zusammenhang zwischen den Variablen „Konfession" und „Wahlabsicht", dann dürften diese Unterschiede nicht auftreten. Die Tatsache, welcher Konfessionsgruppe ein Befragter angehört, dürfte dann keinen Einfluss darauf haben, mit welcher Wahrscheinlichkeit er die eine oder andere Wahlabsicht äußert[8] und seine Wahlabsicht dürfte umgekehrt nicht damit zusammenhängen, mit welcher Wahrscheinlichkeit er der einen oder anderen Konfessionsgruppe angehört.

Es stellt sich nun die Frage, ob der „per Augenschein" wahrgenommene Zusammenhang nur ein Zufallsprodukt der Stichprobenziehung ist oder nicht. Nehmen wir an, in der *Grundgesamtheit* der Wahlberechtigten bestünde *kein* Zusammenhang zwischen den Variablen „Konfession" und „Wahlabsicht". Dann könnte es bei einer Zufallsstichprobe trotzdem – wenn auch mit geringer Wahrscheinlichkeit – so sein, dass die Verteilung der Stichprobenwerte sich so sehr von der Verteilung der Werte in der Grundgesamtheit unterscheidet, dass wir in der *Stichprobe* einen Zusammenhang „feststellen". Der Klärung dieser sehr wichtigen Frage gehen wir in Kapitel 7.3 nach. Vorher jedoch wird in Kapitel 7.2 die χ^2-Verteilung besprochen, die in Kapitel 7.3 eine zentrale Rolle spielt.

---

8   Zur Erinnerung: Relative Häufigkeiten können als beobachtete Auftretenswahrscheinlichkeiten interpretiert werden (vgl. Kapitel 5.3)!

7.2 Die Chi-Quadrat-Verteilung[9]

Vor diesem Kapitel sollten Sie gelesen haben:
- *Kap. 5.1 (Maßzahlen der zentralen Tendenz)*
- *Kap. 5.2 (Maßzahlen der Dispersion (Streuung))*
- *Kap. 5.4 (z-Standardisierung)*
- *Kap. 6.1 (Der zentrale Grenzwertsatz)*
- *Kap. 6.2 (Normalverteilung und Standardnormalverteilung)*

Die χ^2-Verteilung ist – wie die Standardnormalverteilung – eine theoretische Verteilung, die ihre Bedeutung für die empirische Forschung vor allem dadurch erlangt, dass bestimmte Maßzahlen aus Zufallsstichproben annähernd χ^2-verteilt sind, ebenso wie das arithmetische Mittel eines Merkmals annähernd normalverteilt ist, wenn man diese Maßzahl für sehr viele Stichproben (gleichen Umfangs) betrachtet (vgl. Kap. 6.1).

Um eine Vorstellung von der χ^2-Verteilung zu bekommen, betrachten wir zunächst ein Merkmal, das (annähernd)[10] *normalverteilt* ist – sagen wir wieder, wie in Kapitel 6, die Körpergröße der Männer in der Bundesrepublik – und nehmen wir auch wieder an, alle einzelnen Merkmalsausprägungen (Körpergrößen) wären bekannt. Wir gehen also zu Demonstrationszwecken davon aus, alle Werte der Grundgesamtheit zu kennen. Wenn wir den Wert für die Körpergröße jedes einzelnen Bundesbürgers z-standardisieren, dann sind die resultierenden z-Werte *standardnormalverteilt* mit dem Mittelwert „0" und der Standardabweichung „1" (vgl. Kapitel 6.2). **Diese standardnormalverteilten z-Werte in der Grundgesamtheit aller Bundesbürger betrachten wir im folgenden.**

Als erstes quadrieren wir die z-Werte, bezeichnen sie mit $z^2 = \chi^2_{(1)}$ und übertragen sie in ein Koordinatensystem. Tafel 7.2-1 (durchgezogene Linie) zeigt die Verteilung der Werte (analog zur Wahrscheinlichkeitsdichtefunktion der Standardnormalverteilung in Kapitel 6.2). Die Werte liegen jetzt durch das Quadrieren zwischen „null" und „plus unendlich". Die 68.26 Prozent der Werte, die bei der Standardnormalverteilung zwischen den Grenzen „-1" und „+1" lagen, liegen nun zwischen „0" und „+1". Die 95.50 Prozent der Werte, die bei der Standardnormalverteilung zwischen den Grenzen „-2" und „+2" lagen, liegen nun zwischen „0" und „+4" und die 99.70 Prozent der Werte, die bei der Standardnormalverteilung zwischen den Grenzen „-3" und „+3" lagen, liegen nun zwischen „0" und „+9". Die Gesamtfläche der Verteilung beträgt wieder „1". Die Fläche über einem Intervall von $\chi^2_{(1)}$-Werten gibt wieder die Wahrscheinlichkeit an, mit der sich ein zufällig gezogener $\chi^2_{(1)}$-Wert in dem betreffenden Intervall befindet.

---

[9] Die Darstellung in Kapitel 7.2 orientiert sich teilweise an Sahner [5](2002: 97–101).

[10] Das Adjektiv „annähernd" wird im folgenden der Übersichtlichkeit halber weggelassen. Man sollte sich aber im klaren darüber sein, dass es sich bei der χ^2-Verteilung (wie bei der Standardnormalverteilung) um eine *theoretische* Verteilung handelt, deren Eigenschaften, um die Argumentation anschaulicher zu machen, anhand einer *empirischen* Verteilung erläutert werden. Die empirische Verteilung wird dabei nur annähernd der theoretischen Verteilung entsprechen!

Mit anderen Worten: Ziehen wir im Beispiel aus der Grundgesamtheit aller Männer in der Bundesrepublik eine einfache Zufallsstichprobe des Umfangs n = 1, wählen wir also „per Zufall" einen Mann aus und berechnen für diesen Mann den Wert $\chi^2_{(1)}$, dann können wir an der $\chi^2_{(1)}$-Verteilung (Wahrscheinlichkeitsdichtefunktion) – vorerst zumindest „per Augenmaß" – ablesen, mit welcher Wahrscheinlichkeit der gefundene $\chi^2_{(1)}$-Wert zwischen zwei beliebigen Grenzpunkten liegt[11]. Der $\chi^2_{(1)}$-Wert des Mannes kann dabei als Zufallsvariable[12] betrachtet werden. Der Index (1) bedeutet „1 **Freiheitsgrad**" (f oder: degree of freedom; df), womit in diesem Fall gemeint ist, dass die Variation der Maßzahl allein von den Beobachtungswerten jeweils *einer* Person bestimmt wird.

Tafel 7.2-1:   Theoretische Verteilung der Chi-Quadrat-Werte bei 1, 3, 6 und 10 Freiheits-
               graden (Wahrscheinlichkeitsdichtefunktion)

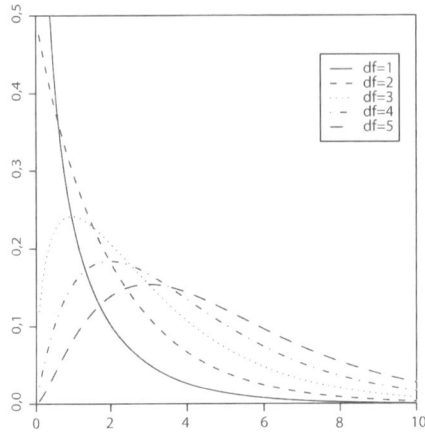

aus: Bortz u.a. [7](2010: 75)

Ziehen wir als nächstes eine einfache Zufallsstichprobe des Umfangs **n = 2**, wählen wir also „per Zufall" *zwei* Personen anstatt bisher nur einer aus. Wir quadrieren für jede Person ihren z-Wert und bilden die Summe aus den beiden Einzelwerten. Den sich ergebenden Wert nennen wir: $\chi^2_{(2)} = z_1^2 + z_2^2$. Ziehen wir sehr viele Stichproben des Umfangs n = 2 und errechnen jedesmal den Wert $\chi^2_{(2)}$, dann ist diese Maßzahl (annähernd) χ^2-verteilt mit 2 Freiheitsgraden (Die eingeklammerte „2" steht für 2 Freiheitsgrade). Die Variation der Maßzahl wird nun von den Beobachtungswerten jeweils *zweier* Personen bestimmt. Die Form der Verteilung (Wahrscheinlichkeitsdichtefunktion) ändert sich dabei.

Gehen wir analog für Zufallsstichproben des Umfangs **n = 3** vor, dann ist die sich ergebende Maßzahl $\chi^2_{(3)}$ (annähernd) χ^2-verteilt mit 3 Freiheitsgraden. Die Form der Verteilung (Wahrscheinlichkeitsdichtefunktion) ändert sich dabei erneut. Sie ist aus Tafel 7.2-1 (gestrichelte Linie) ersichtlich.

---

[11] Die Wahrscheinlichkeit entspricht dem von diesen Werten begrenzten Flächenanteil an der Gesamtfläche „1". Natürlich kann man (wie bei der Standardnormalverteilung) auch die Wahrscheinlichkeit dafür berechnen, dass der gefundene $\chi^2_{(1)}$-Wert rechts oder links von einem bestimmten Wert liegt.

[12] Vgl. Kapitel 6.1.

Wir können das Gedankenexperiment fortsetzen und sehr viele einfache Zufallsstichproben mit *anderen* Umfängen als n = 1, n = 2 oder n = 3 ziehen, jeweils die n z-Werte einer Stichprobe quadrieren, diese Werte zur Maßzahl $\chi^2_{(n)}$ aufsummieren und deren Verteilung betrachten. Es handelt sich dann um **χ^2-Verteilungen mit n Freiheitsgraden**[13]. Die χ^2-Verteilung (Wahrscheinlichkeitsdichtefunktion) sieht dabei für die unterschiedlichen Freiheitsgrade unterschiedlich aus[14], wie Tafel 7.2-1 für einige Freiheitsgrade zeigt, ihre Form nähert sich jedoch für hohe Freiheitsgrade (über 30) der einer Normalverteilung an. Je größer die Zahl der Freiheitsgrade, desto höher werden tendenziell auch die χ^2-Werte, da ja mehr z^2-Werte aufsummiert werden.

Auch für die χ^2-Verteilungen liegen tabellierte Werte vor. Eine solche Tabelle ist in Anlage 5 wiedergegeben. In jeder Zeile stehen dort die Angaben für einen bestimmten Freiheitsgrad, der ganz links außen als erste Angabe aufgeführt ist. Daneben sind sogenannte „kritische χ^2-Werte" oder kurz: **kritische Werte** (jeweils für die betreffende Anzahl von f Freiheitsgraden und für einen in der Kopfzeile auszuwählenden Wert „α,,) angegeben. Ein bestimmter kritischer Wert besagt, dass bei der betreffenden Anzahl von Freiheitsgraden (Zeile!) *rechts* von ihm ein Flächenanteil liegt, der dem (über ihm in der Kopfzeile aufgeführten) Wert α entspricht. Links von dem kritischen Wert liegt ein Flächenanteil von „$1-\alpha$,, da die Gesamtfläche „1" beträgt.

Bei einer χ^2-Verteilung für 6 Freiheitsgrade (vgl. Tafel 7.2-1, gepunktete Linie) liegt beispielsweise rechts von dem kritischen $\chi^2_{(6)}$-Wert „12.6" ein Flächenanteil von 0.05 (oder anders ausgedrückt: von 5 Prozent). Links von ihm liegt ein Flächenanteil von 0.95 oder 95 Prozent. Der Wert α wird im Rahmen der Argumentation des nächsten Kapitels als „*Irrtumswahrscheinlichkeit*" interpretiert. Hierzu später mehr.

---

[13] Allgemein gesprochen: Werden n standardnormalverteilte, voneinander unabhängige Zufallsvariablen quadriert und anschließend addiert, resultiert eine $\chi^2_{(n)}$-verteilte Zufallsvariable:

$\chi^2_{(n)} = z_1^2 + z_2^2 + z_3^2 + ... + z_n^2$ (vgl. auch Bortz u.a., [7]2010: 74).

[14] Es gibt also streng genommen nicht *die* χ^2-Verteilung, sondern eine Vielzahl, nämlich für jeden Freiheitsgrad eine. Trotzdem spricht man als Sammelbegriff kurz von „der χ^2-Verteilung".

7.3 Der Chi-Quadrat-Test

(als Beispiel für einen statistischen Test)

> *Vor diesem Kapitel sollten Sie gelesen haben:*
> - *Kap. 7.1 (Vergleich von Prozentwerten)*
> - *Kap. 7.2 (Die Chi-Quadrat-Verteilung)*

Indifferenztabelle

Kehren wir nun, nach der Betrachtung der χ^2-Verteilung, zur Abschlussfrage aus Kapitel 7.1 zurück: Entsprechen den Zusammenhängen, die in Kontingenztabellen für Stichprobenwerte (wie in Tafel 7.1-1) auftreten, auch Zusammenhänge in der Grundgesamtheit oder stellen sie nur Zufallsprodukte der Stichprobenziehung dar? Hierzu fragen wir uns, wie die Zellen von Tafel 7.3-1 bei gegebenen Randsummen[15] besetzt sein müssten, wenn *kein* Zusammenhang zwischen den beiden Variablen „Konfession" und „Wahlabsicht" bestünde. Diese Zellenwerte sind in der **Indifferenztabelle** (Tafel 7.3-1) berichtet. Man errechnet sie nach der Formel[16]:

$$\frac{\text{Zeilensumme} \cdot \text{Spaltensumme}}{\text{Gesamtsumme}}$$

Für die Zelle „Grüne x katholisch" errechnet sich in Tafel 7.3-1 beispielsweise ein Wert von:

$$\frac{852 \cdot 4141}{9971} = 353.8$$

Übung 7.3-1

Berechnen Sie für die Indifferenztabelle (Tafel 7.3-1) die Spaltenprozente und interpretieren Sie die auftretende Regelmäßigkeit.

---

[15] Die Verteilungen der Randsummen werden als gute Schätzungen für die entsprechenden Verteilungen in der Grundgesamtheit betrachtet und als „gegeben" angenommen.

[16] **Zur Veranschaulichung der Formel:** Wenn die beiden Variablen voneinander *unabhängig* sind, dann berechnet sich beispielsweise die Wahrscheinlichkeit dafür, dass eine zufällig gezogene Person die Merkmalskombination „SPD x evangelisch" aufweist, als *Produkt* der Wahrscheinlichkeit dafür, einen „SPD-Wähler" zu ziehen (3533 / 9971) und der Wahrscheinlichkeit dafür, einen Protestanten zu ziehen (4434 / 9971).
Um aus der *Wahrscheinlichkeit* dafür, dass eine zufällig gezogene Person die Merkmalskombination „SPD x evangelisch" aufweist, die *erwartete absolute Häufigkeit* dieser Merkmalskombination bei einem Sample des Umfangs n = 9971 zu berechnen, muss die Wahrscheinlichkeit des Auftretens der Merkmalskombination mit 9971 multipliziert werden. Damit ergibt sich im Beispiel eine erwartete Zellenhäufigkeit von:

$$\left(\frac{3533}{9971} \cdot \frac{4434}{9971}\right) \cdot 9971 = \frac{3533 \cdot 4434}{9971} = \frac{\text{Zeilensumme} \cdot \text{Spaltensumme}}{\text{Gesamtsumme}} = 1571.1$$

Tafel 7.3-1:   Indifferenztabelle
                (erwartete absolute Häufigkeiten, falls kein Zusammenhang besteht)

	Konfession			
	katholisch	evangelisch	übrige Befragte	SUMME
Wahlsonntagsfrage				
CDU/CSU	1253.0	1341.6	422.4	3017
SPD	1467.3	1571.1	494.6	3533
FDP	226.3	242.4	76.3	545
Grüne	353.8	378.9	119.3	852
Republikaner	192.3	205.9	64.8	463
andere Partei	88.5	94.7	29.8	213
Nichtwähler	559.8	599.4	188.7	1348
SUMME	4141	4434	1396	9971

Berechnung des empirischen Chi-Quadrat-Wertes

Für jede Kontingenztabelle lässt sich ein sogenannter **empirischer χ^2-Wert** berechnen, der folgendermaßen definiert ist:

$$\chi^2_{emp} = \Sigma \frac{(O-E)^2}{E}$$

Das „O" steht dabei für „observed", d.h. für die Zellenwerte, die *empirisch* auftreten (im Beispiel: für die Zellenwerte von Tafel 7.1-1). Das „E" steht für die *dann* erwarteten Zellen-werte (expected), wenn *kein* Zusammenhang zwischen den beiden Variablen besteht, also mit anderen Worten für die Zellenwerte der Indifferenztabelle (Tafel 7.3-1). Tafel 7.3-2 demonst-riert für unser Beispiel die Berechnung der Einzelwerte, die schließlich zum empirischen χ^2-Wert aufsummiert werden. Zunächst berechnet man für jede einzelne Zelle der Kontingenzta-belle die Differenz zwischen der in Tafel 7.1-1 berichteten beobachteten absoluten Häufigkeit (observed) und dem entsprechenden Wert aus der in Tafel 7.3-1 dargestellten Indifferenzta-belle (expected). Diese (fett gedruckte) Differenz „observed-expected" wird quadriert (kursiv gedruckt) und anschließend durch „expected" geteilt. Auf diese Weise ergibt sich für jede Zelle von Tafel 7.3-2 ein bestimmter Wert, der jeweils als unterster der drei Zellenwerte in Normaldruck aufgeführt ist. Für die Kombination „SPD x evangelisch" beträgt dieser Wert beispielsweise 27.2. Die (untersten!) Werte aus *allen* Zellen werden schließlich zum empiri-schen χ^2-Wert aufsummiert. In unserem Beispiel beträgt der empirische χ^2-Wert 366.6.

Tafel 7.3-2:   Zellenwerte für die Berechnung des empirischen χ^2-Wertes

Anordnung in den Zellen: (observed-expected)

(observed-expected)²

(observed-expected)² / expected

	Konfession		
	katholisch	evangelisch	übrige Befragte
Wahlsonntagsfrage			
CDU/CSU	**363.0**	**-184.6**	**-178.4**
	131769.0	34077.2	31826.6
	105.2	25.4	75.3
SPD	**-212.3**	**206.9**	**5.4**
	45071.3	42807.6	29.2
	30.7	27.2	0.1
FDP	**-42.3**	**32.6**	**9.7**
	1789.3	1062.8	94.1
	7.9	4.4	1.2
Grüne	**-57.8**	**-6.9**	**64.7**
	3340.8	47.6	4186.1
	9.4	0.1	35.1
Republikaner	**-6.3**	**-11.9**	**18.2**
	39.7	141.6	331.2
	0.2	0.7	5.1
andere Partei	**-7.5**	**-12.7**	**20.2**
	56.3	161.3	408.0
	0.6	1.7	13.7
Nichtwähler	**-36.8**	**-23.4**	**60.3**
	1354.2	547.6	3636.1
	2.4	0.9	19.3

$$\chi^2_{emp} = 366.6$$

observed = beobachtete absolute Häufigkeiten (vgl. Tafel 7.1-1)
expected = erwartete absolute Häufigkeiten aus der Indifferenztabelle (vgl. Tafel 7.3-1)

Eigenschaften des empirischen Chi-Quadrat-Werts

Der empirische χ^2-Wert (χ^2_{emp}) hat eine wichtige Eigenschaft. Nehmen wir an, wir ziehen aus einer Grundgesamtheit sehr viele einfache Zufallsstichproben, berechnen jedesmal eine Kontingenztabelle und ermitteln für jede Stichprobe aus der Kontingenztabelle den empirischen χ^2-Wert. Wir erhalten dann so viele empirische χ^2-Werte, wie Stichproben gezogen wurden.

Stammen die Stichproben aus einer Grundgesamtheit, in der <u>kein</u> Zusammenhang zwischen den beiden gegeneinander kreuztabellierten Variablen besteht, dann entspricht die Verteilung der ermittelten Werte einer χ^2-Verteilung. Die Anzahl der **Freiheitsgrade** dieser χ^2-Verteilung berechnet sich als das Produkt aus der (um eins reduzierten) Anzahl der Zeilen und der (um eins reduzierten) Anzahl der Spalten[17]. In unserem Beispiel liegen sieben Zeilen und drei Spalten vor, womit sich $(6 \cdot 2)$, also 12, Freiheitsgrade ergeben.

Nullhypothese H_0 und Alternativhypothese H_1

Zurück zum Zusammenhang zwischen den beiden gegeneinander kreuztabellierten Variablen. Wir können über die (unbekannte) Beschaffenheit der Grundgesamtheit, was diesen Zusammenhang betrifft, folgende zwei Hypothesen aufstellen:

H_0: In der Grundgesamtheit besteht *kein* Zusammenhang zwischen den beiden Variablen.

H_1: In der Grundgesamtheit *besteht* ein Zusammenhang zwischen den beiden Variablen.

Entscheidung über H_0

Gehen wir einmal davon aus, dass in der Grundgesamtheit <u>kein</u> Zusammenhang besteht. *In diesem Fall* kennen wir (wie oben dargestellt) die Verteilung der empirischen χ^2-Werte, die wir erhalten würden, wenn wir sehr viele Stichproben aus dieser Grundgesamtheit ziehen würden. Die Verteilung der Werte entspricht in unserem Beispiel einer χ^2-Verteilung mit 12 Freiheitsgraden. Damit können wir mit Hilfe der Tabelle in Anhang 5 *für diesen Fall* (kein Zusammenhang in der Grundgesamtheit!) auch sagen, mit welcher Wahrscheinlichkeit in einer Stichprobe χ^2-Werte auftreten, die größer als ein bestimmter kritischer Wert sind. Für 12 Freiheitsgrade lesen wir beispielsweise einen Flächenanteil von 0.01 oder einem Prozent ab, der rechts von dem Wert 26.2 liegt. Interpretieren wir die Fläche als Auftretenswahrscheinlichkeit, dann können wir sagen, dass, falls in der Grundgesamtheit *kein* Zusammenhang besteht, mit einer Wahrscheinlichkeit von 99 Prozent der empirische χ^2-Wert in der Stichprobe zwischen 0 und 26.2 liegt und nur mit einer Wahrscheinlichkeit von einem Prozent größer ausfällt als der kritische Wert 26.2.

---

[17] Die Anzahl der Freiheitsgrade ist im vorliegenden Beispiel die Anzahl *der* Zellenwerte in der Kontingenztabelle, die frei variierbar, also nicht durch die übrigen Zellenwerte sowie die Zeilen- und Spaltensummen determiniert, sind. Sahner [5](2002: 104–105) demonstriert dies an einem Beispiel.

Nun können wir folgendermaßen argumentieren: Falls in der Grundgesamtheit *kein* Zusammenhang zwischen den beiden Variablen besteht, erhalten wir nur mit einer Wahrscheinlichkeit von einem Prozent in der Stichprobe einen empirischen χ^2-Wert, der größer ist als 26.2. Der empirische χ^2-Wert im Beispiel *ist* jedoch größer als 26.2. Aus diesem Grund nehmen wir nicht an, dass unser empirischer χ^2-Wert aus einer Grundgesamtheit stammt, in der *kein* Zusammenhang besteht. Mit anderen Worten: Wir verwerfen die Nullhypothese H_0 und entscheiden uns für die Alternativhypothese H_1. Wir nehmen also an, dass in der Grundgesamtheit ein Zusammenhang besteht. Bei der Entscheidung, die Nullhypothese zu verwerfen, nehmen wir allerdings eine Irrtumswahrscheinlichkeit von $\alpha = 0.01$ oder einem Prozent in Kauf. So hoch ist die Wahrscheinlichkeit dafür, dass, falls in der Grundgesamtheit *kein* Zusammenhang besteht, wir *trotzdem* in der Stichprobe einen empirischen χ^2-Wert erhalten, der über dem kritischen Wert von 26.2 liegt, womit wir die Nullhypothese zu unrecht verwerfen.

Wäre im Beispiel der empirische χ^2-Wert aus der Stichprobe *kleiner* als der kritische Wert 26.2, dann hätten wir uns analog zur obigen Argumentation *für* die Nullhypothese H_0 entschieden und die Alternativhypothese H_1 verworfen. Wir hätten also mit anderen Worten angenommen, dass in der Grundgesamtheit *kein* Zusammenhang besteht.

Wie man sieht, ist die Entscheidung für oder gegen die Nullhypothese an eine bestimmte, vom Forscher zu bestimmende Irrtumswahrscheinlichkeit α gebunden. Üblicherweise arbeitet man mit Irrtumswahrscheinlichkeiten von 0.05, 0.01 oder 0.001, das heißt fünf, einem oder einem zehntel Prozent. Auf die Frage, nach welchen Kriterien die eine oder andere Irrtumswahrscheinlichkeit gewählt wird, werden wir gleich noch zu sprechen kommen.

Kann man bei der gewählten Irrtumswahrscheinlichkeit die Nullhypothese verwerfen, dann bezeichnet man den betreffenden Zusammenhang auch als bei der gewählten Irrtumswahrscheinlichkeit **signifikant**. Die Irrtumswahrscheinlichkeit wird oft auch als **Signifikanzniveau** bezeichnet. Für das Beispiel könnte man also auch sagen: Der Zusammenhang ist auf dem (Signifikanz-) Niveau 0.01 signifikant.

Eine *Voraussetzung* für die Durchführung eines χ^2-Tests wurde bisher noch nicht erwähnt: Die erwarteten absoluten Häufigkeiten in der Indifferenztabelle müssen für alle Zellen größer als 5 sein[18]. Nun können Sie die gesamte Argumentation in Übung 7.3-2 praktisch anwenden.

Das Vorgehen bei einem statistischen Signifikanztest

Neben dem χ^2-Test gibt es eine ganze Reihe weiterer Signifikanztests für *andere* Fragestellungen als der, ob zwischen zwei diskreten Variablen ein signifikanter Zusammenhang besteht oder nicht. Beispielsweise kann mit einem bestimmten t-Test geprüft werden, ob sich die Mittelwerte einer Variablen innerhalb einer Stichprobe zwischen zwei Personengruppen (wie Frauen und Männern) signifikant unterscheiden.

---

[18] Vgl. Bortz u.a. [7](2010: 141). Sollte diese Voraussetzung verletzt sein, kann man sich durch geeignete Zusammenfassung von Kategorien helfen.

Das *generelle Vorgehen* ist bei solchen Tests ähnlich. Wir haben es am Beispiel des χ^2-Tests kennengelernt. Zunächst wird geprüft, ob die jeweiligen Voraussetzungen für die Testdurchführung erfüllt sind. Dann wird eine Nullhypothese[19] und eine Alternativhypothese festgelegt. Anschließend wird das Signifikanzniveau festgelegt, indem man sich für eine Irrtumswahrscheinlichkeit α entscheidet. Als nächsten Schritt ermittelt man den entsprechenden kritischen Wert und damit den Ablehnungsbereich der Nullhypothese (bei gegebenem α). Die theoretische Verteilung, anhand derer dies geschieht, muss dabei nicht die χ^2-Verteilung sein. Es gibt eine ganze Reihe anderer Verteilungen, die hierfür in Frage kommen. Als nächstes wird eine Prüfgröße (wie in unserem Fall der empirische χ^2-Wert) aus den Daten der Stichprobe berechnet, die sich bei Ziehung sehr vieler Stichproben aus einer Grundgesamtheit, in der die Nullhypothese gilt, annähernd wie die betreffende theoretische Verteilung verteilt. Als letzter Schritt wird anhand der Lage des empirisch ermittelten Werts der Prüfgröße in bezug auf den kritischen Wert über die Nullhypothese entschieden.

Übung 7.3-2

Besteht zwischen der Wahlabsicht zugunsten oder zuungunsten der Republikaner und der Konfession in der Grundgesamtheit der Wahlberechtigten aus den Alten Bundesländern ein Zusammenhang?

Prüfen Sie die Frage anhand der unten gezeigten Kontingenztabelle, die (wie das bisherige Beispiel) auf Daten aus den kumulierten Politbarometern 1992 für die Alten Bundesländer beruht. Führen Sie einen Chi-Quadrat-Test durch. Wählen Sie eine Irrtumswahrscheinlichkeit von $\alpha = 0.01$.

(Rechnen Sie mit zwei Nachkommastellen)

Kontingenztabelle
(absolute Häufigkeiten)

Wahlsonntagsfrage	Konfession			SUMME
	katholisch	evangelisch	übrige Befragte	
Republikaner-Wähler	186	194	83	463
keine Republikaner-Wähler	3955	4240	1313	9508
SUMME	4141	4434	1396	9971

---

[19] Die Nullhypothese muss nicht immer „kein Zusammenhang" lauten. Sie kann auch eine andere (genau spezifizierte) Annahme bezüglich der Grundgesamtheit beinhalten.

Alpha- und Beta-Fehler

In der Grundgesamtheit *gilt* entweder die Nullhypothese oder die Alternativhypothese. Welcher der beiden Fälle vorliegt, ist in der Regel unbekannt. Trotzdem *entscheidet* man sich beim Chi-Quadrat-Test zugunsten der Null- oder der Alternativhypothese. In Tabelle 7.3-3 ist dies dargestellt.

Bis jetzt haben wir uns überlegt, mit welcher Wahrscheinlichkeit die Entscheidung zugunsten der Alternativhypothese falsch sein kann, falls in der Grundgesamtheit die *Nullhypothese gilt* (dunkel hinterlegtes Feld in Tafel 7.3-3). Die Wahrscheinlichkeit, einen solchen Fehler (**Alpha-Fehler** oder Fehler erster Art genannt) zu begehen, haben wir bei unseren Überlegungen einkalkuliert. Wir kennen die Verhältnisse in der Grundgesamtheit jedoch wie gesagt nicht. Es kann auch sein, dass in der Grundgesamtheit die *Alternativhypothese gilt.* Unsere Entscheidung nach der oben dargelegten Argumentation kann natürlich auch in diesem Fall richtig oder falsch sein. Richtig ist sie, wenn wir uns für die Alternativhypothese entscheiden. Sie ist falsch, wenn wir uns für die Nullhypothese entscheiden, obwohl die Alternativhypothese gilt. Dann begehen wir einen **Beta-Fehler** oder Fehler zweiter Art. Leider lässt sich die Wahrscheinlichkeit hierfür bei unspezifischen Alternativhypothesen, wie wir sie verwenden, nicht errechnen[20]. Trotzdem kann man davon ausgehen, dass die Wahrscheinlichkeit, einen β-Fehler zu begehen, größer wird (wenngleich nicht linear), je kleiner der bei den bisherigen Überlegungen in Kauf genommene α-Fehler ist[21].

Tafel 7.3-3:   Alpha- und Beta-Fehler

		In der Grundgesamtheit gilt die ...	
		Nullhypothese	Alternativhypothese
Entscheidung zugunsten der ...	Nullhypothese	*richtige Entscheidung*	**Beta-Fehler**
	Alternativhypothese	**Alpha-Fehler**	*richtige Entscheidung*

Eine kleine Überlegung demonstriert dies. Nehmen wir an, die relativen Häufigkeiten (bezogen auf die Gesamtstichprobe), mit der die 21 Zellen von Tafel 7.1-1 in unserem Beispiel besetzt sind, entsprächen *exakt* den betreffenden relativen Häufigkeiten in der Grundgesamtheit. In der Grundgesamtheit gilt also die Alternativhypothese – es besteht ein Zusammenhang zwischen den Variablen „Konfession" und „Wahlabsicht". Wenn wir wie oben dargestellt argumentieren, verwerfen wir die Nullhypothese und treffen damit die richtige Entscheidung. Ein anderer Forscher möchte „ganz sicher gehen" und wählt eine extrem kleine Irrtumswahr-

---

[20] Vgl. Bortz [6](2005: 121) [Vorgänger-Auflage zu Bortz u.a. [7]2010].

[21] Insofern beruhen die üblicherweise verwendeten α-Werte zwischen 0.001 und 0.05 (in manchen Fällen auch 0.1) auf Erfahrungswerten. Welcher Wert aus diesem Bereich gewählt wird, hängt von den Konsequenzen ab, die mit einem Alpha- bzw. Beta-Fehler verbunden sind. Beispiele hierzu finden sich in Bortz u.a. [7](2010: 100).

scheinlichkeit, beispielsweise von $\alpha = 0.000000000001$. Damit geht der kritische Wert beim χ^2-Test gegen „unendlich". Der empirische χ^2-Wert von 366.6 ist nun *kleiner* als der kritische Wert, was dazu führt, dass der Forscher (der die Verhältnisse in der Grundgesamtheit ja nicht kennt) die Nullhypothese beibehalten muss und damit eine Fehlentscheidung (β-Fehler) begeht. Das Beispiel zeigt: *Jeder* noch so deutliche Zusammenhang kann im Rahmen des statistischen Tests nicht-signifikant „gemacht werden", wenn man die Irrtumswahrscheinlichkeit bezüglich des α-Fehlers nur klein genug ansetzt.

7.4 Chi-quadrat-basierte Zusammenhangsmaße für zwei diskrete Variablen

> *Vor diesem Kapitel sollten Sie gelesen haben:*
> - *Kap. 7.2 (Die Chi-Quadrat-Verteilung)*
> - *Kap. 7.3 (Der Chi-Quadrat-Test)*

Der χ^2-Test sagt nur etwas darüber aus, *ob* ein Zusammenhang zwischen zwei diskreten Variablen besteht, nicht jedoch darüber, *wie stark* der Zusammenhang gegebenenfalls ist. Es gibt jedoch Maßzahlen für die Stärke des Zusammenhangs, die auf dem empirischen χ^2-Wert basieren. Solche Maßzahlen, der Kontingenzkoeffizient und der Phi-Koeffizient, werden nachfolgend beschrieben.

Der Kontingenzkoeffizient

Der **Kontingenzkoeffizient** berechnet sich als:

$$C = \sqrt{\frac{\chi^2}{\chi^2 + n}}$$

Mit „n" wird dabei wie üblich der Stichprobenumfang bezeichnet und mit χ^2 der empirische Chi-Quadrat-Wert. Für das Literaturstudium: Der empirische χ^2-Wert wird in der Literatur manchmal anders berechnet als in diesem Buch besprochen. Eine solche Formel findet sich in

Clauß u.a. (1994: 85). Der resultierende Wert für χ^2 ist jedoch identisch mit dem nach der in Kapitel 7.3 dargestellten Methode berechneten Wert.

Der Kontingenzkoeffizient ist unabhängig vom Stichprobenumfang n[22]. Er kann generell nur positive Werte zwischen 0 und 1 annehmen. Der *maximal* erreichbare Wert hängt jedoch von der Größe der Kontingenztabelle ab (genaueres siehe unten!). Für sehr große Kontingenzta-bellen strebt der maximal erreichbare Wert C_{max} gegen 1. Auch der **maximal erreichbare Wert C_{max}** lässt sich berechnen, und zwar als:

$$C_{max} = \sqrt{\frac{\min_{(r,c)} - 1}{\min_{(r,c)}}}$$

Dabei bedeutet $\min_{(r,c)}$ den *kleineren* der beiden Werte „Zeilenzahl" (row) und „Spaltenzahl" (column)[23]. Bei 6 Zeilen und 4 Spalten ergibt sich beispielsweise $\min_{(r,c)} = 4$, da „4" die klei-nere Anzahl ist. Sind die Zeilen- und die Spaltenzahl gleich, ist es egal, welche Anzahl be-nutzt wird. Für eine Kontingenztabelle mit 3 Zeilen und 3 Spalten ergibt sich beispielsweise $C_{max} = 0.816$. Das heißt, selbst wenn die beiden Variablen *völlig* voneinander abhängig sind, erreicht der Kontingenzkoeffizient nur den Wert 0.816 und nicht den Wert 1.

Kontingenzkoeffizienten für *unterschiedlich große Tabellen* sind aufgrund der unterschiedli-chen Werte für C_{max} nicht miteinander vergleichbar. Um die Vergleichbarkeit auch für unter-schiedlich große Tabellen herzustellen, kann ein **korrigierter Kontingenzkoeffizient** berech-net werden. Die Formel:

$$C_{korr} = \frac{C}{C_{max}}$$

Der korrigierte Kontingenzkoeffizient ist ein auf C_{max} bezogenes Maß. Die Höhe des Kontin-genzkoeffizienten wird sozusagen in „C_{max}Einheiten" ausgedrückt. Damit kann die Höhe von *korrigierten* Kontingenzkoeffizienten auch dann miteinander verglichen werden, wenn sie für *unterschiedlich* große Kontingenztabellen errechnet wurden.

Übung 7.4-1:

Berechnen Sie für das Eingangsbeispiel (Tafel 7.1-1) den Kontingenzkoeffizienten und den korrigierten Kontingenzkoeffizienten.

(Rechnen Sie mit drei Nachkommastellen)

---

[22] Man kann dies (zum Beispiel in Übung 7.4-1) ausprobieren, indem man für eine Kontingenztabelle den Kontingenzkoeffizienten errechnet, anschließend die Fallzahlen in jeder Zelle (und damit auch die Randsum-men) mit einem konstanten Faktor (beispielsweise 10) multipliziert und anschließend erneut den Kontingenz-koeffizienten errechnet. Die beiden Koeffizienten unterscheiden sich nicht!

[23] Der Ausdruck „Größe einer Kontingenztabelle" wird in diesem Abschnitt als Kürzel für „$\min_{(r,c)}$" verwendet.

Der Phi-Koeffizient

Als Maß für die Stärke des Zusammenhangs bei Kontingenztabellen mit *2 Zeilen und 2 Spalten* kann der **Phi-Koeffizient** berechnet werden. Die Formel[24]:

$$\Phi = \pm \sqrt{\frac{\chi^2}{n}}$$

Mit „n" wird dabei wieder der Stichprobenumfang bezeichnet und mit χ^2 der empirische Chi-Quadrat-Wert. Der Phi-Koeffizient ist, wie der Kontingenzkoeffizient, unabhängig vom Stichprobenumfang n[25]. Er kann generell Werte zwischen -1 und +1 annehmen. Das Vorzeichen ist dabei von untergeordneter Bedeutung (wir werden hierauf gleich zurückkommen). Das eigentliche Maß für die Stärke des Zusammenhangs ist der (absolute) Betrag von Φ.

Der Phi-Koeffizient entspricht dem Produkt-Moment-Korrelationskoeffizienten (vgl. Kapitel 8.2), den man erhält, wenn man die beiden Variablen miteinander korreliert. Werden zum Beispiel die beiden dichotomen Variablen Geschlecht (0 = weiblich, 1 = männlich) und Berufstätigkeit (0 = nicht berufstätig, 1 = berufstätig) miteinander korreliert und ergibt sich ein positiver Korrelationskoeffizient (Phi-Koeffizient), dann heißt das, dass mit dem höheren Wert für die Variable „Geschlecht" (also: männlich) auch tendenziell der *höhere* Wert für die Variable „Berufstätigkeit" (also: berufstätig) auftritt und für den niedrigeren Wert bei „Geschlecht" auch der *niedrigere* Wert bei „Berufstätigkeit". Männer sind mit anderen Worten eher berufstätig und Frauen eher nicht. Ergäbe sich ein negativer Korrelationskoeffizient (Phi-Koeffizient), dann hieße das, dass mit dem höheren Wert für die Variable „Geschlecht" (also: männlich) tendenziell der *niedrigere* Wert für die Variable „Berufstätigkeit" (also: nicht berufstätig) aufträte. Männer wären dann mit anderen Worten eher nicht berufstätig und Frauen eher schon. So gesehen ist das Vorzeichen des Phi-Koeffizienten interpretierbar. Die Interpretation steht und fällt allerdings mit der Kodierung der Variablen. Würde man beispielsweise beim Geschlecht „weiblich" mit 1 und „männlich" mit 0 kodieren (was inhaltlich völlig belanglos ist), dann bliebe zwar der Phi-Koeffizient vom Betrag her unverändert, sein Vorzeichen würde sich jedoch umkehren. Das Vorzeichen des Phi-Koeffizienten ist also von der Kodierung der Variablenwerte abhängig und kann nur bei Kenntnis dieser Kodierung interpretiert werden.

Der Phi-Koeffizient kann nicht bei allen Randverteilungen seine Extremwerte +1 oder -1 erreichen. Damit sind (unkorrigierte) Phi-Koeffizienten strenggenommen ihrer Höhe nach nicht vergleichbar[26]. Will man die Höhe des Phi-Koeffizienten deshalb auf die überhaupt

---

[24] Für das Literaturstudium: Erstens, in Clauß u.a. (1994: 82) ist eine andere Berechnungsformel für den *Phi-Koeffizienten* berichtet, in der die Maßzahl χ^2 nicht verwendet wird und mit der das „Vorzeichen" von Φ ebenfalls ermittelt wird.
Zweitens, bei *Vierfeldertafeln* kann der empirische χ^2-*Wert* auch durch eine vereinfachte Formel berechnet werden. Sie findet sich in Clauß u.a. (1994: 82). Der resultierende Wert für χ^2 ist identisch mit dem nach der in Kapitel 7.3 dargestellten Methode berechneten Wert.

[25] Auch dieser Koeffizient ändert sich nicht, wenn die Fallzahlen in den Zellen (und die Randsummen) mit einem konstanten Faktor multipliziert werden. Man kann dies beispielsweise bei Übung 7.4-2 ausprobieren.

[26] Vgl. Clauß u.a. (1994: 83).

erreichbare Höhe beziehen, so errechnet man (nach dem sogenannten Verfahren von Cole)
einen korrigierten Phi-Koeffizienten:

$$\Phi_{korr} = \frac{\Phi}{\Phi_{max}}$$

Dabei kann Φ_{max} wie folgt bestimmt werden: Man setzt in der Kontingenztabelle das Feld mit
der geringsten Häufigkeit gleich 0. Die Randsummen, also die Zeilen- und die Spaltensummen, behält man bei. Danach berechnet man für die übrigen drei Felder neue Häufigkeitswerte
so, dass die Randsummen weiterhin korrekt sind. Aus der Kontingenztabelle mit den *neuen*
Werten berechnet man anschließend wie gewohnt den Phi-Koeffizienten. Dieser Phi-Koeffizient hat den maximal erreichbaren Wert Φ_{max}. Das hier nur skizzierte Verfahren ist in Clauß
u.a. (1994: 83–84) ausführlich beschrieben. Nach dem Verfahren von Cole korrigierte Phi-
Koeffizienten sind ihrer Höhe nach miteinander vergleichbar – allerdings nur bei gleich großen Stichprobenumfängen (vgl. Clauß u.a., 1994: 84). Erwähnt werden muss jedoch, dass die
beschriebene Korrektur nicht unumstritten ist. Näheres hierzu steht in Bortz u.a. [7](2010: 176).

Übung 7.4-2

Berechnen Sie für die folgende, aus Tafel 7.1-1 hergestellte Kontingenztabelle ...

    a. den Phi-Koeffizienten

    b. den nach dem Verfahren von Cole korrigierten Phi-Koeffizienten.

    (Rechnen Sie mit drei Nachkommastellen)

Kontingenztabelle
(absolute Häufigkeiten)

	katholisch	nicht katholisch	**SUMME**
CDU/CSU+	1616	1401	**3017**
CDU/CSU-	2525	4429	**6954**
SUMME	**4141**	**5830**	**9971**

CDU/CSU +   CDU/CSU-Wähler
CDU/CSU-   kein CDU/CSU-Wähler

Zusammenfassend sei noch einmal festgehalten, dass sowohl der Kontingenzkoeffizient als
auch der Phi-Koeffizient nur Maße für die *Stärke* von Zusammenhängen darstellen. Ob die
Zusammenhänge *signifikant* sind, kann mit dem Chi-Quadrat-Test ermittelt werden.

Weitere auf χ^2 basierende Maßzahlen

Dasselbe gilt auch für die Maßzahlen T und V, die hier nur kurz erwähnt seien[27]. Die beiden Formeln:

$$T = \sqrt{\frac{\chi^2}{n \cdot \sqrt{(r-1)\cdot(c-1)}}}$$

$$V = \sqrt{\frac{\chi^2}{n \cdot \min_{(r-1,\,c-1)}}}$$

Mit „n" wird wie üblich der Stichprobenumfang bezeichnet. Die Anzahl der Zeilen der Tabelle ist in den Formeln mit „r" (row) und die Anzahl ihrer Spalten mit „c" (column) bezeichnet. „T kann allerdings die Obergrenze von 1 nur dann erreichen, wenn die Anzahl der Zeilen und Spalten der Tabelle gleich ist. ... Dieser Schwäche wegen spielt der **Koeffizient T** in der empirischen Sozialforschung praktisch keine Rolle" (Benninghaus, [7]2005: 212)[28].

Relativ oft wird dagegen der **Koeffizient V**, meist **Cramérs V** genannt, verwendet. Der Ausdruck „$\min_{(r-1,\,c-1)}$" in der Formel besagt, dass die beiden Anzahlen „r-1" und „c-1" zu errechnen sind und die *kleinere* von beiden (min!) in die Formel einzusetzen ist. Bei Kontingenztabellen mit 2 Zeilen und 2 Spalten ist Cramérs V (vom Betrag her) identisch mit dem Phi-Koeffizienten, da der Ausdruck „$\min_{(r-1,\,c-1)}$" in diesem Fall zu „1" wird.

Ein Vergleich des Kontingenzkoeffizienten C und der Koeffizienten T und V ist, anhand eines Beispiels, in Benninghaus [7](2005: 214–217) berichtet.

---

[27] Die beiden Maßzahlen sind in Benninghaus [7](2005: 212–213) beschrieben.
[28] Bei Kontingenztabellen mit 2 Zeilen und 2 Spalten ist der Koeffizient T (vom Betrag her) identisch mit dem Phi-Koeffizienten.

7.5 Lambda-Maßzahlen für den Zusammenhang zweier diskreter Variablen

> *Vor diesem Kapitel sollten Sie gelesen haben:*
> - *Kap. 7.2 (Die Chi-Quadrat-Verteilung)*
> - *Kap. 7.3 (Der Chi-Quadrat-Test)*
> - *Kap. 7.4 (Chi-Quadrat-basierte Zusammenhangsmaße für zwei diskrete Variablen)*

Tafel 7.5-1 liefert nochmals ein Beispiel für die Berechnung χ^2-basierter Maßzahlen zur Erfassung der Stärke von Zusammenhängen zwischen zwei diskreten Variablen. Es geht um den Zusammenhang zwischen der Konfessionszugehörigkeit und der Kirchgangshäufigkeit. Die oberste Zahlenangabe in jeder Zelle zeigt die beobachtete absolute Häufigkeit der jeweiligen Merkmalskombination (observed), darunter folgen Zahlenangaben für alle Zwischenschritte bis hin zu den χ^2-Anteilen, das heißt bis hin zu den Werten, die schließlich zur Berechnung des empirischen χ^2-Wertes aufzusummieren sind. Als empirischer χ^2-Wert ergibt sich „727.1". Damit ergibt sich zum Beispiel ein Kontingenzkoeffizient von „0.25" (vgl. Kapitel 7.4).

Die Stärke von Zusammenhängen kann jedoch auch mit Maßzahlen ausgedrückt werden, die *nicht* auf χ^2-Werten (und damit *nicht* auf der Abweichung der Zellenwerte von der Indifferenztabelle) basieren. Benninghaus [7]2005: 196–197 und 218–232) beschreibt solche (Lambda-) Maßzahlen. Sie basieren als so genannte **PRE-Maße**[29] (proportional reduction in error measures) auf dem Grad, in dem Informationen über eine Variable dazu beitragen, die Ausprägung der Werte einer anderen Variablen besser vorherzusagen als dies ohne diese Information möglich wäre. Auch dieses alternative Vorgehen kann – für zwei diskrete Variablen – anhand des Beispiels aus Tafel 7.5-1 demonstriert werden.

Hierzu ein Gedankenexperiment: Greifen wir – bei Kenntnis der Verteilung der Konfessionszugehörigkeiten (fette Angaben in der Spalte ganz rechts außen) – aus den 10509 Befragten aus Tafel 7.5-1 per Zufall eine Person heraus. Für diese Person sei eine Prognose über ihre Konfessionszugehörigkeit abzugeben. Ohne weitere Informationen wäre die beste Prognose „evangelisch", da diese Merkmalsausprägung am stärksten besetzt ist und damit die „Trefferwahrscheinlichkeit" am höchsten ist. 5255 Personen sind evangelisch. Ziehen wir eine evangelische Person, so erzielen wir einen „Treffer". 5254 Personen (5091 + 163) sind nicht evangelisch. Ziehen wir eine dieser Personen, so geht die Prognose fehl. Die Fehlerwahrscheinlichkeit beträgt somit 5254 / 10509, also etwa 0.5.[30]

---

[29] Lies: P-R-E-Maße.
[30] genauer: 0.49995242

Tafel 7.5-1:   Beispiel zur Konstruktion von Zusammenhangsmaßen für diskrete Variablen

Anordnung innerhalb der Zellen: **observed**
expected
(observed - expected)
(observed -expected)^2
(observed-expected)^2 / expected

	Kirchgangshäufigkeit:				
Konfession:	(fast) jeden Sonntag	ab und zu	etwa einmal im Jahr	seltener	**SUMME**
katholisch	**1391**	**1800**	**478**	**1422**	**5091**
	936.9	1846.7	625.4	1682.0	
	454.1	**-46.7**	**-147.4**	**-260.0**	
	206206.8	*2180.9*	*21726.8*	*67600.0*	
	220.1	1.2	34.7	40.2	
evangelisch	**467**	**1980**	**803**	**2005**	**5255**
	967.1	1906.2	645.6	1736.2	
	-500.1	**73.8**	**157.4**	**268.8**	
	250100.0	*5446.4*	*24774.8*	*72253.4*	
	258.6	2.9	38.4	41.6	
andere Konfession oder konfessionslos	**76**	**32**	**10**	**45**	**163**
	30.0	59.1	20.0	53.9	
	46.0	**-27.1**	**-10.0**	**-8.9**	
	2116.0	*734.4*	*100.0*	*79.2*	
	70.5	12.4	5.0	1.5	
SUMME	**1934**	**3812**	**1291**	**3472**	**10509**

Empirischer Chi-Quadrat-Wert: 727.1

Kennt man jedoch die Zugehörigkeit der Befragten zu den Kirchgangshäufigkeits-Gruppen und kennt man die Verteilung der Konfessionszugehörigkeiten *innerhalb* dieser Gruppen, so kann man insgesamt die Konfessionszugehörigkeit mit geringerer Fehlerwahrscheinlichkeit vorhersagen, wenn man diese Information nutzt. In der Gruppe der Befragten, die (fast) jeden Sonntag zur Kirchen gehen, würde man „katholisch" prognostizieren. Man läge damit in 1391 Fällen richtig und in 543 Fällen (467 + 76) falsch. In der Gruppe der Befragten, die ab und zu zur Kirchen gehen, würde man „evangelisch" prognostizieren. Man läge damit in 1980 Fällen richtig und in 1832 Fällen (1800 + 32) falsch. In der Gruppe der Befragten, die etwa einmal im Jahr zur Kirchen gehen, würde man ebenfalls „evangelisch" prognostizieren. Man läge damit in 803 Fällen richtig und in 488 Fällen (478 + 10) falsch. Auch in der Gruppe der Befragten, die seltener zur Kirchen gehen, würde man „evangelisch" prognostizieren. Man läge damit in 2005 Fällen richtig und in 1467 Fällen (1422 + 45) falsch. Insgesamt läge man also bei Anwendung der Prognoseregel „wähle die jeweils am stärksten besetzte Kategorie" in 4330 Fällen (543 + 1832 + 488 + 1467) falsch. Die Fehlerwahrscheinlichkeit beträgt somit 4330 / 10509, also 0.4120.

Ohne Verwendung der Zusatzinformationen bezüglich der Variablen „Kirchgangshäufigkeit" betrüge die Fehlerwahrscheinlichkeit wie gesagt 0.5000, unter Verwendung dieser Zusatzinformation jedoch nur 0.4120. Auf dieser Differenz bauen λ-Maßzahlen auf. Für den Fall, dass die Konfession vorhergesagt werden soll und die genannten Informationen bezüglich der Kirchgangshäufigkeit eingesetzt werden, um die Prognose zu verbessern, berechnet sich λ folgendermaßen:

$$\lambda_{\text{Konfession abhängig}} = \frac{0.5000 - 0.4120}{0.5000} = 0.18$$

Es wird also ein Anteilswert berechnet, der besagt, wie sehr die ursprüngliche Fehlerwahrscheinlichkeit (ohne Zusatzinformation) bei der Vorhersage der Konfession durch die Einbeziehung der Information bezüglich der Variablen „Kirchgangshäufigkeit" verringert werden kann.

Die Berechnung anhand der Fehlerwahrscheinlichkeiten geschah in erster Linie aus darstellerischen Gründen. Nachdem sich bei den drei Wahrscheinlichkeiten (z.B.: 0.4120 = 4330 / 10509) jeweils „10509" im Nenner herauskürzt, kann der Wert auch anhand der absoluten Häufigkeiten berechnet werden. Es ergibt sich dann:

$$\lambda_{\text{Konfession abhängig}} = \frac{5254 - 4330}{5254} = 0.18$$

Im Sinne einer anschaulichen Darstellungsweise werden im folgenden jedoch weiterhin die Fehlerwahrscheinlichkeiten verwendet. Der Wert von „0.18" stellt also ein Maß für die Reduktion der Wahrscheinlichkeit einer Fehlprognose bei der Vorhersage der Konfession dar, die durch die Einbeziehung der Information über die Variable „Kirchgangshäufigkeit" erreicht werden kann. Lamda kann Werte zwischen „0" (falls die Fehlerwahrscheinlichkeit unverändert bleibt) und „1" (falls die Fehlerwahrscheinlichkeit auf „0" sinkt) annehmen. „0.18" bedeutet eine Reduktion der Wahrscheinlichkeit des ursprünglichen Vorhersagefehlers (ohne Zusatzinformation) um 18 Prozent. Die Berechnung von Lambda setzt Nominalskalenniveau voraus. Die allgemeine Formel lautet (in vereinfachter Schreibweise):

$$\lambda = \frac{\text{Fehlerwahrscheinlichkeit}_{\text{ohne ZI}} - \text{Fehlerwahrscheinlichkeit}_{\text{mit ZI}}}{\text{Fehlerwahrscheinlichkeit}_{\text{ohne ZI}}} \qquad \text{(ZI = Zusatzinformation)}$$

Bei „Lambda" handelt es sich um ein asymmetrisches Maß. Daher auch der entsprechende Index in der Formel (bei nicht vereinfachter Schreibweise). Man kann ebenso versuchen, die Ausprägung der Kirchgangshäufigkeit zu prognostizieren und zusätzlich die Informationen über die Konfession verwenden – womit man die abhängige Variable austauscht. Analog zum oben geschilderten Vorgehen ergäbe sich dann:

$$\lambda_{\text{Kirchgangshäufigkeit abhängig}} = \frac{0.6373 - 0.6307}{0.6373} = 0.01$$

bzw.:

$$\lambda_{\text{Kirchgangshäufigkeit abhängig}} = \frac{6697 - 6628}{6697} = 0.01$$

Man sieht: Je nach der Wahl der abhängigen Variablen können sich durchaus unterschiedliche Werte für Lambda ergeben. Dies liegt in der Logik des Aufbaus der Maßzahl. Möchte man dennoch ein symmetrisches Maß benutzen, so kann man dies durch eine Zusammenfassung erreichen. Im vorliegenden Beispiel würde sich dabei ergeben:

$$\lambda_{\text{symmetrisch}} = \frac{(0.5000 + 0.6373) - (0.4120 + 0.6307)}{0.5000 + 0.6373} = 0.08$$

bzw.:

$$\lambda_{\text{symmetrisch}} = \frac{(5254 + 6697) - (4330 + 6628)}{5254 + 6697} = 0.08$$

Übung 7.5-1 zeigt ferner, dass die Lambda-Maßzahlen nicht mit den in Kapitel 7.4 besprochenen chi-quadrat-basierten Maßzahlen übereinstimmen. Vergleicht man die Lambda-Maßzahlen mit den vorher betrachteten χ^2-basierten Maßzahlen, so liegt ein großer Vorteil in ihrer klaren Interpretierbarkeit. Allerdings sagen auch sie, ebenso wie die χ^2-basierten Maßzahlen, nur etwas über die Stärke von Zusammenhängen aus, nicht jedoch über deren Signifikanz. Hierzu ist nach wie vor der empirische χ^2-Wert zu berechnen und ein χ^2-Test durchzuführen.

Übung 7.5-1

Berechnen Sie den Kontingenzkoeffizienten sowie Cramérs V (vgl. Kapitel 7.4) für das Beispiel aus Tafel 7.5-1.

Übung 7.5-2

In einer Umfrage wurde erhoben, welches Ziel die befragten Personen als das wichtigste Erziehungsziel einschätzten. Vorgegeben waren die Antwortalternativen „Gehorsam und Unterordnung", „Ordnungsliebe und Fleiß" sowie „Selbständigkeit und freier Wille". Zusätzlich wurde unter anderem der Schulabschluss der Befragten erhoben. Die nachfolgende Tabelle zeigt das Ergebnis.

Berechnen Sie $\lambda_{\text{Erziehungsziel abhängig}}$, $\lambda_{\text{Schulabschluss abhängig}}$ sowie $\lambda_{\text{symmetrisch}}$ für die untenstehende Kreuztabelle.

	Schulabschluss:			
Wichtigstes Erziehungsziel:	Hauptschule oder weniger	Realschul-abschluss	Abitur oder höherer Abschluss	**SUMME**
Gehorsam und Unterordnung	113	52	14	**179**
Ordnungsliebe und Fleiß	444	234	126	**804**
Selbständigkeit und freier Wille	427	441	311	**1179**
SUMME	**984**	**727**	**451**	**2162**

Weiterführende Literatur zu Kapitel 7:

χ^2-Verteilung und χ^2-Test:

Sahner [5](2002: 97–109)   →   *leicht lesbare Darstellung*

Kontingenzkoeffizient

Clauß u.a. (1994: 85–87)   →   *leicht lesbare Darstellung*

Phi-Koeffizient

Clauß u.a. (1994: 81–85)   →   *leicht lesbare Darstellung*

Lambda-Maßzahlen

Benninghaus [7](2005: 196–197 und 218–232)

8 Zusammenhang zwischen zwei metrisch skalierten Variablen

Sowohl die Regressionsanalyse als auch die Korrelationsanalyse erfassen Zusammenhänge zwischen Variablen auf *metrischem* Skalenniveau[1]. In Kapitel 8.1 wird zunächst der Grundgedanke der Regressionsanalyse am Beispiel der einfachen Regression dargestellt. Kapitel 8.2 erläutert die Korrelationsanalyse als Spezialfall der Regressionsanalyse, Kapitel 8.3 befasst sich mit der Partialkorrelation und Kapitel 8.4 enthält abschließend einige Ausblicke zur Regressions- und Korrelationsanalyse, die zwar auf den bisherigen Überlegungen aufbauen, im Rahmen dieses Buches jedoch nicht mehr im Detail behandelt werden. Zusätzlich findet sich dort eine Übersicht über weitere bivariate Zusammenhangsmaße für den Fall, dass *nicht* beide Variablen metrisches Skalenniveau aufweisen.

8.1 Regressionsanalyse (lineare Einfachregression)

> *Vor diesem Kapitel sollten Sie gelesen haben:*
> - *Kap. 5.1 (Maßzahlen der zentralen Tendenz)*
> - *Kap. 5.2 (Maßzahlen der Dispersion)*
> - *Kap. 5.4 (z-Standardisierung)*

Vorab zwei grundlegende Bemerkungen: Erstens wird bei der im folgenden besprochenen einfachen Regression zwischen einer **unabhängigen Variablen** (auch: Regressor, erklärende, exogene oder Prädiktor-Variable) und einer **abhängigen Variablen** (auch: Regressand, erklärte, endogene oder Prognose-Variable) unterschieden. Man versucht, die Werte der abhängigen Variablen aus den Werten der unabhängigen Variablen vorherzusagen. Zweitens untersucht man in dem nachfolgend beschriebenen Verfahren nur **lineare** Zusammenhänge.

Ein kleines Beispiel soll die beiden Punkte demonstrieren. Nehmen wir an, wir haben fünf Studierende eines Statistik-Kurses, die gerade ihre Abschlussklausur geschrieben haben. Wir kennen die Punktzahlen, die sie erreicht haben, und wir wissen auch, wie oft sie im Seminar gefehlt haben – oder anders herum, wie viele Seminar-Stunden sie besucht haben. Wir untersuchen nun die Frage, ob es möglich ist, aus der Anzahl der besuchten Seminar-Stunden vorherzusagen, wie hoch ihre Punktzahl in der Abschlussklausur ist. In Tafel 8.1-1 (linker Teil) sind die fünf Studierenden und ihre Stundenzahl sowie ihre Punkte in der Klausur aufgeführt.

---

[1] Vgl. Kapitel 2.1.

Im rechten Teil von Tafel 8.1-1 sind die Werte in ein zweidimensionales Koordinatensystem übertragen. Die x-Achse repräsentiert die Werte für die unabhängige Variable (Seminar-Stunden) und die y-Achse die Werte für die abhängige Variable (Anzahl der Klausurpunkte). Die Punkte, die den Wertepaaren für die fünf Studierenden entsprechen, liegen in dem Koordinatensystem alle auf einer Geraden. Für zwei Studierende, Ulrike und Jürgen, sind sie in der Abbildung gekennzeichnet. Kennen wir die Geradengleichung[2], dann können wir für jeden der fünf x-Werte den zugehörigen y-Wert errechnen und unser Vorhersageproblem ist gelöst – allerdings vorerst nur für die ohnehin schon bekannten *empirischen* y-Werte. Die Geradengleichung lautet für das Beispiel „$y_i = 4x_i + 10$ „. Die „10" steht dabei für den **Schnittpunkt der Geraden mit der y-Achse**. Die „4" steht für die **Steigung der Geraden**, das heißt, wenn man von einen beliebigen Punkt der Geraden um eine Einheit (hier: eine zusätzliche besuchte Stunde) in x-Richtung nach rechts geht, dann muss man um vier Einheiten (hier: Klausur-Punkte) in y-Richtung nach oben gehen, um die Gerade wieder zu treffen. Alle diese Sachverhalte können in der Abbildung im rechten Teil von Tafel 8.1-1 „ausprobiert" werden.

Tafel 8.1-1:   Angaben zu Beispiel 1

Seminar-Teilnehmer	Anzahl der Seminar-Stunden: x_i unabhängige Variable	Punkte in der Klausur: y_i abhängige Variable
Hans	3	22
Brigitte	10	50
Ulrike	5	30
Jürgen	8	42
Monika	6	34

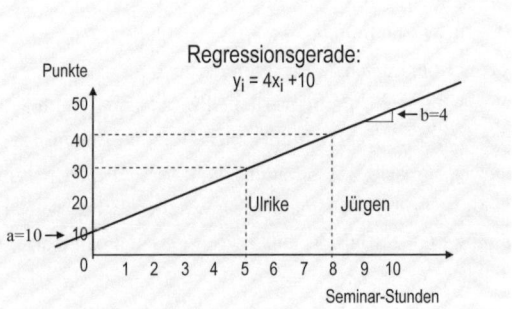

Die genannten Sachverhalte lassen sich verallgemeinern. Eine Geradengleichung hat üblicherweise[3] die Form „$y_i = b \cdot x_i + a$", wobei y die Werte der abhängigen Variablen und x die Werte der unabhängigen Variablen repräsentiert, a den Schnittpunkt der Geraden mit der y-Achse und b die Steigung der Geraden. Wenn man von einem beliebigen Punkt der Geraden aus um eine Einheit (der x-Achse) in x-Richtung geht, dann steigt die Gerade in diesem Abschnitt um b Einheiten (der y-Achse) in y-Richtung,[4] das heißt, man muss um b Einheiten in y-Richtung gehen, um die Gerade wieder zu treffen.

---

[2]   Das ist eine Funktion, die jedem x-Wert einen y-Wert so zuweist, dass alle Wertepaare auf einer Geraden liegen.

[3]   Die gewählten Benennungen y_i, x_i, b und a haben sich eingebürgert, prinzipiell sind sie jedoch beliebig.

[4]   Bzw. sie fällt entsprechend, falls b ein negatives Vorzeichen aufweist.

Vorhersage unbekannter y-Werte

Wir haben mit der Tatsache, dass die y-Werte der fünf Studierenden durch ihre x-Werte mit Hilfe einer Geradengleichung vorhergesagt werden können, einen linearen Zusammenhang festgestellt. Für die fünf Studenten ist die „Vorhersage" natürlich relativ uninteressant, da deren y-Werte ohnehin bekannt sind. Gehen wir jedoch davon aus, dass der Zusammenhang nicht nur für die fünf Studierenden gilt, sondern eine allgemeine Gesetzmäßigkeit darstellt, dann können wir die Geradengleichung „$y_i = 4x_i + 10$" zur *Vorhersage* der y-Werte (Punktzahl) anderer Studierender verwenden, deren x-Werte (Teilnahmestunden) wir kennen. Die Geradengleichung wird dabei **Regressionsgleichung** genannt[5] und die Gerade bezeichnet man als **Regressionsgerade**.

Stochastische Zusammenhänge

Der im Beispiel konstruierte Fall stellt einen **deterministischen Zusammenhang** oder schwächer: einen **funktionalen Zusammenhang** dar[6]. Jedem x-Wert wird durch die Regressionsgleichung ein ganz bestimmter y-Wert zugewiesen. In der Regel werden sich in empirischen Untersuchungen aber keine solchen Zusammenhänge finden lassen. Tragen wir zum Beispiel bei tausend Befragten deren x- und die zugehörigen y-Werte wie oben in ein Koordinatensystem ein, dann werden die tausend Punkte, die sich für die Wertepaare ergeben, in aller Regel *nicht* genau auf einer Geraden liegen. Liegen die Punkte jedoch „annähernd" auf einer (Regressions-) Geraden, dann spricht man von einem **stochastischen Zusammenhang**. Damit ist ein Zusammenhang zwischen Zufallsvariablen (vgl. Kapitel 6.1) gemeint, wobei beide Zufallsvariablen außer vom Zufall noch von der jeweils anderen Zufallsvariablen abhängen.

Ermittlung der Regressionsgleichung

Solche stochastischen Zusammenhänge und ihre Stärke können mit Hilfe der Regressionsanalyse untersucht werden. Will man (wie in unserem Beispiel) aus bekannten x-Werten die zugehörigen y-Werte vorhersagen, dann ist diejenige Regressionsgerade gesucht, mit deren Hilfe die y-Werte „am besten" vorhergesagt werden können. Dies gilt für die **Regressionsgleichung**:

$$\hat{y}_i = b \cdot x_i + a$$

---

[5] Genauer gesagt handelt es sich um den speziellen Fall einer **Prognosegleichung**, also einer *unstandardisierten* Regressionsgleichung. Hierzu später mehr!

[6] Der Begriff **„funktionaler Zusammenhang"** besagt nur, dass die x- und y-Werte durch eine Funktionsgleichung verbunden sind. Der Begriff **„deterministischer Zusammenhang"** besagt zusätzlich, dass ein Ursache-Wirkungs-Verhältnis vorliegt. Die x-Werte werden als „Ursache" und die Ausprägungen der y-Werte als „Wirkung" betrachtet.

wenn man für b und a folgende Werte einsetzt[7]:

$$b = \frac{\Sigma(x_i - \overline{x}) \cdot (y_i - \overline{y})}{\Sigma(x_i - \overline{x})^2} = \frac{SAP}{SAQ_x}$$

$$a = \overline{y} - b \cdot \overline{x}$$

Dabei wird b als (unstandardisierter) **Regressionskoeffizient** bezeichnet und a als **Regressionskonstante**[8]. Das „Dach" über y_i wird üblicherweise benutzt um anzuzeigen, dass es sich um eine *Schätzung* für den Wert von y_i handelt. Tafel 8.1-2 demonstriert das Vorgehen an einem Beispiel. Die unabhängige Variable ist in diesem Beispiel das Lebensalter (in Jahren) und die abhängige Variable die Achtung, welche die betreffende Person genießt[9]. Untersucht werden sechs Personen, deren empirisch ermittelte Werte x_i (Alter) und y_i (Achtung) als Ausgangswerte für die Regressionsanalyse dienen[10]. In Tafel 8.1-3 sind die Punkte, die sich aus den Wertepaaren für die x_i- und die y_i-Werte ergeben, zusammen mit der Regressionsgeraden in ein Koordinatensystem eingezeichnet.

Beginnen wir unsere Berechnungen zur Ermittlung der Regressionsgeraden bei der unabhängigen Variablen „Alter". Zuerst wird für sie das arithmetische Mittel (vgl. Kap. 5.1) errechnet (Spalte 2 unten), dann die Abweichung der Werte vom arithmetischen Mittel (Spalte 3), dann das Quadrat dieser Abweichungen (Spalte 4) und schließlich die **Summe der Abweichungsquadrate** (Spalte 4 unten), die im folgenden kurz mit **SAQ_x = 2000** bezeichnet wird. Das Vorgehen entspricht dem bei der Berechnung der Varianz (vgl. Kap. 5.2), nur dass die Summe der Abweichungsquadrate nicht noch zusätzlich durch „n" bzw. „n-1" geteilt wird. Analog verfahren wir mit den y-Werten und erhalten für sie eine Summe der Abweichungsquadrate von SAQ_y = 500. Nun sind noch in Spalte 8 die Abweichungsprodukte (durch Multiplikation der Spalten 3 und 6) zu berechnen und zur **Summe der Abweichungsprodukte SAP = 450** aufzusummieren.

---

[7] Wenn b und a auf diese Weise bestimmt werden, dann ist die *Summe* der vertikalen Abweichungen (in y-Richtung) der empirisch ermittelten Punkte von der Regressionsgeraden „0" und die Summe der *quadrierten* vertikalen Abweichungen minimal. Auf den ersten Blick könnte man meinen, es genüge zu fordern, dass die Summe der (unquadrierten!) vertikalen Abweichungen der empirisch ermittelten Punkte von der Regressionsgeraden „0" sei. Diese Forderung allein genügt jedoch nicht, da es nicht nur *eine* Geradengleichung gibt, die dieser Forderung genügt und da die entsprechenden Geraden sich keineswegs zwingenderweise besonders gut an die „Punktewolke" im Koordinatensystem anpassen müssen.

[8] Die Regressionskonstante stellt *den* Wert dar, den y annimmt, wenn x den Wert 0 hat. Insofern kann auch die Regressionskonstante inhaltlich interpretiert werden – zumindest, wenn der Wert x = 0 (etwa als: „Merkmal nicht vorhanden") interpretierbar ist. ACHTUNG: Oft werden in der Literatur b *und* a als Regressionskoeffizienten bezeichnet. In diesem Fall muss ggf. erläutert werden, *welcher* Regressionskoeffizient gemeint ist!

[9] Wir nehmen an, dass für jede untersuchte Person ein „Achtungs-Test" auf metrischem Skalenniveau durchgeführt wurde und dass ihr Alter ebenfalls bekannt ist.

[10] Zu Demonstrationszwecken werden in dem Beispiel nur sehr wenige Befragte angenommen. Zudem sind die Werte so konstruiert, dass sich mit ihnen relativ leicht rechnen lässt. Bei einer repräsentativen Umfrage werden normalerweise die Werte von tausend oder mehr Befragten zur Errechnung der Regressionsgleichungen verwendet, was „per Hand" kaum mehr machbar ist. Trotzdem ist es sehr wichtig, sich das Verfahren der Regressions- (und Korrelations-) Analyse an einem kleinen Beispiel zu vergegenwärtigen, um später entsprechende Computerausdrucke richtig interpretieren zu können!

Mit diesen Angaben kann die Regressionsgleichung berechnet werden. Es ergibt sich:

$$b = \frac{SAP}{SAQ_x} = \frac{450}{2000} = 0.225$$

$$a = \bar{y} - b \cdot \bar{x} = 66.5$$

Regressionsgerade: $\hat{y}_i = 0.225x_i + 66.5$

Die Regressionsgerade $\hat{y}_i = 0.225x_i + 66.5$ ist, wie bereits erwähnt, in Tafel 8.1-3 einge-zeichnet. Ihr Schnittpunkt mit der y-Achse liegt bei 66.5 (Achtungspunkten) und ihre Steigung beträgt 0.225.

Tafel 8.1-2:   Berechnung der Regressionsgeraden und diverser Maßzahlen für Beispiel 2

i	Alter (Jahre) x_i	$x_i - \bar{x}$	$(x_i - \bar{x})^2$	Achtung (Punkte) y_i	$y_i - \bar{y}$	$(y_i - \bar{y})^2$	$(x_i - \bar{x}) \cdot (y_i - \bar{y})$	$\hat{y}_i$	$\hat{y}_i - \bar{y}$	$(\hat{y}_i - \bar{y})^2$	$y_i - \hat{y}_i$	$(y_i - \hat{y}_i)^2$
(1)	(2)	(3)	(4)	(5)	(6)	(7)	(8)	(9)	(10)	(11)	(12)	(13)
1	50	-10	100	65	-15	225	150	77.75	-2.25	5.0625	-12.75	162.5625
2	30	-30	900	75	-5	25	150	73.25	-6.75	45.5625	1.75	3.0625
3	60	0	0	80	0	0	0	80.00	0	0	0	0
4	70	10	100	80	0	0	0	82.25	2.25	5.0625	-2.25	5.0625
5	90	30	900	85	5	25	150	86.75	6.75	45.5625	-1.75	3.0625
6	60	0	0	95	15	225	0	80.00	0	0	15.00	225.0000

$\bar{x} = 60$ $\bar{y} = 80$

$SAQ_x = 2000$ $SAQ_y = 500$ $SAP = 450$

Gesamt-Variation: 500   erklärte Variation: 101.25   unerklärte Variation: 398.75

$$b = \frac{SAP}{SAQ_x} = 0.225 \qquad a = \bar{y} - b \cdot \bar{x} = 66.5 \qquad \text{Regressionsgleichung: } \hat{y}_i = 0.225x_i + 66.5$$

Bestimmtheitsmaß: $R^2 = \frac{101.25}{500} = 0.2025$

Tafel 8.1-3:   Wertepaare und Regressionsgerade für Beispiel 2

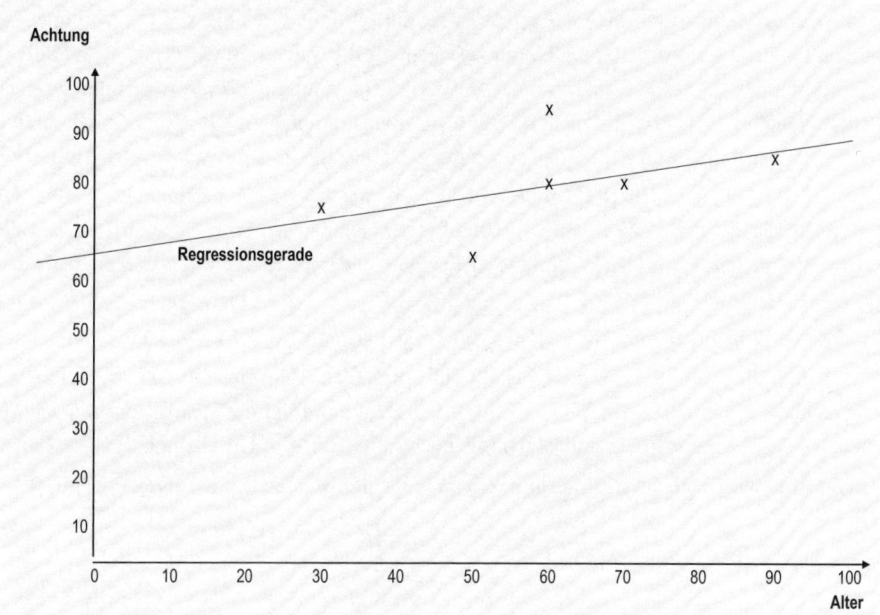

Mit der Regressionsgeraden ist diejenige Gerade gefunden, die für die sechs gegebenen x-Werte die zugehörigen y-Werte „möglichst gut"[11] vorhersagt. Wir können nun die Gerade zur *Vorhersage* der y-Werte für (fast) beliebig andere x-Werte benutzen. Dies kann entweder durch Einsetzen des x-Wertes in die Regressionsgleichung geschehen – für x = 55 Jahre ergibt sich dabei zum Beispiel ein Achtungs-Wert von y = 78.875 – oder (etwas ungenauer) durch Ablesen aus Tafel 8.1-3.

Allerdings ist es im sozialwissenschaftlichen Bereich meist nicht ratsam, y-Werte für solche x-Werte vorherzusagen, die außerhalb des Bereiches der x-Werte liegen, in dem die *empirischen* Daten liegen, anhand derer die Regressionsgerade ermittelt wurde. *Formal* können anhand der Regressionsgleichung im Beispiel auch y-Werte für ein Lebensalter von 200 Jahren oder von -20 Jahren vorhergesagt werden, *inhaltlich* sind solche Prognosen jedoch in der Regel nicht interpretierbar!

---

[11] Genaueres hierzu siehe unter „Ermittlung der Regressionsgleichung".

Varianzzerlegung und Bestimmtheitsmaß

Was nun noch fehlt ist ein Maß dafür, „wie gut" die y-Werte durch die x-Werte vorhergesagt werden können. Als Vorbereitung hierzu zerlegen wir die **Variation** (SAQ) der y-Werte[12] in einen durch die Vorhersage aufgrund der Regressionsgleichung *erklärten* Anteil und in einen *unerklärten* Anteil. Tafel 8.1-4 dient hierfür als Demonstrationsbeispiel[13]. Nehmen wir an, wir kennen das arithmetische Mittel der abhängigen Variablen (in Tafel 8.1-4: $\bar{y}$ = 3) und wir haben in der untersuchten Stichprobe eine Person, die bei einem bestimmten x-Wert den empirisch gemessenen y-Wert von y = 10 aufweist. Nehmen wir an, wir sagen aufgrund der Regressionsgleichung für den x-Wert dieser Person einen y-Wert von $\hat{y}$ = 7 vorher. Tafel 8.1-4 zeigt, dass damit ein Teil der Abweichung des Wertes y = 10 vom arithmetischen Mittel erklärt[14] wird, nämlich eine Abweichung von +4, die sich als ($\hat{y}$ - $\bar{y}$) = (7 - 3) = 4 berechnen lässt. Durch die Regression unerklärt bleibt eine zusätzliche Abweichung von +3, welche die Abweichung des empirischen Wertes y = 10 von dem aufgrund der Regressionsgeraden geschätzten Wert von $\hat{y}$ = 7 darstellt. Dieser unerklärte Teil der Abweichung vom arithmetischen Mittel wird auch als **Residuum** bezeichnet. Es lässt sich berechnen als (y - $\hat{y}$) = (10 - 7) = 3.

Tafel 8.1-4:   Demonstration der Zerlegung eines y-Wertes

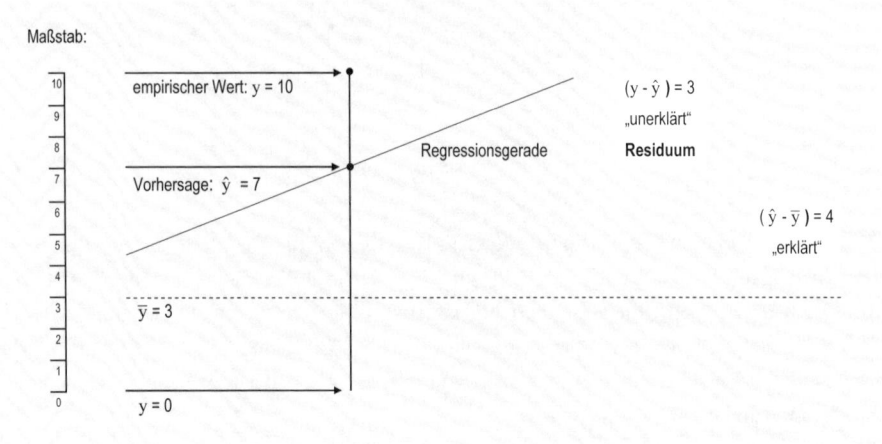

---

[12] Die nachfolgenden Überlegungen gelten auch für die *Varianz* der y-Werte (hierzu muss die SAQ jeweils durch „n" bzw. „n–1" dividiert werden). Man spricht daher auch von **Varianzzerlegung** anstatt von Variationszerlegung.

[13] Für das Demonstrationsbeispiel wurden von ihrer „Lage" her besonders günstig gelegene Werte für $\bar{y}$, $\hat{y}$ und y verwendet. Das Beispiel lässt sich aber auch auf anders gelegene Werte übertragen.
Im Beispiel wurde weiter der Index „i" weggelassen, da er für die Demonstration nicht notwendig ist.

[14] „Erklärt" heißt in diesem Zusammenhang nur, dass der Wert aufgrund der Regressionsgleichung vorhergesagt wurde. Ob ein Ursache-Wirkungs-Verhältnis vorliegt, bleibt dabei offen.

Zurück zu Tafel 8.1-2. In ihr sind für die sechs Befragten unseres Beispiels die aufgrund der Regression geschätzten Werte $\hat{y}$ (Spalte 9) eingetragen, die „erklärten Abweichungen" (Spalte 10) und die „unerklärten Abweichungen" (Spalte 12). Sowohl die erklärten als auch die unerklärten Abweichungen wurden quadriert (Spalten 11 bzw. 13) und zur erklärten bzw. zur unerklärten Variation aufsummiert. Die Werte für die erklärte Variation (101.25) und die unerklärte Variation (398.75) addieren sich zu „500". Mit anderen Worten: Wir haben die Gesamtvariation der y-Werte von $SAQ_y = 500$ in einen erklärten und in einen unerklärten Teil zerlegt. Nun liegt ein Maß für die Güte der Vorhersagen aufgrund der Regressionsgleichung auf der Hand. Es ist der Anteil der erklärten Variation, bezogen auf die Gesamtvariation. Das entsprechende Maß wird Bestimmtheitsmaß R^2 genannt.

$$R^2 = \frac{\text{erklärte Variation}}{\text{Gesamtvariation}} = \frac{\Sigma\left(\hat{y}_i - \overline{y}\right)^2}{\Sigma\left(y_i - \overline{y}\right)^2}$$

Für Tafel 8.1-2 ergibt sich beispielsweise $R^2 = 0.2025$, das heißt, 20.25 Prozent der Variation (oder Varianz) der Variablen „Achtung" können durch die Variable „Alter" erklärt werden.

Übung 8.1-1

Setzen Sie für das Eingangsbeispiel folgende neue Werte ein:

i	x_i	$x_i - \overline{x}$	$(x_i - \overline{x})^2$	y_i	$y_i - \overline{y}$	$(y_i - \overline{y})^2$	$(x_i - \overline{x})\cdot(y_i - \overline{y})$	$\hat{y}_i$	$\hat{y}_i - \overline{y}$	$(\hat{y}_i - \overline{y})^2$	$y_i - \hat{y}_i$	$(y_i - \hat{y}_i)^2$
				Punkte in der Klausur								
(1)	(2)	(3)	(4)	(5)	(6)	(7)	(8)	(9)	(10)	(11)	(12)	(13)
1	3			13.000								
2	5			18.333								
3	6			22.000								
4	8			31.333								
5	10			43.333								

(Spalte 2 Kopf: Seminar-Stunden)

a. Berechnen Sie mit den neuen Werten die Regressionsgleichung und das Bestimmtheitsmaß.

(Rechnen Sie mit drei Nachkommastellen)

b. Die y-Werte sind in diesem Beispiel *vollständig* aus den x-Werten vorhersagbar. Es gilt die Beziehung: $y_i = 1/3\, x_i^2 + 10$. Wieso hat das Bestimmtheitsmaß in diesem Fall nicht den Wert „1", obwohl die Variation der y-Werte *vollständig* aus den x-Werten erklärt werden kann?

Übung 8.1-1 demonstriert, dass das Bestimmtheitsmaß dazu dient, die Stärke von *linearen* Zusammenhängen zu erfassen. Zur Erfassung der Stärke eines *kurvilinearen* Zusammenhangs (wie er in der Übung in „perfekter" Form angenommen wird) ist das oben beschriebene Bestimmtheitsmaß dagegen nicht geeignet.

Übung 8.1-2
Ersetzen Sie im *zweiten* Beispiel (Tafel 8.1-2) die Variable „Alter in Jahren" durch die Variable „Alter in Jahrzehnten" und errechnen Sie erneut die Regressionsgleichung und das Bestimmtheitsmaß.
(Rechnen Sie mit vier Nachkommastellen)

Übung 8.1-2 zeigt (im Vergleich mit Tafel 8.1-2) exemplarisch, dass die Höhe von (unstandardisierten) Regressionskoeffizienten von der Maßeinheit abhängig ist, in der die in die Regressionsanalyse einbezogenen Variablen gemessen werden[15]. Von der Maßeinheit *unabhängig* ist dagegen das Bestimmtheitsmaß R^2. Dies ist unmittelbar einleuchtend, denn die Stärke des Zusammenhangs zwischen dem „Alter" und dem „Achtungswert" ist unabhängig davon, in welcher Maßeinheit das Alter gemessen wird. Das Bestimmtheitsmaß eignet sich daher als Maß für die *Stärke* des Zusammenhangs zwischen den beiden Variablen, nicht jedoch ein unstandardisierter Regressionskoeffizient.

8.2 Korrelationsanalyse

Vor diesem Kapitel sollten Sie gelesen haben:
- *Kap. 5.4 (z-Standardisierung)*
- *Kap. 8.1 (Regressionsanalyse – lineare Einfachregression)*

Obwohl sich das Bestimmtheitsmaß als Maß für die Stärke des Zusammenhangs zwischen zwei metrisch skalierten Variablen eignet (und auch benutzt wird), wird die Stärke des Zusammenhangs oft mit einer anderen Maßzahl, dem Produkt-Moment-Korrelationskoeffizienten, auch Pearson-Bravais-Korrelationskoeffizienten oder oft nur kurz **Korrelationskoeffizienten**, ausgedrückt. Im folgenden wird dargestellt, wie der Regressionskoeffizient (der linearen Einfachregression), der Korrelationskoeffizient und das Bestimmtheitsmaß zusammenhängen. Hierzu zunächst eine Übung:

---

[15] Sie sind deshalb jedoch keineswegs „unnütz", denn sie werden für die *Vorhersage* (Prognose) von y-Werten zu festgelegten x-Werten benötigt.

Übung 8.2-1

Führen Sie für die x- und die y-Werte aus Tafel 8.1-2 jeweils eine z-Standardisierung (vgl. Kap. 5.4) durch und berechnen Sie dann die Regressionsgleichung und das Bestimmtheitsmaß für die z-standardisierten Werte.

(Rechnen Sie mit vier Nachkommastellen)

Der Regressionskoeffizient, den man erhält, wenn man die Regression mit *z-standardisierten* x- und y-Werten rechnet, wird **Korrelationskoeffizient** r_{xy} genannt. Durch die vorherige Standardisierung der Werte ist dieser Koeffizient nicht mehr von den verwendeten Maßeinheiten abhängig. Es handelt sich um ein *standardisiertes Zusammenhangsmaß*. Die Werte des Korrelationskoeffizienten liegen zwischen +1 und -1. Besteht ein „perfekter" *positiver* linearer Zusammenhang wie in Tafel 8.1-1, das heißt *steigen* die y-Werte mit der Höhe der x-Werte und liegen alle Wertepaare auf einer Geraden, dann hat der Korrelationskoeffizient den Wert „1". Besteht ein „perfekter" *negativer* linearer Zusammenhang, das heißt *sinken* die y-Werte mit der Höhe der x-Werte und liegen alle Wertepaare auf einer Geraden, dann hat der Korrelationskoeffizient den Wert „-1". Besteht kein Zusammenhang, dann hat der Korrelationskoeffizient den Wert „0". Die übrigen Werte zwischen -1 und +1 stehen, je nach ihrem *Vorzeichen*, für negative oder positive Zusammenhänge. Der *Betrag* des Korrelationskoeffizienten (ohne Berücksichtigung der Vorzeichens) ist ein Maß für die Stärke des (positiven oder negativen) Zusammenhangs.

Zur Interpretation des Korrelationskoeffizienten

Der Korrelationskoeffizient r_{xy} stellt zwar ein standardisiertes Zusammenhangsmaß dar, er lässt sich jedoch *inhaltlich* – bis auf die Werte „0", „1" und „-1" – nicht ohne weiteres interpretieren. Lediglich das Vorzeichen sagt etwas darüber aus, ob ein positiver oder ein negativer (linearer) Zusammenhang vorliegt. Inhaltlich interpretierbar ist jedoch das *Quadrat* des Korrelationskoeffizienten. Es stellt nichts anderes als das aus der Regressionsanalyse bekannte Bestimmtheitsmaß R^2 dar und ist als **Anteil der den beiden Variablen gemeinsamen Varianz** zu interpretieren[16]. Dabei ist es unerheblich, welche der beiden Variablen als *unabhängige* und welche als *abhängige* Variable in die Regression einbezogen wird. Der Anteil der Varianz jeder der beiden Variablen, der durch die jeweils andere erklärt werden kann, beträgt R^2.

Übung 8.2-2 zeigt, dass der Anteil an gemeinsamer Varianz geringer ist als der Betrag des Korrelationskoeffizienten. Dies wird bei der Interpretation von (dem Betrag nach) kleinen Korrelationskoeffizienten manchmal übersehen. Allerdings sollte man bei der Interpretation der Höhe (des Betrags) von Korrelationskoeffizienten auch bedenken, dass diese von der Reliabilität der Messungen abhängt (vgl. Kapitel 2.2, insbesondere „Attenuation-Formel").

---

[16] ACHTUNG: Der üblicherweise benutzte Ausdruck „Anteil gemeinsamer Varianz" ist nicht zu verwechseln mit der „Kovarianz"!

Übung 8.2-2

Berechnen Sie für die unten aufgeführten Korrelationskoeffizienten deren Quadrat und interpretieren Sie die Ergebnisse.

Korrelationskoeffizient: r_{xy}	+0.00	+0.10	+0.20	+0.30	+0.40	+0.50	+0.60	+0.70	+0.80	+0.90	+1.00
Quadrat des Korrelations-koeffizienten											
Korrelationskoeffizient: r_{xy}	-0.00	-0.10	-0.20	-0.30	-0.40	-0.50	-0.60	-0.70	-0.80	-0.90	-1.00
Quadrat des Korrelations-koeffizienten											

Eine weitere Interpretation des Korrelationskoeffizienten

Der Korrelationskoeffizient r_{xy} kann auch als das geometrische Mittel (vgl. Kap. 5.1) aus den beiden Regressionskoeffizienten, die man erhält, wenn man in zwei Regressionsanalysen einmal die eine und einmal die andere Variable als unabhängige Variable einsetzt, interpretiert werden. Er stellt also einen „mittleren Wert" (bezogen auf die beiden Betrachtungsweisen) für den Regressionskoeffizienten dar. Ein Beispiel: In Tafel 8.1-2 ergab sich ein Regressionskoeffizient von 0.225 für den Fall, dass das „Alter" als unabhängige und die „Achtung" als abhängige Variable betrachtet werden. Betrachten wir die „Achtung" als *unabhängige* und das „Alter" als *abhängige* Variable und rechnen erneut eine Regression, dann ergibt sich ein Regressionskoeffizient von 0.90. Das geometrische Mittel aus beiden Regressionskoeffizienten beträgt $\sqrt{0.225 \cdot 0.90} = 0.45$ und ist identisch mit dem Korrelationskoeffizienten r_{xy}.

Alternative Formeln zur Berechnung des Korrelationskoeffizienten

Bisher wurden drei Möglichkeiten aufgezeigt, den Korrelationskoeffizienten r_{xy} zu berechnen. Erstens, man rechnet eine einfache Regression, das heißt eine Regression mit *einer* unabhängigen Variablen (wie dies bisher besprochen wurde), und verwendet dabei **z-standardisierte Ausgangswerte**. Dann (und *nur* dann!) stellt der Regressionskoeffizient den Korrelationskoeffizienten dar. Zweitens, man ermittelt für die Regression das **Bestimmtheitsmaß** R^2, zieht daraus die Wurzel und versieht das Ergebnis mit dem Vorzeichen, das der Regressionskoeffizient hat. In beiden Fällen ist es egal, welche der beiden Variablen als unabhängig und welche als abhängig betrachtet wird. Drittens, man rechnet *zwei* Regressionen (mit den unstandardisierten „Originalwerten"), wobei man die beiden Variablen abwechselnd einmal als unabhängig und einmal als abhängig betrachtet. Der Korrelationskoeffizient lässt sich dann (bis auf das Vorzeichen) als **geometrisches Mittel der beiden Regressionskoeffizienten** berechnen.

Obwohl man bei der Auswertung repräsentativer Umfragen kaum in die Verlegenheit kommen wird, Korrelationskoeffizienten „per Hand" zu berechnen, sind abschließend trotzdem noch zwei weitere Formeln zur Berechnung des Korrelationskoeffizienten vorgestellt, die oft in Lehrbüchern verwendet werden. Sie erlauben in den meisten Fällen eine unkompliziertere *Berechnung* des Korrelationskoeffizienten, haben jedoch den Nachteil, dass ihre *Herleitung* inhaltlich schwerer zu interpretieren ist[17]. Die nach den beiden Formeln berechneten Korrelationskoeffizienten sind identisch mit den Korrelationskoeffizienten, die wie oben beschrieben berechnet werden. Die Berechnungsformeln:

$$\text{Formel 1:} \quad r_{xy} = \frac{SAP}{\sqrt{SAQ_x \cdot SAQ_y}}$$

$$\text{Formel 2:} \quad r_{xy} = \frac{s_{xy}}{s_x \cdot s_y} \qquad \text{mit:} \quad s_{xy} = \frac{SAP}{n}; \quad s_x = \sqrt{\frac{SAQ_x}{n}}; \quad s_y = \sqrt{\frac{SAQ_y}{n}}$$

Die Maßzahl s_{xy} wird **Kovarianz** der beiden Variablen X und Y genannt.

8.3 Partialkorrelation

> *Vor diesem Kapitel sollten Sie gelesen haben:*
> * *Kap. 8.1 (Regressionsanalyse – lineare Einfachregression)*
> * *Kap. 8.2 (Korrelationsanalyse)*

In der Forschungspraxis stellt sich oft das Problem, dass man die Korrelation zwischen zwei Variablen Y und Z unter „statistischer Kontrolle" einer dritten „Hintergrundvariablen" X berechnen möchte (vgl. hierzu auch Kapitel 4.3). Man möchte mit anderen Worten die „reine" Korrelation zwischen den beiden Variablen Y und Z ermitteln, die unbeeinflusst von der Tatsache ist, dass *beide* Variablen mit einer dritten Variablen X zusammenhängen (sofern dies der Fall ist). Zu diesem Zweck führt man zwei Regressionsanalysen durch. Die Variable X wird in beiden Analysen als unabhängige Variable verwendet und die Variablen Y bzw. Z jeweils als abhängige Variable. Die Abweichung jedes einzelnen y- und jedes einzelnen z-Wertes vom jeweiligen arithmetischen Mittel $\bar{y}$ bzw. $\bar{z}$ kann nun (wie in Tafel 8.1-4 demonstriert) in einen durch den x-Wert (über die Regressionsgleichung) erklärten Teil und einen durch den x-Wert nicht erklärten Teil, das Residuum, zerlegt werden. Werden anschließend die *Residuen* yr und zr („r" jeweils für „Residuum") miteinander korreliert, dann erhält man den **partiellen Korrelationskoeffizienten**, der um den Einfluss von X „bereinigt" ist.

---

[17] Eine leicht nachvollziehbare Herleitung der zweiten Formel in einer vereinfachten – für z-standardisierte Werte gültigen – Form aus geometrischen Überlegungen findet sich in Krämer [4](2004: 183–190). Bei Verwendung von z-standardisierten Werten gilt: $s_x = 1$ und $s_y = 1$. Damit vereinfacht sich „Formel 2" zu $r_{xy} = s_{xy} = SAP/n$.

Das Verfahren ist in Bortz u.a. [7](2010: 339–342) beschrieben. Es lässt sich auch auf die Kontrolle *mehrerer* Hintergrundvariablen X_1, X_2, X_3 usw. erweitern.

Dieser Gedanke wird nachfolgend in Erweiterung des „Beispiels 2" (vgl. Tafel 8.1-2) nachvollzogen. Zunächst zur Ausgangslage: Nehmen wir an, die Werte der Variablen „Achtung" aus Tafel 8.1-2 seien mit den Werten einer anderen Variablen, beispielsweise des Einkommens (in Euro), mit r = 0.53 korreliert. In Übung 8.3-1 sind die entsprechenden Werte vorgegeben, so dass der Korrelationskoeffizient zu Übungszwecken auch per Hand berechnet werden kann.

Übung 8.3-1

Berechnen Sie die Korrelation der Werte der Variablen „Einkommen" (Z) und „Achtung" (Y).

(Benutzen Sie hierzu die unten stehende Tabelle.)

i	Einkommen (Euro) z_i	$z_i - \bar{z}$	$(z_i - \bar{z})^2$	Achtung (Punkte) y_i	$y_i - \bar{y}$	$(y_i - \bar{y})^2$	$(z_i - \bar{z}) \cdot (y_i - \bar{y})$
(1)	(2)	(3)	(4)	(5)	(6)	(7)	(8)
1	2000			65			
2	2000			75			
3	4000			80			
4	2500			80			
5	3000			85			
6	3000			95			

Von der Variablen Y (den Werten des Achtungs-Tests) ist nicht nur die Korrelation von 0.53 mit der Variablen Z (dem Einkommen) bekannt, sondern auch, dass sie mit dem Alter zusammenhängt. In Tafel 8.1-2 ergab sich bei einem Bestimmtheitsmaß von 0.2025 (unter Beachtung des Vorzeichens des Regressionskoeffizienten) ein Korrelationskoeffizient von 0.45,[18] das heißt, die beiden Variablen weisen einen Anteil von 20.25 Prozent gemeinsamer Varianz auf. Nachdem eine Veränderung der Achtung, die einem Menschen entgegengebracht wird, nicht zu einer Veränderung von dessen Alter führen kann, ist in diesem Fall auch – sofern ein eigenständiger, nicht über Drittvariablen vermittelter Zusammenhang besteht[19] – die Kausalrichtung klar: Das Alter beeinflusst die Achtung, die der Person entgegengebracht wird. Tafel 8.3-1 zeigt die bisherige Information über die Variablenkonstellation.

---

[18] Berechnung: Wurzel aus dem Bestimmtheitsmaß.
[19] Vgl. zu diesem Problem Kapitel 4.3.

Tafel 8.3-1: Bisherige Informationen über die Variablenkonstellation

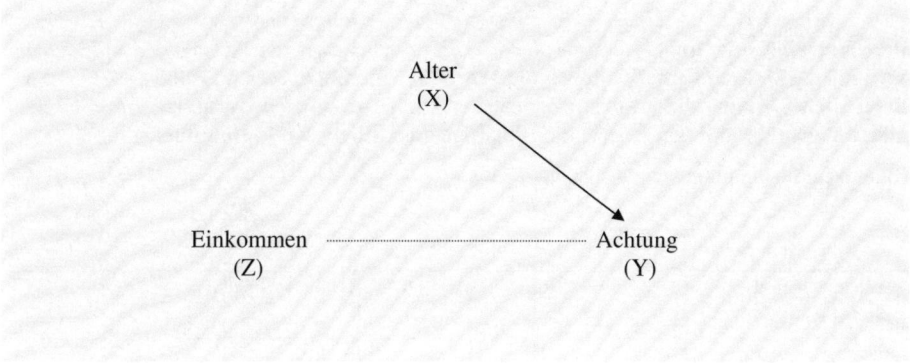

Nachdem schon nach der Alltagserfahrung die Höhe des Einkommens mit zunehmendem Alter tendenziell steigt, drängt sich bei dieser Konstellation der Verdacht auf, es könnte sich bei dem Zusammenhang zwischen „Einkommen" und „Achtung" um eine durch das „Alter" vermittelte Scheinkorrelation (vgl. Kapitel 4.3) handeln. Tafel 8.3-2 zeigt die vermutete Konstellation.

Tafel 8.3-2: Variablenkonstellation „Scheinkorrelation"

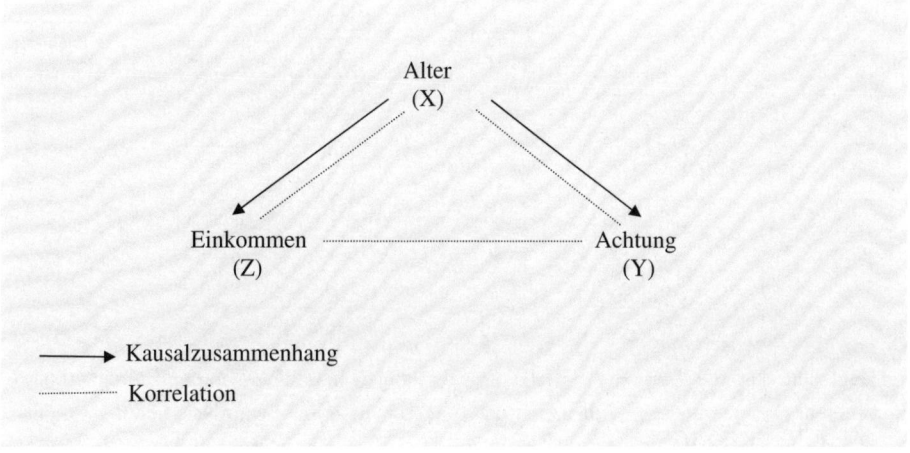

Um dieser Vermutung nachzugehen, ist zunächst festzustellen, ob die Variablen „Alter" und „Einkommen" tatsächlich zusammenhängen. In Übung 8.3-2 sind die entsprechenden Daten ausgewiesen. Die bereits eingetragenen Werte sind aus Tafel 8.1-2 (Alter) und aus Übung 8.3-1 (Einkommen) bekannt.

Übung 8.3-2

Berechnen Sie die Regressionsgerade für die Vorhersage der Werte der abhängigen Variablen „Einkommen" (Z) durch die Werte der unabhängigen Variablen „Alter" (X). Berechnen Sie auch die jeweils prognostizierten Werte sowie die erklärte und die unerklärte Variation und den Korrelationskoeffizienten (über das Bestimmtheitsmaß).

(Benutzen Sie hierzu die unten stehende Tabelle.)

i	Alter (Jahre) x_i	$x_i - \bar{x}$	$(x_i - \bar{x})^2$	Einkommen (Euro) z_i	$z_i - \bar{z}$	$(z_i - \bar{z})^2$	$(x_i - \bar{x}) \cdot (z_i - \bar{z})$	$\hat{z}_i$	$\hat{z}_i - \bar{z}$	$(\hat{z}_i - \bar{z})^2$	$z_i - \hat{z}_i$	$(z_i - \hat{z}_i)^2$
(1)	(2)	(3)	(4)	(5)	(6)	(7)	(8)	(9)	(10)	(11)	(12)	(13)
1	50	-10	100	2000	-750	562500						
2	30	-30	900	2000	-750	562500						
3	60	0	0	4000	1250	1562500						
4	70	10	100	2500	-250	62500						
5	90	30	900	3000	250	62500						
6	60	0	0	3000	250	62500						

$\bar{x} = 60$ $\bar{z} = 2750$

SAQ_x = 2000 SAQ_z = 2875000

Gesamt-Variation: erklärte Variation: unerklärte Variation:

b =   a =   Regressionsgleichung :

Bestimmtheitsmaß : $R^2 =$ $r_{xz} =$

Es zeigt sich, dass die Werte der Variablen „Alter" und „Einkommen" in der Tat mit r = 0.46 korrelieren. Da auch hier ggf.[20] das Alter das Einkommen kausal beeinflusst und nicht umgekehrt, erhärtet sich der Verdacht auf eine wie in Tafel 8.3-2 beschriebene Scheinkorrelation. In Kapitel 4.3 wurde gezeigt, wie Scheinkorrelationen durch die Konstanthaltung der entsprechenden Drittvariablen aufgedeckt werden können. Entsprechend könnte man auch in diesem Fall vorgehen. Man könnte also den Zusammenhang zwischen „Einkommen" und „Achtung" für unterschiedliche Altersgruppen berechnen.

---

[20] Das heißt wieder, falls ein eigenständiger, nicht über Drittvariablen vermittelter Zusammenhang besteht (vgl. hierzu Kapitel 4.3).

Die Regressionsrechnung bietet eine elegantere Möglichkeit als die der Gruppenbildung, um dem Verdacht auf eine Scheinkorrelation nachzugehen. In Tafel 8.1-4 wurde gezeigt, dass für die Werte der abhängigen Variablen einer Regressionsrechnung ein „Residuum" berechnet werden kann, das für jeden einzelnen Fall (d.h. jede untersuchte Person) die Abweichung des für diese Variable – aufgrund der Regressionsrechnung – geschätzten Wertes vom tatsächlich gemessenen empirischen Wert angibt. Addiert man das Quadrat dieser Residuen auf, so erhält man die durch die unabhängige Variable der Regressionsrechnung *nicht* erklärbare Variation der abhängigen Variablen. Residuen liegen nach den Berechnungen aus Tafel 8.1-2 und Übung 8.3-2 (jeweils Spalte 12) für die Variablen „Einkommen" und „Achtung" für den Fall, dass „Alter" als unabhängige Variable betrachtet wird, vor. Es bietet sich an, die Korrelation dieser Residuen zu berechnen, was in der abschließenden Übung 8.3-3 geschieht. Man berechnet damit die entsprechende **Partialkorrelation**, das heißt Korrelation der beiden Variablen unter „Auspartialisierung" des Einflusses der Variablen „Alter".

Übung 8.3-3

Berechnen Sie die Korrelation der Werte der Variablen „Einkommen" (Z) und „Achtung" (Y) unter Auspartialisierung des „Alters" (X).

(Benutzen Sie hierzu die unten stehende Tabelle.)

	Residuum Einkommen (Euro)			Residuum Achtung (Punkte)			
i	zr_i	$zr_i - \overline{zr}$	$(zr_i - \overline{zr})^2$	yr_i	$yr_i - \overline{yr}$	$(yr_i - \overline{yr})^2$	$(zr_i - \overline{zr}) \cdot (yr_i - \overline{yr})$
(1)	(2)	(3)	(4)	(5)	(6)	(7)	(8)
1							
2							
3							
4							
5							
6							

$$\overline{zr} = \qquad\qquad \overline{yr} =$$

$$SAQ_{zr} \qquad\qquad SAQ_{yr} \qquad SAP$$
$$= \qquad\qquad = \qquad\qquad =$$

Partieller Korrelationskoeffizient (Partialkorrelation): $r_{zr-yr} =$

Die Idee hinter der Berechnung der Partialkorrelation besteht darin, zu untersuchen, wie hoch der Anteil der gemeinsamen Varianz des *nicht* durch die auspartialisierte Variable (hier:

„Alter") erklärbaren Teils der Variation der Variablen „Einkommen" und „Achtung" ausfällt. Aus Übung 8.3-3 ergibt sich ein partieller Korrelationskoeffizient von r = 0.40. Der Korrelationskoeffizient für die ursprünglichen Variablen betrug r = 0.53. Der festgestellte Anteil gemeinsamer Varianz sinkt also deutlich um ca. 12 Prozentpunkte von etwa 28 Prozent auf etwa 16 Prozent. Dies ist ein starkes Indiz dafür, dass der zwischen „Einkommen" und „Achtung" festgestellte Zusammenhang zu einem nicht unerheblichen Teil auf das Lebensalter zurückzuführen ist. Andererseits ist jedoch festzuhalten, dass der Zusammenhang offenbar nicht *ausschließlich* auf den Einfluss dieser Drittvaraiablen zurückzuführen ist, da er unter Auspartialisierung des Alters nicht völlig zusammenbricht. Von einem gewissen eigenständigen Zusammenhang (16 Prozent gemeinsame Varianz) zwischen „Einkommen" und „Achtung" ist demnach weiterhin auszugehen.

8.4 Ausblick zur Regressions- und Korrelationsanalyse

Vor diesem Kapitel sollten Sie gelesen haben:
- *Kap. 8.1 (Regressionsanalyse (lineare Einfachregression))*
- *Kap. 8.2 (Korrelationsanalyse)*

In diesem Kapitel werden als Ausblick einige wichtige Zusätze und Weiterungen zur Regressions- und Korrelationsanalyse, die im Rahmen dieses Buches nicht vertieft werden können, zumindest angesprochen.

Multiple Regression

Bei der Regressionsanalyse muss man sich nicht damit begnügen, nur *eine* unabhängige Variable zur Erklärung der abhängigen Variablen heranzuziehen. Verwendet man mehrere unabhängige Variablen X_1, X_2, X_3 ... X_n, dann spricht man von einer **multiplen Regression**. Die Regressionsgleichung lautet dann: $\hat{y}_i = b_1 x_{1i} + b_2 x_{2i} + b_3 x_{3i} ... + b_n x_{ni} + a$. Die Regressionskoeffizienten sind ähnlich zu interpretieren wie bei der einfachen Regression[21]. Sie geben an, wie sich der Y-Wert verändert, wenn man den betreffenden X-Wert um eine Einheit erhöht. Diese Veränderung gilt *unabhängig* vom Einfluss aller anderen unabhängigen Variablen. Aus der Gleichung kann im Falle von Umfragen für jede Person ihr Y-Wert prognostiziert werden, wenn ihre Werte für die verschiedenen unabhängigen Variablen X_1, X_2, X_3 ... X_n bekannt

sind. Wie bei der einfachen Regression kann auch bei der multiplen Regression das Bestimmtheitsmaß R^2 errechnet werden. Es besagt, welcher Anteil der Varianz der abhängigen
Variablen durch alle unabhängigen Variablen zusammen erklärt werden kann.

Wie schon bei der einfachen Regression sind auch bei der multiplen Regression die unstandardisierten Regressionskoeffizienten abhängig von den jeweils verwendeten Maßeinheiten.
Sie eignen sich damit nicht für den *Vergleich* der „Einflussstärken" der einzelnen unabhängigen Variablen auf die abhängige Variable. Oft will man jedoch gerade einen derartigen Vergleich durchführen und rechnet zu diesem Zweck die Regression mit z-standardisierten Werten. Die Regressionskoeffizienten werden in diesem Fall **standardisierte Regressionskoeffizienten** genannt und eignen sich für den Vergleich[22] der „Einflussstärken" der einzelnen
unabhängigen Variablen auf die abhängige Variable. Die Regressionskonstante hat bei z-standardisierten Variablenwerten den Wert 0 und wird in der Gleichung weggelassen. Zur *Prognose* der Y-Werte ist die Gleichung jetzt nicht mehr geeignet. Das Bestimmtheitsmaß R^2
bleibt dagegen durch die z-Standardisierung unverändert.

Ausführlich beschrieben ist die multiple Regression in Verbindung mit dem Statistik-Programm
SPSS in Backhaus u.a. [12](2008: 51–111). Dort sind auch einige Voraussetzungen für die
Durchführung von multiplen Regressionen erörtert, die hier nicht im Detail vorgestellt werden.

Konfidenzintervalle und Signifikanztests

Die bisherigen Überlegungen zur Regressions- und Korrelationsanalyse beschäftigten sich mit
der Frage, wie Zusammenhänge zwischen Variablen innerhalb einer *Stichprobe* beschrieben
werden können. Sie bezogen sich damit auf den Bereich der *deskriptiven* Statistik. Wie früher
schon mehrfach betont, ist bei repräsentativen Umfragen jedoch die Stichprobe in aller Regel
nur Mittel zum Zweck, Informationen über die *Grundgesamtheit*, aus der sie gezogen wurde,
zu erhalten. Damit stehen normalerweise *inferenzstatistische* Überlegungen im Mittelpunkt.
Hierzu eine Anmerkung: Es lässt sich zeigen, dass b und a erwartungstreue Schätzer[23] für die
entsprechenden Parameter der Grundgesamtheit sind. Sowohl für den bzw. die Regressionskoeffizienten (und damit auch für Korrelationskoeffizienten) als auch für die Regressionskonstante lassen sich Konfidenzintervalle[24] berechnen. Auch ein einfacher Signifikanztest[25] ist
möglich: „Ein Regressionskoeffizient ist nicht signifikant, wenn sein Konfidenzintervall den

---

[21] Allerdings wird bei *zwei* unabhängigen Variablen die Regressionsgerade zu einer „Regressionsebene" und bei
mehreren unabhängigen Variablen zu einer nicht mehr anschaulich darstellbaren „Regressions-Hyperebene".

[22] Damit ist ein Vergleich *innerhalb* einer Regressionsgleichung gemeint. Standardisierte Regressionskoeffizienten aus *unterschiedlichen* Regressionsgleichungen können nicht ohne weiteres miteinander verglichen werden!

[23] Vgl. hierzu Bortz u.a. [7](2010: 89).

[24] Vgl. hierzu Kapitel 6. Dort ist die Bedeutung von Konfidenzintervallen am Beispiel von Konfidenzintervallen
für das arithmetische Mittel erläutert.

[25] Hierbei wird geprüft, ob ein Regressionskoeffizient (oder Korrelationskoeffizient) *signifikant* von 0 abweicht.
Näheres zu Signifikanztests findet sich, dargestellt am Beispiel des Chi-Quadrat-Tests, in Kapitel 7.2 und 7.3.

Wert Null umschließt" (Bortz, [6]2005: 194) [Vorgänger-Auflage zu Bortz u.a. [7]2010]. Näheres hierzu findet sich in Bortz u.a. [7](2010: 192–196).

Nonlineare Regression

Bei den bisherigen Überlegungen zur Regression wurde ein *linearer* Zusammenhang zwischen der unabhängigen und der bzw. den abhängigen Variablen angenommen. Manchmal ist es jedoch aufgrund theoretischer Annahmen sinnvoll, von *nichtlinearen* Zusammenhängen auszugehen. Wie in solchen Fällen Regressionen gerechnet werden können, beschreibt Bortz u.a. [7](2010: 198–201).

Kleinstquadratschätzer vs. Maximum-Likelihood-Schätzer

Bei der Regressionsanalyse wird zur Schätzung der Parameter in der Grundgesamtheit die sogenannte „**Methode der kleinsten Quadrate**" verwendet. Die ausführliche Vorstellung einer weiteren wichtigen, in anderen Analyseverfahren (wie der unten angesprochenen Logit-Analyse) eingesetzten Schätzmethode, der **Maximum-Likelihood-Methode** (kurz: ML-Schätzung), würde den Rahmen dieses Buches sprengen. Der Grundgedanke dieser Methode sei jedoch kurz erläutert. Er besteht darin, zunächst verschiedene Werte für den gesuchten Parameter der Grundgesamtheit *anzunehmen* und für jeden angenommenen Wert die Wahrscheinlichkeit (genauer: die Likelihood)[26] dafür zu berechnen, dass aus einer Grundgesamtheit mit dem angenommenen Parameter-Wert eine Stichprobe mit genau den empirischen Werten (zur Berechnung des entsprechenden Stichprobenkennwerts) gezogen wird, wie es in der tatsächlich gezogenen Stichprobe der Fall ist. Anschließend wird derjenige Parameter-Wert ermittelt, für den die Likelihood am höchsten ist. Dieser Wert wird als Schätzwert für den gesuchten Parameter der Grundgesamtheit verwendet. Näheres hierzu in: Bortz u.a. [7](2010: 90–92).

Logit-Analyse

Möchte man den Einfluss einer oder mehrerer metrisch skalierter (oder auch dichotomer) Variablen auf eine *nominal skalierte abhängige Variable* untersuchen, ist die Regressionsanalyse in der hier dargestellten Form nicht anwendbar. In dem speziellen Fall einer *dichotomen abhängigen Variablen* werden zwar oft Regressionen gerechnet, jedoch sind auch in diesem Fall mehrere Anwendungsvoraussetzungen der Regressionsanalyse verletzt[27]. In solchen Fällen werden besser Logit-Analysen gerechnet. Dieses Verfahren ähnelt der Regressionsana-

---

[26] Die Likelihood kann in einigen Aspekten nicht als Wahrscheinlichkeit betrachtet werden. Genaueres hierzu findet sich in Bortz [6](2005: 100) [Vorgänger-Auflage zu Bortz u.a. [7]2010].
[27] Vgl. zum Beispiel: Urban (1993: 16–23).

lyse, arbeitet jedoch mit ML-Schätzern (siehe oben) und geht vor allem von logistischen Link-Funktionen zur Beschreibung des Zusammenhangs zwischen der abhängigen und den unabhängigen Variablen aus. Die Logit-Analyse ist beschrieben in Andress u.a. (1997: 261– 325) oder in Urban (1998).

Weitere Korrelationskoeffizienten

Neben dem Produkt-Moment-Korrelationskoeffizienten gibt es eine ganze Reihe anderer Korrelationskoeffizienten, die benutzt werden, wenn *nicht* beide Variablen metrisches Skalenniveau aufweisen. Der in Kapitel 7.4 besprochene Kontingenzkoeffizient ist einer davon, ein anderer der ebenfalls dort besprochene Phi-Koeffizient. Die übrigen, hier nicht ausführlich besprochenen Koeffizienten, sind in Bortz u.a. [7](2010: 171–180) vorgestellt. Tafel 8.3-1 zeigt eine entsprechende Übersicht.

Tafel 8.3-1:   Übersicht über weitere Korrelationskoeffizienten

Koeffizient	beschrieben in Bortz u.a. [7](2010: 156–180)
Skalenniveaus der Variablen:	
intervall x intervall Produkt-Moment-Korrelationskoeffizient (vgl. auch Kapitel 8.2)	Seite 156–171
intervall x dichotom punktbiseriale oder biseriale Korrelation	Seite 171–173
intervall x ordinal keine Maßzahl verfügbar	
dichotom x dichotom Phi-Koeffizient* (vgl. auch Kap. 7.4) oder tetrachorische Korrelation	Seite 174–176
dichotom x ordinal biseriale Rangkorrelation	Seite 177–178
ordinal x ordinal Rangkorrelation (r_S oder rho)**	Seite 178–180
nominal x nominal Kontingenzkoeffizient (vgl. auch Kapitel 7.4)	Seite 180

*   Identisch mit der Produkt-Moment-Korrelation
**   Identisch mit der Produkt-Moment-Korrelation, wenn beide Merkmale jeweils die Werte 1 bis n annehmen.

Weiterführende Literatur zu Kapitel 8:

Lineare Einfachregression

Bleymüller u.a. [16](2012: 139–162)

Multiple Regression

Backhaus u.a. [12](2008: 51–111)

Konfidenzintervalle und Signifikanztests

Bortz u.a. [7](2010: 92–114)

Partialkorrelation

Bortz u.a. [7](2010: 339–342)

Nonlineare Regression

Bortz u.a. [7](2010: 198–201)

Logit-Analyse

Andress u.a. (1997: 261–325)
Urban (1998)

Weitere Korrelationskoeffizienten

Bortz, u.a. [7](2010: 171–180)

9 Möglichkeiten und Grenzen der Umfrageforschung

> *Vor diesem Kapitel sollten Sie gelesen haben:*
> - *Alle vorhergehenden Kapitel*

Das Hauptaugenmerk der vorangegangenen Kapitel lag darauf, das Vorgehen im Rahmen der Umfrageforschung in groben Zügen möglichst allgemeinverständlich darzustellen. Die Darstellung erfolgte insofern problemorientiert, als in Kapitel 1 auf die (nicht weiter hinterfragten) Voraussetzungen der Umfrageforschung hingewiesen wurde und insofern, als an besonders „kritischen" Stellen auch Schwierigkeiten und Begrenzungen der Umfrageforschung aufgezeigt wurden. Nach der Darstellung des Vorgehens der Umfrageforschung erscheint es zum Abschluss des Buches sinnvoll, die genannten Punkte nochmals im Überblick zu betrachten. Dabei wird deutlich werden, dass die Vorstellung, mittels Umfrageforschung ein „empirisches Relativ" strukturtreu in ein „numerisches Relativ" abzubilden (so die Definition des Messens in Kapitel 2.1) und dessen Eigenschaften zu untersuchen, streng genommen aus vielerlei Gründen nicht haltbar ist – auch wenn sie sich in der täglichen Praxis als Arbeitsgrundlage bewährt hat. Um Missverständnissen vorzubeugen: Es geht nicht um eine Grundsatzkritik der Umfrageforschung. Zur Klärung der üblicherweise untersuchten Fragen stellt sie ein ganz hervorragendes Instrument dar. Allerdings darf dies weder zu der Annahme verleiten, mit dem Einsatz dieses Instruments würde man erkenntnistheoretisch „sicheren Grund" betreten und „gesichertes Wissen" erlangen[1] noch zu der Annahme, der theoretische Ansatz der Umfrageforschung ließe sich ohne weiteres und ohne Brüche in die Praxis umsetzen. Dies zu zeigen ist das Ziel der nachfolgenden Ausführungen.

Hauptprinzip der empirisch-quantitativen Forschungsmethodologie:

Wie im ersten Kapitel gezeigt, lautet das Hauptprinzip der empirisch-quantitativen Forschungsmethodologie: „Alle Aussagen einer empirischen Wissenschaft müssen prinzipiell an der Erfahrung scheitern können" (Popper, [10]1994: 15). Dieses Abgrenzungskriterium ermöglicht einerseits den Einsatz mächtiger Instrumente zur Prüfung empirischer Aussagen, andererseits erweisen sich ganze Klassen von Aussagen als nicht prüfbar, nämlich solche, die nicht an der Erfahrung scheitern können! Dies gilt insbesondere für normative Aussagen.

Als Konsequenz ist die Methode im Rahmen normativ-ontologischer Ansätze sowie kritisch-dialektischer Ansätze nicht oder nur punktuell einsetzbar. Gut einsetzbar ist die Methode dagegen bei Forschungen im Rahmen empirisch-analytischer Ansätze. Allerdings ergeben sich auch dort Probleme, wie nachfolgend gezeigt wird.

---

[1] Dass ganz im Gegenteil unser (materialistisches) Weltbild zusammengebrochen ist, ist beispielsweise in Greene (2006) oder Gribbin (2000) nachvollziehbar dargestellt.

Annahme eines „empirischen Relativs"

Ein erstes Problem ergibt sich aus der Annahme eines „empirischen Relativs". Die Möglichkeit für eine Aussage, an „der Realität" scheitern zu können, setzt u.a. zweierlei voraus:

1. das Vorhandensein eines „empirischen Relativs" und

2. die Wahrnehmbarkeit und Quantifizierbarkeit zumindest eines Ausschnitts daraus.

Über weite Strecken versucht die Umfrageforschung in diesem Zusammenhang, „Phänomene" des empirischen Relativs zu quantifizieren. Beispielsweise möchte man erfassen, wie sympathisch einer befragten Person ein bestimmter Politiker ist. Aus einer naiven Sicht stellt sich das Problem folgendermaßen:

Das Merkmal „Sympathie für Politiker X" liegt bei der befragten Person in einer gewissen
    Ausprägung empirisch vor.
Ziel der Messung ist, diese Merkmalsausprägung möglichst exakt zu erfassen.

Die gängige Definition von „Messung" als „strukturtreue Abbildung eines empirischen Relativs in ein numerisches Relativ" (vgl. z.B. Kromrey, [10]2002: 230) gründet auf eben dieser Sichtweise.

So einfach liegen die Dinge jedoch offensichtlich nicht. Eine erste Relativierung besteht in der Einsicht, dass jede Messung zwangsläufig mit einer Veränderung des zu messenden Phänomens einhergeht. In vielen Fällen sind in den Sozialwissenschaften diese Veränderungen keine vernachlässigbaren Größen. Die Auseinandersetzung mit der Aufgabe, Sympathie oder Antipathie für Politiker X zu äußern, verändert beispielsweise die betreffende Person! Andererseits ist eine Messung ohne diesen Eingriff nicht möglich. Der Vorgang des Messens und das zu messende Phänomen bilden damit eine untrennbare Einheit!

Eine noch weitergehende Relativierung ist mit der Möglichkeit verbunden, die gemessenen Phänomene erst durch die Messung zu erzeugen. Vielleicht haben Menschen gar keine Einstellungen – auch nicht zu Politikern – bis sie danach gefragt werden oder aus anderen Gründen eine Einstellung bilden. John R. Zaller (1998: 34–39) greift diesen Gedanken explizit auf und das Einstellungsmodell von Martin Fishbein (1963, 1965) lässt diese Interpretation zumindest zu. Damit ergeben sich zwei prinzipielle Fragen:

1. Umgibt uns eine vom Beobachter unabhängige Realität?

2. Falls ja, sind wir in der Lage, diese in irgendeiner Weise „objektiv" zu erfassen?

Umfrageforschung im Sinne der empirischen Sozialforschung kann meines Erachtens nur dann betrieben werden, wenn wir Punkt 1 mit „ja" beantworten. Wir gehen von einer vom Beobachter unabhängigen Realität aus – ohne uns dessen allerdings sicher sein zu können. Der Standpunkt des Solipsismus ist empirisch nicht widerlegbar!

Aber selbst wenn wir von einer vom Beobachter unabhängigen Realität ausgehen bleibt ein gravierendes Problem: Wir sind nicht in der Lage, diese Realität (genauer gesagt: Ausschnitte dieser Realität) „objektiv" zu erfassen! Schon unsere Wahrnehmung ist keineswegs eine 1:1-Abbildung einer uns umgebenden Realität, sondern ein aktiver und kreativer Prozeß. So schreibt etwa Gerhard Roth (1997: 342): „Alles, was wir überhaupt bewusst wahrnehmen können, ist ein Konstrukt unseres Gehirns und keine unmittelbare Widerspiegelung der Realität ...". Dies gilt auch für scheinbare „Selbstverständlichkeiten" wie etwa die Wahrnehmung von Farben, Tönen, Licht oder Temperaturen! Mehr noch: Unsere Wahrnehmung ist offenbar artspezifisch! So folgert etwa Wolfram Schommers (1995: 14) aus einem (ethisch fragwürdigen) Experiment mit Hennen: „Die Henne muss die Welt optisch anders erleben als wir, und zwar unvorstellbar anders, obwohl das Tier mit Augen ausgestattet ist, die den unsrigen ähnlich sind. Das, was die Henne sieht, hat offensichtlich mit dem, was wir in der gleichen Situation erleben, *keinerlei* Ähnlichkeit" (Hervorhebung durch den Verfasser).

Auch im Zuge der empirischen Forschung ist es streng genommen nicht möglich, zu einem „Abbild der Realität" zu gelangen. Die empirische Forschung stellt lediglich „Fragen" an die Realität – etwa in Form von zu prüfenden Hypothesen oder Experimenten – und konstruiert aus den Antworten ein Bild der Realität! Ernst von Glasersfeld verwendet zur Demonstration dieses Sachverhalts das Bild eines Kapitäns, der ... „in dunkler Nacht eine Meerenge durchfährt, die er nicht kennt, für die er keine Seekarte hat und die keine Leuchtfeuer oder andere Navigationshilfen besitzt. Entweder wird er scheitern oder jenseits der Meerenge wohlbehalten das offene Meer gewinnen. Fährt er auf die Klippen, so beweist sein Scheitern, dass der von ihm gewählte Kurs nicht paßte. Er hat erfahren, wie die Durchfahrt nicht ist. Passiert er dagegen die Enge, so beweist dies nur, dass sein Kurs im buchstäblichen Sinne nirgends anstieß. ... Darüber hinaus aber lehrt ihn sein Erfolg nichts über die wahre Beschaffenheit der Meerenge; nichts darüber, wie sicher oder wie nahe an der Katastrophe er in jedem Augenblick war: Er passierte die Enge wie ein Blinder ... . Sein Kurs paßte in die ihm unbekannten Gegebenheiten; Er stimmte aber nicht, wenn mit „stimmen" ... gemeint ist, ... dass der gesteuerte Kurs der wirklichen Natur der Enge entspricht. Man kann sich vorstellen, dass die wahre Beschaffenheit der Meerenge eine wesentlich kürzere oder sicherere Durchfahrt ermöglicht" (Jensen, 1999: 197; vgl. auch Watzlawick, Hrsg. [5]2010: 14–15 oder Schmidt, [6]1994: 35).

Das Bild zeigt: Bei dem Versuch, bestimmte „Phänomene" in ihrer jeweiligen Ausprägung zu erfassen, bewegt sich die Umfrageforschung – wie jeder andere Forschungsansatz auch – auf unsicherem Grund, auch wenn sich im menschlichen Alltag dieses Vorgehen bewährt hat. Im Alltag bewährt sich beispielsweise auch die Newtonsche Physik, obgleich sie zumindest in Teilen heute als empirisch widerlegt gilt!

Die Schwierigkeiten, die sich bei dem Versuch ergeben, bestimmte Phänomene in ihrer jeweiligen Ausprägung zu erfassen, führen auch zum Basissatzproblem (vgl. Kap. 1). Basissätze können empirisch falsch sein. Ob sie empirisch falsch sind oder nicht, lässt sich nach dem bisher Gesagten letztlich nicht feststellen, sondern lediglich – nach bestem Wissen – per Konvention entscheiden. Basissätze sind letztlich Festsetzungen! Aus diesem Grund schreibt Popper [10](1994: 73) auch zu Recht: „Festsetzungen sind es somit, die über das Schicksal der Theorie entscheiden".

Die Überlegungen zum Falsifikationsprinzip gehen jedoch von empirisch wahren Basissätzen aus! Damit wird die „endgültige" Falsifizierung von Hypothesen unmöglich. Scheitert eine Aussage – auf den ersten Blick – an der Erfahrung, so kann dies – auf den zweiten Blick – auf empirisch falsche Basissätze zurückzuführen sein. Andererseits: Empirisch falsche Basissätze können auch dazu führen, dass eine empirisch falsche Aussage nicht an der Erfahrung scheitert und damit als (vorläufig) bewährt gilt!

Verwendung von Nominaldefinitionen

Probleme anderer Natur sind mit der Verwendung von Nominaldefinitionen verbunden. Nominaldefinitionen sind rein sprachliche Konventionen. Einem Wort (oder einer Wortkombination) mit „unklarer" Bedeutung, dem Definiendum, wird ein Wort oder eine Wortkombination mit „klarer" Bedeutung, das Definiens, zugewiesen. Unter einem „Rechtsextremen" könnte man zum Beispiel verstehen: „Eine Personen mit extrem rechten politischen Einstellungen". Falls nun immer noch Worte oder Wortkombinationen mit unklarer Bedeutung zur Definition herangezogen werden, kann das Verfahren erneut angewandt (und damit der Definitionsprozess weitergeführt) werden. Um einen unendlichen Regreß zu vermeiden, muss allerdings irgendwann ein Punkt erreicht werden, an dem die Bedeutung der Worte oder Wortkombinationen, die zur Definition verwendet werden, klar ist. Mit anderen Worten: Es muss eine entsprechende Sprachgemeinschaft vorhanden sein! Die Bindung an eine Sprachgemeinschaft stellt auf jeden Fall eine Grenze der Umfrageforschung dar, auch wenn es sich hierbei keineswegs um ein spezielles Problem der Umfrageforschung handelt.

Besonders relevant kann dieser Punkt bei vergleichenden Untersuchungen über unterschiedliche Sprachgemeinschaften hinweg werden. Ob die Wortkombination „Sympathie für einen Spitzenpolitiker" – entsprechend übersetzt – in unterschiedlichen Kulturkreisen – etwa dem deutschen und dem japanischen – auf ein (weitgehend) identisches empirisches Phänomen verweist, bleibt fraglich.

Darauf weist auch die Tatsache hin, dass Sprachen über weite Strecken nicht 1 : 1 übersetzbar sind! Diese Erfahrung machte beispielsweise Fritz Ostendorf (1990: 48, 57) bei dem Versuch, Adjektive zur Erfassung von fünf „breiten" Persönlichkeitseigenschaften, den „Big Five", aus dem Englischen ins Deutsche zu übersetzen. Die gleiche Erfahrung machte bereits Ende der 50er Jahre Ernst von Glasersfeld bei dem Versuch, eine „Übersetzungsmaschine" zu konstruieren. Er gelangte rückblickend zu der Überzeugung, „.... dass jede Sprache eine andere begriffliche Welt bedeutet. Eine Übersetzung in dem Sinne, dass in der Zielsprache genau die identische begriffliche Struktur der Ausgangssprache wiedergegeben wird, war also unmöglich" (Glasersfeld, 1997: 32–33).[2]

Allerdings: Trotz der genannten Schwierigkeiten ist eines positiv zu vermerken: Mit der Setzung von Nominaldefinitionen herrscht in der empirischen Forschung ein Zwang zu sprachlicher Präzision.

---

[2]   Selbst bei gleicher Sprache stellt sich dieses Problem in unterschiedlichen Kulturkreisen. Ein „riot" in England bezeichnet etwas Harmloseres als ein „riot" in Indien!

Auswahl der Indikatoren

Im Rahmen der Umfrageforschung wird – wie gesagt – versucht, bestimmte Phänomene zu erfassen. Sollen nicht „unmittelbar" wahrnehmbare Phänomene (von den unter „Annahme eines ‚empirischen Relativs'„ aufgezeigten Einschränkungen sei an dieser Stelle einmal abgesehen!) erfasst werden – was den Regelfall darstellt – so sind geeignete Indikatoren hierfür zu bestimmen. Indikatoren werden üblicherweise etwa folgendermaßen definiert: „Unter Indikatoren sind direkt wahrnehmbare Phänomene (‚Ersatzgrößen'/‚Stellvertreter') zu verstehen, mit deren Hilfe man begründet auf das Vorliegen des nicht unmittelbar wahrnehmbaren Phänomens schließen zu dürfen glaubt" (Prim u.a., [8]2000: 49). Anhand der Definition werden eine Reihe von Problemen deutlich.

Zunächst: „... schließen zu dürfen glaubt" ist dort zu lesen und nicht „... schließen kann"! Die vorsichtige Formulierung ist nach den bisherigen, grundsätzlichen Überlegungen zur „Abbildbarkeit" der Realität (oder von Ausschnitten daraus) durchaus angebracht. Insbesondere bei hypothetischen Konstrukten ist letztlich – auch nach umfassenden Validierungsuntersuchungen – nur per Konvention zu entscheiden, ob sie ein „Gegenstück im empirischen Relativ" haben oder nicht!

Zudem bestehen bei der Auswahl von Indikatoren teils erhebliche Spielräume. Dies hat Konsequenzen für das Forschungsergebnis, denn die Auswahl der Indikatoren kann durchaus das Forschungsergebnis erheblich beeinflussen. Nehmen wir zum Beispiel: Ausländerfeindlichkeit – im Sinne der Ausführung von feindseligen, gegen Ausländer gerichteten Aktivitäten. Indikatoren hierfür könnten sein:

polizeilich festgestellte Aktivitäten,
im Forschungsprozess beobachtete Aktivitäten (etwa im Rahmen eines Experiments)
oder die Selbstauskunft über derartige Aktivitäten.

Damit kann ein und derselben Person mit ein und derselben „empirischen Merkmalsausprägung" Ausländerfeindlichkeit attestiert werden oder auch nicht – je nachdem, welcher Indikator verwendet wird. Für ein und dieselbe Person können sich unterschiedliche Protokollsätze (oder Basissätze) ergeben, was zu unterschiedlichen Ergebnissen bei der Prüfung von Hypothesen führen kann!

Im Überblick ist damit festzuhalten: Bei der Auswahl der Indikatoren bestehen große Spielräume mit teilweise erheblichen Konsequenzen für das Messergebnis. Eine „objektive" Auswahl von Indikatoren ist nicht möglich. Ein sicherer Schluss von Indikatoren auf das „empirische Relativ" ebenfalls nicht. Allerdings hat die explizite Benennung der eingesetzten Indikatoren wieder den großen Vorteil, den Forschungsprozeß auch in diesem Punkt transparent zu gestalten.

Operationalisierung

Hat man sich für einen Indikator entschieden, muss eine entsprechende Operationalisierung – also eine Messanweisung – festgelegt werden. Auch hierbei bestehen teils erhebliche Spielräume. Nehmen wir als Beispiel das Berichten ausländerfeindliche Aktivitäten. Beim Einsatz dieses Indikators sind im Rahmen der Operationalisierung eine ganze Reihe von Entscheidungen zu fällen, zum Beispiel: Wie sind die betreffenden verbalen Äußerungen zu ermitteln? Durch offene Fragen (und damit durch selbständige Meinungsäußerungen ohne Antwortvorgaben), durch geschlossene Fragen (und damit durch die Auswahl einer Antwort aus einem vorgegebenen „Menü") oder durch andere Verfahren, etwa durch Beobachtung? Welche Test- bzw. Messtheorie soll grundsätzlich angewandt werden? Die klassische Testtheorie, eine probabilistische Testtheorie oder ein Ansatz aus der Psychophysik wie die Magnitude-Skalierung, um nur einige der Möglichkeiten zu nennen.

Der Einsatz jeder dieser Test- bzw. Messtheorien ist mit bestimmten Konsequenzen verbunden. Die klassische Testtheorie führt beispielsweise nicht zu Repräsentationsmessungen; sie führt zu populationsabhängigen Messungen und die Itemschwierigkeiten bleiben unberücksichtigt. Der Einsatz einer probabilistischen Testtheorie (z.B. bei der Rasch-Skalierung) ist mit vergleichsweise hohem Aufwand verbunden, berücksichtigt jedoch die Itemschwierigkeiten. Die Magnitude-Skalierung als Beispiel eines Ansatzes aus der Psychophysik (vgl. Stevens 1986) stellt einen völlig andersartigen Ansatz dar, der als experimentell sehr gut bestätigt gelten kann, der jedoch mit nochmals größerem Aufwand verbunden ist.

Hat man sich für einen Ansatz entschieden, treten weitere Fragen auf: Wie wird etwa das Erhebungsinstrument gestaltet? Die Formulierung der Frage(n) kann großen Einfluss auf die Antworten haben. In Kapitel 2.3 wurde dies an mehreren Beispielen demonstriert. Eine grundsätzlichere Entscheidung ist, ob eine Einzelfrage (wie zum Beispiel die Rechts-Links-Selbsteinschätzung) eingesetzt werden soll oder ob mehrere Fragen zu einem Instrument, etwa im Sinne des Likert-Verfahrens oder der Guttman-Skalierung (vgl. Kap. 2.2), zusammengefasst werden sollen. Ist diese Entscheidung gefallen, treten oft weitere Fragen auf. Im Falle des Likert-Verfahrens zum Beispiel: Welche Konsequenzen werden aus der Itemanalyse gezogen? Welche Anforderungen werden an die Trennschärfe der Items gestellt? Müssen negativ gepolte Items im Instrument verbleiben, auch wenn ihre Kennwerte schlecht sind? Ferner ist zu entscheiden, welche Ansprüche an die Reliabilität des Instruments gestellt werden und welche an dessen Validität. Weitere Hinweise zur „Entstehung der Daten" finden sie in Schumann (2012: 179–251).

Als Fazit ist (ähnlich wie bei der Auswahl der Indikatoren) festzuhalten: Auch im Rahmen der Operationalisierung bestehen große Spielräume mit teilweise erheblichen Konsequenzen für das Messergebnis. Eine „objektive" Operationalisierung ist nicht möglich. Aber auch hier bringt der Zwang zur Offenlegung der Operationalisierungen den großen Vorteil mit sich, für Transparenz im Forschungsprozeß zu sorgen.

Stichprobenziehung

Die Umfrageforschung arbeitet normalerweise mit Stichproben. Stichproben sind dabei nur „Mittel zum Zweck". In der Regel ist das Ziel, mit Hilfe der Stichprobe zu Aussagen über die zugehörige Grundgesamtheit zu gelangen, also Inferenzstatistik zu betreiben. Eine ausformulierte Stichprobentheorie eröffnet die Möglichkeit hierzu. Die Stichprobentheorie stellt eine der großen Stärken der Umfrageforschung dar! Allerdings gilt dieser theoretische Unterbau nur für Wahrscheinlichkeitsauswahlen. Er gilt nicht für willkürliche Auswahlen (also Auswahlen ohne feste Auswahlregeln) und er gilt nicht für bewusste Auswahlen (d.h. Auswahlen zwar nach festen Auswahlregeln, aber ohne Zufallssteuerung).

Quotenauswahlen (vgl. Kap. 3.4) stellen einen Sonderfall dar. Der theoretische Unterbau greift hier zunächst ebenfalls nicht. Es muss daher begründet werden, weshalb eine Quotenauswahl als „Äquivalent zu einer Wahrscheinlichkeitsauswahl" zu betrachten ist. In der Regel geschieht dies unter Verweis auf Erfahrungswerte. Damit ist die Gefahr, dass im Einzelfall kein Äquivalent zu einer Wahrscheinlichkeitsauswahl vorliegt, zwar reduziert, jedoch nicht gebannt.

Generell gilt: Liegt keine – zumindest angenäherte – Wahrscheinlichkeitsauswahl vor, so sind inferenzstatistische Aussagen nicht möglich. Statistische Tests oder Konfidenzintervalle sind dann nicht mehr im Sinne der Stichprobentheorie interpretierbar. In diesem Fall kann nicht nach den Regeln der Stichprobentheorie auf die Grundgesamtheit geschlossen werden!

Aber auch bei Wahrscheinlichkeitsauswahlen ergeben sich mindestens drei weitere Schwierigkeiten. Erstens: Die theoretischen Überlegungen zum Schluss von Stichprobenwerten auf die Grundgesamtheit basieren auf einem Rücklauf von 100%. Alle Personen, die für die Stichprobe ausgewählt wurden, müssten also auch an der Untersuchung teilnehmen! Üblicherweise liegt der Rücklauf jedoch nur bei maximal etwa 50%. Der theoretische Unterbau ist in diesem Fall nicht ohne weiteres anwendbar. Vielmehr ist eine zusätzliche Forderung zu erfüllen: Die Ausfälle dürfen nicht systematisch mit dem Untersuchungsziel zusammenhängen! Die befragten Personen müssen – was die für die Untersuchung relevanten Variablen betrifft – eine angenäherte Zufallsauswahl aus der Netto-Ausgangsstichprobe bilden. Dies ist kaum empirisch prüfbar und muss daher nach „bestem Wissen" entschieden werden.

Zweitens: Bei der Realisierung einer Stichprobe wird in der Regel die Auswahlgesamtheit von der angestrebten Grundgesamtheit abweichen. Ein Beispiel wäre die Ziehung einer Stichprobe aus einer Einwohnermeldekartei. Das Ziel sei eine einfache Zufallsauswahl unter den Wahlberechtigten. Dabei werden (unter anderem) folgende Abweichungen auftreten: Kürzlich verzogene oder verstorbene Personen werden noch in der Kartei sein und entsprechend mit einer bestimmten Wahrscheinlichkeit gezogen werden (overcoverage). Kürzlich zugezogene Personen werden (noch) nicht in der Kartei geführt sein und damit keine Chance haben, gezogen zu werden (undercoverage). Ferner werden Mehrfachnennungen auftreten, etwa wenn Personen innerhalb einer Stadt umziehen, ein neuer Eintrag bereits besteht und der alte Eintrag noch nicht gelöscht ist. Damit verdoppelt sich die Ziehungswahrscheinlichkeit für die Person. Zentral ist in diesen Fällen die Frage nach dem Ausmaß solcher Abweichungen und danach, ob – in bezug auf das Untersuchungsziel – systematische Abweichungen vorliegen oder nicht. Danach entscheidet sich, ob die Abweichungen tolerierbar sind oder nicht. Auch diese Fragen müssen nach bestem Wissen entschieden werden!

Drittens: Fehler können auch bei der „Ziehung" aus der Auswahlgesamtheit auftreten. So kann es beispielsweise passieren, dass innerhalb eines Zielhaushalts versehentlich (oder auch bewusst) eine „falsche" Person ausgewählt wird. Auch in solchen Fällen ist die Frage, in welchem Ausmaß Regelverletzungen vorkommen und ob sie tolerierbar sind oder nicht, nur nach bestem Wissen zu entscheiden!

Rückblickend kann als Fazit festgehalten werden: Auf einer ausformulierten Stichprobentheorie basiert eine der herausragenden Möglichkeiten der Umfrageforschung, nämlich der Schluss auf die (eigentlich interessierende) Grundgesamtheit. Die Voraussetzung hierfür ist jedoch im Idealfall eine fehlerfrei durchgeführte Wahrscheinlichkeitsauswahl und ein Rücklauf von 100%. Insbesondere eine Rücklaufquote von 100% kann allerdings normalerweise auch nicht annähernd realisiert werden. Zentralen Stellenwert bekommen damit die Fragen, in welchem Ausmaß Auswahlfehler auftreten und vor allem, ob die Ausfälle (im Rahmen der Untersuchung) als annähernd zufällig betrachtet werden können oder nicht. Trifft letzteres zu, können inferenzstatistische Verfahren eingesetzt werden. Es liegt dann wieder eine (angenäherte) Wahrscheinlichkeitsauswahl vor. Ansonsten können inferenzstatistische Verfahren strenggenommen nicht eingesetzt werden. Der Schluss auf die Grundgesamtheit ist dann nicht möglich.

Durchführung der Messung

Ist die zu befragende Person ermittelt und ist sie bereit, an der Untersuchung teilzunehmen, kommt ein Interview zustande, d.h. es wird eine Messung durchgeführt. Auf die Probleme bei der Vorstellung von „Messung" als „strukturtreue Abbildung eines empirischen Relativs in ein numerisches Relativ" wurde bereits hingewiesen! An dieser Stelle sollen andere Punkte thematisiert werden, nämlich solche Faktoren, die nichts oder kaum etwas mit den prinzipiellen Schwierigkeiten bei dem Versuch, ein empirisches Relativ abzubilden, zu tun haben und die dennoch das Messergebnis beeinflussen.

Zunächst sind hier Messfehler im Sinne von Zufallsfehlern zu nennen. Beispielsweise könnte ein unkonzentrierter Interviewer eine Antwort ankreuzen, welche die befragte Person nicht gegeben hat. Solche Fehler beeinträchtigen die Reliabilität des Messinstruments. Empirisch zeigen sich die Folgen von Messfehlern zum Beispiel bei der „Regression zur Mitte" von Messwerten bei Wiederholungsmessungen. Ermittelt man in einer Stichprobe die (wie auch immer genau definierte) Gruppe von Personen mit den höchsten oder mit den niedrigsten Messwerten für ein bestimmtes Instrument und führt anschließend eine zweite Messung durch, dann werden die neuen Werte tendenziell zum mittleren Bereich hin verschoben sein. Der Grund: In den jeweiligen Extremgruppen häufen sich große Messfehler in der betreffenden Richtung. Da Messfehler als Zufallsfehler definiert sind, ist es wenig wahrscheinlich, dass sie bei der zweiten Messung wieder eine vergleichbar große Stärke erreichen und die gleiche Richtung aufweisen.

Neben Zufallsfehlern können eine Reihe von systematischen Verzerrungen auftreten, welche die Validität des Instruments beeinträchtigen. Wichtige Ursachen hierfür sind zum Beispiel Akquieszenzeffekte, also eine allgemeine Zustimmungstendenz, Effekte sozialer Erwünschtheit – etwa das Bemühen eines Befragten, als kultiviert und gebildet zu erscheinen, Interviewer-Einflüsse, die von der Betonung der Fragen ausgehen, von der Gestaltung der Gesprächssituation, von der äußeren Erscheinung der Interviewer usw., Halo-Effekte, das heißt die „Ausstrahlung" von vorhergehenden Fragen auf nachfolgende und anderes mehr. Die Liste ließe sich fortsetzen (vgl. Kapitel 2.3).

Darüber hinaus beeinflussen das Messergebnis weitere, nicht systematische Effekte. Ein wichtiges Beispiel sind Effekte, die durch mehrdimensional formulierte Fragen hervorgerufen werden. Nehmen wir folgendes Statement aus einem psychologischen Test: „Ich bekomme häufiger Streit mit meiner Familie und meinen Kollegen". Einer Antwort auf dieses Statement ist nicht mehr anzusehen, auf welchen Teil des Statements sie sich bezieht. Solche mehrdimensionalen Fragen sind in der Forschung relativ häufig anzutreffen. Ein weiteres wichtiges Beispiel sind Effekte, die durch zu schwierig formulierte Statements hervorgerufen werden. Hierzu ein Beispiel aus einem Persönlichkeitstest: „Ich bin kein gut gelaunter Optimist". Die Ablehnung dieses Statement führt zu einer doppelten Verneinung, die in der alltäglichen Kommunikation unüblich ist (und kaum in bildhaftes Denken übertragbar ist). Kaum jemand wird als „nicht kein gut gelaunter Optimist" beschrieben werden! Doppelte Verneinungen führen so zu Verständnisschwierigkeiten beim Befragten, d.h. es werden verstärkt vom ihm nicht intendierte Antworten erfasst. Auch diese Liste ließe sich fortsetzen.

Als Fazit bleibt festzuhalten: Das Messergebnis wird – neben der Ausprägung des zu erfassenden Phänomens – von einer Fülle weiterer Faktoren beeinflusst, deren genaue Wirkung nur schwer feststellbar ist. Schätzungen der Reliabilität und Validität der eingesetzten Instrumente können zwar in bezug auf eine Population als Maße für die Güte der Messung dienen, Verzerrungen im Einzelfall sind jedoch kaum nachvollziehbar, auch wenn Kontrollfragen – sofern sie eingesetzt werden – gewisse Anhaltspunkte hierfür liefern mögen.

Parameterschätzung

Wie bereits erwähnt, basiert eine der großen Möglichkeiten der Umfrageforschung auf der Verwendung von Wahrscheinlichkeitsauswahlen, die Rückschlüsse auf die Grundgesamtheit erlauben. Im einfachsten Fall handelt es sich dabei um Parameterschätzungen, wobei zwischen Punkt- und Intervallschätzungen zu unterscheiden ist. Ein Beispiel: In einer Umfrage mit tausend Befragten, die auf einer einfachen Zufallsauswahl basiert, ergebe sich auf einer Sympathieskala von –5 (sehr unsympathisch) bis + 5 (sehr sympathisch) für Politikerin X ein arithmetisches Mittel von 1.8. Dieses arithmetische Mittel in der Stichprobe ist allerdings normalerweise aus wissenschaftlicher Sicht kaum interessant. In der Regel ist die Forschung am arithmetischen Mittel in der Grundgesamtheit interessiert!

Zunächst kann das in der Stichprobe errechnete arithmetische Mittel als Punktschätzer für das arithmetische Mittel in der Grundgesamtheit verwenden. Es stellt einen erwartungstreuen, konsistenten, effizienten und erschöpfenden Schätzer (vgl. hierzu z.B. Bortz u.a. [7](2010: 88–90) dar[3].

Weitergehende Informationen liefert die Intervallschätzung, das heißt die Berechnung von Konfidenzintervallen. Die Berechnung von Konfidenzintervallen ist ausführlich in Kapitel 6 dargestellt. Daher an dieser Stelle nur das Wichtigste – ebenfalls am Beispiel des arithmetischen Mittels: Als Konfidenzintervall bezeichnet man ein Intervall, das aus den Stichprobenwerten berechnet werden kann und das mit einer vom Forscher zu wählenden Wahrscheinlichkeit γ so liegt, dass es den gesuchten Parameter der Grundgesamtheit umschließt. Nicht gesagt werden kann im Falle des arithmetischen Mittels, welchen Wert es in der Grundgesamtheit hat und auch nicht, dass das arithmetische Mittel mit einer bestimmten Wahrscheinlichkeit in dem errechneten Intervall liegt!

Konfidenzintervalle (für Mittelwerte) sind nach folgender Formel zu berechnen:

$$\text{Konfidenzintervall:}\ \bar{x} \pm c_{\frac{1+\gamma}{2}} \cdot \frac{\hat{\sigma}_x}{\sqrt{n}}$$

Dabei bedeutet $\bar{x}$ das arithmetische Mittel aus der Stichprobe (hier 1.8), $\hat{\sigma}_x$ die Standardabweichung (hier: der Sympathiewerte) aus der Stichprobe – berechnet als Schätzung für die Grundgesamtheit, n den Stichprobenumfang (hier: 1000) und γ die Vertrauenswahrscheinlichkeit, d.h. die Wahrscheinlichkeit dafür, dass das Intervall den gesuchten Parameter (hier das arithmetische Mittel) in der Grundgesamtheit umschließt.

Normalerweise ist man an möglichst kleinen Intervallen bei möglichst großer Vertrauenswahrscheinlichkeit interessiert. Eine Möglichkeit, dies zu erreichen, bietet die Vergrößerung des Stichprobenumfangs. Sie ist – alles andere unverändert – mit kleineren Konfidenzintervallen verbunden. Allerdings verkleinert sich das Konfidenzintervall nicht proportional. Die Halbierung eines Konfidenzintervalls macht den 4-fachen Stichprobenumfang erforderlich. Der „Grenznutzen" sinkt damit bei sehr großem Stichprobenumfang (vgl. Bortz, [6]2005: 105) [Vorgänger-Auflage zu Bortz u.a. [7]2010]. Eine andere Möglichkeit zur Verkleinerung des Konfidenzintervalls besteht nach der Formel darin, den Wert von $c_{\frac{1+\gamma}{2}}$ zu verringern. Wie ist dies zu erreichen? Betrachten wir hierzu nochmals die aus Kap. 6.3 bekannte Beziehung zwischen c und γ für das Beispiel: $\gamma = 0.95$ (Tafel 9.1):

---

[3] Definitionen nach Bortz u.a. [7](2010: 88–90; *Hervorhebungen durch den Verf.*):
„Ein statistischer Kennwert schätzt einen Populationsparameter **erwartungstreu**, wenn der Erwartungswert der Stichprobenverteilung dem Populationsparameter entspricht. ...
Von einem **konsistenten** Schätzwert sprechen wir, wenn sich ein statistischer Kennwert mit wachsendem Stichprobenumfang dem Parameter, den er schätzen soll, nähert. ...
Für erwartungstreue Schätzwerte gilt: Je größer die Varianz der Stichprobenverteilung, desto geringer ist die **Effizienz** des entsprechenden Schätzwertes. ...
Ein Schätzwert ist **suffizient oder erschöpfend** hinsichtlich eines Parameters, wenn er alle in einer Stichprobe enthaltenen Informationen berücksichtigt."

Tafel 9.1: Beziehung zwischen c und γ am Beispiel: γ = 0.95

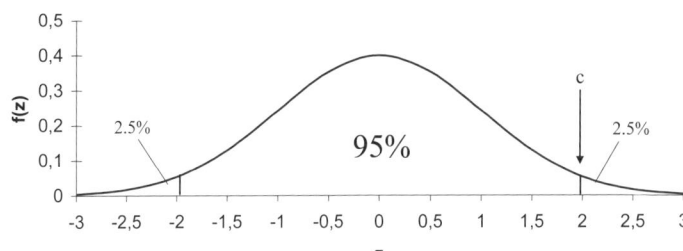

Die Abbildung zeigt eine Standardnormalverteilung. Sie liegt symmetrisch zum Mittelwert „0". Die Fläche unter dem Graphen der Wahrscheinlichkeitsdichtefunktion beträgt „1". Für jeden Punkt der x-Achse (bzw. der „z-Achse", da sie sich auf „standardisierte" Werte bezieht) lässt sich durch Integration der Flächenanteil bestimmen, der „links" von ihm liegt.

Wir interessieren uns für ein Intervall, das symmetrisch zum Mittelwert 0 liegt und 95% der Fläche einschließt. Der Flächenanteil 0.95 entspricht einer Vertrauenswahrscheinlichkeit von „γ = 0.95" – und damit einer Irrtumswahrscheinlichkeit von „0.05" oder 5%. Der rechte Grenzpunkt „c = 1.96" liegt so, dass links von ihm 97.5 % der Fläche liegen. Dem Flächenanteil von 0.975 entspricht „1 + γ / 2" in der Formel. Die linke Grenze des Intervalls bildet der Punkt c = „-1.96". Der Wert „1.96" wird für $c_{\frac{1+\gamma}{2}}$ in die Formel zur Berechnung des Konfidenzintervalls eingesetzt. Man sieht: Werden größere Vertrauenswahrscheinlichkeiten gewählt, etwa 99%, dann vergrößert sich der Wert von c (auf etwa 2.57). Werden kleinere Vertrauenswahrscheinlichkeiten gewählt, etwa 90%, dann verkleinert sich der Wert von c (auf etwa 1.65). Diese Verkleinerung wird allerdings mit einer erhöhten Irrtumswahrscheinlichkeit von nunmehr 10 Prozent erkauft! Generell gilt: Für größere Vertrauenswahrscheinlichkeiten – mit denen man gerne arbeiten möchte – vergrößern sich auch die Konfidenzintervalle – was man vermeiden möchte!

Als Fazit ergibt sich: Bei Verwendung von Wahrscheinlichkeitsauswahlen besteht die Möglichkeit, Intervallschätzungen durchzuführen. Beide gewünschten Effekte, enge Konfidenzintervalle und hohe Vertrauenswahrscheinlichkeiten, sind allerdings – alles andere gegeben – nicht gleichzeitig zu erzielen.

Nun zur empirischen Ermittlung von Zusammenhängen (in der Stichprobe):

Gesetzt den Fall, in einer Grundgesamtheit bestehen Zusammenhänge zwischen den Ausprägungen bestimmter Merkmale der uns interessierenden Merkmalsträger. Beispielsweise bestehe ein Zusammenhang zwischen dem Vertreten extrem rechten politischen Gedankenguts und der Sympathie für rechtsextreme Parteien. Ob derartige Zusammenhänge empirisch

nachgewiesen werden können, hängt nicht nur von der Stärke der Zusammenhänge im „empirischen Relativ" ab, sondern auch von der Reliabilität der eingesetzten Instrumente. Selbst
starke Zusammenhänge führen bei mangelnder Reliabilität entweder zu nur schwachen gemessenen Zusammenhängen oder die Zusammenhänge werden bei der Messung überhaupt
nicht sichtbar! Liegen Schätzungen für die Reliabilität der beteiligten Instrumente vor, so
können nach der klassischen Testtheorie die Effekte mangelnder Reliabilität aus Korrelationen „herausgerechnet" werden. Das Werkzeug hierfür stellt die Attenuation-Formel dar (vgl.
Kapitel 2.2). Bei vollständig reliablen Instrumenten steht im Nenner „1", das heißt, die gemessene Korrelation entspricht der „wahren" Korrelation. Bei nicht vollständig reliablen
Instrumenten wird die Korrelation unterschätzt. Dieser Fall stellt den Regelfall dar! Wichtig
ist daher festzuhalten, dass schwache Korrelationen in der Stichprobe nicht unbedingt schwache Zusammenhänge in der Grundgesamtheit anzeigen. Dieser Punkt ist unter anderem bei der
Prüfung von Hypothesen zu berücksichtigen!

Die bisherigen Überlegungen beschäftigten sich mit dem Versuch, ungerichtete Zusammenhänge, die im empirischen Relativ „vorliegen", zu belegen. Im Rahmen der Umfrageforschung
beschäftigt man sich jedoch kaum mit bloßen Zusammenhangshypothesen, sondern in
der Regel mit Kausalhypothesen und damit mit gerichteten Zusammenhängen. Abgesehen von
den prinzipiellen Schwierigkeiten, kausale Beziehungen nachzuweisen (mehr hierzu in Schumann 2012: 253–296), böten Experimente die beste Möglichkeit zur Prüfung von Kausalhypothesen. Experimente sind zwar in vielen Fällen auch in den Sozialwissenschaften durchführbar, allerdings treten in der Praxis sehr oft unüberwindbare Schwierigkeiten auf. So ist
eine Aufteilung in Experimental- und Kontrollgruppe per Zufall oft nicht machbar oder nicht
vertretbar und oft sind die angenommenen Einflussvariablen nicht in eine experimentelle
Maßnahme zu „übersetzen" (vgl. hierzu Kapitel 4.3). Als Konsequenz hieraus werden sehr
häufig – und insbesondere in der Umfragforschung – Ex-Post-Facto Designs verwendet. Aus
empirisch ermittelten bloßen Zusammenhängen wird auf *kausale* Einflüsse geschlossen!

Dies ist nicht unproblematisch. Insbesondere der Einfluss von – nicht kontrollierten – Drittvariablen kann zu Fehlinterpretationen führen. Beispielsweise können Scheinkorrelationen oder
scheinbare Nonkorrelationen auftreten (vgl. hierzu ebenfalls Kap. 4.3). Solche Effekte können
zwar durch Kontrolle entsprechender Drittvariablen erkannt werden, jedoch sind hierfür zwei
Voraussetzungen nötig: Erstens das Wissen um die entscheidenden Drittvariablen und zweitens die Einbeziehung dieser Drittvariablen in die Umfrage, so dass Daten für eine Kontrolle
zur Verfügung stehen. Insgesamt relativiert die Verwendung von Ex-Post-Facto Designs die
Möglichkeit, Zusammenhänge – egal ob kausal interpretiert oder nicht – nachzuweisen. Im
übrigen sind kausale Zusammenhänge – auch bei einer „schwachen" Definition von Kausali-
tät – ohne Zusatzinformationen über Umfragen in der Regel nicht nachweisbar.

Prüfung von Zusammenhängen durch statistische Tests

Ein statistischer Test zur Prüfung eines Zusammenhangs liefert zwar eine Wahrscheinlichkeitsaussage darüber, ob in der Grundgesamtheit ein Zusammenhang besteht oder nicht. Er sagt jedoch nicht aus, *ob* ein Zusammenhang besteht und auch nicht, mit welcher Wahrscheinlichkeit ein Zusammenhang besteht. Argumentiert wird lediglich mit der Wahrscheinlichkeit dafür, einen Alpha-Fehler zu begehen (d.h. die Nullhypothese eines Nicht-Zusammenhangs fälschlicherweise zurückzuweisen), wenn man die Alternativhypothese (in der Regel die Zusammenhangshypothese) akzeptiert. Dies wurde in Kapitel 7.3 am Beispiel des Chi-Quadrat-Tests gezeigt.

Die grundsätzliche Frage ist, ob für einen in der Stichprobe festgestellten Zusammenhang ein Zusammenhang in der Grundgesamtheit verantwortlich ist, oder ob in der Grundgesamtheit *kein* Zusammenhang besteht und das Ergebnis (der Zusammenhang) nur durch Zufallsfehler bei der Stichprobenziehung zustande gekommen ist. Wir müssen uns mit anderen Worten unter Unsicherheit zwischen zwei Hypothesen zu entscheiden: Der Nullhypothese H_0: „In der Grundgesamtheit besteht kein Zusammenhang" und der Alternativhypothese H_1: „In der Grundgesamtheit besteht ein Zusammenhang". Diese Entscheidung muss anhand der Stichprobe gefällt werden!

Demonstriert wurde das Vorgehen in Kapitel 7.3 anhand des Chi-Quadrat-Tests. Zunächst errechnet man einen Kennwert – in diesem Fall für die Kontingenztabelle den empirischen χ^2-Wert. Für den Fall, dass in der Grundgesamtheit kein Zusammenhang besteht, dass also die H_0 gilt, ist die Verteilung dieses Kennwerts bekannt. Im Falle des Beispiels aus Kapitel 7.3 entspricht sie annähernd einer χ^2-Verteilung. Die Fläche unter dem Graphen der Wahrscheinlichkeitsdichtefunktion beträgt „1". Flächenstücke lassen sich also als Wahrscheinlichkeiten interpretieren. Besteht zum Beispiel in der Grundgesamtheit kein Zusammenhang, dann beträgt im genannten Beispiel (bei 12 Freiheitsgraden) die Wahrscheinlichkeit dafür, einen empirischen χ^2-Wert kleiner als „26.2" zu ermitteln, 99 Prozent und die Wahrscheinlichkeit dafür, einen empirischen χ^2-Wert größer als „26.2" zu ermitteln, 1 Prozent. Im vorliegenden Beispiel bezeichnet man „26.2" als „kritischen χ^2-Wert bei einer Irrtumswahrscheinlichkeit von 1%".

Den in der Stichprobe ermittelten empirischen χ^2-Wert vergleicht man mit diesem kritischen χ^2-Wert. Ist der empirische χ^2-Wert größer als der kritische, dann „glaubt man nicht mehr", dass die Stichprobe aus einer Grundgesamtheit stammt, in der die Nullhypothese H_0 gilt, also kein Zusammenhang besteht. Die Wahrscheinlichkeit hierfür ist in unserem Beispiel mit 1% sehr gering! Statt dessen akzeptiert man die H_1, das heißt, man geht von einem Zusammenhang (im Beispiel zwischen den Variablen „Konfession" und „Wahlabsicht") aus. Andererseits besteht nun einmal eine Wahrscheinlichkeit von 1% dafür, dass die Nullhypothese gilt obwohl sich ein empirischer χ^2-Wert größer als „26.2" ergibt. In diesem Fall würde man die Nullhypothese fälschlicherweise verwerfen! Hierauf bezieht sich die in die bisherigen Überlegungen einbezogene „Irrtumswahrscheinlichkeit" von 1%.

Nun zu den Möglichkeiten und Grenzen des Verfahrens. Die große Stärke derartiger Tests besteht natürlich in der Möglichkeit, aus einer vergleichsweise kleinen Stichprobe die genannten Wahrscheinlichkeitsaussagen über die Grundgesamtheit ableiten zu können. Allerdings können die Irrtumswahrscheinlichkeiten nicht beliebig klein gewählt werden. Der Grund: bisher wurde nur der α-Fehler (Fehler 1. Art) berücksichtigt, d.h. der Fehler, die Nullhypothese (eines Nicht-Zusammenhangs) zuunrecht zurückzuweisen. Bei sehr klein gewählten Irrtumswahrscheinlichkeiten steigt jedoch die Gefahr eines β-Fehlers, der darin besteht, die Alternativhypothese (eines Zusammenhangs) zuunrecht zurückzuweisen (vgl. Kapitel 7.3).

Als Fazit ergibt sich: Über Zusammenhänge in der Grundgesamtheit sind – selbst beim Einsatz völlig reliabler Messinstrumente und dem Vorliegen einer perfekten Zufallsstichprobe – nur Wahrscheinlichkeitsaussagen mit den geschilderten Einschränkungen möglich. Eine „endgültige" Falsifikation von Zusammenhangshypothesen ist auch aus dieser Perspektive nicht möglich. Auch hier kommen Konventionen zum tragen.

Eine „endgültige Falsifikation" wird auch dadurch erschwert wenn nicht gar unmöglich gemacht, dass in der sozialwissenschaftlichen Forschung meist stochastische oder probabilistische Aussagen (Hypothesen) geprüft werden und nicht deterministische, wie sie in Kapitel 1 zur Erläuterung des Falsifikationsprinzips herangezogen wurden. Damit steht kein eindeutiges Falsifikationskriterium mehr zur Verfügung.

Abschließend sei noch angemerkt, dass selbst empirisch gut bestätigte Zusammenhänge nicht unbedingt etwas über die „wahre Beschaffenheit" des empirischen Relativs – sofern man von dieser ausgehen möchte – aussagen müssen. Ein anschauliches Beispiel aus der Biologie: Selbst wenn es als empirisch gesichert gelten kann, dass Ameisen unter den zur Verfügung stehenden Wegen zu einer Futterquelle stets den kürzesten für die Anlage ihrer Ameisenstraße wählen, ist damit nicht gesagt, dass dieses Kriterium (Kürze des Weges) im „empirischen Relativ" (für die Ameisen) in irgend einer Weise eine Rolle spielt. Das Ergebnis stellt sich auch dann ein, wenn sie zunächst ihren Weg zufällig suchen und im übrigen nach der Regel „gehe dort, wo bisher die meisten Ameisen gegangen sind" (und eine entsprechend starke Pheromonspur gelegt haben) verfahren.[4]

---

[4]   Hierzu ein einfaches Gedankenexperiment: Im Labor befinde sich ein Ameisennest und eine Futterquelle, die für die Ameisen zunächst nicht erreichbar ist. Nun werden beide miteinander verbunden, und zwar durch einen Weg, der vom Ameisennest wegführt und sich dann in einen kurzen und in einen sehr langen Arm aufspaltet. Beide Arme enden an der Futterquelle. Die Ameisen begeben sich auf den Weg, wählen an der Verzweigung per Zufall entweder den kürzeren oder den längeren Arm und bewegen sich auf die Futterquelle zu. Diese wird zuerst von den Ameisen erreicht, die den kurzen Wege wählten. Sie nehmen das Futter auf und bewegen sich zurück zum Nest – auf dem Weg, der bisher am meisten benutzt wurde. Das ist der kurze Weg, denn die Ameisen, die den sehr langen Weg wählten, sind zu diesem Zeitpunkt noch gar nicht eingetroffen. Wenn diese eingetroffen sind und Futter aufgenommen haben, wählen sie ebenfalls den kurzen Weg, denn er wurde bereits öfter von Ameisen begangen (Hin- und Rückweg der „schnellen Gruppe"!) als der sehr lange Weg. Damit wird dieser Weg nicht weiter begangen. Die Ameisenstraße entsteht auf dem kurzen Weg.

Fazit

Abschließend ergibt sich im Überblick folgendes Bild: Prinzipiell unüberwindbare Grenzen kann natürlich auch die Umfrageforschung nicht überwinden. Insbesondere besteht streng genommen keine Möglichkeit, ein empirisches Relativ 1:1 in ein numerisches Relativ „abzubilden", Kausalzusammenhänge sind streng genommen nicht nachweisbar und empirische Forschung setzt – wie jede andere wissenschaftliche Betätigung auch – eine Sprachgemeinschaft voraus und ist an diese gebunden. Solche Grenzen können nur per Konvention „überwunden" werden.

Eine wichtige Grenze der Umfrageforschung ergibt sich auch aus der empirisch-quantitativen Vorgehensweise: Es sind nur Aussagen prüfbar, die „an der Erfahrung" scheitern können. Damit können vor allem normative Aussagen nicht Gegenstand einer Prüfung sein. Die Einsatzmöglichkeiten der Umfrageforschung sind somit beschränkt!

Falls die empirisch-quantitative Vorgehensweise jedoch anwendbar ist, eröffnet die Umfrageforschung – im Gegensatz zu anderen Forschungsansätzen – eine Reihe weitreichender Möglichkeiten. Insbesondere sind Wahrscheinlichkeitsaussagen über die untersuchten Grundgesamtheiten möglich. Ein weiterer Vorteil liegt in der intersubjektiv nachprüfbaren Vorgehensweise, die mit einem gewissen Zwang zu sprachlicher und argumentativer Präzision verbunden ist. Die Umfrageforschung stellt damit – sofern sie einsetzbar ist – im Rahmen der prinzipiellen Beschränkungen der menschlichen Erkenntnisfähigkeit ein vergleichsweise mächtiges Forschungsinstrumentarium bereit!

Weiterführende Literatur zu Kapitel 9:

Fishbein (1963, 1965); vgl. auch Fishbein u.a. (2010: 96–125)

Glasersfeld (1997)

Gumin u.a. (Hrsg. [12]2010)

Jensen (1999)

Roth (1997)

Schmidt (Hrsg. [6]1994)

Schommers (1995)

Watzlawick (Hrsg. [5]2010)

Zaller (1998)

Lösung der Übungen

Übung 2.1-1:

Welches Skalenniveau entspricht den folgenden Merkmalen?	Lösung:
- Gewicht (z.B. Körpergewicht)	Ratioskala
- Geschlecht	Nominalskala
- Zufriedenheit mit dem Beruf	Ordinalskala
- Jahreszahlen des Regierungsantritts aller türkischen Sultane	Intervallskala
- Länge der Regierungszeit der einzelnen türkischen Sultane	Ratioskala
- Familienstand (ledig, verheiratet, geschieden etc.)	Nominalskala
- Anteil der Frauen unter den Berufstätigen	Absolutskala
- Mitgliedsnummer in einer politischen Partei (Wenn die Mitglieder nach ihrem Eintrittszeitpunkt in aufsteigender Reihenfolge mit 1, 2, 3 usw. numeriert sind)	Ordinalskala

Übung 2.1-2:

Markieren Sie in der untenstehenden Tabelle mit einem „X", welche Beziehungen zwischen den Werten des numerischen Relativs auf den unterschiedlichen Skalenniveaus interpretierbar sind.

	Nominal-skala	Ordinal-skala	Intervall-skala	Ratio-skala	Absolut-skala
Gleichheit/Ungleichheit von Werten	X	X	X	X	X
Größer-/Kleiner-Relation bei Werten		X	X	X	X
Differenzen von Werten			X	X	X
Verhältnisse von Werten				X	X
Werte „an sich"					X

Übung 4.3-1:
[Zur Lösung der Übungsaufgaben benötigen Sie die Kenntnisse aus Kapitel 7!]

Beantworten Sie für das Demonstrationsbeispiel aus Tafel 4.3-2 folgende Fragen:

a. Besteht in der Gesamtgruppe ein *signifikanter* Zusammenhang (für α = 0.01) zwischen dem Lesen der Broschüre und der Parteisympathie?
Berechnen Sie auch den Phi-Koeffizienten (Rechenweg!).

b. Besteht in der Gesamtgruppe ein *signifikanter* Zusammenhang (für α = 0.01) zwischen dem politischen Interesse und dem Lesen der Broschüre?
Wie hoch ist der Phi-Koeffizient?
Erstellen Sie als erstes aus den Angaben in Tafel 4.3-2 die benötigte Ausgangstabelle!

c. Besteht in der Gesamtgruppe ein *signifikanter* Zusammenhang (für α = 0.01) zwischen dem politischen Interesse und der Parteisympathie?
Wie hoch ist der Phi-Koeffizient?
Erstellen Sie als erstes aus den Angaben in Tafel 4.3-2 die benötigte Ausgangstabelle!

(Rechnen Sie jeweils mit zwei Nachkommastellen)

Lösung zu a:

observed:	Broschüre gelesen		
	ja	nein	Σ
Parteisympathie: ja	206	234	**440**
Parteisympathie: nein	164	396	**560**
Σ	**370**	**630**	**1000**

Parteisympathie in %: 56% 37%

expected:	162.80	277.20
	207.20	352.80

(obs.-exp.):	43.20	-43.20
	-43.20	43.20

(obs.-exp.)²:	1866.24	1866.24
	1866.24	1866.24

(obs.-exp.)²/exp.:	11.46	6.73
	9.01	5.29

Chi-Quadrat$_{emp}$:   32.49

Chi-Quadrat$_{krit}$:   6.64

Es besteht ein signifikanter Zusammenhang!

Phi-Koeffizient:

$$\Phi = \sqrt{\frac{32.49}{1000}} = 0.18$$

Lösung zu b:

observed:	politisches Interesse		
	ja	nein	Σ
Brosch. gelesen: ja	170	200	**370**
Brosch. gelesen: nein	30	600	**630**
Σ	**200**	**800**	**1000**

Brosch. gelesen in %: 85% 25%

expected:	74.00	296.00
	126.00	504.00

(obs.-exp.):	96.00	-96.00
	-96.00	96.00

(obs.-exp.)²:	9216.00	9216.00
	9216.00	9216.00

(obs.-exp.)²/exp.:	124.54	31.14
	73.14	18.29

Chi-Quadrat$_{emp}$:   247.11

Chi-Quadrat$_{krit}$:   6.64

Es besteht ein signifikanter Zusammenhang!

Phi-Koeffizient:

$$\Phi = \sqrt{\frac{247.11}{1000}} = 0.50$$

Lösung zu c:

observed:	politisches Interesse		
	ja	nein	Σ
Parteisympathie: ja	160	280	**440**
Parteisympathie: nein	40	520	**560**
Σ	**200**	**800**	**1000**

Parteisympathie in %: 80% 35%

expected:	88.00	352.00
	112.00	448.00

(obs.-exp.):	72.00	-72.00
	-72.00	72.00

(obs.-exp.)²:	5184.00	5184.00
	5184.00	5184.00

(obs.-exp.)²/exp.:	58.91	14.73
	46.29	11.57

Chi-Quadrat$_{emp}$:   131.50

Chi-Quadrat$_{krit}$:   6.64

Es besteht ein signifikanter Zusammenhang!

Phi-Koeffizient:

$$\Phi = \sqrt{\frac{131.50}{1000}} = 0.36$$

Übung 4.3-2:

[Zur Lösung der Übungsaufgaben benötigen Sie die Kenntnisse aus Kapitel 7!]

Beantworten Sie für das Demonstrationsbeispiel aus Tafel 4.3-6 folgende Fragen:

a. Welchen Wert hat der Phi-Koeffizient in der Gruppe der jüngeren Personen, in der Gruppe der älteren Personen sowie in der Gesamtgruppe aller Befragten?

b. Besteht in der Gesamtgruppe ein *signifikanter* Zusammenhang (für $\alpha = 0.01$) zwischen dem Lesen der Broschüre und der Sympathie für die Partei?

c. Prüfen Sie, ob in der Gruppe der jüngeren Personen und ob in der Gruppe der älteren Personen ein *signifikanter* Zusammenhang (für $\alpha = 0.01$) zwischen dem Lesen der Broschüre und der Sympathie für die Partei besteht.

(Rechnen Sie jeweils mit zwei Nachkommastellen)

Lösung für „Gesamtgruppe":

observed:	Broschüre gelesen		
	ja	nein	Σ
Parteisympathie: ja	187	279	**466**
Parteisympathie: nein	215	319	**534**
Σ	**402**	**598**	**1000**
Parteisympathie in %:	47%	47%	

expected:	187.33	278.67
	214.67	319.33

(obs.-exp.):	-0.33	0.33
	0.33	-0.33

(obs.-exp.)²:	0.11	0.11
	0.11	0.11

(obs.-exp.)²/exp.:	0.00	0.00
	0.00	0.00

Chi-Quadrat$_{emp}$: 0.00

Chi-Quadrat$_{krit}$: 6.64

Es besteht *kein* signifikanter Zusammenhang!

Phi-Koeffizient:

$$\Phi = \sqrt{\frac{0.00}{1000}} = 0.00$$

Lösung für „jüngere Personen":

observed:	Broschüre gelesen		
	ja	nein	Σ
Parteisympathie: ja	93	259	**352**
Parteisympathie: nein	8	140	**148**
Σ	**101**	**399**	**500**
Parteisympathie in %:	92%	65%	

expected:	71.10	280.90
	29.90	118.10

(obs.-exp.):	21.90	-21.90
	-21.90	21.90

(obs.-exp.)²:	479.61	479.61
	479.61	479.61

(obs.-exp.)²/exp.:	6.75	1.71
	16.04	4.06

Chi-Quadrat$_{emp}$: 28.56

Chi-Quadrat$_{krit}$: 6.64

Es besteht ein signifikanter Zusammenhang!

Phi-Koeffizient:

$$\Phi = \sqrt{\frac{28.56}{500}} = 0.24$$

Lösung für „ältere Personen":

observed:	Broschüre gelesen		
	ja	nein	Σ
Parteisympathie: ja	94	20	**114**
Parteisympathie: nein	207	179	**386**
Σ	**301**	**199**	**500**
Parteisympathie in %:	31%	10%	

expected:	68.63	45.37
	232.37	153.63

(obs.-exp.):	25.37	-25.37
	-25.37	25.37

(obs.-exp.)²:	643.64	643.64
	643.64	643.64

(obs.-exp.)²/exp.:	9.38	14.19
	2.77	4.19

Chi-Quadrat$_{emp}$: 30.53

Chi-Quadrat$_{krit}$: 6.64

Es besteht ein signifikanter Zusammenhang!

Phi-Koeffizient:

$$\Phi = \sqrt{\frac{30.53}{500}} = 0.25$$

Übung 5.1-1:

Was bedeuten in Ihren eigenen Worten die Angaben „$x_2 = 6$", „x_{17}" und „n_{13}" aus Tafel 5.1-1?

Lösung:

$x_2 = 6$: Der Student mit der Indexnummer $i = 2$ (Fred) studiert im sechsten Semester.

x_{17}:   steht stellvertretend für die Semesterzahl „4" (von Thomas)

n_{13}:   steht stellvertretend für den Befragten „Tom"

Übung 5.1-2:

Wie würde eine Häufigkeitsauszählung für zehn Studenten aussehen, die in einer Statistik-Arbeit, bei der zwischen null und sechs Fehler gemacht werden können, folgende Fehlerzahlen haben (Urliste):

0	6	1	2	5	1	2	1	1	6

Erstellen Sie als Zwischenschritt auch die primäre Tafel!

Lösung:

primäre Tafel:

0	1	1	1	1	2	2	5	6	6

Häufigkeitsverteilung:

j (Index)	c_j (Fehlerzahl)	f_j (Häufigkeit)
1	0	1
2	1	4
3	2	2
4	3	0
5	4	0
6	5	1
7	6	2

Übung 5.1-3:

Bestimmen Sie den Modalwert für das Beispiel aus Übung 5.1-2 (Fehlerzahlen von zehn Studenten in einer Statistik-Klausur).

Lösung:

Mo = 1   (Der am häufigsten vorkommende Wert!)

Übung 5.1-4:

Bestimmen Sie den Median für das Beispiel aus Übung 5.1-2 (Fehlerzahlen von zehn Studenten in einer Statistik-Klausur).

Lösung:

0	1	1	1	1	2	2	5	6	6

Md = 1.5

Übung 5.1-5:

Bestimmen Sie das arithmetische Mittel für das Beispiel aus Übung 5.1-2 (Fehlerzahlen von zehn Studenten in einer Statistik-Klausur).

Lösung:

aus der Urliste; s. Lösung zu Übung 5.1-2

$$\bar{x} = \frac{0+6+1+2+5+1+2+1+1+6}{10} = \frac{25}{10} = 2.5$$

aus der primären Tafel; s. Lösung zu Übung 5.1-2

$$\bar{x} = \frac{0+1+1+1+1+2+2+5+6+6}{10} = \frac{25}{10} = 2.5$$

aus der Häufigkeitsverteilung; s. Lösung zu Übung 5.1-2

$$\bar{x} = \frac{(1\cdot 0)+(4\cdot 1)+(2\cdot 2)+(0\cdot 3)+(0\cdot 4)+(1\cdot 5)+(2\cdot 6)}{10} = \frac{25}{10} = 2.5$$

Übung 5.1-6:

Berechnen Sie für die beiden Einkommensverteilungen, die sich nur in einem einzigen (hell hinterlegten!) Wert unterscheiden, den Modalwert, den Median und das arithmetische Mittel.

Lösung:

							Mo	Md	$\bar{x}$
Verteilung 1 (in €):	1800	1900	1900	1900	2100	2100	2200	1900	1900	1986
Verteilung 2 (in €):	1800	1900	1900	1900	2100	2100	17000	1900	1900	4100

Modalwert und Median sind für beide Verteilungen identisch, das arithmetische Mittel dagegen beträgt für die erste Verteilung 1985,71 € (gerundet 1986 €) und für die zweite 4100 €. Das arithmetische Mittel der zweiten Verteilung wird stark von dem Ausreißer „17000 €" beeinflusst.

Übung 5.2-1:

Berechnen Sie für die folgende Altersverteilung die Varianz und die Standardabweichung als Schätzer für die Grundgesamtheit.

(Dieses Beispiel ist wegen der geringen Fallzahl unrealistisch. Es dient nur zu Übungszwecken!)

i	Alter x_i	$(x_i - \bar{x})$	$(x_i - \bar{x})^2$
1	50	-10	100
2	30	-30	900
3	60	0	0
4	70	10	100
5	90	30	900
6	60	0	0
	$\bar{x} = 60$		$SAQ = 2000$

Lösung:

Varianz: $\qquad \hat{\sigma}_x^2 = \dfrac{2000}{5} = 400$

Standardabweichung: $\quad \hat{\sigma}_x = \sqrt{400} = 20$

Übung 5.2-2:

Berechnen Sie für die Altersverteilung aus Übung 5.2-1 den Variationskoeffizienten.
(Rechnen Sie mit zwei Nachkommastellen)

    Lösung:

$$s_x^2 = \frac{2000}{6} = 333.\overline{3}$$

$$s_x = \sqrt{333.\overline{3}} = 18.26$$

$$V = \frac{18.26}{60} = 0.30$$

Die empirische Standardabweichung ist jetzt in „Mittelwertseinheiten" ausgedrückt. Sie beträgt – bis auf Rundungsfehler – 0.30 mal den Mittelwert ($\overline{x}=60$).

Übung 5.2-3:

Bestimmen Sie für die folgende Verteilung von Punkten aus einer Statistik-Klausur die Spannweite, den Quartilabstand und den halben Quartilabstand.

Lösung:

primäre Tafel:

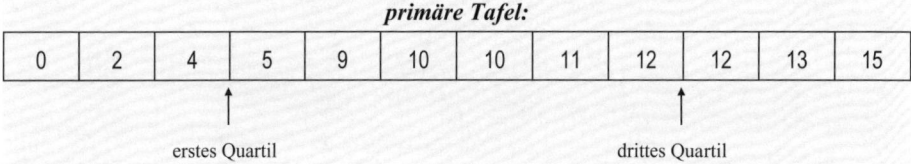

0	2	4	5	9	10	10	11	12	12	13	15

erstes Quartil   drittes Quartil

Spannweite $= 15 - 0 = 15$

Quartilabstand $= 12 - 4.5 = 7.5$

Halber Quartilabstand $= \frac{7.5}{2} = 3.75$

Übung 5.3-1:

Berichten Sie die Häufigkeit, mit der nach dem Beispiel in Tafel 5.3-1 oben die FDP gewählt wird, in Form von Prozentanteilen (bezogen auf die Anzahl aller Befragten), von absoluten und von relativen Häufigkeiten. Gehen sie dabei von einer Stichprobe mit 1500 Befragten aus.

Lösung:

Prozentanteil: 5 Prozent der Befragten   (aus dem Rechteckdiagramm ablesbar!)

absolute Häufigkeit: $n = 75$ Befragte   (Berechnung: $1500 \cdot 0.05 = 75$)

relative Häufigkeit: *Berechnung über die absoluten Häufigkeiten:*

$$\frac{75}{1500} = 0.05$$

oder:

Berechnung über den bekannten Prozentanteil:

$$\frac{5}{100} = 0.05$$

Übung 5.4-1:

Führen Sie für die unten dargestellte Verteilung von drei „x-Werten" eine z-Standardisierung durch, errechnen Sie also die z-standardisierten Werte (oder kurz: z-Werte). Berechnen Sie weiter das arithmetische Mittel und die empirische Standardabweichung der z-Werte.

(Rechnen Sie mit zwei Nachkommastellen)

Lösung:

x_i	$(x_i - \overline{x})$	$(x_i - \overline{x})^2$	$z_i = \dfrac{x_i - \overline{x}}{s_x}$	$(z_i - \overline{z})$	$(z_i - \overline{z})^2$
1	-2	4	-0.93	-0.93	0.86
2	-1	1	-0.46	-0.46	0.21
6	3	9	1.39	1.39	1.93

$\downarrow$		$\downarrow$	$\downarrow$		$\downarrow$
$\overline{x} = \dfrac{9}{3} = 3$		$SAQ_x = 14$	$\overline{z} = 0$		$SAQ_z = 3$

$$s_x^2 = \frac{14}{3} = 4.67 \qquad\qquad s_z^2 = \frac{3}{3} = 1$$

$$s_x = \sqrt{4.67} = 2.16 \qquad\qquad s_z = \sqrt{1} = 1$$

Nehmen Sie als nächstes übungshalber an, Ihnen lägen Stichprobenwerte vor. Führen Sie nun die gleichen Berechnungen mit der Standardabweichung als Schätzer für die Grundgesamtheit (anstelle der empirischen Standardabweichung) durch.

(Rechnen Sie mit drei Nachkommastellen)

Lösung:

x_i	$(x_i - \overline{x})$	$(x_i - \overline{x})^2$	$z_i = \dfrac{x_i - \overline{x}}{\hat{\sigma}_x}$	$(z_i - \overline{z})$	$(z_i - \overline{z})^2$
1	-2	4	-0.756	-0.756	0.572
2	-1	1	-0.378	-0.378	0.143
6	3	9	1.134	1.134	1.286

$\downarrow$		$\downarrow$	$\downarrow$		$\downarrow$
$\overline{x} = \dfrac{9}{3} = 3$		$SAQ_x = 14$	$\overline{z} = 0$		$SAQ_z = 2.001$

$$\hat{\sigma}_x^2 = \frac{14}{2} = 7 \qquad\qquad \begin{aligned} \hat{\sigma}_z^2 &= \frac{2.001}{2} \\ \hat{\sigma}_z^2 &= 1.001^* \end{aligned}$$

$$\hat{\sigma}_x = \sqrt{7} = 2.646 \qquad\qquad \begin{aligned} \hat{\sigma}_z &= \sqrt{1.001} \\ \hat{\sigma}_z &= 1.000 \end{aligned}$$

* Bei genauerem Rechnen würde man hier „1" erhalten!

Übung 6.2-1:

In einer Grundgesamtheit sei der Intelligenzquotient (IQ) annähernd normalverteilt mit: $\mu_x = 100$ und $\sigma = 15$.

Aus dieser Grundgesamtheit wird zufällig eine Person gezogen und ihr IQ festgestellt. Mit welcher Wahrscheinlichkeit liegt der IQ der gezogenen Person:

Lösung:

a. zwischen 90 und 115? $x = 90 \rightarrow z = -0.67$; $x = 115 \rightarrow z = 1$

gesuchte Wahrscheinlichkeit: $0.8413 - 0.2514 = 0.5899$

b. zwischen 110 und 115? $x = 110 \rightarrow z = 0.67$; $x = 115 \rightarrow z = 1$

gesuchte Wahrscheinlichkeit: $0.8413 - 0.7486 = 0.0927$

c. über 105? $x = 105 \rightarrow z = 0.33$;

gesuchte Wahrscheinlichkeit: $1 - 0.6293 = 0.3707$

d. unter 95? $x = 95 \rightarrow z = -0.33$;

gesuchte Wahrscheinlichkeit: 0.3707 (direkt ablesbar!)

Übung 6.3-1:

Aus der Grundgesamtheit aller 10-jährigen Schüler Bayerns wird eine einfache Zufalls-stichprobe des Umfangs n = 1225 gezogen. Die gezogenen Schüler werden einem Intelli-genztest (dessen Werte als intervallskaliert angenommen werden) unterzogen. Bei den 1225 Schülern ergibt sich dabei ein arithmetisches Mittel von $\bar{x} = 103.08$ und eine Stan-dardabweichung von $\hat{\sigma}_x = 11.20$ für die Werte des Intelligenztests. Berechnen Sie für $\bar{x}$:

a. das 95%-Konfidenzintervall

Lösung: $103.08 \pm 1.96 \cdot \dfrac{11.20}{\sqrt{1225}} = 103.08 \pm 0.63$;   Intervallgrenzen: $102.45 - 103.71$

b. und das 99%-Konfidenzintervall.

Lösung: $103.08 \pm 2.575 \cdot \dfrac{11.20}{\sqrt{1225}} = 103.08 \pm 0.82$;   Intervallgrenzen: $102.26 - 103.90$

c. Wie groß wäre das 99%-Konfidenzintervall, wenn (bei ansonsten gleichen Ergeb-nissen) nur eine Zufallsstichprobe von n = 625 Schülern gezogen worden wäre?

Lösung: $103.08 \pm 2.575 \cdot \dfrac{11.20}{\sqrt{625}} = 103.08 \pm 1.15$;   Intervallgrenzen: $101.93 - 104.23$

Übung 6.3-2:

Aus einer Grundgesamtheit wird eine einfache Zufallsstichprobe des Umfangs n = 1444 gezogen und der Anteil der Raucher in der Stichprobe festgestellt. 18 Prozent der Stichprobenmitglieder sind Raucher. Wählen Sie eine Vertrauenswahrscheinlichkeit von γ = 0.95 und berechnen Sie das Konfidenzintervall für den Anteilswert.
(Rechnen Sie mit zwei Nachkommastellen)

Lösung (Anteilswerte):

$$0.18 \pm 1.96 \cdot \sqrt{\frac{0.18 \cdot 0.82}{1444}} = 0.18 \pm 0.02 \; ; \quad \text{Intervallgrenzen: } 0.16 - 0.20$$

Lösung (Prozentwerte):

$$18 \pm 1.96 \cdot \sqrt{\frac{18 \cdot 82}{1444}} = 18 \pm 2 \; ; \qquad \text{Intervallgrenzen: } 16\% - 20\%$$

Übung 7.3-1:

Berechnen Sie für die Indifferenztabelle (Tafel 7.3-1) die Spaltenprozente und interpretieren Sie die auftretende Regelmäßigkeit.

Lösung:

	Konfession		
	katholisch	evangelisch	übrige Befragte
Wahlsonntagsfrage			
CDU/CSU	30.3	30.3	30.3
SPD	35.4	35.4	35.4
FDP	5.5	5.5	5.5
Grüne	8.5	8.5	8.5
Republikaner	4.6	4.6	4.6
andere Partei	2.1	2.1	2.1
Nichtwähler	13.5	13.5	13.5
SUMME	**100**	**100**	**100**
Basis	**4141**	**4434**	**1396**

Interpretation:

Die Werte in den Zellen der Indifferenztabelle wurden unter der Annahme berechnet, dass die beiden Variablen voneinander *unabhängig* sind, dass also kein Zusammenhang zwischen der Konfession und der Wahlabsicht besteht. In diesem Fall darf die Tatsache, dass eine Person katholisch, evangelisch oder keines von beiden (übrige Befragte) ist, nicht mit der Wahrscheinlichkeit, mit der die Person eine bestimmte Wahlabsicht hat, zusammenhängen. Damit dürfen sich auch die prozentualen Häufigkeiten, mit denen die eine oder andere Wahlabsicht auftritt, nicht zwischen den Konfessionsgruppen unterscheiden.
Errechnet man *Zeilenprozente*, dann unterscheiden auch diese sich nicht zwischen den Wahlabsichtsgruppen!

Übung 7.3-2:

Besteht zwischen der Wahlabsicht zugunsten oder zuungunsten der Republikaner und der Konfession in der Grundgesamtheit der Wahlberechtigten aus den Alten Bundesländern ein Zusammenhang?
Prüfen Sie die Frage anhand der unten gezeigten Kontingenztabelle, die (wie das bisherige Beispiel) auf Daten aus den kumulierten Politbarometern 1992 für die Alten Bundesländer beruht. Führen Sie einen Chi-Quadrat-Test durch. Wählen Sie eine Irrtumswahrscheinlichkeit von $\alpha = 0.01$.

(Rechnen Sie mit zwei Nachkommastellen)

Lösung:

Angaben in den Zellen: observed [absolute Häufigkeit in der Stichprobe]
                         expected [absolute Häufigkeit laut Indifferenztabelle]
                         (observed-expected)
                         (observed-expected)^2
                         (observed-expected)^2 / expected

	Konfession			
	katholisch	evangelisch	übrige Befragte	SUMME
Wahlsonntagsfrage				
Republikaner-Wähler	**186.00**	**194.00**	**83.00**	463
	192.29	205.89	64.82	
	-6.29	-11.89	18.18	
	39.56	141.37	330.51	
	0.21	0.69	5.10	
keine Republikaner-Wähler	**3955.00**	**4240.00**	**1313.00**	9508
	3948.71	4228.11	1331.18	
	6.29	11.89	-18.18	
	39.56	141.37	330.51	
	0.01	0.03	0.25	
SUMME	**4141**	**4434**	**1396**	**9971**

- wird fortgesetzt -

Fortsetzung der Lösung:

Voraussetzung prüfen:

> Sie ist erfüllt. Alle Zellenwerte der Indifferenztabelle sind größer als 5.

Nullhypothese und Alternativhypothese festlegen:

> H_0: In der Grundgesamtheit besteht *kein* Zusammenhang zwischen den beiden Variablen.
> H_1: In der Grundgesamtheit *besteht* ein Zusammenhang zwischen den beiden Variablen.

Empirischen χ^2-Wert ermitteln:

> $\chi^2_{emp} = 0.21 + 0.69 + 5.10 + 0.01 + 0.03 + 0.25 = 6.29$ *(siehe Tafel)*

Freiheitsgrade ermitteln:

> $df = 1 \cdot 2 = 2$

Kritischen Wert für $df = 2$ und $\alpha = 0.01$ ermitteln:

> $\chi^2_{krit} = 9.21$ *(aus Anlage 5)*

Entscheidung über die H_0:

> $\chi^2_{emp} < \chi^2_{krit}$, daher kann H_0 nicht verworfen werden.

Ergebnis: Bei einer Irrtumswahrscheinlichkeit von $\alpha = 0.01$ kann die Nullhypothese nicht verworfen werden. Wir entscheiden uns also für die Nullhypothese: „In der Grundgesamtheit besteht *kein* Zusammenhang zwischen den beiden Variablen".

Anmerkung: Die Datengrundlage ist identisch mit der des Beispiels im Text. Dass jetzt *kein* signifikanter Zusammenhang mehr auftritt liegt daran, dass eine andere Fragestellung und damit eine andere Variable bei der „Wahlabsicht" verwendet wurde!

Übung 7.4-1:

Berechnen Sie für das Eingangsbeispiel (Tafel 7.1-1) den Kontingenzkoeffizienten und den korrigierten Kontingenzkoeffizienten.

(Rechnen Sie mit drei Nachkommastellen)

Lösung:

$$C = \sqrt{\frac{366.6}{366.6 + 9971}} = 0.188 \qquad \text{(Der Wert } \chi^2_{emp} = 366.6 \text{ ist aus Tafel 7.3-2 bekannt!)}$$

$$C_{korr} = \frac{0.188}{0.816} = 0.230 \qquad \text{mit: } C_{max} = \sqrt{\frac{2}{3}} = 0.816$$

Übung 7.4-2:

Berechnen Sie für die folgende, aus Tafel 7.1-1 hergestellte Kontingenztabelle ...

 a. den Phi-Koeffizienten

 b. den nach dem Verfahren von Cole korrigierten Phi-Koeffizienten.

 (Rechnen Sie mit drei Nachkommastellen)

Lösung zu Teilaufgabe a:

	katholisch	nicht katholisch	SUMME		observed
CDU/CSU+	1616	1401	3017		
CDU/CSU-	2525	4429	6954		
SUMME	4141	5830	9971		

CDU/CSU +   CDU/CSU-Wähler
CDU/CSU-   kein CDU/CSU-Wähler

	katholisch	nicht katholisch	SUMME		expected
CDU/CSU+	1252.973	1764.027	3017		
CDU/CSU-	2888.027	4065.973	6954		
SUMME	4141	5830	9971		

363.027	-363.027	observed − expected
-363.027	363.037	

131788.603	131788.603	$(\text{observed} - \text{expected})^2$
131788.603	131788.603	

105.181	74.709	$\dfrac{(\text{observed} - \text{ecpected})^2}{\text{expected}}$
45.633	32.413	

empirischer χ^2-Wert: $\chi^2_{emp} = 257.936$

Phi-Koeffizient: $\Phi = \sqrt{\dfrac{257.936}{9971}} = 0.161$

- wird fortgesetzt -

Lösung zu Teilaufgabe b:

	katholisch	nicht katholisch	SUMME	
CDU/CSU+	3017	0	3017	observed'
CDU/CSU-	1124	5830	6954	
SUMME	4141	5830	9971	

CDU/CSU +   CDU/CSU-Wähler
CDU/CSU-   kein CDU/CSU-Wähler

	katholisch	nicht katholisch	SUMME	
CDU/CSU+	1252.973	1764.027	3017	expected
CDU/CSU-	2888.027	4065.973	6954	
SUMME	4141	5830	9971	

1764.027	-1764.027	observed' −expected
-1764.027	1764.027	

3111791.257	3111791.257	$(observed' - expected)^2$
3111791.257	3111791.257	

2483.526	1764.027	$\dfrac{(observed' - ecpected)^2}{expected}$
1077.480	765.325	

neuer „empirischer χ^2-Wert": $\chi^2_{emp} = 6090.358$

maximaler „Phi-Koeffizient": $\Phi_{max} = \sqrt{\dfrac{6090.358}{9971}} = 0.782$

korrigierter Phi-Koeffizient: $\Phi_{korr} = \dfrac{0.161}{0.782} = 0.206$

Übung 7.5-1:

Berechnen Sie den Kontingenzkoeffizienten sowie Cramérs V (vgl. Kapitel 7.4) für das Beispiel aus Tafel 7.5-1.

Kontingenzkoeffizient: $C = \sqrt{\dfrac{727.1}{727.1+10509}} = 0.25$

Cramérs V: $V = \sqrt{\dfrac{727.1}{10509 \cdot 2}} = 0.19$

Übung 7.5-2:

In einer Umfrage wurde erhoben, welches Ziel die befragten Personen als das wichtigste Erziehungsziel einschätzten. Vorgegeben waren die Antwortalternativen „Gehorsam und Unterordnung", „Ordnungsliebe und Fleiß" sowie „Selbständigkeit und freier Wille". Zusätzlich wurde unter anderem der Schulabschluss der Befragten erhoben. Die nachfolgende Tabelle zeigt das Ergebnis.

Berechnen Sie $\lambda_{\text{Erziehungsziel abhängig}}$, $\lambda_{\text{Schulabschluss abhängig}}$ sowie $\lambda_{\text{symmetrisch}}$ für die untenstehende Kreuztabelle.

Wichtigstes Erziehungsziel:	Schulabschluss:			
	Hauptschule oder weniger	Realschul-abschluss	Abitur oder höherer Abschluss	SUMME
Gehorsam und Unterordnung	113	52	14	179
Ordnungsliebe und Fleiß	444	234	126	804
Selbständigkeit und freier Wille	427	441	311	1179
SUMME	984	727	451	2162

- wird fortgesetzt -

Übung 7.5-2: (Fortsetzung)

$$\lambda_{\text{Erziehungsziel abhängig}} = \frac{(179+804)-[(113+427)+(52+234)+(14+126)]}{179+804} = \frac{983-966}{983} = 0.0173$$

$$\lambda_{\text{Schulabschluß abhängig}} = \frac{(727+451)-[(52+14)+(234+126)+(427+311)]}{727+451} = \frac{1178-1164}{1178} = 0.0119$$

$$\lambda_{\text{symmetrisch}} = \frac{(983+1178)-(966+1164)}{983+1178} = \frac{2161-2130}{2161} = 0.0143$$

Übung 8.1-1:

Setzen Sie für das Eingangsbeispiel folgende neue Werte ein (siehe Tabelle):

a. Berechnen Sie mit den neuen Werten die Regressionsgleichung und das Bestimmtheitsmaß.
(Rechnen Sie mit drei Nachkommastellen)

Lösung zu Teilaufgabe a:

i	x_i	$x_i - \bar{x}$	$(x_i - \bar{x})^2$	y_i	$y_i - \bar{y}$	$(y_i - \bar{y})^2$	$(x_i - \bar{x}) \cdot (y_i - \bar{y})$	$\hat{y}_i$	$\hat{y}_i - \bar{y}$	$(\hat{y}_i - \bar{y})^2$	$y_i - \hat{y}_i$	$(y_i - \hat{y}_i)^2$
				Punkte in der Klausur								
(1)	(2)	(3)	(4)	(5)	(6)	(7)	(8)	(9)	(10)	(11)	(12)	(13)
1	3	-3.4	11.56	13.000	-12.600	158.760	42.840	10.759	-14.841	220.255	2.241	5.022
2	5	-1.4	1.96	18.333	-7.267	52.809	10.174	19.489	-6.111	37.344	-1.156	1.336
3	6	-0.4	0.16	22.000	-3.600	12.960	1.440	23.854	-1.746	3.049	-1.854	3.437
4	8	1.6	2.56	31.333	5.733	32.867	9.173	32.584	6.984	48.776	-1.251	1.565
5	10	3.6	12.96	43.333	17.733	314.459	63.839	41.314	15.714	246.930	2.019	4.076

$\bar{x} = 6.4$ $\qquad\qquad \bar{y} = 25.600$

$$SAQ_x = 29.200 \qquad SAQ_y = 571.855 \qquad SAP = 127.466$$

	Gesamt-Variation:	erklärte Variation:	unerklärte Variation:
15.436	**571.855**	**556.354**	

$$b = \frac{SAP}{SAQ_x} = 4.365 \qquad a = \bar{y} - b \cdot \bar{x} = -2.336 \qquad \text{Regressionsgleichung: } \hat{y}_i = 4.365 x_i - 2.336$$

$$\text{Bestimmtheitsmaß: } R^2 = \frac{556.354}{571.855} = 0.973$$

b. Die y-Werte sind in diesem Beispiel *vollständig* aus den x-Werten vorhersagbar. Es gilt die Beziehung $y_i = 1/3 \ x_i^2 + 10$. Wieso hat das Bestimmtheitsmaß in diesem Fall nicht den Wert „1", obwohl die Variation der y-Werte *vollständig* aus den x-Werten erklärt werden kann?

Lösung zu Teilaufgabe b:

Es handelt sich um keinen <u>linearen</u> Zusammenhang!

Übung 8.1-2:

Ersetzen Sie im *zweiten* Beispiel (Tafel 8.1-2) die Variable „Alter in Jahren" durch die Variable „Alter in Jahrzehnten" und errechnen Sie erneut die Regressionsgleichung und das Bestimmtheitsmaß.

(Rechnen Sie mit vier Nachkommastellen)

Lösung:

	Alter			Achtung								
i	x_i	$x_i - \bar{x}$	$(x_i - \bar{x})^2$	y_i	$y_i - \bar{y}$	$(y_i - \bar{y})^2$	$(x_i - \bar{x})\cdot(y_i - \bar{y})$	$\hat{y}_i$	$\hat{y}_i - \bar{y}$	$(\hat{y}_i - \bar{y})^2$	$y_i - \hat{y}_i$	$(y_i - \hat{y}_i)^2$
(1)	(2)	(3)	(4)	(5)	(6)	(7)	(8)	(9)	(10)	(11)	(12)	(13)
1	5	-1	1	65	-15	225	15	77.75	-2.25	5.0625	-12.75	162.5625
2	3	-3	9	75	-5	25	15	73.25	-6.75	45.5625	1.75	3.0625
3	6	0	0	80	0	0	0	80.00	0	0	0	0
4	7	1	1	80	0	0	0	82.25	2.25	5.0625	-2.25	5.0625
5	9	3	9	85	5	25	15	86.75	6.75	45.5625	-1.75	3.0625
6	6	0	0	95	15	225	0	80.00	0	0	15.00	225.0000

$\bar{x} = 6$ $\qquad\qquad$ $\bar{y} = 80$

SAQ_x $\qquad\qquad$ SAQ_y $\qquad$ SAP
$= 20$ $\qquad\qquad$ $= 500$ $\qquad$ $= 45$

Gesamt-Variation:	erklärte Variation:	unerklärte Variation:
500	101.25	398.75

$b = \dfrac{SAP}{SAQ_x} = 2.25$ $\qquad$ $a = \bar{y} - b\cdot\bar{x} = 66.5$ $\qquad$ Regressionsgleichung: $\hat{y}_i = 2.25x_i + 66.5$

$$\text{Bestimmtheitsmaß: } R^2 = \frac{101.25}{500} = 0.2025$$

Übung 8.2-1:

Führen Sie für die x- und die y-Werte aus Tafel 8.1-2 jeweils eine z-Standardisierung (vgl. Kap. 5.4) durch und berechnen Sie dann die Regressionsgleichung und das Bestimmtheitsmaß für die z-standardisierten Werte.

(Rechnen Sie mit vier Nachkommastellen)

Lösung: [Angaben aus Tafel 8.1-2 zur Errechnung der z-Werte: $\bar{x}=60$; $s_x=18.2574$; $\bar{y}=80$; $s_y=9.1287$]

i	x_i	$x_i-\bar{x}$	$(x_i-\bar{x})^2$	y_i	$y_i-\bar{y}$	$(y_i-\bar{y})^2$	$(x_i-\bar{x})\cdot(y_i-\bar{y})$	$\hat{y}_i$	$\hat{y}_i-\bar{y}$	$(\hat{y}_i-\bar{y})^2$	$y_i-\hat{y}_i$	$(y_i-\hat{y}_i)^2$
(1)	(2)	(3)	(4)	(5)	(6)	(7)	(8)	(9)	(10)	(11)	(12)	(13)
1	-0.5477	-0.5477	0.3000	-1.6432	-1.6432	2.7001	0.9000	-0.2465	-0.2465	0.0608	-1.3967	1.9508
2	-1.6432	-1.6432	2.7001	-0.5477	-0.5477	0.3000	0.9000	-0.7394	-0.7394	0.5467	0.1917	0.0367
3	0	0	0	0	0	0	0	0	0	0	0	0
4	0.5477	0.5477	0.3000	0	0	0	0	0.2465	0.2465	0.0608	-0.2465	0.0608
5	1.6432	1.6432	2.7001	0.5477	0.5477	0.3000	0.9000	0.7394	0.7394	0.5467	-0.1917	0.0367
6	0	0	0	1.6432	1.6432	2.7001	0	0	0	0	1.6432	2.7001

$\bar{x}=0$	$\bar{y}=0$	
SAQ_x	SAQ_y	SAP
$=6.0002$	$=6.0002$	$=2.7000$

Gesamt-Variation: 6.0002   **erklärte Variation:** 1.2150   **unerklärte Variation:** 4.7851

$b=\dfrac{SAP}{SAQ_x}=0.45$ $a=\bar{y}-b\cdot\bar{x}=0$ Regressionsgleichung: $\hat{y}_i=0.45x_i$ $\leftrightarrow$ (Korrelationskoeffizient: $r_{xy}=0.45$)

Bestimmtheitsmaß: $R^2=\dfrac{1.2150}{6.0002}=0.2025$

Übung 8.2-2:

Berechnen Sie für die unten aufgeführten Korrelationskoeffizienten deren Quadrat und interpretieren Sie die Ergebnisse.

Lösung:

Korrelationskoeffizient: r_{xy}	+0.00	+0.10	+0.20	+0.30	+0.40	+0.50	+0.60	+0.70	+0.80	+0.90	+1.00
Quadrat des Korrelationskoeffizienten	0.00	0.01	0.04	0.09	0.16	0.25	0.36	0.49	0.64	0.81	1.00
Korrelationskoeffizient: r_{xy}	-0.00	-0.10	-0.20	-0.30	-0.40	-0.50	-0.60	-0.70	-0.80	-0.90	-1.00
Quadrat des Korrelationskoeffizienten	0.00	0.01	0.04	0.09	0.16	0.25	0.36	0.49	0.64	0.81	1.00

Interpretation: Das Quadrat des Korrelationskoeffizienten gibt den Anteil an „gemeinsamer Varianz" der beiden korrelierten Variablen an. Bei einem Korrelationskoeffizienten von $r_{xy}=\pm 0.60$ weisen die beiden Variablen beispielsweise einen Anteil von 36 Prozent an gemeinsamer Varianz auf.

Übung 8.3-1:

Berechnen Sie die Korrelation der Werte der Variablen „Einkommen" (Z) und „Achtung" (Y).

(Benutzen Sie hierzu die unten stehende Tabelle.)

i	Einkommen (Euro) z_i	$z_i - \bar{z}$	$(z_i - \bar{z})^2$	Achtung (Punkte) y_i	$y_i - \bar{y}$	$(y_i - \bar{y})^2$	$(z_i - \bar{z}) \cdot (y_i - \bar{y})$
(1)	(2)	(3)	(4)	(5)	(6)	(7)	(8)
1	2000	-750	562500	65	-15	225	11250
2	2000	-750	562500	75	-5	25	3750
3	4000	1250	1562500	80	0	0	0
4	2500	-250	62500	80	0	0	0
5	3000	250	62500	85	5	25	1250
6	3000	250	62500	95	15	225	3750

$\bar{z} = 2750$ $\bar{y} = 80$

$$\text{SAQ}_z = 2875000 \qquad \text{SAQ}_y = 500 \qquad \text{SAP} = 20000$$

Korrelationskoeffizient: $\quad r_{zy} = \dfrac{20000}{\sqrt{2875000 \cdot 500}} = 0.53$

Übung 8.3-2:

Berechnen Sie die Regressionsgerade für die Vorhersage der Werte der abhängigen Variablen „Einkommen" (Z) durch die Werte der unabhängigen Variablen „Alter" (X). Berechnen Sie auch die jeweils prognostizierten Werte sowie die erklärte und die unerklärte Variation und den Korrelationskoeffizienten (über das Bestimmtheitsmaß).

(Benutzen Sie hierzu die unten stehende Tabelle.)

i	Alter (Jahre) x_i	$x_i - \bar{x}$	$(x_i - \bar{x})^2$	Einkommen (Euro) z_i	$z_i - \bar{z}$	$(z_i - \bar{z})^2$	$(x_i - \bar{x}) \cdot (z_i - \bar{z})$	$\hat{z}_i$	$\hat{z}_i - \bar{z}$	$(\hat{z}_i - \bar{z})^2$	$z_i - \hat{z}_i$	$(z_i - \hat{z}_i)^2$
(1)	(2)	(3)	(4)	(5)	(6)	(7)	(8)	(9)	(10)	(11)	(12)	(13)
1	50	-10	100	2000	-750	562500	7500	2575	-175	30625	-575	330625
2	30	-30	900	2000	-750	562500	22500	2225	-525	275625	-225	50625
3	60	0	0	4000	1250	1562500	0	2750	0	0	1250	1562500
4	70	10	100	2500	-250	62500	-2500	2925	175	30625	-425	180625
5	90	30	900	3000	250	62500	7500	3275	525	275625	-275	75625
6	60	0	0	3000	250	62500	0	2750	0	0	250	62500

$\bar{x} = 60$ $\bar{z} = 2750$

SAQ_x SAQ_z SAP
$= 2000$ $= 2875000$ $= 35000$

	Gesamt-Variation:		erklärte Variation:	unerklärte Variation:
	2875000		612500	2262500

$b = \dfrac{SAP}{SAQ_x} = 17.5$ $a = \bar{z} - b \cdot \bar{x} = 1700$ Regressionsgleichung : $\hat{z}_i = 17.5 x_i + 1700$

Bestimmtheitsmaß : $R^2 = \dfrac{612500}{2875000} = 0.2130$ $r_{xz} = 0.46$

Übung 8.3-3:

Berechnen Sie die Korrelation der Werte der Variablen „Einkommen" (Z) und „Achtung" (Y) unter Auspartialisierung des „Alters" (X).

(Benutzen Sie hierzu die unten stehende Tabelle.)

i	Residuum Einkommen (Euro)			Residuum Achtung (Punkte)			
	zr_i	$zr_i - \overline{zr}$	$(zr_i - \overline{zr})^2$	yr_i	$yr_i - \overline{yr}$	$(yr_i - \overline{yr})^2$	$(zr_i - \overline{zr}) \cdot (yr_i - \overline{yr})$
(1)	(2)	(3)	(4)	(5)	(6)	(7)	(8)
1	-575	-575	330625	-12.75	-12.75	162.5625	7331.25
2	-225	-225	50625	1.75	1.75	3.0625	-393.75
3	1250	1250	1562500	0.00	0.00	0.0000	0.00
4	-425	-425	180625	-2.25	-2.25	5.0625	956.25
5	-275	-275	75625	-1.75	-1.75	3.0625	481.25
6	250	250	62500	15.00	15.00	225.0000	3750.00

$$\overline{zr} = 0 \qquad\qquad\qquad \overline{yr} = 0$$

$$SAQ_{zr} \qquad\qquad SAQ_{yr} \qquad SAP$$
$$= 2262500 \qquad\qquad = 398.75 \qquad = 12125$$

Partieller Korrelationskoeffizient (Partialkorrelation): $r_{zr-yr} = \dfrac{12125}{\sqrt{2262500 \cdot 398.75}} = 0.40$

Anlage 1: Bearbeitungsreihenfolge für Seminare

Für ein Einführungsseminar „Statistik und Methoden der empirischen Sozialforschung" hat es sich bewährt, die Kapitel in der nachfolgend aufgeführten Reihenfolge zu bearbeiten. In diesem Fall werden für die Bearbeitung der einzelnen Kapitel keinerlei besondere Vorkenntnisse vorausgesetzt, die nicht schon in den vorhergehenden Kapiteln behandelt worden wären. Die genannte Bearbeitungsreihenfolge dürfte sich auch für das Selbststudium eignen, falls keine Vorkenntnisse vorhanden sind.

1 Wissenschaftstheoretische Vorbemerkungen

2.1 Messung und Skalenniveaus

5.1 Maßzahlen der zentralen Tendenz

5.2 Maßzahlen der Dispersion (Streuung)

5.3 Graphische Darstellungen

5.4 z-Standardisierung

8.1 Regressionsanalyse (lineare Einfachregression)

8.2 Korrelationsanalyse

2.2 Messinstrumente
(**Schwerpunkte:** Klassische Testtheorie, Gütekriterien eines Tests, Testkonstruktion nach dem Likert-Verfahren, Guttman-Skalierung)

3.1 Einfache Zufallsstichproben

3.2 Mehrstufige Zufallsstichproben

3.3 Klumpenstichproben und geschichtete Stichproben

3.4 Willkürliche und bewusste (nicht zufallsgesteuerte) Auswahlen

3.5 Spezielle Auswahltechniken

3.6 Non-Response

6.1 Der zentrale Grenzwertsatz

6.2 Normalverteilung und Standardnormalverteilung

6.3 Die Berechnung von Konfidenzintervallen

7.1 Vergleich von Prozentwerten

7.2 Die Chi-Quadrat-Verteilung

7.3 Der Chi-Quadrat-Test

7.4 Chi-Quadrat-basierte Zusammenhangsmaße für zwei diskrete Variablen

7.5 λ-Maßzahlen für den Zusammenhang zweier diskreter Variablen

8.3 Partialkorrelation

8.4 Ausblick zur Regressions- und Korrelationsanalyse

2.3 Fragenformulierung und Fragebogenkonstruktion

4.1 Amtliche Statistiken als „bessere Alternative" zu Umfragedaten?

4.2 Untersuchung zeitlicher Entwicklungen

4.3 Konsequenzen des Ex-Post-Facto-Designs

4.4 Mündliche, schriftliche oder telefonische Befragung?

9 Möglichkeiten und Grenzen der Umfrageforschung

Anlage 2: Beispiele für nach dem Likert-Verfahren entwickelte Instrumente

A. Die 13 Items des Instruments zur Messung von **„Autoritarismus"** von Michaela von Freyhold (1971: 329–330). Bei diesem Instrument sind die „negativ gepolten" Items (aufgrund der Ergebnisse der Itemanalyse) für das endgültige Instrument *nicht* beibehalten worden. Die Entwicklung des Instruments ist in von Freyhold (1971) ausführlich dokumentiert.

		Zustimmung			Ablehnung		
		stark	mittel	schwach	schwach	mittel	stark
2.	Politik verdirbt den Charakter, ein anständiger Mensch hält sich draußen.	+3	+2	+1	-1	-2	-3
3.	Nur durch Arbeit wird man wirklich glücklich.	+3	+2	+1	-1	-2	-3
4.	Den meisten Jugendlichen geht es heute zu gut; Es ist höchste Zeit, dass sie wieder straffe Disziplin lernen.	+3	+2	+1	-1	-2	-3
5.	Es wird immer Kriege geben, die Menschen sind nun einmal so.	+3	+2	+1	-1	-2	-3
7.	Es wird bei uns zuviel geredet und diskutiert, damit kommt man nicht weiter.	+3	+2	+1	-1	-2	-3
8.	Wir sollten unter unsere Vergangenheit einen Schlussstrich ziehen, bei den anderen sind genau so schlimme Dinge vorgekommen.	+3	+2	+1	-1	-2	-3
9.	Deutschland ist und bleibt das Bollwerk gegen den Bolschewismus.	+3	+2	+1	-1	-2	-3
11.	Wie unsere Gefängnisse heute eingerichtet sind, wird die Strafe fast zu einer Belohnung.	+3	+2	+1	-1	-2	-3
12.	Vieles von dem, was über die Konzentrationslager berichtet wird, ist übertrieben.	+3	+2	+1	-1	-2	-3
13.	Die Amerikaner mögen noch so zivilisiert sein, wirkliche Kultur haben sie nicht.	+3	+2	+1	-1	-2	-3
14.	Die Gewerkschaften sind eigennützige Interessenverbände, denen das Allgemeinwohl der Bevölkerung gleichgültig ist.	+3	+2	+1	-1	-2	-3
16.	Hitlers Ausrottungsmaßnahmen waren brutal, aber wenn man etwa unverbesserliche Verbrecher auf eine menschlichere Art loswerden könnte, wäre das gut für die Gesamtheit.	+3	+2	+1	-1	-2	-3
17.	Die menschliche Natur ist im Grunde unveränderlich, der Mensch bleibt, was er ist.	+3	+2	+1	-1	-2	-3

B. Die 12 Items des Instruments zur Messung von **„Politischer Entfremdung"** von Fischer, Lippert und Zoll. Auch bei diesem Instrument sind keine „negativ gepolten" Items enthalten. Zusätzlich sind nur die beiden Antworten „stimmt" und „stimmt nicht" vorgesehen, wobei die Werte entsprechend mit „1" oder „0" kodiert werden. Dieses Verfahren wird in der Forschung öfter praktiziert. Die Entwicklung des Instruments sowie Angaben zu den Gütekriterien sind im „ZUMA-Handbuch Sozialwissenschaftlicher Skalen" unter „N12" berichtet.

		Zustimmung	**Ablehnung**
1.	In der Politik geschieht selten etwas, was dem kleinen Mann nützt.	stimmt 1	stimmt nicht 0
2.	Die meisten Äußerungen der Politiker sind doch reine Propaganda	stimmt 1	stimmt nicht 0
3.	In der Politik dreht sich doch alles nur um Geld.	stimmt 1	stimmt nicht 0
4.	Die Abgeordneten interessieren sich kaum für die Probleme der Leute, von denen sie gewählt werden.	stimmt 1	stimmt nicht 0
5.	Für das, was die Politiker leisten, werden sie zu hoch bezahlt.	stimmt 1	stimmt nicht 0
6.	Es hat wenig Sinn an Abgeordnete zu schreiben, weil sie sich wenig für die Probleme des kleinen Mannes interessieren.	stimmt 1	stimmt nicht 0
7.	Viele Politiker machen auf unsere Kosten schöne Reisen.	stimmt 1	stimmt nicht 0
8.	Die Bevölkerung wird sehr oft von Politikern betrogen.	stimmt 1	stimmt nicht 0
9.	Was ein Politiker verspricht, hält er selten oder nie.	stimmt 1	stimmt nicht 0
10.	Die Parteien sollten sich nicht wundern, wenn sie bald keiner mehr wählt.	stimmt 1	stimmt nicht 0
11.	Politiker sagen einmal dies, einmal jenes, je nachdem wie es ihnen in den Kram paßt.	stimmt 1	stimmt nicht 0
12.	Es kommt gar nicht darauf an, wer die Wahlen gewinnt, die Interessen des kleinen Mannes zählen ja doch nicht.	stimmt 1	stimmt nicht 0

Anlage 3: Beispiele für Antworten auf eine offene Frage

In einer im Herbst 1994 durchgeführten bundesweiten, schriftlichen Umfrage des Instituts für Politikwissenschaft (Innenpolitik) der Universität Mainz wurde gefragt: „Fänden Sie es richtig, bei der nächsten Bundestagswahl eine ‚Denkzettel' auszuteilen?" Befragte, die hierauf mit „ja" antworteten, wurden zusätzlich offen gefragt: „Und warum würden Sie diesen Denkzettel austeilen?" (Frage 18d).

Die ersten offenen Antworten sind nachfolgend zu Demonstrationszwecken im Wortlaut (ohne Korrekturen bei Rechtschreibung und Grammatik) in der Reihenfolge der Befragtennummern (Lfd. Nr.) aufgeführt.

Lfd. Nr.	Antwort auf Frage 18d
0002	Damit die Partei Stimmen gewinnt, die sich für Wohl des Volkes am besten einsetzt und nicht nur für die oberen Schichten der Bevölkerung
0003	Weil die Parteien in der Asylanten und Ausländerpolitik viel zu human und großzügig sind
0004	Da CDU u. SPD reine Interessenvertreter des Monopolkapitalismus sind
0007	1.) Lügen der Regierung in der Steuerpolitik; 2.) Staatsverschuldung so groß wie nie; 3.) Finanzielle Umverteilung von unten nach oben (Reiche immer reicher – Arme immer ärmer)
0009	Die großen sollten merken, auch die Kleineren können regieren
0010	Weil ich der Überzeugung bin, dass alle Parteien ihre Versprechungen nicht eingehalten haben
0014	Weil der Bürger sowieso nicht gefragt wird, weil Versprechen für die Wahl selten eingehalten werden, Politiker zuviel verdienen. Was würde jeder Politiker mit 3000–4000,- DM netto machen? Wie wäre es mit arbeitslosen Politikern?
0015	Weil die CDU/CSU mit Kanzler Kohl selbstgefällig die ehemalige DDR in die alte Bundesrepublik einverleibt hat, anstatt die zwei unterschiedlichen Staaten über eine längere Konföderation zu einer völlig neuen Staatsqualität zusammenwachsen zu lassen
0018	Um Protest anzuzeigen, dass keine leeren Versprechungen gemacht werden sollen – es müssen reale soziale Probleme in Dt. gelöst werden
0019	SPD u. CDU sind keine Volksparteien mehr, es werden nur Unternehmer-Interessen vertreten
0025	Wahlversprechen
0029	Damit die Parteien merken, dass sie für die Bürger da sein sollen, nicht umgekehrt
0030	Um Unzufriedenheit auszudrücken, jedoch nur dann, wenn wirklich Schaden eintritt
0032	- Versprechen der CDU/des Kanzlers werden nicht eingelöst – derzeitiges Wahlkampfverhalten gegenüber anderen Parteien
0040	Die Parteien verlieren die Bodenhaftung!
0042	Die Politik unserer Regierung ermöglichte es, dass Bürger aus den Alt-Bundesländern sich billig einkaufen konnten. Eine Entwicklungschance gab es für die NBL nicht. Alles wurde im Sprint erledigt. Erst denken, mit den Menschen reden, dann entscheiden!
0048	um die großen Parteien zum Denken zu veranlassen
0050	Der Dumpfbaddel Kohl muss endlich zurück in die gebührende Bedeutungslosigkeit

0052   weil selbst die SPD keinen wirklichen Gegenpolitiker zur CDU und CSU hat, und weil
        die Regierungsparteien zu selbstherrlich und korrupt sind

0057   Um die großen Parteien „aufzuwecken" – d.h. ihnen ernsthaft klarzumachen wie die
        Bürger über ihre „Volksvertreter" denken (Vetternwirtschaft, Amtsanmassung, Diä-
        tenwirtschaft

0061   In Verweigerung sehe ich zur Zeit die einzige Chance meine Opposition zur BRD
        auszudrücken

0063   In der Hoffnung, dass doch der eine oder andere Politiker ihn liest + evtl. anfängt dar-
        über nachzudenken, was gut f. Staat und Volk ist
        [*Die befragte Person hat „Denkzettel" offenbar wörtlich verstanden; der Verf.*]

0064   Die Parteien vergessen beim Durchsetzen ihrer politischen Ziele ihr Umfeld, ein gren-
        zenloses und vereinigtes Europa mit ECÜ bringt ungeahnte Schwierigkeiten

0066   Sollen sich kümmern, was einfache Leute denken

0067   Große Parteien sind zu überheblich. Sie nehmen sich selbst zu wichtig und glauben,
        ihre Politik sei die einzig Wahre

0069   Um die „Großen" aufzuwecken und damit etwas zu bewegen. Die politische Macht
        muss neu gemischt werden. Dtschld. ist zu weit nach „RECHTS" gerückt.

0078   Seit Einheit für ganz Deutschland: Herrscht Sozialabbau – Entwicklung zur 1/3 Gesell-
        schaft

0083   Die Armen werden immer ärmer und die Reichen immer reicher.

0087   die machen nur, was ihnen etwas einbringt. Erhalten große Pensionen. Uns schickt man
        in Vorruhestand. Die bleiben ewig.

0088   Damit sie aus ihrer Selbstherrlichkeit mal aufgerüttelt werden. und sich den wirklichen
        Tatsachen stellen.

0090   politische Aktivitäten müssen finanziell tragbar sein!

0091   Da ich mit der heutigen Politik nicht einverstanden bin.

0092   Diese Partei ist schon zu lange an der Regierung.

0094   damit mal das geschieht, was der einfache Bürger zum menschlichen Existieren benö-
        tigt, auch bekommt

0095   dass sie merken, ich bin unzufrieden

0096   Dass man die Politiker zum nachdenken zwingen sollte, denn die kleinen Leute wollen
        auch leben!

0101   Weil die Parteien von der Basis abgehoben haben!

0102   Siehe Probleme Nr. 14 und die Überheblichkeit der CDU/CSU und Intoleranz [Fr. 14:
        Arbeitslosigkeit, Angleichung sozialer Unterschiede, Wohnungsnot, Mietwucher,
        Kriminalität, Umweltschutz, Verwahrlosung der Jugend]

0103   Ich teile keine Denkzettel aus

0107   Eventuell macht mal einer die Augen auf und sieht die Realität

0108   Damit die Parteien ihre Wahlversprechen einhalten

0110   Unnahbarkeit der oberen Politiker; zu alt; kein Verständnis für die aktuellen Probleme

0111   Damit die Interessen der Bürger wahrgenommen werden

0112   Um die etablierten großen Parteien an ihre Wahlversprechen zu erinnern!

0114   Meine Sache

0117   Die CDU macht die Reichen immer reicher, die Armen immer ärmer.

0122   Die großen „Volksparteien" stellen Machtpolitik vor Lösung dringender Sachfragen
        (Nord-Süd-Konflikt, Umweltschutz, Kriminalität, §218, Rentenstrafrecht)

0126   weil die Wahlen für die Parteien ein reiner Machtkampf ist. Weil Bürgernähe im Wahl-
        kampf vorgetäuscht wird. Weil uneinlösbare Versprechen abgegeben werden

0127   Um die Meinung der Masse der Bevölkerung zu erforschen

0131   um die hohlen Phrasen der CDU in den letzten Jahren und die nichtigen Wahlverspre-
        chen nicht nochmals akzeptieren zu müssen

0136   Ein Regierungswechsel kann nicht schaden, denn „neue Besen kehren gut".
0137   - manche Parteien sind sich ihrer Sache zu sicher
0138   Weil die Parteien den „kleinen Bürger" ignorieren
0141   die Politiker auf den Boden zurückholen, damit sie nicht vergessen, von wem sie leben
0142   Der „Denkzettel" bringt <u>nichts;</u> der Schuß geht eher nach hinten los. Schon auspro-
        biert! (Kommunalwahl).
0146   keine FDP; keine PDS; keine absolute Mehrheit
0150   Folgepartei der SED, ist gleich 40 Jahre Unterdrückung, Stacheldraht und Stasiherr-
        schaft.
0153   - da können sich die alten Parteien so richtig ärgern, weil jemand da ist, der die Dinge
        beim Namen nennt; wir brauchen mehr Allgemeinwohl
0154   Die CDU ruht sich auf Ihren Lorbeeren aus. Sie müsste etwas aktiver werden.
0158   Die Parteien müssen einmal aufwachen
0159   Sie ist z. Zt. der lustigste Tupfer. Und alle großen Parteien springen bei Nennung ihres
        Namens wir von der Tarantel gestochen hoch.
0165   Weil ich für mehr Demokratie bin ohne Ausgrenzung
0169   Wenn jeder unseren Politikern ein Denkzettel verpassen wollte, wäre unsere Demokra-
        tie wohl kaputt
0176   Damit auf die Belange der Bürger mehr eingegangen wird
0177   Die beiden deutschen Staaten müssten zusammenwachsen aber nicht zusammen gena-
        gelt werden. (Willy Brandt)
0181   Weil CDU/CSU, FDP und Vertreter weiterer Parteien die DDR zerschlagen haben
0185   CDU/CSU haben uns schon sehr häufig angelogen und nach der Wahl ihre Verspre-
        chungen nicht gehalten.
0186   damit sich in Bonn in der Politik etwas bewegt
0192   Die Partei ist vom Gedankengut in Ordnung hat aber zu viel unfähige Politiker
0195   Keine Bürgernähe; unglaubwürdig
0199   Weil man uns nach der Vereinigung betrogen hat, der Einigungsvertrag war ein Köder,
        um den Unten die Vereinigung schmackhaft zu machen, nun wird er permanent ver-
        letzt! Weil man so Deutschland nicht einigt, sondern erneut spaltet!
0200   Opposition wird größer; mehr Bemühen um das Wahlprogramm zugunsten der Bevöl-
        kerung.
0203   um eine gute Opposition zu haben
0208   Weil die Art und Weise wie die Wiedervereinigung sowie die Folgepolitik realisiert
        wird nicht die Interessen der Bürger trifft.
0210   Weil die FDP sich nicht um die Belange des Gemeinwohls schert und ständig mitre-
        giert, sollte sie aus der politischen Landschaft verschwinden.
0213   Damit sich die großen Parteien wieder auf die eigentlichen Aufgaben und Ziele ihrer
        Partei konzentrieren. Nachdenken über Mitspracherecht des Volkes bei Wahlen u.
        anderen Entscheidungen (Paragraph 218, Bundespräsidentenwahl u.a.)
0214   Diskrepanz zwischen Wahlversprechungen und dem was eingehalten werden kann.
0215   Weil die großen Parteien nur noch das Ziel haben an das Geld der Bürger ranzukom-
        men um es mit vollen Händen auszugeben.
0219   - weil die „Großen" versagten
0220   Weil die bisherige Bundesregierung die untere Bevölkerungsgruppen stark benachtei-
        ligt
0220   Unzufriedenheit mit den etablierten Parteien
0227   Es ändert sich ja doch nichts.
0228   Die meisten Parteien und Politiker sind korrupt, weil sie sich das leisten können, wür-
        den Diese das Gehalt eines Normalverbrauchers verdienen, so müssten und würden sie
        anders reden und handeln.

0232	weil viele Aussagen leere Versprechungen bleiben
0233	Unzufriedenheit mit der bisherigen Politik der Koalition Schwarz-Gelb
0235	Weil ich nicht will, das ehemalige SED oder Stasis an die Macht kommen und wir das noch mal erleben müssen.
0238	die großen Parteien sollen begreifen, dass es um die Interessen der Menschen geht, und nicht um ständige Diäten-Erhöhungen
0241	Zeit des Kanzlerwechsels wegen Brechen von Wahlversprechen, falschen Aussagen und Veräppelung der Bevölkerung
0244	Ich halte dies für die einzige Möglichkeit die etablierten Parteien zum Nachdenken zu zwingen
0247	Weil die Politiker machen, was sie wollen + die Bürgermeinung ignorieren
0253	Damit die Parteien wieder auf den Boden der Realität zurückkehren
0255	bestehende Überheblichkeit der Politiker
0256	Um die großen Parteien aus Ihrer „Machtlethargie" zu reißen, um sie „anzuspornen"
0257	die CDU hat ihre Wahlversprechen nicht eingehalten
0258	Weil ich gut 40 Jahre von Kommunisten regiert wurde
0260	Weil die Parteien nicht mehr für ihre Wähler da sind, sondern nur noch ihre Interessen vertreten. Macht und Geld ist wichtiger als der Mensch.
0263	Da Andersdenkende zwar nicht verfolgt werden, wie zu DDR-Zeiten aber massiv beschimpft werden. Wir wollen die DDR nicht wieder, aber auf aktuelle Probleme und Sorgen aufmerksam machen.
0264	Das Gleichheitsprinzip im Allg. Sozialbereich wird immer mehr verletzt.
0266	Vor der Wahl wird zuviel versprochen, was nicht gehalten werden kann
0271	Weil ich mit der bisherigen Entwicklung der BRD nach der Wende, nicht zufrieden sein kann.
0275	nicht reden, sondern handeln
0278	Das sie wieder runter auf den Teppich kommen, sie haben „alle" abgehoben
0279	Damit sie daran erinnert werden, für das Volk da zu sein und dessen Probleme zu lösen und sich nicht in eigener Selbstgefälligkeit zu sonnen (Diäten usw.)
0280	Damit die Parteien wissen das noch denkende Bürger im Land leben
0281	damit die Politiker aus ihrem alten Trott herauskommen
0283	weil sich die Parteien selbstherrlich über das Volk hinwegsetzen.
0284	Um Politiker auf die Lage der Bevölkerung aufmerksam zu machen und um damit ein anderes Wahlverhalten und Wahlprogramm zu erreichen.
0285	CDU und CSU haben große Versprechungen gemacht und nicht gehalten
0289	weil viele Probleme nicht gelöst wurden
0290	Unfähigkeit der Reg.-Partei
0293	Die Politiker von ihrem hohen Roß herunter zu holen!
0294	Es ändert sich nichts
0299	Ich bin Dank CDU-Politik zwei Jahre arbeitslos und stehe kurz vor dem Ruin. Für mich ist diese Partei unglaubwürdig.
0308	Weil wir Ostdeutsche kein Almosen wollen sondern Arbeit
0311	Die verantwortlichen Politiker haben es versäumt die Wiedervereinigung auf der Basis einer gerechten Lastenverteilung zu verwirklichen. Die ostdeutsche Bevölkerung wurde weitgehend gedemütigt.

Anlage 4: Werte der Verteilungsfunktion $\Phi(z)$ [der Standardnormalverteilung]

z	0	1	2	3	4	5	6	7	8	9
-3,	0,0013	0,0010	0,0007	0,0005	0,0003	0,0002	0,0002	0,0001	0,0001	0,0000
-2,9	0,0019	0,0018	0,0018	0,0017	0,0016	0,0016	0,0015	0,0015	0,0014	0,0014
-2,8	0,0026	0,0025	0,0024	0,0023	0,0023	0,0022	0,0021	0,0021	0,0020	0,0019
-2,7	0,0035	0,0034	0,0033	0,0032	0,0031	0,0030	0,0029	0,0028	0,0027	0,0026
-2,6	0,0047	0,0045	0,0044	0,0043	0,0041	0,0040	0,0039	0,0038	0,0037	0,0036
-2,5	0,0062	0,0060	0,0059	0,0057	0,0055	0,0054	0,0052	0,0051	0,0049	0,0048
-2,4	0,0082	0,0080	0,0078	0,0075	0,0073	0,0071	0,0069	0,0068	0,0066	0,0064
-2,3	0,0107	0,0104	0,0102	0,0099	0,0096	0,0094	0,0091	0,0089	0,0087	0,0084
-2,2	0,0139	0,0136	0,0132	0,0129	0,0125	0,0122	0,0119	0,0116	0,0113	0,0110
-2,1	0,0179	0,0174	0,0170	0,0166	0,0162	0,0158	0,0154	0,0150	0,0146	0,0143
-2,0	0,0228	0,0222	0,0217	0,0212	0,0207	0,0202	0,0197	0,0192	0,0188	0,0183
-1,9	0,0287	0,0281	0,0274	0,0268	0,0262	0,0256	0,0250	0,0244	0,0239	0,0233
-1,8	0,0359	0,0351	0,0344	0,0336	0,0329	0,0322	0,0314	0,0307	0,0301	0,0294
-1,7	0,0446	0,0436	0,0427	0,0418	0,0409	0,0401	0,0392	0,0384	0,0375	0,0367
-1,6	0,0548	0,0537	0,0526	0,0516	0,0505	0,0495	0,0485	0,0475	0,0465	0,0455
-1,5	0,0668	0,0655	0,0643	0,0630	0,0618	0,0606	0,0594	0,0582	0,0571	0,0559
-1,4	0,0808	0,0793	0,0778	0,0764	0,0749	0,0735	0,0721	0,0708	0,0694	0,0681
-1,3	0,0968	0,0951	0,0934	0,0918	0,0901	0,0885	0,0869	0,0853	0,0838	0,0823
-1,2	0,1151	0,1131	0,1112	0,1093	0,1075	0,1056	0,1038	0,1020	0,1003	0,0985
-1,1	0,1357	0,1335	0,1314	0,1292	0,1271	0,1251	0,1230	0,1210	0,1190	0,1170
-1,0	0,1587	0,1562	0,1539	0,1515	0,1492	0,1469	0,1446	0,1423	0,1401	0,1379
-0,9	0,1841	0,1814	0,1788	0,1762	0,1736	0,1711	0,1685	0,1660	0,1635	0,1611
-0,8	0,2119	0,2090	0,2061	0,2033	0,2005	0,1977	0,1949	0,1922	0,1894	0,1867
-0,7	0,2420	0,2389	0,2358	0,2327	0,2296	0,2266	0,2236	0,2206	0,2177	0,2148
-0,6	0,2743	0,2709	0,2676	0,2643	0,2611	0,2578	0,2546	0,2514	0,2483	0,2451
-0,5	0,3085	0,3050	0,3015	0,2981	0,2946	0,2912	0,2877	0,2843	0,2810	0,2776
-0,4	0,3446	0,3409	0,3372	0,3336	0,3300	0,3264	0,3228	0,3192	0,3156	0,3121
-0,3	0,3821	0,3783	0,3745	0,3707	0,3669	0,3632	0,3594	0,3557	0,3520	0,3483
-0,2	0,4207	0,4168	0,4129	0,4090	0,4052	0,4013	0,3974	0,3936	0,3897	0,3859
-0,1	0,4602	0,4562	0,4522	0,4483	0,4443	0,4404	0,4364	0,4325	0,4286	0,4247
-0,0	0,5000	0,4960	0,4920	0,4880	0,4840	0,4801	0,4761	0,4721	0,4681	0,4641
0,0	0,5000	0,5040	0,5080	0,5120	0,5160	0,5199	0,5239	0,5279	0,5319	0,5359
0,1	0,5398	0,5438	0,5478	0,5517	0,5557	0,5596	0,5636	0,5675	0,5714	0,5753
0,2	0,5793	0,5832	0,5871	0,5910	0,5948	0,5987	0,6026	0,6064	0,6103	0,6141
0,3	0,6179	0,6217	0,6255	0,6293	0,6331	0,6368	0,6406	0,6443	0,6480	0,6517
0,4	0,6554	0,6591	0,6628	0,6664	0,6700	0,6736	0,6772	0,6808	0,6844	0,6879
0,5	0,6915	0,6950	0,6985	0,7019	0,7054	0,7088	0,7123	0,7157	0,7190	0,7224
0,6	0,7257	0,7291	0,7324	0,7357	0,7389	0,7422	0,7454	0,7486	0,7517	0,7549
0,7	0,7580	0,7611	0,7642	0,7673	0,7704	0,7734	0,7764	0,7794	0,7823	0,7852
0,8	0,7881	0,7910	0,7939	0,7967	0,7995	0,8023	0,8051	0,8078	0,8106	0,8133
0,9	0,8159	0,8186	0,8212	0,8238	0,8264	0,8289	0,8315	0,8340	0,8365	0,8389
1,0	0,8413	0,8438	0,8461	0,8485	0,8508	0,8531	0,8554	0,8577	0,8599	0,8621
1,1	0,8643	0,8665	0,8686	0,8708	0,8729	0,8749	0,8770	0,8790	0,8810	0,8830
1,2	0,8849	0,8869	0,8888	0,8907	0,8925	0,8944	0,8962	0,8980	0,8997	0,9015
1,3	0,9032	0,9049	0,9066	0,9082	0,9099	0,9115	0,9131	0,9147	0,9162	0,9177
1,4	0,9192	0,9207	0,9222	0,9236	0,9251	0,9265	0,9279	0,9292	0,9306	0,9319
1,5	0,9332	0,9345	0,9357	0,9370	0,9382	0,9394	0,9406	0,9418	0,9429	0,9441
1,6	0,9452	0,9463	0,9474	0,9484	0,9495	0,9505	0,9515	0,9525	0,9535	0,9545
1,7	0,9554	0,9564	0,9573	0,9582	0,9591	0,9599	0,9608	0,9616	0,9625	0,9633
1,8	0,9641	0,9649	0,9656	0,9664	0,9671	0,9678	0,9686	0,9693	0,9699	0,9706
1,9	0,9713	0,9719	0,9726	0,9732	0,9738	0,9744	0,9750	0,9756	0,9761	0,9767
2,0	0,9772	0,9778	0,9783	0,9788	0,9793	0,9798	0,9803	0,9808	0,9812	0,9817
2,1	0,9821	0,9826	0,9830	0,9834	0,9838	0,9842	0,9846	0,9850	0,9854	0,9857
2,2	0,9861	0,9864	0,9868	0,9871	0,9875	0,9878	0,9881	0,9884	0,9887	0,9890
2,3	0,9893	0,9896	0,9898	0,9901	0,9904	0,9906	0,9909	0,9911	0,9913	0,9916
2,4	0,9918	0,9920	0,9922	0,9925	0,9927	0,9929	0,9931	0,9932	0,9934	0,9936
2,5	0,9938	0,9940	0,9941	0,9943	0,9945	0,9946	0,9948	0,9949	0,9951	0,9952
2,6	0,9953	0,9955	0,9956	0,9957	0,9959	0,9960	0,9961	0,9962	0,9963	0,9964
2,7	0,9965	0,9966	0,9967	0,9968	0,9969	0,9970	0,9971	0,9972	0,9973	0,9974
2,8	0,9974	0,9975	0,9976	0,9977	0,9977	0,9978	0,9979	0,9979	0,9980	0,9981
2,9	0,9981	0,9982	0,9982	0,9983	0,9984	0,9984	0,9985	0,9985	0,9986	0,9986
3,	0,9987	0,9990	0,9993	0,9995	0,9997	0,9998	0,9998	0,9999	0,9999	1,00000

Anlage 5: Kritische Werte $\chi^2_{\alpha;\,f}$ der Chi-Quadrat-Verteilung

f	α			
	0.10	0.05	0.01	0.001
1	2.71	3.84	6.64	10.8
2	4.61	5.99	9.21	13.8
3	6.25	7.81	11.3	16.3
4	7.78	9.49	13.3	18.5
5	9.24	11.1	15.1	20.5
6	10.6	12.6	16.8	22.5
7	12.0	14.1	18.5	24.3
8	13.4	15.5	20.1	26.1
9	14.7	16.9	21.7	27.9
10	16.0	18.3	23.2	29.6
11	17.3	19.7	24.7	31.3
12	18.5	21.0	26.2	32.9
13	19.8	22.4	27.7	34.5
14	21.1	23.7	29.1	36.1
15	22.3	25.0	30.6	37.7
16	23.5	26.3	32.0	39.3
17	24.8	27.6	33.4	40.8
18	26.0	28.9	34.8	42.3
19	27.2	30.1	36.2	43.8
20	28.4	31.4	37.6	45.3
21	29.6	32.7	38.9	46.8
22	30.8	33.9	40.3	48.3
23	32.0	35.2	41.6	49.7
24	33.2	36.4	43.0	51.2
25	34.4	37.7	44.3	52.6
26	35.6	38.9	45.6	54.1
27	36.7	40.1	47.0	55.5
28	37.9	41.3	48.3	56.9
29	39.1	42.6	49.6	58.3
30	40.3	43.8	50.9	59.7
35	46.1	49.8	57.3	66.6
40	51.8	55.8	63.7	73.4
45	57.5	61.7	70.0	80.1
50	63.2	67.5	76.2	86.7
55	68.8	73.3	82.3	93.2
60	74.4	79.1	88.4	99.6
65	80.0	84.8	94.4	106.0
70	85.5	90.5	100.4	112.3
75	91.1	96.2	106.4	118.6
80	96.6	101.9	112.3	124.8
85	102.1	107.5	118.2	131.0
90	107.6	113.1	124.1	137.2
95	113.0	118.8	130.0	143.3
100	118.5	124.3	135.8	149.4

Auszug aus: Clauß u.a. (1994: 362–363)

Literatur

Andress, H.-J. Hagenaars, J. A. Kühnel, S.: Analyse von Tabellen und kategorialen Daten. Log-lineare Modelle, latente Klassenanalyse, logistische Regression und GSK-Ansatz, Berlin 1997

Arbeitsgemeinschaft ADM-Stichproben und Bureau Wendt: Das ADM-Stichproben-System (Stand 1993), in: Gabler, S. Hoffmeyer-Zlotnik, H.P. Krebs, D. (Hrsg.), Gewichtung in der Umfrage-praxis, Opladen 1994: 188–202

Arminger, G. Müller, F.: Lineare Modelle zur Analyse von Paneldaten, Opladen 1990

Asendorpf, J. B.: Psychologie der Persönlichkeit, 4. Aufl., Berlin 2007

Backhaus, K. Erichson, B. Plinke, W. Weiber, R.: Multivariate Analysemethoden. Eine anwen-dungsorientierte Einführung, 12. Aufl., Berlin 2008

Benninghaus, H.: Einführung in die sozialwissenschaftliche Datenanalyse, 7. Aufl., München 2005

Bleymüller, J.: Statistik für Wirtschaftswissenschaftler, 16. Aufl., München. 2012

Blossfeld, H.-P. Hamerle, A. Mayer, K.U.: Ereignisanalyse. Statistische Theorie und Anwendung in den Wirtschafts- und Sozialwissenschaften, Frankfurt 1986

Böltken, F.: Auswahlverfahren. Eine Einführung für Sozialwissenschaftler, Stuttgart 1976

Borg, I. Staufenbiel, T.: Theorien und Methoden der Skalierung, 4. Aufl., Bern 2007

Bortz, J. Schuster, Chr.: Statistik für Human- und Sozialwissenschaftler, 7. Aufl., Berlin 2010

Bortz, J. Döring, N.: Forschungsmethoden und Evaluation für Human- und Sozialwissenschaftler, 3. Aufl., Berlin 2003

Bosch, K.: Statistik für Nichtstatistiker, 6. Aufl. München 2012

Campbell, D.T. Fiske, D.W.: Convergent and Discriminant Validation by the Multitrait-Multi-method-Matrix, in: Psychological Bulletin, 1959: 81–105

Chalmers, A.F.: Wege der Wissenschaft. Einführung in die Wissenschaftstheorie, 5. Aufl., Berlin 2001

Clauß, G. Finze, F.-R. Partzsch, L.: Statistik für Soziologen, Pädagogen, Psychologen und Medizi-ner, Frankfurt am Main 1994

Cronbach, L.J.: Coefficient alpha and the Internal Structure of Tests, in: Psychometrika 16, 1951: 297–334

Diekmann, A.: Ereignisdatenanalyse – Beispiele, Probleme und Perspektiven, in: ZUMA Nachrich-ten 23, 1988: 7–25

Diekmann, A.: Empirische Sozialforschung. Grundlagen, Methoden, Anwendungen, 20. Aufl., Rein-bek bei Hamburg 2009

Diekmann, A. Mitter, P.: Methoden zur Analyse von Zeitverläufen, Stuttgart 1984

Diekmann, A. Mitter, P.: Stand und Probleme der Ereignisanalyse, in: Mayer, K.U. (Hrsg.), Lebens-verläufe und sozialer Wandel, Opladen 1990: 404–441

Diekmann, A. Weick, S.: Der Familienprozeß als sozialer Prozeß. Bevölkerungssoziologische Unter-suchungen mit den Methoden der Ereignisanalyse, Berlin 1993

Dillman, D.A.: Mail and Telephone Surveys. The Total Design Method, New York 1978

Dillman, D.A.: Mail and Other Self-Administered Questionaires, in: Rossi, P.H. Wright, J.D. Ander-son, A. (Hrsg.), Handbook of Survey Research, New York 1983: 359–378

Engel, U. Reinecke, J.: Panelanalyse. Grundlagen, Techniken, Beispiele, Berlin 1994

Esser, H.: Response-Set – Methodische Problematik und soziologische Interpretation, in: Zeitschrift für Soziologie, 1977: 253–263

Esser, H.: Können Befragte Lügen? Zum Konzept des „wahren Wertes" im Rahmen der handlungstheoretischen Erklärung von Situationseinflüssen bei der Befragung, in: Kölner Zeitschrift für Soziologie und Sozialpsychologie 38, 2, 1986: 314–336

Falter, J.W.: Zur Validierung theoretischer Konstrukte – Wissenschaftstheoretische Aspekte des Validierungskonzepts, in: Zeitschrift für Soziologie, Jg. 6, Heft 4, 1977: 370–385

Faulbaum, F.: Panelanalyse im Überblick, in: ZUMA Nachrichten 23, 1988: 26–44

Fischer, G.: Einführung in die Theorie psychologischer Tests, Bern 1974

Fishbein, M. Ajzen, I.: Predicting and Changing Behavior. The Reasoned Action Approach. New York, NY 2010.

Fishbein, M.: A consideration of beliefs, attitudes, and their relationships, in: Steiner, I.D. Fishbein, M. (Hrsg.), Current Studies in Social Psychology, New York 1965

Fishbein, M.: An investigation of the relationships between beliefs about an objectand the attitude toward that object in: Human Relations 16, 1963: 233–240

Frey, J.H. Kunz, G. Lüschen, G.: Telefonumfragen in der Sozialforschung. Methoden, Techniken, Befragungspraxis, Opladen 1990

Freyhold, M. von: Autoritarismus und politische Apathie. Analyse einer Skala zur Ermittlung autoritätsgebundener Verhaltensweisen, Frankfurt am Main 1971

Friedrichs, J.: Methoden empirischer Sozialforschung, 14. Aufl., Opladen 1990

Gabler, S.: Schneeballverfahren und verwandte Stichprobendesigns, in: ZUMA Nachrichten 31, 16. Jg., 1992: 47–69

Gabler, S. Hoffmeyer-Zlotnik, J. H. P. Krebs, D. (Hrsg.): Gewichtung in der Umfragepraxis, Opladen 1994

Gabler, S. Hoffmeyer-Zlotnik, J. H. P. (Hrsg.): Stichproben in der Umfragepraxis, Opladen 1997

Gabler, S. Häder, S. Hoffmeyer-Zlotnik, J. H. P. (Hrsg.): Telefonstichproben in Deutschland, Opladen 1998

Gabler, S. Häder, S. (Hrsg.): Mobilfunktelefonie – Eine Herausforderung für die Umfrageforschung. ZUMA Nachrichten, Spezial Band 13, Mannheim 2007

Garz, D. Kraimer, K.: Qualitativ-empirische Sozialforschung im Aufbruch, in: Garz, D. /Kraimer, K. (Hrsg.), Qualitativ-empirische Sozialforschung. Konzepte, Methoden, Analysen, Opladen 1991: 1–33

Glasersfeld, E. von.: Radikaler Konstruktivismus. Ideen, Ergebnisse, Probleme, Frankfurt am Main 1997

Glenn, N.D.: Cohort Analysis, in: Sage University Papers; Series: Quantitative Applications in the Social Sciences, Beverly Hills 1977

Greene, B.: Der Stoff, aus dem der Kosmos ist. Raum, Zeit und die Beschaffenheit der Wirklichkeit. Siedler Verlag, München 2006 (2. Auflage)

Gribbin, J.: Schrödingers Kätzchen und die Suche nach der Wirklichkeit. Fischer Verlag, Frankfurt/Main 2000 (4. Auflage)

Groves, R.M. Fowler, F.J. Couper, Mick P. Lepkowski, J.M. Singer, E. Tourangeau, R. : Survey Methodology. 2. Auflage, Hoboken, New Jersey 2009

Gumin, H. Meier, H. (Hrsg.): Einführung in den Konstruktivismus. München 2010 (12. Auflage)

Häder, S. Glemser, A.: Stichprobenziehung für Telefonstichproben in Deutschland. S. 148–171 in: Diekmann, A. (Hrsg.) Methoden der Sozialforschung. VS Verlag Sozialwissenschaften, Wiesbaden 2006

Heidenreich, K.: Grundbegriffe der Mess- und Testtheorie, in: Roth, E. Holling, H. (unter Mitarbeit von K. Heidenreich) (Hrsg.), Sozialwissenschaftliche Methoden: Lehr- und Handbuch für Forschung und Praxis, 5. Aufl., München 1999a: 342–374

Heidenreich, K.: Entwicklung von Skalen, in: Roth, E. Holling, H. (unter Mitarbeit von K. Heidenreich) (Hrsg.), Sozialwissenschaftliche Methoden: Lehr- und Handbuch für Forschung und Praxis, 5. Aufl., München 1999b: 407–439

Herkner, W.: Lehrbuch Sozialpsychologie, 2. Aufl., Bern 2008

Herrmann, T.: Lehrbuch der empirischen Persönlichkeitsforschung, 6. Aufl., Göttingen 1991

Hippler, H.-J.: Schriftliche Befragung bei allgemeinen Bevölkerungsstichproben – Untersuchungen zur Dillmanschen „Total Design Method", in: ZUMA Nachrichten 16, 1985: 39–56

Hippler, H.-J. Schwarz, N. Singer, E.: Der Einfluss von Datenschutzzusagen auf die Teilnahmebereitschaft an Umfragen, in: ZUMA Nachrichten 27, 1990: 54–67

Hippler, H.-J. Schwarz, N. Noelle-Neumann, E. Knäuper, B. Clark, L. : Der Einfluss numerischer Werte auf die Bedeutung verbaler Skalenendpunkte, in: ZUMA-Nachrichten 28, 1991: 41–53

Hippmann, H.-D.: Statistik für Wirtschafts- und Sozialwissenschaftler, 3. Aufl., Stuttgart 2003

Hochstädter, D.: Statistische Methodenlehre. Ein Lehrbuch für Wirtschafts- und Sozialwissenschaftler, 8. Aufl., Frankfurt am Main 1996

Holm, K.: Die Frage, in: Holm, K. (Hrsg.), Die Befragung 1, München 1975: 32–91

Holm, K.: Die Gültigkeit sozialwissenschaftlichen Messens, in: Holm, K. (Hrsg.), Die Befragung 4, München 1976: 123–133

Huinik, J.: Methoden der explorativen Kohortenanalyse, in: Zeitschrift für Bevölkerungswissenschaft 14/1, 1988: 69–87

Jensen, S.: Erkenntnis – Konstruktivismus – Systemtheorie. Einführung in die Philosophie der konstruktivistischen Wissenschaft, Opladen/Wiesbaden 1999

Kalton, G.: Introduction to Survey Sampling, London 1983

Kirschhofer-Bozenhardt, A. von, Kaplitza, A.: Der Fragebogen, in: Holm, K. (Hrsg.), Die Befragung 1, München 1975: 92–126

Klingemann, H.-D.: West Germany. In: Electoral Change in Western Democracies. Patterns and Sources of Electoral Volatility, London 1985: 230–263

Krämer, W.: Statistik verstehen. Eine Gebrauchsanweisung, 4. Aufl., Frankfurt am Main 2004

Krämer, W.: So überzeugt man mit Statistik, Frankfurt am Main 1994

Krämer, W.: So lügt man mit Statistik, München 2011

Kromrey, H.: Empirische Sozialforschung, 12. Aufl., Stuttgart 2009

Lamp, E.: Ist einer von drei gleich jedem Dritten? Der Einfluss numerischer Äquivalente auf die Wahrnehmung und Bewertung identischer Sachverhalte, in: ZA-Imformation 49, 2001: 49–68

Laatz, W.: Empirische Methoden. Ein Lehrbuch für Sozialwissenschaftler, Thun 1993

Lakatos, I.: Die Methodologie der wissenschaftlichen Forschungsprogramme, Braunschweig 1982

Lederer, G. Schmidt, P. (Hrsg.): Autoritarismus und Gesellschaft. Trendanalysen und vergleichende Jugenduntersuchungen 1945–1993, Opladen 1995

Lensvelt-Mulders, G. Hox, J. van der Heijden, P. Maas, C.: Meta-Analysis of Randomized Response Research. Thirty-Five Years of Validation, in: Sociological Methods & Research 33(3), 2005: 319–348

Lienert, G.A. Raatz, U.: Testaufbau und Testanalyse, 6. Aufl., Weinheim 1998

Likert, R.: A Technique for the Measurement of Attitudes, in: Archives of Psychology, 140, 1932: 1–55

Lord, F.M. Novick, M.R.: Statistical Theories of Mental Test Scores, Reading, Mass. 1968

Mayer, K.U. Huinik, J.: Alters-, Perioden- und Kohorteneffekte in der Analyse von Lebensverläufen oder: Lexis ade?, in: Mayer, H.U. (Hrsg.), Lebensverläufe und sozialer Wandel, Opladen 1990: 442–459

Mayntz, R. Holm, K. Hübner, P.: Einführung in die Methoden der empirischen Sozialforschung, 5. Aufl., Opladen 1978

Miller, D. (Hrsg.): Karl Popper Lesebuch, Tübingen 1995

Noelle-Neumann, E. Petersen, Th.: Alle, nicht jeder. Einführung in die Methoden der Demoskopie, München 1996

Opp, K.-D.: Methodologie der Sozialwissenschaften. Einführung in Probleme ihrer Theorienbildung und praktischen Anwendung, 6. Aufl., Wiesbaden 2005

Ostendorf, F.: Sprache und Persönlichkeitsstruktur. Zur Validität des Fünf-Faktoren-Modells der Persönlichkeit, Regensburg 1990

Pappi, F.U.: Die konfessionell-religiöse Konfliktlinie in der deutschen Wählerschaft: Entstehung, Stabilität und Wandel, in: Oberndörfer, D. /Rattinger, H. /Schmitt, K. (Hrsg.), Wirtschaftlicher Wandel, religiöser Wandel und Wertwandel. Folgen für das politische Verhalten in der Bundesrepublik Deutschland, Berlin 1985: 291–329

Patzelt, W.J.: Einführung in die Politikwissenschaft. Grundriß des Faches und studiumbegleitende Orientierung, 6. Aufl., Passau 2007

Popper, K.R.: Die offene Gesellschaft und ihre Feinde. Band 2, 6. Aufl., München 1980

Popper, K.R.: Die Logik der Sozialwissenschaften, in Adorno, T.W. /Albert, H. /Dahrendorf, R. /Habermas, J. /Pilot, H. /Popper, K.R., Der Positivismusstreit in der deutschen Soziologie, München 1993: 103–123

Popper, K.R.: Logik der Forschung, 10. Aufl., Tübingen 1994

Popper, K.R.: Texte in: Miller, D. (Hrsg.), Tübingen 1995

Prim, R. Tilmann, H.: Grundlagen einer kritisch-rationalen Sozialwissenschaft, 8. Aufl., Wiebelsheim 2000

Prüfer, P. Rexroth, M.: Verfahren zur Evaluation von Survey-Fragen: Ein Überblick, in: ZUMA Nachrichten 39, 20. Jg., 1996: 95–115

Reinecke, J.: Interviewer- und Befragtenverhalten, Opladen 1991

Reuband, K.-H.: „Erlauben" vs. „nicht erlauben" oder „verbieten"? Wie sich unterschiedliche Frage-Alternativen auf das Antwortverhalten auswirken, in: ZA-Imformation 48, 2001: 42–55

Ritter, G.A. Niehuss, Merith: Wahlen in Deutschland 1946–1991. Ein Handbuch, München 1991

Rogosa, D.: A Critique of Crossed-Lagged Correlation, in: Psychological Bulletin, 88, 1980: 245–258

Rösch, G.: Kriterien der Gewichtung einer nationalen Bevölkerungsumfrage, in: Gabler, S. Hoffmeyer-Zlotnik, H.P. Krebs, D. (Hrsg.), Gewichtung in der Umfragepraxis, Opladen 1994: 7–26

Roth, G.: Das Gehirn und seine Wirklichkeit. Kognitive Neurobiologie und ihre philosophischen Konsequenzen, 2. Aufl., Frankfurt am Main 1998

Sachs, L.: Angewandte Statistik. Anwendung statistischer Methoden, 7. Aufl., Berlin 1992

Sahner, H.: Schließende Statistik, 5. Aufl., Wiesbaden 2002

Scheuch, E.K.: Auswahlverfahren in der Sozialforschung, in: König, R. (Hrsg.), Handbuch der empirischen Sozialforschung, Band 3a. Grundlegende Methoden und Techniken Zweiter Teil, 3. Aufl., Stuttgart 1974: 1–96

Schmidt, S.J. Der radikale Konstruktivismus. Ein neues Paradigma im interdisziplinären Diskurs, in: Schmidt, S.J. (Hrsg.), Der Diskurs des Radikalen Konstruktivismus, 6. Aufl., Frankfurt am Main 1994: 11–88

Schnell, R. Hill, P.B. Esser, E.: Methoden der empirischen Sozialforschung, 9. Aufl., München 2011

Schommers, W.: Das Sichtbare und das Unsichtbare. Materie und Geist in der Physik, (Die Graue Edition) 1995

Schuman, H. Presser, S.: Questions and Answers in Attitude Surveys. Experiments on Question Form, Wording, and Context, San Diego 1981

Schumann, S.: Wahlforschung und Wählerverhalten, in: Holtmann, E. (Hrsg.), Politik-Lexikon, 2. Aufl., München 1994: 706–710

Schumann, S.: Total Design – Einmal anders: Überlegungen zum Ablauf mündlicher Befragungen, in: Rattinger, H. Gabriel, O.W. Jagodzinski, W. (Hrsg.), Wahlen und politische Einstellungen im vereinigten Deutschland, 2. Aufl., Frankfurt am Main 1996: 525–564

Schumann, S.: Zur Verwendbarkeit von Magnitude-Skalen in schriftlichen Umfragen zur politischen Einstellungsforschung, in: van Deth, J. Rattinger, H. Roller, E. (Hrsg.), Die Republik auf dem Weg zur Normalität? Wahlverhalten und politische Einstellungen nach acht Jahren Einheit, Opladen 2000: 411–435

Schumann, S.: Individuelles Verhalten. Möglichkeiten der Erforschung durch Einstellungen, Werte und Persönlichkeit, Schwalbach/Ts. 2012

Schwarz, N. Hippler, H.-J. Noelle-Neumann, E.: Einflüsse der Reihenfolge von Antwortvorgaben bei geschlossenen Fragen, in: ZUMA Nachrichten 25, 1989: 24–38

Stevens, S.S.: Psychophysics – Introduction to Its Perceptual, Neural, and Social Prospects, New Brunswick / Oxford 1986

Steyer, R. Eid, M.: Messen und Testen, 2. Aufl., Berlin 2001

Urban, D.: Logit-Analyse. Statistische Verfahren zur Analyse von Modellen mit qualitativen Response-Variablen, Stuttgart 1993

Wakenhut, R.: Messung gesellschaftlich-politischer Einstellungen mithilfe der Rasch-Skalierung, Bern 1974

Watzlawick, P.: Die erfundene Wirklichkeit. Wie wissen wir, was wir zu wissen glauben? Beiträge zum Konstruktivismus, 5. Aufl., München 2010

Wegener, B.: Wer Skaliert? Die Messfehler-Theorie und die Frage nach dem Akteur, in: Zentrum für Umfragen, Methoden und Analysen e.V., Mannheim und Informationszentrum Sozialwissenschaften, Bonn (Hrsg.), ZUMA-Handbuch Sozialwissenschaftlicher Skalen, Eigendruck Informationszentrum Sozialwissenschaften, Bonn 1983: TE 1– TE110

Wiegand, E.: Telefonische Befragungen: Datenschutz und Ethik, in: Gabler, S. Häder, S. Hoffmeyer-Zlotnik, J. H. P. (Hrsg.), Telefonstichproben in Deutschland, Opladen 1998: 19–29

Wilson, G.D: Development and Evaluation of the C-Scale, in: Wilson, G.D. (Hrsg.), The Psychology of Conservatism, London/New York 1973: 49–70

Zaller, J.R.: The Nature and Origins of Mass Opinion, Cambridge University Press 1998

Zeisel, H.: Die Sprache der Zahlen, Köln 1970

ZUMA-Handbuch Sozialwissenschaftlicher Skalen: herausgegeben vom: Zentrum für Umfragen, Methoden und Analysen e.V., Mannheim und Informationszentrum Sozialwissenschaften, Bonn, Eigendruck Informationszentrum Sozialwissenschaften, Bonn 1983

Stichwortverzeichnis

Unterstrichene Begriffe sind zweimal aufgeführt